深化水利改革
政策文件选编

本书编委会　编

中国水利水电出版社
www.waterpub.com.cn
·北京·

内 容 提 要

本书主要收录了十八届三中全会以来出台的水利改革相关的政策文件。本书以《水利部关于深化水利改革的指导意见》为依据，分为综合性文件、加快水行政管理职能转变、推进水资源管理体制改革、建立健全水权制度和水价机制、加强水生态文明制度建设、建立严格的河湖管理与保护制度、完善水利投入稳定增长机制、深化水利工程建设和管理体制改革、创新农村水利发展机制、健全基层水利管理体制机制、强化水利法治建设和科技创新等 11 部分。每部分的文件主要以印发时间先后进行排序。本书可供水利工作人员、各级领导和有关部门的同志在实际工作中查阅。

图书在版编目（ＣＩＰ）数据

深化水利改革政策文件选编 / 《深化水利改革政策
文件选编》编委会编. -- 北京 ： 中国水利水电出版社，
2016.10
ISBN 978-7-5170-4831-2

Ⅰ. ①深… Ⅱ. ①深… Ⅲ. ①水利经济－经济政策－
汇编－中国 Ⅳ. ①F426.9

中国版本图书馆CIP数据核字(2016)第254598号

书　　名	**深化水利改革政策文件选编** SHENHUA SHUILI GAIGE ZHENGCE WENJIAN XUANBIAN	
作　　者	本书编委会　编	
出版发行	中国水利水电出版社 （北京市海淀区玉渊潭南路 1 号 D 座　100038） 网址：www.waterpub.com.cn E-mail：sales@waterpub.com.cn 电话：(010) 68367658（营销中心）	
经　　售	北京科水图书销售中心（零售） 电话：(010) 88383994、63202643、68545874 全国各地新华书店和相关出版物销售网点	
排　　版	中国水利水电出版社微机排版中心	
印　　刷	北京瑞斯通印务发展有限公司	
规　　格	184mm×260mm　16 开本　21.5 印张　510 千字	
版　　次	2016 年 10 月第 1 版　2016 年 10 月第 1 次印刷	
定　　价	**98.00** 元	

前　　言

　　党的十八届三中全会以来，党中央、国务院对全面深化改革作出了一系列战略部署，水利部、相关部委及有关单位加快深化水利改革，陆续出台了一批改革政策文件。为进一步服务水利改革工作，我们编辑出版了《深化水利改革政策文件选编》一书，供水利改革工作人员、各级领导和有关部门的同志在实际工作中查阅。

　　本次选编范围主要是十八届三中全会以来出台的水利改革相关的政策文件。在板块设置上，以《水利部关于深化水利改革的指导意见》为依据，区分为综合性文件、加快水行政管理职能转变、推进水资源管理体制改革、建立健全水权制度和水价机制、加强水生态文明制度建设、建立严格的河湖管理与保护制度、完善水利投入稳定增长机制、深化水利工程建设和管理体制改革、创新农村水利发展机制、健全基层水利管理体制机制、强化水利法治建设和科技创新等11部分。在各板块内，主要以印发时间先后进行排序。

　　本书编写过程中，敖畅、王世玉协助开展了有关前期工作，在此一并表示感谢！

　　由于时间仓促和我们掌握的资料有限，书中有考虑不周之处，敬请批评指正。

编辑委员会

2016 年 10 月

目　　录

二、加快水行政管理职能转变

国家发展改革委关于精简重大水利建设项目审批程序的通知

三、推进水资源管理体制改革

四、建立健全水权制度和水价机制

五、加强水生态文明制度建设

六、建立严格的河湖管理与保护制度

七、完善水利投入稳定增长机制

八、深化水利工程建设和管理体制改革

九、创新农村水利发展机制

十、健全基层水利管理体制机制

十一、强化水利法治建设和科技创新

一、综合性文件

中共中央关于全面深化改革
若干重大问题的决定

中发〔2013〕12 号

（2013 年 11 月 12 日中国共产党第十八届中央委员会
第三次全体会议通过）

为贯彻落实党的十八大关于全面深化改革的战略部署，十八届中央委员会第三次全体会议研究了全面深化改革的若干重大问题，作出如下决定。

一、全面深化改革的重大意义和指导思想

（1）改革开放是党在新的时代条件下带领全国各族人民进行的新的伟大革命，是当代中国最鲜明的特色。党的十一届三中全会召开三十五年来，我们党以巨大的政治勇气，锐意推进经济体制、政治体制、文化体制、社会体制、生态文明体制和党的建设制度改革，不断扩大开放，决心之大、变革之深、影响之广前所未有，成就举世瞩目。

改革开放最主要的成果是开创和发展了中国特色社会主义，为社会主义现代化建设提供了强大动力和有力保障。事实证明，改革开放是决定当代中国命运的关键抉择，是党和人民事业大踏步赶上时代的重要法宝。

实践发展永无止境，解放思想永无止境，改革开放永无止境。面对新形势新任务，全面建成小康社会，进而建成富强民主文明和谐的社会主义现代化国家、实现中华民族伟大复兴的中国梦，必须在新的历史起点上全面深化改革，不断增强中国特色社会主义道路自信、理论自信、制度自信。

（2）全面深化改革，必须高举中国特色社会主义伟大旗帜，以马克思列宁主义、毛泽东思想、邓小平理论、"三个代表"重要思想、科学发展观为指导，坚定信心，凝聚共识，统筹谋划，协同推进，坚持社会主义市场经济改革方向，以促进社会公平正义、增进人民福祉为出发点和落脚点，进一步解放思想、解放和发展社会生产力、解放和增强社会活力，坚决破除各方面体制机制弊端，努力开拓中国特色社会主义事业更加广阔的前景。

全面深化改革的总目标是完善和发展中国特色社会主义制度，推进国家治理体系和治理能力现代化。必须更加注重改革的系统性、整体性、协同性，加快发展社会主义市场经济、民主政治、先进文化、和谐社会、生态文明，让一切劳动、知识、技术、管理、资本的活力竞相迸发，让一切创造社会财富的源泉充分涌流，让发展成果更多更公平惠及全体人民。

紧紧围绕使市场在资源配置中起决定性作用深化经济体制改革，坚持和完善基本经济制度，加快完善现代市场体系、宏观调控体系、开放型经济体系，加快转变经济发展方式，加快建设创新型国家，推动经济更有效率、更加公平、更可持续发展。

紧紧围绕坚持党的领导、人民当家作主、依法治国有机统一深化政治体制改革，加快推进社会主义民主政治制度化、规范化、程序化，建设社会主义法治国家，发展更加广泛、更加充分、更加健全的人民民主。

紧紧围绕建设社会主义核心价值体系、社会主义文化强国深化文化体制改革，加快完善文化管理体制和文化生产经营机制，建立健全现代公共文化服务体系、现代文化市场体系，推动社会主义文化大发展大繁荣。

紧紧围绕更好保障和改善民生、促进社会公平正义深化社会体制改革，改革收入分配制度，促进共同富裕，推进社会领域制度创新，推进基本公共服务均等化，加快形成科学有效的社会治理体制，确保社会既充满活力又和谐有序。

紧紧围绕建设美丽中国深化生态文明体制改革，加快建立生态文明制度，健全国土空间开发、资源节约利用、生态环境保护的体制机制，推动形成人与自然和谐发展现代化建设新格局。

紧紧围绕提高科学执政、民主执政、依法执政水平深化党的建设制度改革，加强民主集中制建设，完善党的领导体制和执政方式，保持党的先进性和纯洁性，为改革开放和社会主义现代化建设提供坚强政治保证。

（3）全面深化改革，必须立足于我国长期处于社会主义初级阶段这个最大实际，坚持发展仍是解决我国所有问题的关键这个重大战略判断，以经济建设为中心，发挥经济体制改革牵引作用，推动生产关系同生产力、上层建筑同经济基础相适应，推动经济社会持续健康发展。

经济体制改革是全面深化改革的重点，核心问题是处理好政府和市场的关系，使市场在资源配置中起决定性作用和更好发挥政府作用。市场决定资源配置是市场经济的一般规律，健全社会主义市场经济体制必须遵循这条规律，着力解决市场体系不完善、政府干预过多和监管不到位问题。

必须积极稳妥从广度和深度上推进市场化改革，大幅度减少政府对资源的直接配置，推动资源配置依据市场规则、市场价格、市场竞争实现效益最大化和效率最优化。政府的职责和作用主要是保持宏观经济稳定，加强和优化公共服务，保障公平竞争，加强市场监管，维护市场秩序，推动可持续发展，促进共同富裕，弥补市场失灵。

（4）改革开放的成功实践为全面深化改革提供了重要经验，必须长期坚持。最重要的是，坚持党的领导，贯彻党的基本路线，不走封闭僵化的老路，不走改旗易帜的邪路，坚定走中国特色社会主义道路，始终确保改革正确方向；坚持解放思想、实事求是、与时俱进、求真务实，一切从实际出发，总结国内成功做法，借鉴国外有益经验，勇于推进理论和实践创新；坚持以人为本，尊重人民主体地位，发挥群众首创精神，紧紧依靠人民推动改革，促进人的全面发展；坚持正确处理改革发展稳定关系，胆子要大、步子要稳，加强顶层设计和摸着石头过河相结合，整体推进和重点突破相促进，提高改革决策科学性，广泛凝聚共识，形成改革合力。

当前，我国发展进入新阶段，改革进入攻坚期和深水区。必须以强烈的历史使命感，最大限度集中全党全社会智慧，最大限度调动一切积极因素，敢于啃硬骨头，敢于涉险滩，以更大决心冲破思想观念的束缚、突破利益固化的藩篱，推动中国特色社会主义制度自我完善和发展。

到二〇二〇年，在重要领域和关键环节改革上取得决定性成果，完成本决定提出的改革任务，形成系统完备、科学规范、运行有效的制度体系，使各方面制度更加成熟更加定型。

二、坚持和完善基本经济制度

公有制为主体、多种所有制经济共同发展的基本经济制度，是中国特色社会主义制度的重要支柱，也是社会主义市场经济体制的根基。公有制经济和非公有制经济都是社会主义市场经济的重要组成部分，都是我国经济社会发展的重要基础。必须毫不动摇巩固和发展公有制经济，坚持公有制主体地位，发挥国有经济主导作用，不断增强国有经济活力、控制力、影响力。必须毫不动摇鼓励、支持、引导非公有制经济发展，激发非公有制经济活力和创造力。

（5）完善产权保护制度。产权是所有制的核心。健全归属清晰、权责明确、保护严格、流转顺畅的现代产权制度。公有制经济财产权不可侵犯，非公有制经济财产权同样不可侵犯。

国家保护各种所有制经济产权和合法利益，保证各种所有制经济依法平等使用生产要素、公开公平公正参与市场竞争、同等受到法律保护，依法监管各种所有制经济。

（6）积极发展混合所有制经济。国有资本、集体资本、非公有资本等交叉持股、相互融合的混合所有制经济，是基本经济制度的重要实现形式，有利于国有资本放大功能、保值增值、提高竞争力，有利于各种所有制资本取长补短、相互促进、共同发展。允许更多国有经济和其他所有制经济发展成为混合所有制经济。国有资本投资项目允许非国有资本参股。允许混合所有制经济实行企业员工持股，形成资本所有者和劳动者利益共同体。

完善国有资产管理体制，以管资本为主加强国有资产监管，改革国有资本授权经营体制，组建若干国有资本运营公司，支持有条件的国有企业改组为国有资本投资公司。国有资本投资运营要服务于国家战略目标，更多投向关系国家安全、国民经济命脉的重要行业和关键领域，重点提供公共服务、发展重要前瞻性战略性产业、保护生态环境、支持科技进步、保障国家安全。

划转部分国有资本充实社会保障基金。完善国有资本经营预算制度，提高国有资本收益上缴公共财政比例，二〇二〇年提到百分之三十，更多用于保障和改善民生。

（7）推动国有企业完善现代企业制度。国有企业属于全民所有，是推进国家现代化、保障人民共同利益的重要力量。国有企业总体上已经同市场经济相融合，必须适应市场化、国际化新形势，以规范经营决策、资产保值增值、公平参与竞争、提高企业效率、增强企业活力、承担社会责任为重点，进一步深化国有企业改革。

准确界定不同国有企业功能。国有资本加大对公益性企业的投入，在提供公共服务方面作出更大贡献。国有资本继续控股经营的自然垄断行业，实行以政企分开、政资分开、特许经营、政府监管为主要内容的改革，根据不同行业特点实行网运分开、放开竞争性业务，推进公共资源配置市场化。进一步破除各种形式的行政垄断。

健全协调运转、有效制衡的公司法人治理结构。建立职业经理人制度，更好发挥企业家作用。深化企业内部管理人员能上能下、员工能进能出、收入能增能减的制度改革。建立长效激励约束机制，强化国有企业经营投资责任追究。探索推进国有企业财务预算等重大信息公开。

国有企业要合理增加市场化选聘比例，合理确定并严格规范国有企业管理人员薪酬水平、职务待遇、职务消费、业务消费。

（8）支持非公有制经济健康发展。非公有制经济在支撑增长、促进创新、扩大就业、增加税收等方面具有重要作用。坚持权利平等、机会平等、规则平等，废除对非公有制经济各种形式的不合理规定，消除各种隐性壁垒，制定非公有制企业进入特许经营领域具体办法。

鼓励非公有制企业参与国有企业改革，鼓励发展非公有资本控股的混合所有制企业，鼓励有条件的私营企业建立现代企业制度。

三、加快完善现代市场体系

建设统一开放、竞争有序的市场体系，是使市场在资源配置中起决定性作用的基础。必须加快形成企业自主经营、公平竞争，消费者自由选择、自主消费，商品和要素自由流动、平等交换的现代市场体系，着力清除市场壁垒，提高资源配置效率和公平性。

（9）建立公平开放透明的市场规则。实行统一的市场准入制度，在制定负面清单基础上，各类市场主体可依法平等进入清单之外领域。探索对外商投资实行准入前国民待遇加负面清单的管理模式。推进工商注册制度便利化，削减资质认定项目，由先证后照改为先照后证，把注册资本实缴登记制逐步改为认缴登记制。推进国内贸易流通体制改革，建设法治化营商环境。

改革市场监管体系，实行统一的市场监管，清理和废除妨碍全国统一市场和公平竞争的各种规定和做法，严禁和惩处各类违法实行优惠政策行为，反对地方保护，反对垄断和不正当竞争。建立健全社会征信体系，褒扬诚信，惩戒失信。健全优胜劣汰市场化退出机制，完善企业破产制度。

（10）完善主要由市场决定价格的机制。凡是能由市场形成价格的都交给市场，政府不进行不当干预。推进水、石油、天然气、电力、交通、电信等领域价格改革，放开竞争性环节价格。政府定价范围主要限定在重要公用事业、公益性服务、网络型自然垄断环节，提高透明度，接受社会监督。完善农产品价格形成机制，注重发挥市场形成价格作用。

（11）建立城乡统一的建设用地市场。在符合规划和用途管制前提下，允许农村集体经营性建设用地出让、租赁、入股，实行与国有土地同等入市、同权同价。缩小征地范围，规范征地程序，完善对被征地农民合理、规范、多元保障机制。扩大国有土地有偿使用范围，减少非公益性用地划拨。建立兼顾国家、集体、个人的土地增值收益分配机制，合理提高个人收益。完善土地租赁、转让、抵押二级市场。

（12）完善金融市场体系。扩大金融业对内对外开放，在加强监管前提下，允许具备条件的民间资本依法发起设立中小型银行等金融机构。推进政策性金融机构改革。健全多层次资本市场体系，推进股票发行注册制改革，多渠道推动股权融资，发展并规范债券市场，提高直接融资比重。完善保险经济补偿机制，建立巨灾保险制度。发展普惠金融。鼓励金融创新，丰富金融市场层次和产品。

完善人民币汇率市场化形成机制，加快推进利率市场化，健全反映市场供求关系的国债收益率曲线。推动资本市场双向开放，有序提高跨境资本和金融交易可兑换程度，建立健全宏观审慎管理框架下的外债和资本流动管理体系，加快实现人民币资本项目可兑换。

落实金融监管改革措施和稳健标准，完善监管协调机制，界定中央和地方金融监管职责和风险处置责任。建立存款保险制度，完善金融机构市场化退出机制。加强金融基础设施建设，保障金融市场安全高效运行和整体稳定。

（13）深化科技体制改革。建立健全鼓励原始创新、集成创新、引进消化吸收再创新的体制机制，健全技术创新市场导向机制，发挥市场对技术研发方向、路线选择、要素价格、各类创新要素配置的导向作用。建立产学研协同创新机制，强化企业在技术创新中的主体地位，发挥大型企业创新骨干作用，激发中小企业创新活力，推进应用型技术研发机构市场化、企业化改革，建设国家创新体系。

加强知识产权运用和保护，健全技术创新激励机制，探索建立知识产权法院。打破行政主导和部门分割，建立主要由市场决定技术创新项目和经费分配、评价成果的机制。发展技术市场，健全技术转移机制，改善科技型中小企业融资条件，完善风险投资机制，创新商业模式，促进科技成果资本化、产业化。

整合科技规划和资源，完善政府对基础性、战略性、前沿性科学研究和共性技术研究的支持机制。国家重大科研基础设施依照规定应该开放的一律对社会开放。建立创新调查制度和创新报告制度，构建公开透明的国家科研资源管理和项目评价机制。

改革院士遴选和管理体制，优化学科布局，提高中青年人才比例，实行院士退休和退出制度。

四、加快转变政府职能

科学的宏观调控，有效的政府治理，是发挥社会主义市场经济体制优势的内在要求。必须切实转变政府职能，深化行政体制改革，创新行政管理方式，增强政府公信力和执行力，建设法治政府和服务型政府。

（14）健全宏观调控体系。宏观调控的主要任务是保持经济总量平衡，促进重大经济结构协调和生产力布局优化，减缓经济周期波动影响，防范区域性、系统性风险，稳定市场预期，实现经济持续健康发展。健全以国家发展战略和规划为导向、以财政政策和货币政策为主要手段的宏观调控体系，推进宏观调控目标制定和政策手段运用机制化，加强财政政策、货币政策与产业、价格等政策手段协调配合，提高相机抉择水平，增强宏观调控前瞻性、针对性、协同性。形成参与国际宏观经济政策协调的机制，推动国际经济治理结构完善。

深化投资体制改革，确立企业投资主体地位。企业投资项目，除关系国家安全和生态安全、涉及全国重大生产力布局、战略性资源开发和重大公共利益等项目外，一律由企业依法依规自主决策，政府不再审批。强化节能节地节水、环境、技术、安全等市场准入标准，建立健全防范和化解产能过剩长效机制。

完善发展成果考核评价体系，纠正单纯以经济增长速度评定政绩的偏向，加大资源消耗、环境损害、生态效益、产能过剩、科技创新、安全生产、新增债务等指标的权重，更加重视劳动就业、居民收入、社会保障、人民健康状况。加快建立国家统一的经济核算制度，编制全国和地方资产负债表，建立全社会房产、信用等基础数据统一平台，推进部门信息共享。

（15）全面正确履行政府职能。进一步简政放权，深化行政审批制度改革，最大限度减少中央政府对微观事务的管理，市场机制能有效调节的经济活动，一律取消审批，对保留的行政审批事项要规范管理、提高效率；直接面向基层、量大面广、由地方管理更方便有效的经济社会事项，一律下放地方和基层管理。

政府要加强发展战略、规划、政策、标准等制定和实施，加强市场活动监管，加强各类公共服务提供。加强中央政府宏观调控职责和能力，加强地方政府公共服务、市场监管、社会管理、环境保护等职责。推广政府购买服务，凡属事务性管理服务，原则上都要引入竞争机制，通过合同、委托等方式向社会购买。

加快事业单位分类改革，加大政府购买公共服务力度，推动公办事业单位与主管部门理顺关系和去行政化，创造条件，逐步取消学校、科研院所、医院等单位的行政级别。建立事业单位法人治理结构，推进有条件的事业单位转为企业或社会组织。建立各类事业单位统一登记管理制度。

（16）优化政府组织结构。转变政府职能必须深化机构改革。优化政府机构设置、职能配置、工作流程，完善决策权、执行权、监督权既相互制约又相互协调的行政运行机制。严格绩效管理，突出责任落实，确保权责一致。

统筹党政群机构改革，理顺部门职责关系。积极稳妥实施大部门制。优化行政区划设置，有条件的地方探索推进省直接管理县（市）体制改革。严格控制机构编制，严格按规定职数配备领导干部，减少机构数量和领导职数，严格控制财政供养人员总量。推进机构编制管理科学化、规范化、法制化。

五、深化财税体制改革

财政是国家治理的基础和重要支柱，科学的财税体制是优化资源配置、维护市场统一、促进社会公平、实现国家长治久安的制度保障。必须完善立法、明确事权、改革税制、稳定税负、透明预算、提高效率，建立现代财政制度，发挥中央和地方两个积极性。

（17）改进预算管理制度。实施全面规范、公开透明的预算制度。审核预算的重点由平衡状态、赤字规模向支出预算和政策拓展。清理规范重点支出同财政收支增幅或生产总值挂钩事项，一般不采取挂钩方式。建立跨年度预算平衡机制，建立权责发生制的政府综合财务报告制度，建立规范合理的中央和地方政府债务管理及风险预警机制。

完善一般性转移支付增长机制，重点增加对革命老区、民族地区、边疆地区、贫困地区的转移支付。中央出台增支政策形成的地方财力缺口，原则上通过一般性转移支付调节。清理、整合、规范专项转移支付项目，逐步取消竞争性领域专项和地方资金配套，严格控制引导类、救济类、应急类专项，对保留专项进行甄别，属地方事务的划入一般性转移支付。

（18）完善税收制度。深化税收制度改革，完善地方税体系，逐步提高直接税比重。推进增值税改革，适当简化税率。调整消费税征收范围、环节、税率，把高耗能、高污染产品及部分高档消费品纳入征收范围。逐步建立综合与分类相结合的个人所得税制。加快房地产税立法并适时推进改革，加快资源税改革，推动环境保护费改税。

按照统一税制、公平税负、促进公平竞争的原则，加强对税收优惠特别是区域税收优惠政策的规范管理。税收优惠政策统一由专门税收法律法规规定，清理规范税收优惠政策。完善国税、地税征管体制。

（19）建立事权和支出责任相适应的制度。适度加强中央事权和支出责任，国防、外交、国家安全、关系全国统一市场规则和管理等作为中央事权；部分社会保障、跨区域重大项目建设维护等作为中央和地方共同事权，逐步理顺事权关系；区域性公共服务作为地方事权。中央和地方按照事权划分相应承担和分担支出责任。中央可通过安排转移支付将部分事权支出责任委托地方承担。对于跨区域且对其他地区影响较大的公共服务，中央通过转移支付承担一部分地方事权支出责任。

保持现有中央和地方财力格局总体稳定，结合税制改革，考虑税种属性，进一步理顺中央和地方收入划分。

六、健全城乡发展一体化体制机制

城乡二元结构是制约城乡发展一体化的主要障碍。必须健全体制机制，形成以工促农、以城带乡、工农互惠、城乡一体的新型工农城乡关系，让广大农民平等参与现代化进程、共同分享现代化成果。

（20）加快构建新型农业经营体系。坚持家庭经营在农业中的基础性地位，推进家庭经营、集体经营、合作经营、企业经营等共同发展的农业经营方式创新。坚持农村土地集体所有权，依法维护农民土地承包经营权，发展壮大集体经济。稳定农村土地承包关系并保持长久不变，在坚持和完善最严格的耕地保护制度前提下，赋予农民对承包地占有、使用、收益、流转及承包经营权抵押、担保权能，允许农民以承包经营权入股发展农业产业化经营。鼓励承包经营权在公开市场上向专业大户、家庭农场、农民合作社、农业企业流转，发展多种形式规模经营。

鼓励农村发展合作经济，扶持发展规模化、专业化、现代化经营，允许财政项目资金直接投向符合条件的合作社，允许财政补助形成的资产转交合作社持有和管护，允许合作社开展信用合作。鼓励和引导工商资本到农村发展适合企业化经营的现代种养业，向农业输入现代生产要素和经营模式。

（21）赋予农民更多财产权利。保障农民集体经济组织成员权利，积极发展农民股份合作，赋予农民对集体资产股份占有、收益、有偿退出及抵押、担保、继承权。保障农户宅基地用益物权，改革完善农村宅基地制度，选择若干试点，慎重稳妥推进农民住房财产权抵押、担保、转让，探索农民增加财产性收入渠道。建立农村产权流转交易市场，推动农村产权流转交易公开、公正、规范运行。

（22）推进城乡要素平等交换和公共资源均衡配置。维护农民生产要素权益，保障农民工同工同酬，保障农民公平分享土地增值收益，保障金融机构农村存款主要用于农业农村。健全农业支持保护体系，改革农业补贴制度，完善粮食主产区利益补偿机制。完善农业保险制度。鼓励社会资本投向农村建设，允许企业和社会组织在农村兴办各类事业。统筹城乡基础设施建设和社区建设，推进城乡基本公共服务均等化。

（23）完善城镇化健康发展体制机制。坚持走中国特色新型城镇化道路，推进以人为核心的城镇化，推动大中小城市和小城镇协调发展、产业和城镇融合发展，促进城镇化和新农村建设协调推进。优化城市空间结构和管理格局，增强城市综合承载能力。

推进城市建设管理创新。建立透明规范的城市建设投融资机制，允许地方政府通过发债等多种方式拓宽城市建设融资渠道，允许社会资本通过特许经营等方式参与城市基础设施投资和运营，研究建立城市基础设施、住宅政策性金融机构。完善设市标准，严格审批程序，对具备行政区划调整条件的县可有序改市。对吸纳人口多、经济实力强的镇，可赋予同人口和经济规模相适应的管理权。建立和完善跨区域城市发展协调机制。

推进农业转移人口市民化，逐步把符合条件的农业转移人口转为城镇居民。创新人口管理，加快户籍制度改革，全面放开建制镇和小城市落户限制，有序放开中等城市落户限制，合理确定大城市落户条件，严格控制特大城市人口规模。稳步推进城镇基本公共服务常住人口全覆盖，把进城落户农民完全纳入城镇住房和社会保障体系，在农村参加的养老保险和医疗保险规范接入城镇社保体系。建立财政转移支付同农业转移人口市民化挂钩机制，从严合理供给城市建设用地，提高城市土地利用率。

七、构建开放型经济新体制

适应经济全球化新形势，必须推动对内对外开放相互促进、引进来和走出去更好结合，促进国际国内要素有序自由流动、资源高效配置、市场深度融合，加快培育参与和引领国际经济合作竞争新优势，以开放促改革。

（24）放宽投资准入。统一内外资法律法规，保持外资政策稳定、透明、可预期。推进金融、教育、文化、医疗等服务业领域有序开放，放开育幼养老、建筑设计、会计审计、商贸物流、电子商务等服务业领域外资准入限制，进一步放开一般制造业。加快海关特殊监管区域整合优化。

建立中国上海自由贸易试验区是党中央在新形势下推进改革开放的重大举措，要切实建设好、管理好，为全面深化改革和扩大开放探索新途径、积累新经验。在推进现有试点基础上，选择若干具备条件地方发展自由贸易园（港）区。

扩大企业及个人对外投资，确立企业及个人对外投资主体地位，允许发挥自身优势到境外开展投资合作，允许自担风险到各国各地区自由承揽工程和劳务合作项目，允许创新方式走出去开展绿地投资、并购投资、证券投资、联合投资等。

加快同有关国家和地区商签投资协定，改革涉外投资审批体制，完善领事保护体制，提供权益保障、投资促进、风险预警等更多服务，扩大投资合作空间。

（25）加快自由贸易区建设。坚持世界贸易体制规则，坚持双边、多边、区域次区域开放合作，扩大同各国各地区利益汇合点，以周边为基础加快实施自由贸易区战略。改革市场准入、海关监管、检验检疫等管理体制，加快环境保护、投资保护、政府采购、电子商务等新议题谈判，形成面向全球的高标准自由贸易区网络。

扩大对香港特别行政区、澳门特别行政区和台湾地区开放合作。

（26）扩大内陆沿边开放。抓住全球产业重新布局机遇，推动内陆贸易、投资、技术创新协调发展。创新加工贸易模式，形成有利于推动内陆产业集群发展的体制机制。支持内陆城市增开国际客货运航线，发展多式联运，形成横贯东中西、联结南北方对外经济走廊。推动内陆同沿海沿边通关协作，实现口岸管理相关部门信息互换、监管互认、执法互助。

加快沿边开放步伐，允许沿边重点口岸、边境城市、经济合作区在人员往来、加工物流、旅游等方面实行特殊方式和政策。建立开发性金融机构，加快同周边国家和区域基础设施互联互通建设，推进丝绸之路经济带、海上丝绸之路建设，形成全方位开放新格局。

八、加强社会主义民主政治制度建设

发展社会主义民主政治，必须以保证人民当家作主为根本，坚持和完善人民代表大会制度、中国共产党领导的多党合作和政治协商制度、民族区域自治制度以及基层群众自治制度，更加注重健全民主制度、丰富民主形式，从各层次各领域扩大公民有序政治参与，充分发挥我国社会主义政治制度优越性。

（27）推动人民代表大会制度与时俱进。坚持人民主体地位，推进人民代表大会制度理论和实践创新，发挥人民代表大会制度的根本政治制度作用。完善中国特色社会主义法律体系，健全立法起草、论证、协调、审议机制，提高立法质量，防止地方保护和部门利益法制化。健全"一府两院"由人大产生、对人大负责、受人大监督制度。健全人大讨论、决定重大事项制度，各级政府重大决策出台前向本级人大报告。加强人大预算决算审查监督、国有资产监督职能。落实税收法定原则。加强人大常委会同人大代表的联系，充分发挥代表作用。通过建立健全代表联络机构、网络平台等形式密切代表同人民群众联系。

完善人大工作机制，通过座谈、听证、评估、公布法律草案等扩大公民有序参与立法途径，通过询问、质询、特定问题调查、备案审查等积极回应社会关切。

（28）推进协商民主广泛多层制度化发展。协商民主是我国社会主义民主政治的特有形式和独特优势，是党的群众路线在政治领域的重要体现。在党的领导下，以经济社会发展重大问题和涉及群众切身利益的实际问题为内容，在全社会开展广泛协商，坚持协商于决策之前和决策实施之中。

构建程序合理、环节完整的协商民主体系，拓宽国家政权机关、政协组织、党派团体、基层组织、社会组织的协商渠道。深入开展立法协商、行政协商、民主协商、参政协商、社会协商。加强中国特色新型智库建设，建立健全决策咨询制度。

发挥统一战线在协商民主中的重要作用。完善中国共产党同各民主党派的政治协商，认真听取各民主党派和无党派人士意见。中共中央根据年度工作重点提出规划，采取协商会、谈心会、座谈会等进行协商。完善民主党派中央直接向中共中央提出建议制度。贯彻党的民族政策，保障少数民族合法权益，巩固和发展平等团结互助和谐的社会主义民族关系。

发挥人民政协作为协商民主重要渠道作用。重点推进政治协商、民主监督、参政议政制度化、规范化、程序化。各级党委和政府、政协制定并组织实施协商年度工作计划，就一些重要决策听取政协意见。完善人民政协制度体系，规范协商内容、协商程序。拓展协商民主形式，更加活跃有序地组织专题协商、对口协商、界别协商、提案办理协商，增加协商密度，提高协商成效。在政协健全委员联络机构，完善委员联络制度。

（29）发展基层民主。畅通民主渠道，健全基层选举、议事、公开、述职、问责等机制。开展形式多样的基层民主协商，推进基层协商制度化，建立健全居民、村民监督机制，促进群众在城乡社区治理、基层公共事务和公益事业中依法自我管理、自我服务、自我教育、自我监督。健全以职工代表大会为基本形式的企事业单位民主管理制度，加强社会组织民主机制建设，保障职工参与管理和监督的民主权利。

九、推进法治中国建设

建设法治中国，必须坚持依法治国、依法执政、依法行政共同推进，坚持法治国家、法治政府、法治社会一体建设。深化司法体制改革，加快建设公正高效权威的社会主义司法制度，维护人民权益，让人民群众在每一个司法案件中都感受到公平正义。

（30）维护宪法法律权威。宪法是保证党和国家兴旺发达、长治久安的根本法，具有最高权威。要进一步健全宪法实施监督机制和程序，把全面贯彻实施宪法提高到一个新水平。建立健全全社会忠于、遵守、维护、运用宪法法律的制度。坚持法律面前人人平等，任何组织或者个人都不得有超越宪法法律的特权，一切违反宪法法律的行为都必须予以追究。

普遍建立法律顾问制度。完善规范性文件、重大决策合法性审查机制。建立科学的法治建设指标体系和考核标准。健全法规、规章、规范性文件备案审查制度。健全社会普法教育机制，增强全民法治观念。逐步增加有地方立法权的较大的市数量。

（31）深化行政执法体制改革。整合执法主体，相对集中执法权，推进综合执法，着力解决权责交叉、多头执法问题，建立权责统一、权威高效的行政执法体制。减少行政执法层级，加强食品药品、安全生产、环境保护、劳动保障、海域海岛等重点领域基层执法力量。理顺城管执法体制，提高执法和服务水平。

完善行政执法程序，规范执法自由裁量权，加强对行政执法的监督，全面落实行政执法责任制和执法经费由财政保障制度，做到严格规范公正文明执法。完善行政执法与刑事司法衔接机制。

（32）确保依法独立公正行使审判权检察权。改革司法管理体制，推动省以下地方法院、检察院人财物统一管理，探索建立与行政区划适当分离的司法管辖制度，保证国家法律统一正确实施。

建立符合职业特点的司法人员管理制度，健全法官、检察官、人民警察统一招录、有序交流、逐级遴选机制，完善司法人员分类管理制度，健全法官、检察官、人民警察职业保障制度。

（33）健全司法权力运行机制。优化司法职权配置，健全司法权力分工负责、互相配合、互相制约机制，加强和规范对司法活动的法律监督和社会监督。

改革审判委员会制度，完善主审法官、合议庭办案责任制，让审理者裁判、由裁判者负责。明确各级法院职能定位，规范上下级法院审级监督关系。

推进审判公开、检务公开，录制并保留全程庭审资料。增强法律文书说理性，推动公开法院生效裁判文书。严格规范减刑、假释、保外就医程序，强化监督制度。广泛实行人民陪审员、人民监督员制度，拓宽人民群众有序参与司法渠道。

（34）完善人权司法保障制度。国家尊重和保障人权。进一步规范查封、扣押、冻结、处理涉案财物的司法程序。健全错案防止、纠正、责任追究机制，严禁刑讯逼供、体罚虐待，严格实行非法证据排除规则。逐步减少适用死刑罪名。

废止劳动教养制度，完善对违法犯罪行为的惩治和矫正法律，健全社区矫正制度。

健全国家司法救助制度，完善法律援助制度。完善律师执业权利保障机制和违法违规执业惩戒制度，加强职业道德建设，发挥律师在依法维护公民和法人合法权益方面的重要作用。

十、强化权力运行制约和监督体系

坚持用制度管权管事管人，让人民监督权力，让权力在阳光下运行，是把权力关进制度笼子的根本之策。必须构建决策科学、执行坚决、监督有力的权力运行体系，健全惩治和预防腐败体系，建设廉洁政治，努力实现干部清正、政府清廉、政治清明。

（35）形成科学有效的权力制约和协调机制。完善党和国家领导体制，坚持民主集中制，充分发挥党的领导核心作用。规范各级党政主要领导干部职责权限，科学配置党政部门及内设机构权力和职能，明确职责定位和工作任务。

加强和改进对主要领导干部行使权力的制约和监督，加强行政监察和审计监督。

推行地方各级政府及其工作部门权力清单制度，依法公开权力运行流程。完善党务、政务和各领域办事公开制度，推进决策公开、管理公开、服务公开、结果公开。

（36）加强反腐败体制机制创新和制度保障。加强党对党风廉政建设和反腐败工作统一领导。改革党的纪律检查体制，健全反腐败领导体制和工作机制，改革和完善各级反腐败协调小组职能。

落实党风廉政建设责任制，党委负主体责任，纪委负监督责任，制定实施切实可行的责任追究制度。各级纪委要履行协助党委加强党风建设和组织协调反腐败工作的职责，加强对同级党委特别是常委会成员的监督，更好发挥党内监督专门机关作用。

推动党的纪律检查工作双重领导体制具体化、程序化、制度化，强化上级纪委对下级纪委的领导。查办腐败案件以上级纪委领导为主，线索处置和案件查办在向同级党委报告的同时必须向上级纪委报告。各级纪委书记、副书记的提名和考察以上级纪委会同组织部门为主。

全面落实中央纪委向中央一级党和国家机关派驻纪检机构，实行统一名称、统一管理。派驻机构对派出机关负责，履行监督职责。改进中央和省区市巡视制度，做到对地方、部门、企事业单位全覆盖。

健全反腐倡廉法规制度体系，完善惩治和预防腐败、防控廉政风险、防止利益冲突、领导干部报告个人有关事项、任职回避等方面法律法规，推行新提任领导干部有关事项公开制度试点。健全民主监督、法律监督、舆论监督机制，运用和规范互联网监督。

（37）健全改进作风常态化制度。围绕反对形式主义、官僚主义、享乐主义和奢靡之风，加快体制机制改革和建设。健全领导干部带头改进作风、深入基层调查研究机制，完善直接联系和服务群众制度。改革会议公文制度，从中央做起带头减少会议、文件，着力改进会风文风。健全严格的财务预算、核准和审计制度，着力控制"三公"经费支出和楼堂馆所建设。完善选人用人专项检查和责任追究制度，着力纠正跑官要官等不正之风。改革政绩考核机制，着力解决"形象工程"、"政绩工程"以及不作为、乱作为等问题。

规范并严格执行领导干部工作生活保障制度，不准多处占用住房和办公用房，不准超标准配备办公用房和生活用房，不准违规配备公车，不准违规配备秘书，不准超规格警卫，不准超标准进行公务接待，严肃查处违反规定超标准享受待遇等问题。探索实行官邸制。

完善并严格执行领导干部亲属经商、担任公职和社会组织职务、出国定居等相关制度规定，防止领导干部利用公共权力或自身影响为亲属和其他特定关系人谋取私利，坚决反对特权思想和作风。

十一、推进文化体制机制创新

建设社会主义文化强国，增强国家文化软实力，必须坚持社会主义先进文化前进方向，坚持中国特色社会主义文化发展道路，培育和践行社会主义核心价值观，巩固马克思主义在意识形态领域的指导地位，巩固全党全国各族人民团结奋斗的共同思想基础。坚持以人民为中心的工作导向，坚持把社会效益放在首位、社会效益和经济效益相统一，以激发全民族文化创造活力为中心环节，进一步深化文化体制改革。

（38）完善文化管理体制。按照政企分开、政事分开原则，推动政府部门由办文化向管文化转变，推动党政部门与其所属的文化企事业单位进一步理顺关系。建立党委和政府监管国有文化资产的管理机构，实行管人管事管资产管导向相统一。

健全坚持正确舆论导向的体制机制。健全基础管理、内容管理、行业管理以及网络违法犯罪防范和打击等工作联动机制，健全网络突发事件处置机制，形成正面引导和依法管理相结合的网络舆论工作格局。整合新闻媒体资源，推动传统媒体和新兴媒体融合发展。推动新闻发布制度化。严格新闻工作者职业资格制度，重视新型媒介运用和管理，规范传播秩序。

（39）建立健全现代文化市场体系。完善文化市场准入和退出机制，鼓励各类市场主体公平竞争、优胜劣汰，促进文化资源在全国范围内流动。继续推进国有经营性文化单位转企改制，加快公司制、股份制改造。对按规定转制的重要国有传媒企业探索实行特殊管理股制度。推动文化企业跨地区、跨行业、跨所有制兼并重组，提高文化产业规模化、集约化、专业化水平。

鼓励非公有制文化企业发展，降低社会资本进入门槛，允许参与对外出版、网络出版，允许以控股形式参与国有影视制作机构、文艺院团改制经营。支持各种形式小微文化企业发展。

在坚持出版权、播出权特许经营前提下，允许制作和出版、制作和播出分开。建立多层次文化产品和要素市场，鼓励金融资本、社会资本、文化资源相结合。完善文化经济政策，扩大政府文化资助和文化采购，加强版权保护。健全文化产品评价体系，改革评奖制度，推出更多文化精品。

（40）构建现代公共文化服务体系。建立公共文化服务体系建设协调机制，统筹服务设施网络建设，促进基本公共文化服务标准化、均等化。建立群众评价和反馈机制，推动文化惠民项目与群众文化需求有效对接。整合基层宣传文化、党员教育、科学普及、体育健身等设施，建设综合性文化服务中心。

明确不同文化事业单位功能定位，建立法人治理结构，完善绩效考核机制。推动公共图书馆、博物馆、文化馆、科技馆等组建理事会，吸纳有关方面代表、专业人士、各界群众参与管理。

引入竞争机制，推动公共文化服务社会化发展。鼓励社会力量、社会资本参与公共文化服务体系建设，培育文化非营利组织。

（41）提高文化开放水平。坚持政府主导、企业主体、市场运作、社会参与，扩大对外文化交流，加强国际传播能力和对外话语体系建设，推动中华文化走向世界。理顺内宣外宣体制，支持重点媒体面向国内国际发展。培育外向型文化企业，支持文化企业到境外开拓市场。鼓励社会组织、中资机构等参与孔子学院和海外文化中心建设，承担人文交流项目。

积极吸收借鉴国外一切优秀文化成果，引进有利于我国文化发展的人才、技术、经营管理经验。切实维护国家文化安全。

十二、推进社会事业改革创新

实现发展成果更多更公平惠及全体人民，必须加快社会事业改革，解决好人民最关心最直接最现实的利益问题，努力为社会提供多样化服务，更好满足人民需求。

（42）深化教育领域综合改革。全面贯彻党的教育方针，坚持立德树人，加强社会主义核心价值体系教育，完善中华优秀传统文化教育，形成爱学习、爱劳动、爱祖国活动的有效形式和长效机制，增强学生社会责任感、创新精神、实践能力。强化体育课和课外锻炼，促进青少年身心健康、体魄强健。改进美育教学，提高学生审美和人文素养。大力促进教育公平，健全家庭经济困难学生资助体系，构建利用信息化手段扩大优质教育资源覆盖面的有效机制，逐步缩小区域、城乡、校际差距。统筹城乡义务教育资源均衡配置，实行公办学校标准化建设和校长教师交流轮岗，不设重点学校重点班，破解择校难题，标本兼治减轻学生课业负担。加快现代职业教育体系建设，深化产教融合、校企合作，培养高素质劳动者和技能型人才。创新高校人才培养机制，促进高校办出特色争创一流。推进学前教育、特殊教育、继续教育改革发展。

推进考试招生制度改革，探索招生和考试相对分离、学生考试多次选择、学校依法自主招生、专业机构组织实施、政府宏观管理、社会参与监督的运行机制，从根本上解决一考定终身的弊端。义务教育免试就近入学，试行学区制和九年一贯对口招生。推行初高中学业水平考试和综合素质评价。加快推进职业院校分类招考或注册入学。逐步推行普通高校基于统一高考和高中学业水平考试成绩的综合评价多元录取机制。探索全国统考减少科目、不分文理科、外语等科目社会化考试一年多考。试行普通高校、高职院校、成人高校之间学分转换，拓宽终身学习通道。

深入推进管办评分离，扩大省级政府教育统筹权和学校办学自主权，完善学校内部治理结构。强化国家教育督导，委托社会组织开展教育评估监测。健全政府补贴、政府购买服务、助学贷款、基金奖励、捐资激励等制度，鼓励社会力量兴办教育。

（43）健全促进就业创业体制机制。建立经济发展和扩大就业的联动机制，健全政府促进就业责任制度。规范招人用人制度，消除城乡、行业、身份、性别等一切影响平等就业的制度障碍和就业歧视。完善扶持创业的优惠政策，形成政府激励创业、社会支持创业、劳动者勇于创业新机制。完善城乡均等的公共就业创业服务体系，构建劳动者终身职业培训体系。增强失业保险制度预防失业、促进就业功能，完善就业失业监测统计制度。创新劳动关系协调机制，畅通职工表达合理诉求渠道。

促进以高校毕业生为重点的青年就业和农村转移劳动力、城镇困难人员、退役军人就业。结合产业升级开发更多适合高校毕业生的就业岗位。政府购买基层公共管理和社会服务岗位更多用于吸纳高校毕业生就业。健全鼓励高校毕业生到基层工作的服务保障机制，提高公务员定向招录和事业单位优先招聘比例。实行激励高校毕业生自主创业政策，整合发展国家和省级高校毕业生就业创业基金。实施离校未就业高校毕业生就业促进计划，把未就业的纳入就业见习、技能培训等就业准备活动之中，对有特殊困难的实行全程就业服务。

（44）形成合理有序的收入分配格局。着重保护劳动所得，努力实现劳动报酬增长和劳动生产率提高同步，提高劳动报酬在初次分配中的比重。健全工资决定和正常增长机制，完善最低工资和工资支付保障制度，完善企业工资集体协商制度。改革机关事业单位工资和津贴补贴制度，完善艰苦边远地区津贴增长机制。健全资本、知识、技术、管理等由要素市场决定的报酬机制。扩展投资和租赁服务等途径，优化上市公司投资者回报机制，保护投资者尤其是中小投资者合法权益，多渠道增加居民财产性收入。

完善以税收、社会保障、转移支付为主要手段的再分配调节机制，加大税收调节力度。建立公共资源出让收益合理共享机制。完善慈善捐助减免税制度，支持慈善事业发挥扶贫济困积极作用。

规范收入分配秩序，完善收入分配调控体制机制和政策体系，建立个人收入和财产信息系统，保护合法收入，调节过高收入，清理规范隐性收入，取缔非法收入，增加低收入者收入，扩大中等收入者比重，努力缩小城乡、区域、行业收入分配差距，逐步形成橄榄型分配格局。

（45）建立更加公平可持续的社会保障制度。坚持社会统筹和个人账户相结合的基本养老保险制度，完善个人账户制度，健全多缴多得激励机制，确保参保人权益，实现基础养老金全国统筹，坚持精算平衡原则。推进机关事业单位养老保险制度改革。整合城乡居民基本养老保险制度、基本医疗保险制度。推进城乡最低生活保障制度统筹发展。建立健全合理兼顾各类人员的社会保障待遇确定和正常调整机制。完善社会保险关系转移接续政策，扩大参保缴费覆盖面，适时适当降低社会保险费率。研究制定渐进式延迟退休年龄政策。加快健全社会保障管理体制和经办服务体系。健全符合国情的住房保障和供应体系，建立公开规范的住房公积金制度，改进住房公积金提取、使用、监管机制。

健全社会保障财政投入制度，完善社会保障预算制度。加强社会保险基金投资管理和监督，推进基金市场化、多元化投资运营。制定实施免税、延期征税等优惠政策，加快发展企业年金、职业年金、商业保险，构建多层次社会保障体系。

积极应对人口老龄化，加快建立社会养老服务体系和发展老年服务产业。健全农村留守儿童、妇女、老年人关爱服务体系，健全残疾人权益保障、困境儿童分类保障制度。

（46）深化医药卫生体制改革。统筹推进医疗保障、医疗服务、公共卫生、药品供应、监管体制综合改革。深化基层医疗卫生机构综合改革，健全网络化城乡基层医疗卫生服务运行机制。加快公立医院改革，落实政府责任，建立科学的医疗绩效评价机制和适应行业特点的人才培养、人事薪酬制度。完善合理分级诊疗模式，建立社区医生和居民契约服务关系。充分利用信息化手段，促进优质医疗资源纵向流动。加强区域公共卫生服务资源整合。取消以药补医，理顺医药价格，建立科学补偿机制。改革医保支付方式，健全全民医保体系。加快健全重特大疾病医疗保险和救助制度。完善中医药事业发展政策和机制。

鼓励社会办医，优先支持举办非营利性医疗机构。社会资金可直接投向资源稀缺及满足多元需求服务领域，多种形式参与公立医院改制重组。允许医师多点执业，允许民办医疗机构纳入医保定点范围。

坚持计划生育的基本国策，启动实施一方是独生子女的夫妇可生育两个孩子的政策，逐步调整完善生育政策，促进人口长期均衡发展。

十三、创新社会治理体制

创新社会治理，必须着眼于维护最广大人民根本利益，最大限度增加和谐因素，增强社会发展活力，提高社会治理水平，全面推进平安中国建设，维护国家安全，确保人民安居乐业、社会安定有序。

（47）改进社会治理方式。坚持系统治理，加强党委领导，发挥政府主导作用，鼓励和支持社会各方面参与，实现政府治理和社会自我调节、居民自治良性互动。坚持依法治理，加强法治保障，运用法治思维和法治方式化解社会矛盾。坚持综合治理，强化道德约束，规范社会行为，调节利益关系，协调社会关系，解决社会问题。坚持源头治理，标本兼治、重在治本，以网格化管理、社会化服务为方向，健全基层综合服务管理平台，及时反映和协调人民群众各方面各层次利益诉求。

（48）激发社会组织活力。正确处理政府和社会关系，加快实施政社分开，推进社会组织明确权责、依法自治、发挥作用。适合由社会组织提供的公共服务和解决的事项，交由社会组织承担。支持和发展志愿服务组织。限期实现行业协会商会与行政机关真正脱钩，重点培育和优先发展行业协会商会类、科技类、公益慈善类、城乡社区服务类社会组织，成立时直接依法申请登记。加强对社会组织和在华境外非政府组织的管理，引导它们依法开展活动。

（49）创新有效预防和化解社会矛盾体制。健全重大决策社会稳定风险评估机制。建立畅通有序的诉求表达、心理干预、矛盾调处、权益保障机制，使群众问题能反映、矛盾能化解、权益有保障。

改革行政复议体制，健全行政复议案件审理机制，纠正违法或不当行政行为。完善人民调解、行政调解、司法调解联动工作体系，建立调处化解矛盾纠纷综合机制。

改革信访工作制度，实行网上受理信访制度，健全及时就地解决群众合理诉求机制。把涉法涉诉信访纳入法治轨道解决，建立涉法涉诉信访依法终结制度。

（50）健全公共安全体系。完善统一权威的食品药品安全监管机构，建立最严格的覆盖全过程的监管制度，建立食品原产地可追溯制度和质量标识制度，保障食品药品安全。深化安全生产管理体制改革，建立隐患排查治理体系和安全预防控制体系，遏制重特大安全事故。健全防灾减灾救灾体制。加强社会治安综合治理，创新立体化社会治安防控体系，依法严密防范和惩治各类违法犯罪活动。

坚持积极利用、科学发展、依法管理、确保安全的方针，加大依法管理网络力度，加快完善互联网管理领导体制，确保国家网络和信息安全。

设立国家安全委员会，完善国家安全体制和国家安全战略，确保国家安全。

十四、加快生态文明制度建设

建设生态文明，必须建立系统完整的生态文明制度体系，实行最严格的源头保护制度、损害赔偿制度、责任追究制度，完善环境治理和生态修复制度，用制度保护生态环境。

（51）健全自然资源资产产权制度和用途管制制度。对水流、森林、山岭、草原、荒地、滩涂等自然生态空间进行统一确权登记，形成归属清晰、权责明确、监管有效的自然资源资产产权制度。建立空间规划体系，划定生产、生活、生态空间开发管制界限，落实用途管制。健全能源、水、土地节约集约使用制度。

健全国家自然资源资产管理体制，统一行使全民所有自然资源资产所有者职责。完善自然资源监管体制，统一行使所有国土空间用途管制职责。

（52）划定生态保护红线。坚定不移实施主体功能区制度，建立国土空间开发保护制度，严格按照主体功能区定位推动发展，建立国家公园体制。建立资源环境承载能力监测预警机制，对水土资源、环境容量和海洋资源超载区域实行限制性措施。对限制开发区域和生态脆弱的国家扶贫开发工作重点县取消地区生产总值考核。

探索编制自然资源资产负债表，对领导干部实行自然资源资产离任审计。建立生态环境损害责任终身追究制。

（53）实行资源有偿使用制度和生态补偿制度。加快自然资源及其产品价格改革，全面反映市场供求、资源稀缺程度、生态环境损害成本和修复效益。坚持使用资源付费和谁污染环境、谁破坏生态谁付费原则，逐步将资源税扩展到占用各种自然生态空间。稳定和扩大退耕还林、退牧还草范围，调整严重污染和地下水严重超采区耕地用途，有序实现耕地、河湖休养生息。建立有效调节工业用地和居住用地合理比价机制，提高工业用地价格。坚持谁受益、谁补偿原则，完善对重点生态功能区的生态补偿机制，推动地区间建立横向生态补偿制度。发展环保市场，推行节能量、碳排放权、排污权、水权交易制度，建立吸引社会资本投入生态环境保护的市场化机制，推行环境污染第三方治理。

（54）改革生态环境保护管理体制。建立和完善严格监管所有污染物排放的环境保护管理制度，独立进行环境监管和行政执法。建立陆海统筹的生态系统保护修复和污染防治区域联动机制。健全国有林区经营管理体制，完善集体林权制度改革。及时公布环境信息，健全举报制度，加强社会监督。完善污染物排放许可制，实行企事业单位污染物排放总量控制制度。对造成生态环境损害的责任者严格实行赔偿制度，依法追究刑事责任。

十五、深化国防和军队改革

紧紧围绕建设一支听党指挥、能打胜仗、作风优良的人民军队这一党在新形势下的强军目标，着力解决制约国防和军队建设发展的突出矛盾和问题，创新发展军事理论，加强军事战略指导，完善新时期军事战略方针，构建中国特色现代军事力量体系。

（55）深化军队体制编制调整改革。推进领导管理体制改革，优化军委总部领导机关职能配置和机构设置，完善各军兵种领导管理体制。健全军委联合作战指挥机构和战区联合作战指挥体制，推进联合作战训练和保障体制改革。完善新型作战力量领导体制。加强信息化建设集中统管。优化武装警察部队力量结构和指挥管理体制。

优化军队规模结构，调整改善军兵种比例、官兵比例、部队与机关比例，减少非战斗机构和人员。依据不同方向安全需求和作战任务改革部队编成。加快新型作战力量建设。深化军队院校改革，健全军队院校教育、部队训练实践、军事职业教育三位一体的新型军事人才培养体系。

（56）推进军队政策制度调整改革。健全完善与军队职能任务需求和国家政策制度创新相适应的军事人力资源政策制度。以建立军官职业化制度为牵引，逐步形成科学规范的军队干部制度体系。健全完善文职人员制度。完善兵役制度、士官制度、退役军人安置制度改革配套政策。

健全军费管理制度，建立需求牵引规划、规划主导资源配置机制。健全完善经费物资管理标准制度体系。深化预算管理、集中收付、物资采购和军人医疗、保险、住房保障等制度改革。

健全军事法规制度体系，探索改进部队科学管理的方式方法。

（57）推动军民融合深度发展。在国家层面建立推动军民融合发展的统一领导、军地协调、需求对接、资源共享机制。健全国防工业体系，完善国防科技协同创新体制，改革国防科研生产管理和武器装备采购体制机制，引导优势民营企业进入军品科研生产和维修领域。改革完善依托国民教育培养军事人才的政策制度。拓展军队保障社会化领域。深化国防教育改革。健全国防动员体制机制，完善平时征用和战时动员法规制度。深化民兵预备役体制改革。调整理顺边海空防管理体制机制。

十六、加强和改善党对全面深化改革的领导

全面深化改革必须加强和改善党的领导，充分发挥党总揽全局、协调各方的领导核心作用，建设学习型、服务型、创新型的马克思主义执政党，提高党的领导水平和执政能力，确保改革取得成功。

（58）全党同志要把思想和行动统一到中央关于全面深化改革重大决策部署上来，正确处理中央和地方、全局和局部、当前和长远的关系，正确对待利益格局调整，充分发扬党内民主，坚决维护中央权威，保证政令畅通，坚定不移实现中央改革决策部署。

中央成立全面深化改革领导小组，负责改革总体设计、统筹协调、整体推进、督促落实。

各级党委要切实履行对改革的领导责任，完善科学民主决策机制，以重大问题为导向，把各项改革举措落到实处。加强各级领导班子建设，完善干部教育培训和实践锻炼制度，不断提高领导班子和领导干部推动改革能力。创新基层党建工作，健全党的基层组织体系，充分发挥基层党组织的战斗堡垒作用，引导广大党员积极投身改革事业，发扬"钉钉子"精神，抓铁有痕、踏石留印，为全面深化改革作出积极贡献。

（59）全面深化改革，需要有力的组织保证和人才支撑。坚持党管干部原则，深化干部人事制度改革，构建有效管用、简便易行的选人用人机制，使各方面优秀干部充分涌现。发挥党组织领导和把关作用，强化党委（党组）、分管领导和组织部门在干部选拔任用中的权重和干部考察识别的责任，改革和完善干部考核评价制度，改进竞争性选拔干部办法，改进优秀年轻干部培养选拔机制，区分实施选任制和委任制干部选拔方式，坚决纠正唯票取人、唯分取人等现象，用好各年龄段干部，真正把信念坚定、为民服务、勤政务实、敢于担当、清正廉洁的好干部选拔出来。

打破干部部门化，拓宽选人视野和渠道，加强干部跨条块跨领域交流。破除"官本位"观念，推进干部能上能下、能进能出。完善和落实领导干部问责制，完善从严管理干部队伍制度体系。深化公务员分类改革，推行公务员职务与职级并行、职级与待遇挂钩制度，加快建立专业技术类、行政执法类公务员和聘任人员管理制度。完善基层公务员录用制度，在艰苦边远地区适当降低进入门槛。

建立集聚人才体制机制，择天下英才而用之。打破体制壁垒，扫除身份障碍，让人人都有成长成才、脱颖而出的通道，让各类人才都有施展才华的广阔天地。完善党政机关、企事业单位、社会各方面人才顺畅流动的制度体系。健全人才向基层流动、向艰苦地区和岗位流动、在一线创业的激励机制。加快形成具有国际竞争力的人才制度优势，完善人才评价机制，增强人才政策开放度，广泛吸引境外优秀人才回国或来华创业发展。

（60）人民是改革的主体，要坚持党的群众路线，建立社会参与机制，充分发挥人民群众积极性、主动性、创造性，充分发挥工会、共青团、妇联等人民团体作用，齐心协力推进改革。鼓励地方、基层和群众大胆探索，加强重大改革试点工作，及时总结经验，宽容改革失误，加强宣传和舆论引导，为全面深化改革营造良好社会环境。

全党同志要紧密团结在以习近平同志为总书记的党中央周围，锐意进取，攻坚克难，谱写改革开放伟大事业历史新篇章，为全面建成小康社会、不断夺取中国特色社会主义新胜利、实现中华民族伟大复兴的中国梦而奋斗！

关于《中共中央关于全面深化改革若干重大问题的决定》的说明

习近平

（2013 年 11 月 15 日）

受中央政治局委托，现在，我就《中共中央关于全面深化改革若干重大问题的决定》向全会作说明。

一、关于全会决定起草过程

改革开放以来，历届三中全会研究什么议题、作出什么决定、采取什么举措、释放什么信号，是人们判断新一届中央领导集体施政方针和工作重点的重要依据，对做好未来 5 年乃至 10 年工作意义重大。

党的十八大之后，中央即着手考虑十八届三中全会的议题。党的十八大统一提出了全面建成小康社会和全面深化改革开放的目标，强调必须以更大的政治勇气和智慧，不失时机深化重要领域改革，坚决破除一切妨碍科学发展的思想观念和体制机制弊端，构建系统完备、科学规范、运行有效的制度体系，使各方面制度更加成熟更加定型。我们认为，要完成党的十八大提出的各项战略目标和工作部署，必须抓紧推进全面改革。

从党的十一届三中全会作出把党和国家工作中心转移到经济建设上来、实行改革开放的历史性决策以来，已经 35 个年头了。中国人民的面貌、社会主义中国的面貌、中国共产党的面貌能发生如此深刻的变化，我国能在国际社会赢得举足轻重的地位，靠的就是坚持不懈推进改革开放。

1992 年，邓小平同志在南方谈话中说："不坚持社会主义，不改革开放，不发展经济，不改善人民生活，只能是死路一条。"回过头来看，我们对邓小平同志这番话就有更深的理解了。所以，我们讲，只有社会主义才能救中国，只有改革开放才能发展中国、发展社会主义、发展马克思主义。

正是从历史经验和现实需要的高度，党的十八大以来，中央反复强调，改革开放是决定当代中国命运的关键一招，也是决定实现"两个一百年"奋斗目标、实现中华民族伟大复兴的关键一招，实践发展永无止境，解放思想永无止境，改革开放也永无止境，停顿和倒退没有出路，改革开放只有进行时、没有完成时。面对新形势新任务，我们必须通过全面深化改革，着力解决我国发展面临的一系列突出矛盾和问题，不断推进中国特色社会主义制度自我完善和发展。

当前，国内外环境都在发生极为广泛而深刻的变化，我国发展面临一系列突出矛盾和挑战，前进道路上还有不少困难和问题。比如：发展中不平衡、不协调、不可持续问题依然突出，科技创新能力不强，产业结构不合理，发展方式依然粗放，城乡区域发展差距和居民收入分配差距依然较大，社会矛盾明显增多，教育、就业、社会保障、医疗、住房、生态环境、食品药品安全、安全生产、社会治安、执法司法等关系群众切身利益的问题较多，部分群众生活困难，形式主义、官僚主义、享乐主义和奢靡之风问题突出，一些领域消极腐败现象易发多发，反腐败斗争形势依然严峻，等等。解决这些问题，关键在于深化改革。

今年4月，中央政治局经过深入思考和研究、广泛听取党内外各方面意见，决定党的十八届三中全会研究全面深化改革问题并作出决定。

4月20日，中央发出《关于对党的十八届三中全会研究全面深化改革问题征求意见的通知》。各地区各部门一致认为，党的十八届三中全会重点研究全面深化改革问题，顺应了广大党员、干部、群众的愿望，抓住了全社会最关心的问题，普遍表示赞成。

改革开放以来历次三中全会都研究讨论深化改革问题，都是在释放一个重要信号，就是我们党将坚定不移高举改革开放的旗帜，坚定不移坚持党的十一届三中全会以来的理论和路线方针政策。说到底，就是要回答在新的历史条件下举什么旗、走什么路的问题。

党的十八届三中全会以全面深化改革为主要议题，是我们党坚持以邓小平理论、"三个代表"重要思想、科学发展观为指导，在新形势下坚定不移贯彻党的基本路线、基本纲领、基本经验、基本要求，坚定不移高举改革开放大旗的重要宣示和重要体现。

议题确定后，中央政治局决定成立文件起草组，由我担任组长，刘云山、张高丽同志为副组长，相关部门负责同志、部分省市领导同志参加，在中央政治局常委会领导下进行全会决定起草工作。

文件起草组成立以来，在将近7个月的时间里，广泛征求意见，开展专题论证，进行调查研究，反复讨论修改。其间，中央政治局常委会会议3次、中央政治局会议2次分别审议决定，决定征求意见稿还下发党内一定范围征求意见，征求党内老同志意见，专门听取各民主党派中央、全国工商联负责人和无党派人士意见。

从反馈情况看，各方面一致认为，全会决定深刻剖析了我国改革发展稳定面临的重大理论和实践问题，阐明了全面深化改革的重大意义和未来走向，提出了全面深化改革的指导思想、目标任务、重大原则，描绘了全面深化改革的新蓝图、新愿景、新目标，汇集了全面深化改革的新思想、新论断、新举措，反映了社会呼声、社会诉求、社会期盼，凝聚了全党全社会关于全面深化改革的思想共识和行动智慧。

各方面一致认为，全会决定合理布局了全面深化改革的战略重点、优先顺序、主攻方向、工作机制、推进方式和时间表、路线图，形成了改革理论和政策的一系列新的重大突破，是全面深化改革的又一次总部署、总动员，必将对推动中国特色社会主义事业发展产生重大而深远的影响。

在征求意见过程中，各方面共提出了许多好的意见和建议。中央责成文件起草组认真整理研究这些意见和建议，文件起草组对全会决定作出重要修改。

二、关于全会决定的总体框架和重点问题

中央政治局认为，面对新形势新任务新要求，全面深化改革，关键是要进一步形成公平竞争的发展环境，进一步增强经济社会发展活力，进一步提高政府效率和效能，进一步实现社会公平正义，进一步促进社会和谐稳定，进一步提高党的领导水平和执政能力。

围绕这些重大课题，我们强调，要有强烈的问题意识，以重大问题为导向，抓住关键问题进一步研究思考，着力推动解决我国发展面临的一系列突出矛盾和问题。我们中国共产党人干革命、搞建设、抓改革，从来都是为了解决中国的现实问题。可以说，改革是由问题倒逼而产生，又在不断解决问题中得以深化。

35年来，我们用改革的办法解决了党和国家事业发展中的一系列问题。同时，在认识世界和改造世界的过程中，旧的问题解决了，新的问题又会产生，制度总是需要不断完善，因而改革既不可能一蹴而就、也不可能一劳永逸。

全会决定起草，突出了5个方面的考虑。一是适应党和国家事业发展新要求，落实党的十八大提出的全面深化改革开放的战略任务。二是以改革为主线，突出全面深化改革新举措，一般性举措不写，重复性举措不写，纯属发展性举措不写。三是抓住重点，围绕解决好人民群众反映强烈的问题，回应人民群众呼声和期待，突出重要领域和关键环节，突出经济体制改革牵引作用。四是坚持积极稳妥，设计改革措施胆子要大、步子要稳。五是时间设计到2020年，按这个时间段提出改革任务，到2020年在重要领域和关键环节改革上取得决定性成果。

在框架结构上，全会决定以当前亟待解决的重大问题为提领，按条条谋篇布局。除引言和结束语外，共16个部分，分三大板块。第一部分构成第一板块，是总论，主要阐述全面深化改革的重大意义、指导思想、总体思路。第二至第十五部分构成第二板块，是分论，主要从经济、政治、文化、社会、生态文明、国防和军队6个方面，具体部署全面深化改革的主要任务和重大举措。其中，经济方面开6条（第二至第七部分），政治方面开3条（第八至第十部分），文化方面开1条（第十一部分），社会方面开2条（第十二至第十三部分），生态方面开1条（第十四部分），国防和军队方面开1条（第十五部分）。第十六部分构成第三板块，讲组织领导，主要阐述加强和改善党对全面深化改革的领导。

这里，我想就全会决定涉及的几个重大问题和重大举措介绍一下中央的考虑。

第一，关于使市场在资源配置中起决定性作用和更好发挥政府作用。这是这次全会决定提出的一个重大理论观点。这是因为，经济体制改革仍然是全面深化改革的重点，经济体制改革的核心问题仍然是处理好政府和市场关系。

1992年，党的十四大提出了我国经济体制改革的目标是建立社会主义市场经济体制，提出要使市场在国家宏观调控下对资源配置起基础性作用。这一重大理论突破，对我国改革开放和经济社会发展发挥了极为重要的作用。这也说明，理论创新对实践创新具有重大先导作用，全面深化改革必须以理论创新为先导。

经过20多年实践，我国社会主义市场经济体制已经初步建立，但仍存在不少问题，主要是市场秩序不规范，以不正当手段谋取经济利益的现象广泛存在；生产要素市场发展滞后，要素闲置和大量有效需求得不到满足并存；市场规则不统一，部门保护主义和地方保护主义大量存在；市场竞争不充分，阻碍优胜劣汰和结构调整，等等。这些问题不解决好，完善的社会主义市场经济体制是难以形成的。

从党的十四大以来的20多年间，对政府和市场关系，我们一直在根据实践拓展和认识深化寻找新的科学定位。党的十五大提出"使市场在国家宏观调控下对资源配置起基础性作用"，党的十六大提出"在更大程度上发挥市场在资源配置中的基础性作用"，党的十七大提出"从制度上更好发挥市场在资源配置中的基础性作用"，党的十八大提出"更大程度更广范围发挥市场在资源配置中的基础性作用"。可以看出，我们对政府和市场关系的认识也在不断深化。

在这次讨论和征求意见过程中，许多方面提出，应该从理论上对政府和市场关系进一步作出定位，这对全面深化改革具有十分重大的作用。考虑各方面意见和现实发展要求，经过反复讨论和研究，中央认为对这个问题从理论上作出新的表述条件已经成熟，应该把市场在资源配置中的"基础性作用"修改为"决定性作用"。

现在，我国社会主义市场经济体制已经初步建立，市场化程度大幅度提高，我们对市场规律的认识和驾驭能力不断提高，宏观调控体系更为健全，主客观条件具备，我们应该在完善社会主义市场经济体制上迈出新的步伐。

进一步处理好政府和市场关系，实际上就是要处理好在资源配置中市场起决定性作用还是政府起决定性作用这个问题。经济发展就是要提高资源尤其是稀缺资源的配置效率，以尽可能少的资源投入生产尽可能多的产品、获得尽可能大的效益。理论和实践都证明，市场配置资源是最有效率的形式。市场决定资源配置是市场经济的一般规律，市场经济本质上就是市场决定资源配置的经济。健全社会主义市场经济体制必须遵循这条规律，着力解决市场体系不完善、政府干预过多和监管不到位问题。作出"使市场在资源配置中起决定性作用"的定位，有利于在全党全社会树立关于政府和市场关系的正确观念，有利于转变经济发展方式，有利于转变政府职能，有利于抑制消极腐败现象。

当然，我国实行的是社会主义市场经济体制，我们仍然要坚持发挥我国社会主义制度的优越性、发挥党和政府的积极作用。市场在资源配置中起决定性作用，并不是起全部作用。

发展社会主义市场经济，既要发挥市场作用，也要发挥政府作用，但市场作用和政府作用的职能是不同的。全会决定对更好发挥政府作用提出了明确要求，强调科学的宏观调控，有效的政府治理，是发挥社会主义市场经济体制优势的内在要求。全会决定对健全宏观调控体系、全面正确履行政府职能、优化政府组织结构进行了部署，强调政府的职责和作用主要是保持宏观经济稳定，加强和优化公共服务，保障公平竞争，加强市场监管，维护市场秩序，推动可持续发展，促进共同富裕，弥补市场失灵。

第二，关于坚持和完善基本经济制度。坚持和完善公有制为主体、多种所有制经济共同发展的基本经济制度，关系巩固和发展中国特色社会主义制度的重要支柱。

改革开放以来，我国所有制结构逐步调整，公有制经济和非公有制经济在发展经济、促进就业等方面的比重不断变化，增强了经济社会发展活力。在这种情况下，如何更好体现和坚持公有制主体地位，进一步探索基本经济制度有效实现形式，是摆在我们面前的一个重大课题。

全会决定强调必须毫不动摇巩固和发展公有制经济，坚持公有制主体地位，发挥国有经济主导作用，不断增强国有经济活力、控制力、影响力。

全会决定坚持和发展党的十五大以来有关论述，提出要积极发展混合所有制经济，强调国有资本、集体资本、非公有资本等交叉持股、相互融合的混合所有制经济，是基本经济制度的重要实现形式，有利于国有资本放大功能、保值增值、提高竞争力。这是新形势下坚持公有制主体地位，增强国有经济活力、控制力、影响力的一个有效途径和必然选择。

全会决定提出，完善国有资产管理体制，以管资本为主加强国有资产监管，改革国有资本授权经营体制；国有资本投资运营要服务于国家战略目标，更多投向关系国家安全、国民经济命脉的重要行业和关键领域，重点提供公共服务、发展重要前瞻性战略性产业、保护生态环境、支持科技进步、保障国家安全；划转部分国有资本充实社会保障基金；提高国有资本收益上缴公共财政比例，更多用于保障和改善民生。

国有企业是推进国家现代化、保障人民共同利益的重要力量。经过多年改革，国有企业总体上已经同市场经济相融合。同时，国有企业也积累了一些问题、存在一些弊端，需要进一步推进改革。全会决定提出一系列有针对性的改革举措，包括国有资本加大对公益性企业的投入；国有资本继续控股经营的自然垄断行业，实行以政企分开、政资分开、特许经营、政府监管为主要内容的改革，根据不同行业特点实行网运分开、放开竞争性业务；健全协调运转、有效制衡的公司法人治理结构；建立职业经理人制度，更好发挥企业家作用；建立长效激励约束机制，强化国有企业经营投资责任追究；探索推进国有企业财务预算等重大信息公开；国有企业要合理增加市场化选聘比例，合理确定并严格规范国有企业管理人员薪酬水平、职务待遇、职务消费、业务消费。这些举措将推动国有企业完善现代企业制度、提高经营效率、合理承担社会责任、更好发挥作用。

坚持和完善基本经济制度必须坚持"两个毫不动摇"。全会决定从多个层面提出鼓励、支持、引导非公有制经济发展，激发非公有制经济活力和创造力的改革举措。在功能定位上，明确公有制经济和非公有制经济都是社会主义市场经济的重要组成部分，都是我国经济社会发展的重要基础；在产权保护上，明确提出公有制经济财产权不可侵犯，非公有制经济财产权同样不可侵犯；在政策待遇上，强调坚持权利平等、机会平等、规则平等，实行统一的市场准入制度；鼓励非公有制企业参与国有企业改革，鼓励发展非公有资本控股的混合所有制企业，鼓励有条件的私营企业建立现代企业制度。这将推动非公有制经济健康发展。

第三，关于深化财税体制改革。财政是国家治理的基础和重要支柱，科学的财税体制是优化资源配置、维护市场统一、促进社会公平、实现国家长治久安的制度保障。现行财税体制是在 1994 年分税制改革的基础上逐步完善形成的，对实现政府财力增强和经济快速发展的双赢目标发挥了重要作用。

随着形势发展变化，现行财税体制已经不完全适应合理划分中央和地方事权、完善国家治理的客观要求，不完全适应转变经济发展方式、促进经济社会持续健康发展的现实需要，我国经济社会发展中的一些突出矛盾和问题也与财税体制不健全有关。

这次全面深化改革，财税体制改革是重点之一。主要涉及改进预算管理制度，完善税收制度，建立事权和支出责任相适应的制度等。

全会决定提出，要实施全面规范、公开透明的预算制度，适度加强中央事权和支出责任，国防、外交、国家安全、关系全国统一市场规则和管理等作为中央事权；部分社会保障、跨区域重大项目建设维护等作为中央和地方共同事权，逐步理顺事权关系；中央可通过安排转移支付将部分事权支出责任委托地方承担；对于跨区域且对其他地区影响较大的公共服务，中央通过转移支付承担一部分地方事权支出责任。

这些改革举措的主要目的是明确事权、改革税制、稳定税负、透明预算、提高效率，加快形成有利于转变经济发展方式、有利于建立公平统一市场、有利于推进基本公共服务均等化的现代财政制度，形成中央和地方财力与事权相匹配的财税体制，更好发挥中央和地方两个积极性。

财税体制改革需要一个过程，逐步到位。中央已经明确，要保持现有中央和地方财力格局总体稳定，进一步理顺中央和地方收入划分。

第四，关于健全城乡发展一体化体制机制。城乡发展不平衡不协调，是我国经济社会发展存在的突出矛盾，是全面建成小康社会、加快推进社会主义现代化必须解决的重大问题。改革开放以来，我国农村面貌发生了翻天覆地的变化。但是，城乡二元结构没有根本改变，城乡发展差距不断拉大趋势没有根本扭转。根本解决这些问题，必须推进城乡发展一体化。

全会决定提出，必须健全体制机制，形成以工促农、以城带乡、工农互惠、城乡一体的新型工农城乡关系，让广大农民平等参与现代化进程、共同分享现代化成果。

全会决定提出了健全城乡发展一体化体制机制的改革举措。一是加快构建新型农业经营体系。主要是坚持家庭经营在农业中的基础性地位，鼓励土地承包经营权在公开市场上向专业大户、家庭农场、农民合作社、农业企业流转，鼓励农村发展合作经济，鼓励和引导工商资本到农村发展适合企业化经营的现代种养业，允许农民以土地承包经营权入股发展农业产业化经营等。二是赋予农民更多财产权利。主要是依法维护农民土地承包经营权，保障农民集体经济组织成员权利，保障农户宅基地用益物权，慎重稳妥推进农民住房财产权抵押、担保、转让试点。三是推进城乡要素平等交换和公共资源均衡配置。主要是保障农民工同工同酬，保障农民公平分享土地增值收益；完善农业保险制度；鼓励社会资本投向农村建设，允许企业和社会组织在农村兴办各类事业；统筹城乡义务教育资源均衡配置，整合城乡居民基本养老保险制度、基本医疗保险制度，推进城乡最低生活保障制度统筹发展，稳步推进城镇基本公共服务常住人口全覆盖，把进城落户农民完全纳入城镇住房和社会保障体系。

第五，关于推进协商民主广泛多层制度化发展。协商民主是我国社会主义民主政治的特有形式和独特优势，是党的群众路线在政治领域的重要体现。推进协商民主，有利于完善人民有序政治参与、密切党同人民群众的血肉联系、促进决策科学化民主化。

全会决定把推进协商民主广泛多层制度化发展作为政治体制改革的重要内容，强调在党的领导下，以经济社会发展重大问题和涉及群众切身利益的实际问题为内容，在全社会开展广泛协商，坚持协商于决策之前和决策实施之中。要构建程序合理、环节完整的协商民主体系，拓宽国家政权机关、政协组织、党派团体、基层组织、社会组织的协商渠道；深入开展立法协商、行政协商、民主协商、参政协商、社会协商；发挥统一战线在协商民主中的重要作用，发挥人民政协作为协商民主重要渠道作用，完善人民政协制度体系，规范协商内容、协商程序，拓展协商民主形式，更加活跃有序地组织专题协商、对口协商、界别协商、提案办理协商，增加协商密度，提高协商成效。

第六，关于改革司法体制和运行机制。司法体制是政治体制的重要组成部分。这些年来，群众对司法不公的意见比较集中，司法公信力不足很大程度上与司法体制和工作机制不合理有关。

司法改革是这次全面深化改革的重点之一。全会决定提出了一系列相互关联的新举措，包括改革司法管理体制，推动省以下地方法院、检察院人财物统一管理，探索建立与行政区划适当分离的司法管辖制度；健全司法权力运行机制，完善主审法官、合议庭办案责任制，让审判者裁判、由裁判者负责；严格规范减刑、假释、保外就医程序；健全错案防止、纠正、责任追究机制，严格实行非法证据排除规则；建立涉法涉诉信访依法终结制度；废止劳动教养制度，完善对违法犯罪行为的惩治和矫正法律，等等。

这些改革举措，对确保司法机关依法独立行使审判权和检察权、健全权责明晰的司法权力运行机制、提高司法透明度和公信力、更好保障人权都具有重要意义。

第七，关于健全反腐败领导体制和工作机制。反腐败问题一直是党内外议论较多的问题。目前的问题主要是，反腐败机构职能分散、形不成合力，有些案件难以坚决查办，腐败案件频发却责任追究不够。

全会决定对加强反腐败体制机制创新和制度保障进行了重点部署。主要是加强党对党风廉政建设和反腐败工作统一领导，明确党委负主体责任、纪委负监督责任，制定实施切实可行的责任追究制度；健全反腐败领导体制和工作机制，改革和完善各级反腐败协调小组职能，规定查办腐败案件以上级纪委领导为主；体现强化上级纪委对下级纪委的领导，规定线索处置和案件查办在向同级党委报告的同时必须向上级纪委报告；全面落实中央纪委向中央一级党和国家机关派驻纪检机构，改进中央和省区市巡视制度，做到对地方、部门、企事业单位全覆盖。

这些措施都是在总结实践经验、吸收各方面意见的基础上提出来的。

第八，关于加快完善互联网管理领导体制。网络和信息安全牵涉到国家安全和社会稳定，是我们面临的新的综合性挑战。

从实践看，面对互联网技术和应用飞速发展，现行管理体制存在明显弊端，主要是多头管理、职能交叉、权责不一、效率不高。同时，随着互联网媒体属性越来越强，网上媒体管理和产业管理远远跟不上形势发展变化。特别是面对传播快、影响大、覆盖广、社会动员能力强的微客、微信等社交网络和即时通信工具用户的快速增长，如何加强网络法制建设和舆论引导，确保网络信息传播秩序和国家安全、社会稳定，已经成为摆在我们面前的现实突出问题。

全会决定提出坚持积极利用、科学发展、依法管理、确保安全的方针，加大依法管理网络力度，完善互联网管理领导体制。目的是整合相关机构职能，形成从技术到内容、从日常安全到打击犯罪的互联网管理合力，确保网络正确运用和安全。

第九，关于设立国家安全委员会。国家安全和社会稳定是改革发展的前提。只有国家安全和社会稳定，改革发展才能不断推进。当前，我国面临对外维护国家主权、安全、发展利益，对内维护政治安全和社会稳定的双重压力，各种可以预见和难以预见的风险因素明显增多。而我们的安全工作体制机制还不能适应维护国家安全的需要，需要搭建一个强有力的平台统筹国家安全工作。设立国家安全委员会，加强对国家安全工作的集中统一领导，已是当务之急。

国家安全委员会主要职责是制定和实施国家安全战略，推进国家安全法治建设，制定国家安全工作方针政策，研究解决国家安全工作中的重大问题。

第十，关于健全国家自然资源资产管理体制和完善自然资源监管体制。健全国家自然资源资产管理体制是健全自然资源资产产权制度的一项重大改革，也是建立系统完备的生态文明制度体系的内在要求。

我国生态环境保护中存在的一些突出问题，一定程度上与体制不健全有关，原因之一是全民所有自然资源资产的所有权人不到位，所有权人权益不落实。针对这一问题，全会决定提出健全国家自然资源资产管理体制的要求。总的思路是按照所有者和管理者分开和一件事由一个部门管理的原则，落实全民所有自然资源资产所有权，建立统一行使全民所有自然资源资产所有权人职责的体制。

国家对全民所有自然资源资产行使所有权并进行管理和国家对国土范围内自然资源行使监管权是不同的，前者是所有权人意义上的权利，后者是管理者意义上的权力。这就需要完善自然资源监管体制，统一行使所有国土空间用途管制职责，使国有自然资源资产所有权人和国家自然资源管理者相互独立、相互配合、相互监督。

我们要认识到，山水林田湖是一个生命共同体，人的命脉在田，田的命脉在水，水的命脉在山，山的命脉在土，土的命脉在树。用途管制和生态修复必须遵循自然规律，如果种树的只管种树、治水的只管治水、护田的单纯护田，很容易顾此失彼，最终造成生态的系统性破坏。由一个部门负责领土范围内所有国土空间用途管制职责，对山水林田湖进行统一保护、统一修复是十分必要的。

第十一，关于中央成立全面深化改革领导小组。全面深化改革是一个复杂的系统工程，单靠某一个或某几个部门往往力不从心，这就需要建立更高层面的领导机制。

全会决定提出，中央成立全面深化改革领导小组，负责改革总体设计、统筹协调、整体推进、督促落实。这是为了更好发挥党总揽全局、协调各方的领导核心作用，保证改革顺利推进和各项改革任务落实。领导小组的主要职责是：统一部署全国性重大改革，统筹推进各领域改革，协调各方力量形成推进改革合力，加强督促检查，推动全面落实改革目标任务。

三、关于讨论中要注意的几个问题

这次全会的任务就是讨论全会决定提出的全面深化改革的思路和方案。这里，我给大家提几点要求。

第一，增强推进改革的信心和勇气。改革开放是我们党在新的时代条件下带领人民进行的新的伟大革命，是当代中国最鲜明的特色，也是我们党最鲜明的旗帜。35年来，我们党靠什么来振奋民心、统一思想、凝聚力量？靠什么来激发全体人民的创造精神和创造活力？靠什么来实现我国经济社会快速发展、在与资本主义竞争中赢得比较优势？靠的就是改革开放。

面对未来，要破解发展面临的各种难题，化解来自各方面的风险和挑战，更好发挥中国特色社会主义制度优势，推动经济社会持续健康发展，除了深化改革开放，别无他途。

当前，在改革开放问题上，党内外、国内外都很关注，全党上下和社会各方面期待很高。改革开放到了一个新的重要关头。我们在改革开放上决不能有丝毫动摇，改革开放的旗帜必须继续高高举起，中国特色社会主义道路的正确方向必须牢牢坚持。全党要坚定改革信心，以更大的政治勇气和智慧、更有力的措施和办法推进改革。

第二，坚持解放思想、实事求是。高举改革开放的旗帜，光有立场和态度还不行，必须有实实在在的举措。行动最有说服力。中央决定用党的十八届三中全会这个有利契机就全面深化改革进行部署，是一个战略抉择。我们要抓住这个机遇，努力在全面深化改革上取得新突破。要有新突破，就必须进一步解放思想。

冲破思想观念的障碍、突破利益固化的藩篱，解放思想是首要的。在深化改革问题上，一些思想观念障碍往往不是来自体制外而是来自体制内。思想不解放，我们就很难看清各种利益固化的症结所在，很难找准突破的方向和着力点，很难拿出创造性的改革举措。因此，一定要有自我革新的勇气和胸怀，跳出条条框框限制，克服部门利益掣肘，以积极主动精神研究和提出改革举措。

提出改革举措当然要慎重，要反复研究、反复论证，但也不能因此就谨小慎微、裹足不前，什么也不敢干、不敢试。搞改革，现有的工作格局和体制运行不可能一点都不打破，不可能都是四平八稳、没有任何风险。只要经过了充分论证和评估，只要是符合实际、必须做的，该干的还是要大胆干。

第三，坚持从大局出发考虑问题。全面深化改革是关系党和国家事业发展全局的重大战略部署，不是某个领域某个方面的单项改革。"不谋全局者，不足谋一域。"大家来自不同部门和单位，都要从全局看问题，首先要看提出的重大改革举措是否符合全局需要，是否有利于党和国家事业长远发展。要真正向前展望、超前思维、提前谋局。只有这样，最后形成的文件才能真正符合党和人民事业发展要求。

全面深化改革需要加强顶层设计和整体谋划，加强各项改革的关联性、系统性、可行性研究。我们讲胆子要大、步子要稳，其中步子要稳就是要统筹考虑、全面论证、科学决策。经济、政治、文化、社会、生态文明各领域改革和党的建设改革紧密联系、相互交融，任何一个领域的改革都会牵动其他领域，同时也需要其他领域改革密切配合。如果各领域改革不配套，各方面改革措施相互牵扯，全面深化改革就很难推进下去，即使勉强推进，效果也会大打折扣。

水利部关于印发《水利部关于深化水利改革的指导意见》的通知

水规计〔2014〕48 号

（水利部 2014 年 1 月 21 日印发）

部机关各司局，部直属各单位，各省、自治区、直辖市水利（水务）厅（局），各计划单列市水利（水务）局，新疆生产建设兵团水利局：

为深入贯彻党的十八大和十八届三中全会精神，全面落实中央关于水利改革发展的决策部署，推动水利重要领域和关键环节改革攻坚，加快建立有利于水利科学发展的制度体系，我部研究制定了《水利部关于深化水利改革的指导意见》（以下简称《意见》），现予印发。各地和有关单位要高度重视水利改革工作，切实加强组织领导，指定一个部门负责水利改革工作，结合当地实际抓紧制定实施方案，分解细化改革措施，明确责任分工，健全工作机制，确保各项改革措施有效落实。

水利部关于深化水利改革的指导意见

为深入贯彻党的十八大和十八届三中全会精神，全面落实中央关于水利改革发展的决策部署，推动水利重要领域和关键环节改革攻坚，现就深化水利改革提出如下意见。

一、深化水利改革的重要意义

1. 我国国情水情特殊，解决复杂的水问题，不仅要靠坚实的工程基础、先进的科技支撑，更要靠健全的制度保障。党的十一届三中全会以来，水利改革不断推进，水利体制机制逐步完善，保障了水利事业的快速发展。但是，随着经济结构深入调整和社会持续转型，水利体制机制仍存在与经济社会可持续发展不协调、不适应的问题，水资源要素对转变经济发展方式的倒逼机制尚未形成，水价在资源配置节约保护中的杠杆作用还没有充分发挥，全社会投入水利基础设施建设的活力需要进一步激发，有效保护水生态水环境的社会管理体制尚不完善，农田水利建设管理体制与农业经营方式变化还不相适应。因此，必须深化水利改革，加快建立有利于水利科学发展的制度体系。

2. 深化水利改革，是贯彻党的十八届三中全会精神的重大举措，是推进国家治理体系和治理能力现代化的重要内容，是使市场在资源配置中起决定性作用和更好发挥政府作用的必然要求，是加快建立生态文明制度的迫切需要。建立科学完善的水利体制机制，有利于加快水利基础设施建设，提高水利公共服务水平；有利于水资源的节约保护和优化配置，促进经济发展方式转变；有利于改善水生态环境，推进生态文明建设。要充分认识深化水利改革的重大意义，切实增强责任感和紧迫感，不断把水利改革推向深入。

二、深化水利改革的总体要求

3. 指导思想。以邓小平理论、"三个代表"重要思想、科学发展观为指导,深入贯彻党的十八大、十八届三中全会精神,按照中央关于加快水利改革发展的总体部署,以保障国家水安全和大力发展民生水利为出发点,进一步解放思想、勇于创新,加快政府职能转变,发挥市场配置资源的决定性作用,着力推进水利重要领域和关键环节的改革攻坚,使水利发展更加充满活力、富有效率,让水利改革发展成果更多更公平惠及全体人民。

4. 基本原则。深化水利改革,要处理好政府与市场的关系,坚持政府主导办水利,合理划分中央与地方事权,更大程度更广范围发挥市场机制作用。处理好顶层设计与实践探索的关系,科学制定水利改革方案,突出水利重要领域和关键环节的改革,充分发挥基层和群众的创造性。处理好整体推进与分类指导的关系,统筹推进各项水利改革,强化改革的综合配套和保障措施,区别不同地区不同情况,增强改革措施的针对性和有效性。处理好改革发展稳定的关系,把握好水利改革任务的轻重缓急和社会承受程度,广泛凝聚改革共识,提高改革决策的科学性。

5. 总体目标。坚持社会主义市场经济改革方向,充分考虑水利公益性、基础性、战略性特点,构建有利于增强水利保障能力、提升水利社会管理水平、加快水生态文明建设的科学完善的水利制度体系。到二○二○年,在重要领域和关键环节改革上取得决定性成果。

三、加快水行政管理职能转变

适应社会主义市场经济体制的要求,必须加快水行政职能转变,建立事权清晰、权责一致、规范高效、监管到位的水行政管理体制,激发市场、社会的活力和创造力,进一步提高水行政管理效率和质量。

6. 大幅度减少水行政审批事项。进一步简政放权,深化水行政审批制度改革,凡采用事后监督能够解决的审批事项,尽可能取消。减少水利资质资格认定,适合行业组织承担的由其自律管理。推进水工程建设规划同意书、建设项目水资源论证、洪水影响评价、水土保持方案、涉河建设项目、水利基建前期工作等审查审批项目分类合并实施。改进水行政审批和监管方式,确需保留的水行政审批事项,要明确管理层级,简化审批程序。对取消和下放的审批事项,要加强行业指导和事中事后监管问责,落实考核评估措施。

7. 合理划分中央与地方水利事权。国家水安全战略和重大水利规划、政策、标准制订,跨流域、跨国界河流湖泊以及事关流域全局的水利建设、水资源管理、河湖管理等涉水活动管理作为中央事权。跨区域重大水利项目建设维护等作为中央和地方共同事权,逐步理顺事权关系。区域水利建设项目、水利社会管理和公共服务作为地方事权。由地方管理更方便有效的水利事项,一律下放地方管理,中央加强行业指导和监督职责。

8. 创新水利公共服务提供方式。对适合市场、社会组织承担的水利公共服务,要引入竞争机制,通过合同、委托等方式交给市场和社会组织承担。逐步推行工程建设管理、运行管理、维修养护、技术服务等水利公共服务向社会力量购买,推动水利公共服务承接主体和提供方式多元化。研究制定政府购买水利公共服务的指导性目录,明确购买服务的种类、性质和内容,以及承接主体的要求和绩效评价标准。积极培育水利公共服务市场,健全市场监管机制。

9. 稳步推进水利事业单位和社团改革。加快水利事业单位分类改革，推动事业单位与主管部门理顺关系和去行政化，依法由政府承担的行政职能不得交由事业单位承担。探索建立水利事业单位法人治理结构，推进有条件的水利事业单位转为企业或社会组织。加快实施政社分开，推进水利行业社团明确权责、依法自治、发挥作用。制定水利行业协会与行政机关脱钩的实施方案，限期脱钩，强化行业自律。

四、推进水资源管理体制改革

水资源具有流域性、循环性、稀缺性和不可替代性，必须优化配置、合理开发、高效利用、全面节约和有效保护。要全面落实最严格的水资源管理制度，建立事权清晰、分工明确、运转协调的水资源管理体制。

10. 落实和完善最严格水资源管理制度。健全覆盖省市县三级的水资源管理"三条红线"控制指标体系和监控评价体系，落实最严格水资源管理考核制度。推动建立规划水资源论证制度，把水资源论证作为产业布局、城市建设、区域发展等规划审批的重要前置条件。完善重大建设项目水资源论证制度，涉及公众利益的重大建设项目，应充分听取社会公众意见。建立水资源开发利用监测预警机制，对取用水总量已达到或超过控制指标的地区，暂停审批建设项目新增取水。探索建立国家水资源督察制度。

11. 健全流域综合管理体制机制。推进以流域为单元的综合管理，强化流域机构在流域规划管理、防洪和水资源统一调度、河湖管理、"三条红线"控制指标考核评估、流域综合执法等方面的职能。建立各方参与、民主协商、共同决策、分工负责的流域议事协调机制和高效执行机制，协调好流域水资源开发利用与保护，防洪安全与河湖岸线利用，江河治理与水能资源开发、航道建设等关系。在有条件的流域探索建立利益相关方参加的流域管理委员会。

12. 推进城乡水务一体化管理。鼓励地方按照精简、统一、效能的原则，整合涉及防洪排涝、水源工程建设与保护、供水排水、节约用水、污水处理、中水回用等方面的行政管理职能，实行水务一体化管理，行业上分别接受上级相关行政主管部门的指导和监管。统筹城乡水利基础设施建设，推进水利基本公共服务均等化。

五、建立健全水权制度和水价机制

科学高效配置水资源，必须发挥市场在资源配置中的决定性作用和更好发挥政府作用，建立健全水资源资产产权制度，完善水价形成机制，培育和规范水市场，提高水资源利用效率与效益。

13. 健全水权配置体系。开展水资源使用权确权登记，形成归属清晰、权责明确、监管有效的水资源资产产权制度。抓紧完成省级以下区域用水总量控制指标分解，加快开展江河水量分配，确定区域取用水总量和权益。完善取水许可制度，对已经发证的取水许可进行规范，确认取用水户的水资源使用权。对农村集体经济组织的水塘和修建管理的水库中的水资源使用权进行确权登记。对工业、服务业新增取用水户，研究探索政府有偿出让水资源使用权。

14. 建立健全水权交易制度。开展水权交易试点，鼓励和引导地区间、用水户间的水权交易，探索多种形式的水权流转方式。积极培育水市场，逐步建立国家、流域、区域层面的水权交易平台。按照农业、工业、服务业、生活、生态等用水类型，完善水资源使用权用途管制制度，保障公益性用水的基本需求。

15. 建立符合市场导向的水价形成机制。建立反映水资源稀缺程度和供水成本的水利工程供水价格机制，促进节约用水，保障水利工程良性运行。积极推进农业水价综合改革，加快落实灌排工程运行维护经费财政补助政策，合理确定农业用水价格，实行定额内用水优惠水价、超定额用水累进加价，制定农业水价综合改革意见。应充分考虑市场供求、资源稀缺、环境保护等因素，合理确定城镇供水水价，加快推进城镇居民用水阶梯价格制度、非居民用水超计划超定额累进加价，提高透明度，接受社会监督。

六、加强水生态文明制度建设

加快推进水生态文明建设，是在更深层次、更广范围、更高水平上推动民生水利新发展的重要任务，是生态文明建设的重要内容。必须健全水生态文明制度体系，促进和保障水生态系统保护与修复，实现人水和谐。

16. 探索水生态文明建设模式。完善水生态环境保护管理机制，把生态文明理念融入到水资源开发、利用、治理、配置、节约、保护的各方面和水利规划、设计、建设、管理的各环节。开展城乡水生态文明创建，通过大力发展节水型社会、综合整治水生态环境、切实维护健康的河湖功能、深入挖掘水文化元素等措施，因地制宜探索水生态文明建设模式。建立健全水利风景区建设与管理机制。

17. 健全水资源有偿使用制度和水生态补偿机制。要按照国家有关部门制定的水资源费征收标准政策，进一步规范征收标准分类，尽快调整到"十二五"末最低征收标准。要根据水资源稀缺程度和开发利用状况，逐步提高水资源费征收标准。推动建立江河源头区、重要水源地、重要水生态修复治理区和蓄滞洪区生态补偿机制。建立流域上下游不同区域的生态补偿协商机制，推动地区间横向生态补偿。积极推进水生态补偿试点。

18. 健全地下水管理与保护制度。实行地下水水量水位双控制，合理确定地下水可开采量以及地下水控制水位，加强地下水动态监测，推动建立地方行政首长对地下水压采和保护负总责的机制。对华北平原等地下水严重超采区，依法划定地下水禁止开采或者限制开采区，通过置换水源、节约用水、调整产业结构、压减灌溉面积等综合措施，实行禁采限采，逐步实现地下水采补平衡。建立健全地下水分区管理制度，明确分区管理和保护措施。

19. 完善水土保持预防监督和治理机制。依法划定水土流失重点预防区和重点治理区。严格执行生产建设项目水土保持"三同时"制度，明确生产建设项目水土流失防治责任，控制新增人为水土流失。尽快出台水土保持补偿费征收使用管理办法，完善水土保持补偿制度。落实地方人民政府水土保持目标责任制和考核制度。推行以户承包、联户承包、拍卖治理、股份合作、农村新型主体参与等水土流失治理模式。

七、建立严格的河湖管理与保护制度

加强和创新河湖管理是提高科学治水管水能力的重要途径。必须加快完善河湖管理与保护体系，健全工作机制，改进管理方式，规范涉水活动，维护河湖健康。

20. 健全河湖规划约束机制。依法建立健全河道规划治导线管理制度。完善河湖管理、河道采砂、岸线保护等规划，为河湖管理与保护提供规划依据。实行河湖水域岸线、河道采砂、水能资源等河湖开发利用和保护分区管理，明确河湖开发利用和保护要求，合

理利用河湖资源，有序推进河湖休养生息。完善河道等级划分，研究提出河道分级管理意见。

21．强化河湖管理与保护。依法划定河湖管理和保护范围，开展河湖水域岸线登记。加强河湖空间用途管制，建立建设项目占用水利设施和水域岸线补偿制度。按照分级管理的原则，落实河湖管护主体、责任和经费，完善河湖管护标准体系和监督考核机制。因地制宜推行"河长制"等管理责任机制。积极运用卫星遥感等先进技术强化河湖监控，依法查处非法侵占河湖、非法采砂等行为。

八、完善水利投入稳定增长机制

水利投入是加快水利基础设施建设的重要保障。必须坚持政府主导，健全公共财政水利投入稳定增长机制；必须进一步发挥市场作用，鼓励和吸引社会资本更多投入水利。

22．完善公共财政水利投入政策。积极争取各级财政加大对水利的投入，进一步落实好土地出让收益计提农田水利建设资金的政策，鼓励地方采取按土地出让总收入一定比例计提的方式。积极拓宽水利建设基金来源渠道，推动完善政府性水利基金政策。各地要尽快划定有重点防洪（潮）任务的城市和水资源严重短缺城市名录，落实从城市建设维护税中划出不少于15％的资金用于城市防洪排涝和水源工程建设的政策。

23．落实水利金融支持相关政策。推动建立水利政策性金融工具，争取中央和地方财政贴息政策，为水利工程建设提供中长期、低成本的贷款。积极协调金融监管机构，进一步拓宽水利建设项目的抵（质）押物范围和还款来源，允许以水利、水电、供排水资产及其相关收益权等作为还款来源和合法抵押担保物。探索建立洪涝干旱灾害保险制度。

24．鼓励和吸引社会资本投入水利建设。在鼓励和引导民间资本投入农田水利和水土保持的基础上，进一步研究把引调水工程、水源工程建设等作为吸引社会资本的重要领域。积极发展BOT（建设—经营—转交）、TOT（转让经营权）、BT（建设—转交）、PPP（公私合作）等新型水利项目融资模式。对于准公益性水利工程，制定政府补贴机制，鼓励和引导企业、个人等符合条件的投资主体，以合资、独资、特许经营等方式投入水利工程建设。

25．改进水利投资监督管理。适应财政转移支付政策调整，改进小型水利项目投资管理，对农田水利、水土保持等面广量大的小型水利项目，将责任、权力、资金、任务落实到省，地方对项目审批、建设实施负总责，中央有关部门加强行业指导和行政监督。创新水利扶贫工作机制。加强水利投资使用监管，完善水利项目稽察、后评价和绩效评价制度，对投资项目进行全过程监管，提高投资管理水平和投资效益。

九、深化水利工程建设和管理体制改革

提高水利工程建设和管理水平，保障工程质量和安全，充分发挥水利工程效益，必须创新水利工程建设和管理体制，推动水利工程建设和运行管理专业化、市场化和社会化发展。

26．创新水利工程建设管理模式。完善水利工程建设项目法人责任制、招标投标制和建设监理制。规范项目法人组建，建立考核评价和激励约束机制，强化政府对项目法人的监督管理。因地制宜推行水利工程代建制、设计施工总承包等模式，实行专业化社会化建设管理。对中小型水利工程建设，可采取集中建设管理模式，按县域或项目类型集中组建项目法人。探索水利工程新型移民安置方式，健全移民安置监督管理机制。

27. 强化水利工程质量安全与市场监管。加强省、市水利工程质量与安全监督管理机构和能力建设，鼓励有条件的县级行政区设立水利工程质量与安全监督管理机构。按照工程规模和重要程度划分水利工程质量与安全监督事权，严格落实各级质量与安全责任制。推进水利建设项目招投标进入公共资源交易中心进行交易，建立健全水利建设项目评标专家库。加强水利工程建设市场监管，推进水利工程建设项目信息公开，积极开展市场主体信用等级评价，完善全国统一的诚信体系信息平台，建立守信激励和失信惩戒机制。

28. 深化国有水利工程管理体制改革。健全水利工程运行维护经费保障机制，尽快将公益性、准公益性水利工程特别是大中型灌区管理单位基本支出和维修养护经费落实到位，完善中央财政对中西部地区、贫困地区公益性水利工程维修养护经费的补助政策。参照中央水利建设基金的支出结构，逐步提高地方水利建设基金用于水利工程维修养护的比例。切实做好水利工程确权划界，继续推进管养分离，以政府购买服务方式由专业化队伍承担工程维修养护，培育和规范维修养护市场。推行水利工程物业化管理。

十、创新农村水利发展机制

农村水利是农业增产、农民增收、农村发展的重要基础。必须适应农村经济社会结构和农业生产经营方式变革，创新农村水利体制机制，促进农村水利发展，保障国家粮食安全。

29. 创新农田水利组织发动和建设机制。落实农田水利建设地方行政首长负责制，健全部门分工协作制度，完善考核评价机制，充分发挥政府在农田水利建设中的主导作用。通过以奖代补、先建后补、项目扶持、信贷支持等政策措施，调动农民群众参与农田水利建设的积极性，鼓励农民用水合作组织和新型农业经营主体承担农田水利工程建设与管护。探索适合小型农田水利特点的建设管理模式，对比较分散的小型水利工程建设项目，在统一规划和建设标准的前提下，可由具备条件的乡镇、村级组织和农民用水合作组织等组织实施，县级水行政主管部门应加强指导和监管。

30. 加快农村小型水利工程产权制度改革。按照"谁投资、谁所有，谁受益、谁负担"的原则，明确小型水利工程所有权和使用权，落实管护主体、责任和经费。允许财政补助形成的小型农田水利设施资产由农民用水合作组织持有和管护。建立管护经费保障机制，小型水利工程的管护经费原则上由工程产权所有者负担，财政给予适当补助。针对不同类型工程特点，因地制宜采取群众管理和专业化、社会化管理等多种管护模式。

31. 推动农村水电管理创新。开展农村水能资源调查评价和中小河流水能资源开发规划编制，严格规划论证管理。推进水能资源开发权有偿出让和市场化配置，鼓励有条件的地区先行开展试点。通过资金和项目支持，促进绿色小水电建设，有效减轻资源开发利用对生态环境的不利影响。推动完善农村水电上网电价形成机制。加强农村水电安全监管。

十一、健全基层水利管理体制机制

提升基层水利管理能力是统筹城乡水利协调发展的迫切需要。必须大力推进基层水利服务体系建设，切实提高基层水利建设、管理与服务能力。

32. 健全基层水利服务机构。以乡镇或小流域为单元设立基层水利服务机构，负责辖区内的水资源管理与保护、防汛抗旱、农村水利工程建设和管理、水利科技推广等工作。

建立经费保障机制，人员经费和业务经费纳入县级财政预算。因地制宜开展基层水利服务机构标准化建设。

33. 加强农民用水合作组织和专业化服务队伍建设。大力扶持和发展农民用水合作组织，探索农民用水合作组织向农村经济组织、专业化合作社等多元方向发展，发挥农民用水合作组织在小型农田水利建设和管理中的作用。制定规范农民用水合作组织建设的指导意见。建立健全基层防汛抗旱、灌溉排水、农村供水、水土保持等专业化服务组织，构建完善的基层水利专业化服务体系。

34. 强化基层水利队伍建设。推进基层水利单位岗位设置管理，优化人员结构，明确岗位要求，实施按岗聘用，防止人浮于事。推行基层水利单位公开招聘制度，坚持公开、平等、竞争、择优原则，对新进人员要严格资格条件、严格进人程序、严把进人入口关。在艰苦边远地区，可适当降低基层水利人员招录学历门槛。鼓励高校应届毕业生到基层水利服务机构工作，探索大学生"基层水官"制度，对有基层水利工作经历的人员，各级水行政主管部门优先招录。

十二、强化水利法治建设和科技创新

水利法治建设和科技进步是建设法治中国和创新型国家的重要组成部分。必须依法治水，保障水利改革发展；必须依靠科技创新，驱动水利改革发展。

35. 健全水法规体系建设。加强水法规体系建设顶层设计，统筹推进重点立法项目。推动出台南水北调工程供用水管理条例、农田水利条例，加快河道采砂管理、节约用水等重点领域立法。积极开展水权制度、地下水管理、农村水电、湖泊管理与保护等方面的立法前期工作。健全规范性文件备案与审查制度。注重科学立法、民主立法，建立健全公开征求意见制度、听证制度、专家咨询制度，提高水利立法质量。

36. 全面加强水行政执法。全面推进水利综合执法，建立权责统一、权威高效的水行政执法体制，强化专职水行政执法队伍和能力建设。建立健全流域与区域、区域与区域、水利部门与相关部门的联合执法机制，加大现场执法力度，切实做到严格规范公正文明执法。建立健全执法网络，下移执法监管重心，充实基层执法力量。健全水事矛盾纠纷排查化解机制。

37. 深化水利科技体制改革。建立健全鼓励原始创新、集成创新、引进消化吸收再创新的水利科技体制机制，大力提高科技在水利发展中的贡献率。整合水利科技资源，完善政府对基础性、战略性、前沿性水利科学研究和共性技术研究的支持机制。推进建立主要由市场决定水利科技创新项目和经费分配、评价成果的机制。建立产学研协同创新机制，加强实用技术推广和高新技术应用，推动信息化与水利现代化深度融合。健全水利人才引进培养机制和水利科技资源平台共享机制。

十三、保障措施

38. 加强组织领导。各级水利部门要切实提高对深化水利改革重要性和紧迫性的认识，把水利改革工作摆在更加突出的位置，抓好工作部署，落实工作责任，及时研究和解决水利改革工作中的重大问题。水利部成立深化水利改革工作领导小组，负责水利改革总体设计、统筹协调、整体推进、督促落实。

39. 制定实施方案。水利部对水利改革任务进行分解，各有关司局和单位要制定实施

方案，细化实化改革措施，明确改革的时间表、路线图和阶段性目标。省级水行政主管部门要根据本指导意见，结合本地实际制定省级深化水利改革实施方案，并抓好组织实施。省级深化水利改革实施方案报水利部备案。

40. 健全工作机制。水利部建立水利改革信息报送和动态跟踪机制，及时掌握各地改革进展及存在的问题，加强改革任务统筹安排和综合协调，切实解决突出问题，确保改革工作顺利推进。有关单位和地方要密切配合、协同推进水利重要领域和关键环节的改革，及时报送改革进展情况。加强对改革工作的督促检查和考核评估，确保各项改革目标任务有效落实。

41. 推进改革试点。围绕水利改革重点任务，选择有代表性的地区，开展水利改革综合试点，及时总结经验，凝练有效模式，在全国范围内进行宣传推广，发挥示范带动作用。各地要结合本地区实际，在一些重要领域和关键环节大胆探索，勇于创新，为推动全国水利改革提供有益经验。

中共中央 国务院关于加快推进
生态文明建设的意见

中发〔2015〕12 号

（中共中央 国务院 2015 年 4 月 25 日印发）

生态文明建设是中国特色社会主义事业的重要内容，关系人民福祉，关乎民族未来，事关"两个一百年"奋斗目标和中华民族伟大复兴中国梦的实现。党中央、国务院高度重视生态文明建设，先后出台了一系列重大决策部署，推动生态文明建设取得了重大进展和积极成效。但总体上看我国生态文明建设水平仍滞后于经济社会发展，资源约束趋紧，环境污染严重，生态系统退化，发展与人口资源环境之间的矛盾日益突出，已成为经济社会可持续发展的重大瓶颈制约。

加快推进生态文明建设是加快转变经济发展方式、提高发展质量和效益的内在要求，是坚持以人为本、促进社会和谐的必然选择，是全面建成小康社会、实现中华民族伟大复兴中国梦的时代抉择，是积极应对气候变化、维护全球生态安全的重大举措。要充分认识加快推进生态文明建设的极端重要性和紧迫性，切实增强责任感和使命感，牢固树立尊重自然、顺应自然、保护自然的理念，坚持绿水青山就是金山银山，动员全党、全社会积极行动、深入持久地推进生态文明建设，加快形成人与自然和谐发展的现代化建设新格局，开创社会主义生态文明新时代。

一、总体要求

（一）指导思想

以邓小平理论、"三个代表"重要思想、科学发展观为指导，全面贯彻党的十八大和十八届二中、三中、四中全会精神，深入贯彻习近平总书记系列重要讲话精神，认真落实党中央、国务院的决策部署，坚持以人为本、依法推进，坚持节约资源和保护环境的基本国策，把生态文明建设放在突出的战略位置，融入经济建设、政治建设、文化建设、社会建设各方面和全过程，协同推进新型工业化、信息化、城镇化、农业现代化和绿色化，以健全生态文明制度体系为重点，优化国土空间开发格局，全面促进资源节约利用，加大自然生态系统和环境保护力度，大力推进绿色发展、循环发展、低碳发展，弘扬生态文化，倡导绿色生活，加快建设美丽中国，使蓝天常在、青山常在、绿水常在，实现中华民族永续发展。

（二）基本原则

坚持把节约优先、保护优先、自然恢复为主作为基本方针。在资源开发与节约中，把节约放在优先位置，以最少的资源消耗支撑经济社会持续发展；在环境保护与发展中，把保护放在优先位置，在发展中保护、在保护中发展；在生态建设与修复中，以自然恢复为主，与人工修复相结合。

坚持把绿色发展、循环发展、低碳发展作为基本途径。经济社会发展必须建立在资源得到高效循环利用、生态环境受到严格保护的基础上,与生态文明建设相协调,形成节约资源和保护环境的空间格局、产业结构、生产方式。

坚持把深化改革和创新驱动作为基本动力。充分发挥市场配置资源的决定性作用和更好发挥政府作用,不断深化制度改革和科技创新,建立系统完整的生态文明制度体系,强化科技创新引领作用,为生态文明建设注入强大动力。

坚持把培育生态文化作为重要支撑。将生态文明纳入社会主义核心价值体系,加强生态文化的宣传教育,倡导勤俭节约、绿色低碳、文明健康的生活方式和消费模式,提高全社会生态文明意识。

坚持把重点突破和整体推进作为工作方式。既立足当前,着力解决对经济社会可持续发展制约性强、群众反映强烈的突出问题,打好生态文明建设攻坚战;又着眼长远,加强顶层设计与鼓励基层探索相结合,持之以恒全面推进生态文明建设。

(三)主要目标

到 2020 年,资源节约型和环境友好型社会建设取得重大进展,主体功能区布局基本形成,经济发展质量和效益显著提高,生态文明主流价值观在全社会得到推行,生态文明建设水平与全面建成小康社会目标相适应。

——国土空间开发格局进一步优化。经济、人口布局向均衡方向发展,陆海空间开发强度、城市空间规模得到有效控制,城乡结构和空间布局明显优化。

——资源利用更加高效。单位国内生产总值二氧化碳排放强度比 2005 年下降 40%～45%,能源消耗强度持续下降,资源产出率大幅提高,用水总量力争控制在 6700 亿立方米以内,万元工业增加值用水量降低到 65 立方米以下,农田灌溉水有效利用系数提高到 0.55 以上,非化石能源占一次能源消费比重达到 15% 左右。

——生态环境质量总体改善。主要污染物排放总量继续减少,大气环境质量、重点流域和近岸海域水环境质量得到改善,重要江河湖泊水功能区水质达标率提高到 80% 以上,饮用水安全保障水平持续提升,土壤环境质量总体保持稳定,环境风险得到有效控制。森林覆盖率达到 23% 以上,草原综合植被覆盖度达到 56%,湿地面积不低于 8 亿亩,50% 以上可治理沙化土地得到治理,自然岸线保有率不低于 35%,生物多样性丧失速度得到基本控制,全国生态系统稳定性明显增强。

——生态文明重大制度基本确立。基本形成源头预防、过程控制、损害赔偿、责任追究的生态文明制度体系,自然资源资产产权和用途管制、生态保护红线、生态保护补偿、生态环境保护管理体制等关键制度建设取得决定性成果。

二、强化主体功能定位,优化国土空间开发格局

国土是生态文明建设的空间载体。要坚定不移地实施主体功能区战略,健全空间规划体系,科学合理布局和整治生产空间、生活空间、生态空间。

(四)积极实施主体功能区战略。全面落实主体功能区规划,健全财政、投资、产业、土地、人口、环境等配套政策和各有侧重的绩效考核评价体系。推进市县落实主体功能定位,推动经济社会发展、城乡、土地利用、生态环境保护等规划"多规合一",形成一个市县一本规划、一张蓝图。区域规划编制、重大项目布局必须符合主体功能定位。对不同主体功能区的产业项目实行差别化市场准入政策，明确禁止开发区域、限制开发区域准入事项，明确优化开发区域、重点开发区域禁止和限制发展的产业。编制实施全国国土规划纲要，加快推进国土综合整治。构建平衡适宜的城乡建设空间体系，适当增加生活空间、生态用地，保护和扩大绿地、水域、湿地等生态空间。

（五）大力推进绿色城镇化。认真落实《国家新型城镇化规划（2014—2020年）》，根据资源环境承载能力，构建科学合理的城镇化宏观布局，严格控制特大城市规模，增强中小城市承载能力，促进大中小城市和小城镇协调发展。尊重自然格局，依托现有山水脉络、气象条件等，合理布局城镇各类空间，尽量减少对自然的干扰和损害。保护自然景观，传承历史文化，提倡城镇形态多样性，保持特色风貌，防止"千城一面"。科学确定城镇开发强度，提高城镇土地利用效率、建成区人口密度，划定城镇开发边界，从严供给城市建设用地，推动城镇化发展由外延扩张式向内涵提升式转变。严格新城、新区设立条件和程序。强化城镇化过程中的节能理念，大力发展绿色建筑和低碳、便捷的交通体系，推进绿色生态城区建设，提高城镇供排水、防涝、雨水收集利用、供热、供气、环境等基础设施建设水平。所有县城和重点镇都要具备污水、垃圾处理能力，提高建设、运行、管理水平。加强城乡规划"三区四线"（禁建区、限建区和适建区，绿线、蓝线、紫线和黄线）管理，维护城乡规划的权威性、严肃性，杜绝大拆大建。

（六）加快美丽乡村建设。完善县域村庄规划，强化规划的科学性和约束力。加强农村基础设施建设，强化山水林田路综合治理，加快农村危旧房改造，支持农村环境集中连片整治，开展农村垃圾专项治理，加大农村污水处理和改厕力度。加快转变农业发展方式，推进农业结构调整，大力发展农业循环经济，治理农业污染，提升农产品质量安全水平。依托乡村生态资源，在保护生态环境的前提下，加快发展乡村旅游休闲业。引导农民在房前屋后、道路两旁植树护绿。加强农村精神文明建设，以环境整治和民风建设为重点，扎实推进文明村镇创建。

（七）加强海洋资源科学开发和生态环境保护。根据海洋资源环境承载力，科学编制海洋功能区划，确定不同海域主体功能。坚持"点上开发、面上保护"，控制海洋开发强度，在适宜开发的海洋区域，加快调整经济结构和产业布局，积极发展海洋战略性新兴产业，严格生态环境评价，提高资源集约节约利用和综合开发水平，最大程度减少对海域生态环境的影响。严格控制陆源污染物排海总量，建立并实施重点海域排污总量控制制度，加强海洋环境治理、海域海岛综合整治、生态保护修复，有效保护重要、敏感和脆弱海洋生态系统。加强船舶港口污染控制，积极治理船舶污染，增强港口码头污染防治能力。控制发展海水养殖，科学养护海洋渔业资源。开展海洋资源和生态环境综合评估。实施严格的围填海总量控制制度、自然岸线控制制度，建立陆海统筹、区域联动的海洋生态环境保护修复机制。

三、推动技术创新和结构调整，提高发展质量和效益

从根本上缓解经济发展与资源环境之间的矛盾，必须构建科技含量高、资源消耗低、环境污染少的产业结构，加快推动生产方式绿色化，大幅提高经济绿色化程度，有效降低发展的资源环境代价。

（八）推动科技创新。结合深化科技体制改革，建立符合生态文明建设领域科研活动特点的管理制度和运行机制。加强重大科学技术问题研究，开展能源节约、资源循环利用、新能源开发、污染治理、生态修复等领域关键技术攻关，在基础研究和前沿技术研发方面取得突破。强化企业技术创新主体地位，充分发挥市场对绿色产业发展方向和技术路线选择的决定性作用。完善技术创新体系，提高综合集成创新能力，加强工艺创新与试验。支持生态文明领域工程技术类研究中心、实验室和实验基地建设，完善科技创新成果转化机制，形成一批成果转化平台、中介服务机构，加快成熟适用技术的示范和推广。加强生态文明基础研究、试验研发、工程应用和市场服务等科技人才队伍建设。

（九）调整优化产业结构。推动战略性新兴产业和先进制造业健康发展，采用先进适用节能低碳环保技术改造提升传统产业，发展壮大服务业，合理布局建设基础设施和基础产业。积极化解产能严重过剩矛盾，加强预警调控，适时调整产能严重过剩行业名单，严禁核准产能严重过剩行业新增产能项目。加快淘汰落后产能，逐步提高淘汰标准，禁止落后产能向中西部地区转移。做好化解产能过剩和淘汰落后产能企业职工安置工作。推动要素资源全球配置，鼓励优势产业走出去，提高参与国际分工的水平。调整能源结构，推动传统能源安全绿色开发和清洁低碳利用，发展清洁能源、可再生能源，不断提高非化石能源在能源消费结构中的比重。

（十）发展绿色产业。大力发展节能环保产业，以推广节能环保产品拉动消费需求，以增强节能环保工程技术能力拉动投资增长，以完善政策机制释放市场潜在需求，推动节能环保技术、装备和服务水平显著提升，加快培育新的经济增长点。实施节能环保产业重大技术装备产业化工程，规划建设产业化示范基地，规范节能环保市场发展，多渠道引导社会资金投入，形成新的支柱产业。加快核电、风电、太阳能光伏发电等新材料、新装备的研发和推广，推进生物质发电、生物质能源、沼气、地热、浅层地温能、海洋能等应用，发展分布式能源，建设智能电网，完善运行管理体系。大力发展节能与新能源汽车，提高创新能力和产业化水平，加强配套基础设施建设，加大推广普及力度。发展有机农业、生态农业，以及特色经济林、林下经济、森林旅游等林产业。

四、全面促进资源节约循环高效使用，推动利用方式根本转变

节约资源是破解资源瓶颈约束、保护生态环境的首要之策。要深入推进全社会节能减排，在生产、流通、消费各环节大力发展循环经济，实现各类资源节约高效利用。

（十一）推进节能减排。发挥节能与减排的协同促进作用，全面推动重点领域节能减排。开展重点用能单位节能低碳行动，实施重点产业能效提升计划。严格执行建筑节能标准，加快推进既有建筑节能和供热计量改造，从标准、设计、建设等方面大力推广可再生能源在建筑上的应用，鼓励建筑工业化等建设模式。优先发展公共交通，优化运输方式，推广节能与新能源交通运输装备，发展甩挂运输。鼓励使用高效节能农业生产设备。开展节约型公共机构示范创建活动。强化结构、工程、管理减排，继续削减主要污染物排放总量。

（十二）发展循环经济。按照减量化、再利用、资源化的原则，加快建立循环型工业、农业、服务业体系，提高全社会资源产出率。完善再生资源回收体系，实行垃圾分类回收，开发利用"城市矿产"，推进秸秆等农林废弃物以及建筑垃圾、餐厨废弃物资源化利用，发展再制造和再生利用产品，鼓励纺织品、汽车轮胎等废旧物品回收利用。推进煤矸石、矿渣等大宗固体废弃物综合利用。组织开展循环经济示范行动，大力推广循环经济典型模式。推进产业循环式组合，促进生产和生活系统的循环链接，构建覆盖全社会的资源循环利用体系。

（十三）加强资源节约。节约集约利用水、土地、矿产等资源，加强全过程管理，大幅降低资源消耗强度。加强用水需求管理，以水定需、量水而行，抑制不合理用水需求，促进人口、经济等与水资源相均衡，建设节水型社会。推广高效节水技术和产品，发展节水农业，加强城市节水，推进企业节水改造。积极开发利用再生水、矿井水、空中云水、海水等非常规水源，严控无序调水和人造水景工程，提高水资源安全保障水平。按照严控增量、盘活存量、优化结构、提高效率的原则，加强土地利用的规划管控、市场调节、标准控制和考核监管，严格土地用途管制，推广应用节地技术和模式。发展绿色矿业，加快推进绿色矿山建设，促进矿产资源高效利用，提高矿产资源开采回采率、选矿回收率和综合利用率。

五、加大自然生态系统和环境保护力度，切实改善生态环境质量

良好生态环境是最公平的公共产品，是最普惠的民生福祉。要严格源头预防、不欠新账，加快治理突出生态环境问题、多还旧账，让人民群众呼吸新鲜的空气，喝上干净的水，在良好的环境中生产生活。

（十四）保护和修复自然生态系统。加快生态安全屏障建设，形成以青藏高原、黄土高原—川滇、东北森林带、北方防沙带、南方丘陵山地带、近岸近海生态区以及大江大河重要水系为骨架，以其他重点生态功能区为重要支撑，以禁止开发区域为重要组成的生态安全战略格局。实施重大生态修复工程，扩大森林、湖泊、湿地面积，提高沙区、草原植被覆盖率，有序实现休养生息。加强森林保护，将天然林资源保护范围扩大到全国；大力开展植树造林和森林经营，稳定和扩大退耕还林范围，加快重点防护林体系建设；完善国有林场和国有林区经营管理体制，深化集体林权制度改革。严格落实禁牧休牧和草畜平衡制度，加快推进基本草原划定和保护工作；加大退牧还草力度，继续实行草原生态保护补助奖励政策；稳定和完善草原承包经营制度。启动湿地生态效益补偿和退耕还湿。加强水生生物保护，开展重要水域增殖放流活动。继续推进京津风沙源治理、黄土高原地区综合治理、石漠化综合治理，开展沙化土地封禁保护试点。加强水土保持，因地制宜推进小流域综合治理。实施地下水保护和超采漏斗区综合治理，逐步实现地下水采补平衡。强化农田生态保护，实施耕地质量保护与提升行动，加大退化、污染、损毁农田改良和修复力度，加强耕地质量调查监测与评价。实施生物多样性保护重大工程，建立监测评估与预警体系，健全国门生物安全查验机制，有效防范物种资源丧失和外来物种入侵，积极参加生物多样性国际公约谈判和履约工作。加强自然保护区建设与管理，对重要生态系统和物种资源实施强制性保护，切实保护珍稀濒危野生动植物、古树名木及自然生境。建立国家公园体制，实行分级、统一管理，保护自然生态和自然文化遗产原真性、完整性。研究建立江河湖泊生态水量保障机制。加快灾害调查评价、监测预警、防治和应急等防灾减灾体系建设。

（十五）全面推进污染防治。按照以人为本、防治结合、标本兼治、综合施策的原则，建立以保障人体健康为核心、以改善环境质量为目标、以防控环境风险为基线的环境管理体系，健全跨区域污染防治协调机制，加快解决人民群众反映强烈的大气、水、土壤污染等突出环境问题。继续落实大气污染防治行动计划，逐渐消除重污染天气，切实改善大气环境质量。实施水污染防治行动计划，严格饮用水源保护，全面推进涵养区、源头区等水源地环境整治，加强供水全过程管理，确保饮用水安全；加强重点流域、区域、近岸海域水污染防治和良好湖泊生态环境保护，控制和规范淡水养殖，严格入河（湖、海）排污管理；推进地下水污染防治。制定实施土壤污染防治行动计划，优先保护耕地土壤环境，强化工业污染场地治理，开展土壤污染治理与修复试点。加强农业面源污染防治，加大种养业特别是规模化畜禽养殖污染防治力度，科学施用化肥、农药，推广节能环保型炉灶，净化农产品产地和农村居民生活环境。加大城乡环境综合整治力度。推进重金属污染治理。开展矿山地质环境恢复和综合治理，推进尾矿安全、环保存放，妥善处理处置矿渣等大宗固体废物。建立健全化学品、持久性有机污染物、危险废物等环境风险防范与应急管理工作机制。切实加强核设施运行监管，确保核安全万无一失。

（十六）积极应对气候变化。坚持当前长远相互兼顾、减缓适应全面推进，通过节约能源和提高能效，优化能源结构，增加森林、草原、湿地、海洋碳汇等手段，有效控制二氧化碳、甲烷、氢氟碳化物、全氟化碳、六氟化硫等温室气体排放。提高适应气候变化特别是应对极端天气和气候事件能力，加强监测、预警和预防，提高农业、林业、水资源等重点领域和生态脆弱地区适应气候变化的水平。扎实推进低碳省区、城市、城镇、产业园区、社区试点。坚持共同但有区别的责任原则、公平原则、各自能力原则，积极建设性地参与应对气候变化国际谈判，推动建立公平合理的全球应对气候变化格局。

六、健全生态文明制度体系

加快建立系统完整的生态文明制度体系，引导、规范和约束各类开发、利用、保护自然资源的行为，用制度保护生态环境。

（十七）健全法律法规。全面清理现行法律法规中与加快推进生态文明建设不相适应的内容，加强法律法规间的衔接。研究制定节能评估审查、节水、应对气候变化、生态补偿、湿地保护、生物多样性保护、土壤环境保护等方面的法律法规，修订土地管理法、大气污染防治法、水污染防治法、节约能源法、循环经济促进法、矿产资源法、森林法、草原法、野生动物保护法等。

（十八）完善标准体系。加快制定修订一批能耗、水耗、地耗、污染物排放、环境质量等方面的标准，实施能效和排污强度"领跑者"制度，加快标准升级步伐。提高建筑物、道路、桥梁等建设标准。环境容量较小、生态环境脆弱、环境风险高的地区要执行污染物特别排放限值。鼓励各地区依法制定更加严格的地方标准。建立与国际接轨、适应我国国情的能效和环保标识认证制度。

（十九）健全自然资源资产产权制度和用途管制制度。对水流、森林、山岭、草原、荒地、滩涂等自然生态空间进行统一确权登记，明确国土空间的自然资源资产所有者、监管者及其责任。完善自然资源资产用途管制制度，明确各类国土空间开发、利用、保护边界，实现能源、水资源、矿产资源按质量分级、梯级利用。严格节能评估审查、水资源论证和取水许可制度。坚持并完善最严格的耕地保护和节约用地制度，强化土地利用总体规划和年度计划管控，加强土地用途转用许可管理。完善矿产资源规划制度，强化矿产开发准入管理。有序推进国家自然资源资产管理体制改革。

（二十）完善生态环境监管制度。建立严格监管所有污染物排放的环境保护管理制度。完善污染物排放许可证制度，禁止无证排污和超标准、超总量排污。违法排放污染物、造成或可能造成严重污染的，要依法查封扣押排放污染物的设施设备。对严重污染环境的工艺、设备和产品实行淘汰制度。实行企事业单位污染物排放总量控制制度，适时调整主要污染物指标种类，纳入约束性指标。健全环境影响评价、清洁生产审核、环境信息公开等制度。建立生态保护修复和污染防治区域联动机制。

（二十一）严守资源环境生态红线。树立底线思维，设定并严守资源消耗上限、环境质量底线、生态保护红线，将各类开发活动限制在资源环境承载能力之内。合理设定资源消耗"天花板"，加强能源、水、土地等战略性资源管控，强化能源消耗强度控制，做好能源消费总量管理。继续实施水资源开发利用控制、用水效率控制、水功能区限制纳污三条红线管理。划定永久基本农田，严格实施永久保护，对新增建设用地占用耕地规模实行总量控制，落实耕地占补平衡，确保耕地数量不下降、质量不降低。严守环境质量底线，将大气、水、土壤等环境质量"只能更好、不能变坏"作为地方各级政府环保责任红线，相应确定污染物排放总量限值和环境风险防控措施。在重点生态功能区、生态环境敏感区和脆弱区等区域划定生态红线，确保生态功能不降低、面积不减少、性质不改变；科学划定森林、草原、湿地、海洋等领域生态红线，严格自然生态空间征（占）用管理，有效遏制生态系统退化的趋势。探索建立资源环境承载能力监测预警机制，对资源消耗和环境容量接近或超过承载能力的地区，及时采取区域限批等限制性措施。

（二十二）完善经济政策。健全价格、财税、金融等政策，激励、引导各类主体积极投身生态文明建设。深化自然资源及其产品价格改革，凡是能由市场形成价格的都交给市场，政府定价要体现基本需求与非基本需求以及资源利用效率高低的差异，体现生态环境损害成本和修复效益。进一步深化矿产资源有偿使用制度改革，调整矿业权使用费征收标准。加大财政资金投入，统筹有关资金，对资源节约和循环利用、新能源和可再生能源开发利用、环境基础设施建设、生态修复与建设、先进适用技术研发示范等给予支持。将高耗能、高污染产品纳入消费税征收范围。推动环境保护费改税。加快资源税从价计征改革，清理取消相关收费基金，逐步将资源税征收范围扩展到占用各种自然生态空间。完善节能环保、新能源、生态建设的税收优惠政策。推广绿色信贷，支持符合条件的项目通过资本市场融资。探索排污权抵押等融资模式。深化环境污染责任保险试点，研究建立巨灾保险制度。

（二十三）推行市场化机制。加快推行合同能源管理、节能低碳产品和有机产品认证、能效标识管理等机制。推进节能发电调度，优先调度可再生能源发电资源，按机组能耗和污染物排放水平依次调用化石类能源发电资源。建立节能量、碳排放权交易制度，深化交易试点，推动建立全国碳排放权交易市场。加快水权交易试点，培育和规范水权市场。全面推进矿业权市场建设。扩大排污权有偿使用和交易试点范围，发展排污权交易市场。积极推进环境污染第三方治理，引入社会力量投入环境污染治理。

（二十四）健全生态保护补偿机制。科学界定生态保护者与受益者权利义务，加快形成生态损害者赔偿、受益者付费、保护者得到合理补偿的运行机制。结合深化财税体制改革，完善转移支付制度，归并和规范现有生态保护补偿渠道，加大对重点生态功能区的转移支付力度，逐步提高其基本公共服务水平。建立地区间横向生态保护补偿机制，引导生态受益地区与保护地区之间、流域上游与下游之间，通过资金补助、产业转移、人才培训、共建园区等方式实施补偿。建立独立公正的生态环境损害评估制度。

（二十五）健全政绩考核制度。建立体现生态文明要求的目标体系、考核办法、奖惩机制。把资源消耗、环境损害、生态效益等指标纳入经济社会发展综合评价体系，大幅增加考核权重，强化指标约束，不唯经济增长论英雄。完善政绩考核办法，根据区域主体功能定位，实行差别化的考核制度。对限制开发区域、禁止开发区域和生态脆弱的国家扶贫开发工作重点县，取消地区生产总值考核；对农产品主产区和重点生态功能区，分别实行农业优先和生态保护优先的绩效评价；对禁止开发的重点生态功能区，重点评价其自然文化资源的原真性、完整性。根据考核评价结果，对生态文明建设成绩突出的地区、单位和个人给予表彰奖励。探索编制自然资源资产负债表，对领导干部实行自然资源资产和环境责任离任审计。

（二十六）完善责任追究制度。建立领导干部任期生态文明建设责任制，完善节能减排目标责任考核及问责制度。严格责任追究，对违背科学发展要求、造成资源环境生态严重破坏的要记录在案，实行终身追责，不得转任重要职务或提拔使用，已经调离的也要问责。对推动生态文明建设工作不力的，要及时诫勉谈话；对不顾资源和生态环境盲目决策、造成严重后果的，要严肃追究有关人员的领导责任；对履职不力、监管不严、失职渎职的，要依纪依法追究有关人员的监管责任。

七、加强生态文明建设统计监测和执法监督

坚持问题导向，针对薄弱环节，加强统计监测、执法监督，为推进生态文明建设提供有力保障。

（二十七）加强统计监测。建立生态文明综合评价指标体系。加快推进对能源、矿产资源、水、大气、森林、草原、湿地、海洋和水土流失、沙化土地、土壤环境、地质环境、温室气体等的统计监测核算能力建设，提升信息化水平，提高准确性、及时性，实现信息共享。加快重点用能单位能源消耗在线监测体系建设。建立循环经济统计指标体系、矿产资源合理开发利用评价指标体系。利用卫星遥感等技术手段，对自然资源和生态环境保护状况开展全天候监测，健全覆盖所有资源环境要素的监测网络体系。提高环境风险防控和突发环境事件应急能力，健全环境与健康调查、监测和风险评估制度。定期开展全国生态状况调查和评估。加大各级政府预算内投资等财政性资金对统计监测等基础能力建设的支持力度。

（二十八）强化执法监督。加强法律监督、行政监察，对各类环境违法违规行为实行"零容忍"，加大查处力度，严厉惩处违法违规行为。强化对浪费能源资源、违法排污、破坏生态环境等行为的执法监察和专项督察。资源环境监管机构独立开展行政执法，禁止领导干部违法违规干预执法活动。健全行政执法与刑事司法的衔接机制，加强基层执法队伍、环境应急处置救援队伍建设。强化对资源开发和交通建设、旅游开发等活动的生态环境监管。

八、加快形成推进生态文明建设的良好社会风尚

生态文明建设关系各行各业、千家万户。要充分发挥人民群众的积极性、主动性、创造性，凝聚民心、集中民智、汇集民力，实现生活方式绿色化。

（二十九）提高全民生态文明意识。积极培育生态文化、生态道德，使生态文明成为社会主流价值观，成为社会主义核心价值观的重要内容。从娃娃和青少年抓起，从家庭、学校教育抓起，引导全社会树立生态文明意识。把生态文明教育作为素质教育的重要内容，纳入国民教育体系和干部教育培训体系。将生态文化作为现代公共文化服务体系建设的重要内容，挖掘优秀传统生态文化思想和资源，创作一批文化作品，创建一批教育基地，满足广大人民群众对生态文化的需求。通过典型示范、展览展示、岗位创建等形式，广泛动员全民参与生态文明建设。组织好世界地球日、世界环境日、世界森林日、世界水日、世界海洋日和全国节能宣传周等主题宣传活动。充分发挥新闻媒体作用，树立理性、积极的舆论导向，加强资源环境国情宣传，普及生态文明法律法规、科学知识等，报道先进典型，曝光反面事例，提高公众节约意识、环保意识、生态意识，形成人人、事事、时时崇尚生态文明的社会氛围。

（三十）培育绿色生活方式。倡导勤俭节约的消费观。广泛开展绿色生活行动，推动全民在衣、食、住、行、游等方面加快向勤俭节约、绿色低碳、文明健康的方式转变，坚决抵制和反对各种形式的奢侈浪费、不合理消费。积极引导消费者购买节能与新能源汽车、高能效家电、节水型器具等节能环保低碳产品，减少一次性用品的使用，限制过度包装。大力推广绿色低碳出行，倡导绿色生活和休闲模式，严格限制发展高耗能、高耗水服务业。在餐饮企业、单位食堂、家庭全方位开展反食品浪费行动。党政机关、国有企业要带头厉行勤俭节约。

（三十一）鼓励公众积极参与。完善公众参与制度，及时准确披露各类环境信息，扩大公开范围，保障公众知情权，维护公众环境权益。健全举报、听证、舆论和公众监督等制度，构建全民参与的社会行动体系。建立环境公益诉讼制度，对污染环境、破坏生态的行为，有关组织可提起公益诉讼。在建设项目立项、实施、后评价等环节，有序增强公众参与程度。引导生态文明建设领域各类社会组织健康有序发展，发挥民间组织和志愿者的积极作用。

九、切实加强组织领导

健全生态文明建设领导体制和工作机制，勇于探索和创新，推动生态文明建设蓝图逐步成为现实。

（三十二）强化统筹协调。各级党委和政府对本地区生态文明建设负总责，要建立协调机制，形成有利于推进生态文明建设的工作格局。各有关部门要按照职责分工，密切协调配合，形成生态文明建设的强大合力。

（三十三）探索有效模式。抓紧制定生态文明体制改革总体方案，深入开展生态文明先行示范区建设，研究不同发展阶段、资源环境禀赋、主体功能定位地区生态文明建设的有效模式。各地区要抓住制约本地区生态文明建设的瓶颈，在生态文明制度创新方面积极实践，力争取得重大突破。及时总结有效做法和成功经验，完善政策措施，形成有效模式，加大推广力度。

（三十四）广泛开展国际合作。统筹国内国际两个大局，以全球视野加快推进生态文明建设，树立负责任大国形象，把绿色发展转化为新的综合国力、综合影响力和国际竞争新优势。发扬包容互鉴、合作共赢的精神，加强与世界各国在生态文明领域的对话交流和务实合作，引进先进技术装备和管理经验，促进全球生态安全。加强南南合作，开展绿色援助，对其他发展中国家提供支持和帮助。

（三十五）抓好贯彻落实。各级党委和政府及中央有关部门要按照本意见要求，抓紧提出实施方案，研究制定与本意见相衔接的区域性、行业性和专题性规划，明确目标任务、责任分工和时间要求，确保各项政策措施落到实处。各地区各部门贯彻落实情况要及时向党中央、国务院报告，同时抄送国家发展改革委。中央就贯彻落实情况适时组织开展专项监督检查。

中共中央　国务院关于印发《生态文明体制改革总体方案》的通知

中发〔2015〕25 号

（中共中央　国务院 2015 年 9 月 21 日印发）

为加快建立系统完整的生态文明制度体系，加快推进生态文明建设，增强生态文明体制改革的系统性、整体性、协同性，制定本方案。

一、生态文明体制改革的总体要求

（一）生态文明体制改革的指导思想。全面贯彻党的十八大和十八届二中、三中、四中全会精神，以邓小平理论、"三个代表"重要思想、科学发展观为指导，深入贯彻落实习近平总书记系列重要讲话精神，按照党中央、国务院决策部署，坚持节约资源和保护环境基本国策，坚持节约优先、保护优先、自然恢复为主方针，立足我国社会主义初级阶段的基本国情和新的阶段性特征，以建设美丽中国为目标，以正确处理人与自然关系为核心，以解决生态环境领域突出问题为导向，保障国家生态安全，改善环境质量，提高资源利用效率，推动形成人与自然和谐发展的现代化建设新格局。

（二）生态文明体制改革的理念

树立尊重自然、顺应自然、保护自然的理念，生态文明建设不仅影响经济持续健康发展，也关系政治和社会建设，必须放在突出地位，融入经济建设、政治建设、文化建设、社会建设各方面和全过程。

树立发展和保护相统一的理念，坚持发展是硬道理的战略思想，发展必须是绿色发展、循环发展、低碳发展，平衡好发展和保护的关系，按照主体功能定位控制开发强度，调整空间结构，给子孙后代留下天蓝、地绿、水净的美好家园，实现发展与保护的内在统一、相互促进。

树立绿水青山就是金山银山的理念，清新空气、清洁水源、美丽山川、肥沃土地、生物多样性是人类生存必需的生态环境，坚持发展是第一要务，必须保护森林、草原、河流、湖泊、湿地、海洋等自然生态。

树立自然价值和自然资本的理念，自然生态是有价值的，保护自然就是增值自然价值和自然资本的过程，就是保护和发展生产力，就应得到合理回报和经济补偿。

树立空间均衡的理念，把握人口、经济、资源环境的平衡点推动发展，人口规模、产业结构、增长速度不能超出当地水土资源承载能力和环境容量。

树立山水林田湖是一个生命共同体的理念，按照生态系统的整体性、系统性及其内在规律，统筹考虑自然生态各要素、山上山下、地上地下、陆地海洋以及流域上下游，进行整体保护、系统修复、综合治理，增强生态系统循环能力，维护生态平衡。

（三）生态文明体制改革的原则

坚持正确改革方向，健全市场机制，更好发挥政府的主导和监管作用，发挥企业的积极性和自我约束作用，发挥社会组织和公众的参与和监督作用。

坚持自然资源资产的公有性质，创新产权制度，落实所有权，区分自然资源资产所有者权利和管理者权力，合理划分中央地方事权和监管职责，保障全体人民分享全民所有自然资源资产收益。

坚持城乡环境治理体系统一，继续加强城市环境保护和工业污染防治，加大生态环境保护工作对农村地区的覆盖，建立健全农村环境治理体制机制，加大对农村污染防治设施建设和资金投入力度。

坚持激励和约束并举，既要形成支持绿色发展、循环发展、低碳发展的利益导向机制，又要坚持源头严防、过程严管、损害严惩、责任追究，形成对各类市场主体的有效约束，逐步实现市场化、法治化、制度化。

坚持主动作为和国际合作相结合，加强生态环境保护是我们的自觉行为，同时要深化国际交流和务实合作，充分借鉴国际上的先进技术和体制机制建设有益经验，积极参与全球环境治理，承担并履行好同发展中大国相适应的国际责任。

坚持鼓励试点先行和整体协调推进相结合，在党中央、国务院统一部署下，先易后难、分步推进，成熟一项推出一项。支持各地区根据本方案确定的基本方向，因地制宜，大胆探索、大胆试验。

（四）生态文明体制改革的目标。到2020年，构建起由自然资源资产产权制度、国土空间开发保护制度、空间规划体系、资源总量管理和全面节约制度、资源有偿使用和生态补偿制度、环境治理体系、环境治理和生态保护市场体系、生态文明绩效评价考核和责任追究制度等八项制度构成的产权清晰、多元参与、激励约束并重、系统完整的生态文明制度体系，推进生态文明领域国家治理体系和治理能力现代化，努力走向社会主义生态文明新时代。

构建归属清晰、权责明确、监管有效的自然资源资产产权制度，着力解决自然资源所有者不到位、所有权边界模糊等问题。

构建以空间规划为基础、以用途管制为主要手段的国土空间开发保护制度，着力解决因无序开发、过度开发、分散开发导致的优质耕地和生态空间占用过多、生态破坏、环境污染等问题。

构建以空间治理和空间结构优化为主要内容，全国统一、相互衔接、分级管理的空间规划体系，着力解决空间性规划重叠冲突、部门职责交叉重复、地方规划朝令夕改等问题。

构建覆盖全面、科学规范、管理严格的资源总量管理和全面节约制度，着力解决资源使用浪费严重、利用效率不高等问题。

构建反映市场供求和资源稀缺程度、体现自然价值和代际补偿的资源有偿使用和生态补偿制度，着力解决自然资源及其产品价格偏低、生产开发成本低于社会成本、保护生态得不到合理回报等问题。

构建以改善环境质量为导向，监管统一、执法严明、多方参与的环境治理体系，着力解决污染防治能力弱、监管职能交叉、权责不一致、违法成本过低等问题。

构建更多运用经济杠杆进行环境治理和生态保护的市场体系，着力解决市场主体和市场体系发育滞后、社会参与度不高等问题。

构建充分反映资源消耗、环境损害和生态效益的生态文明绩效评价考核和责任追究制度，着力解决发展绩效评价不全面、责任落实不到位、损害责任追究缺失等问题。

二、健全自然资源资产产权制度

（五）建立统一的确权登记系统。坚持资源公有、物权法定，清晰界定全部国土空间各类自然资源资产的产权主体。对水流、森林、山岭、草原、荒地、滩涂等所有自然生态空间统一进行确权登记，逐步划清全民所有和集体所有之间的边界，划清全民所有、不同层级政府行使所有权的边界，划清不同集体所有者的边界。推进确权登记法治化。

（六）建立权责明确的自然资源产权体系。制定权利清单，明确各类自然资源产权主体权利。处理好所有权与使用权的关系，创新自然资源全民所有权和集体所有权的实现形式，除生态功能重要的外，可推动所有权和使用权相分离，明确占有、使用、收益、处分等权利归属关系和权责，适度扩大使用权的出让、转让、出租、抵押、担保、入股等权能。明确国有农场、林场和牧场土地所有者与使用者权能。全面建立覆盖各类全民所有自然资源资产的有偿出让制度，严禁无偿或低价出让。统筹规划，加强自然资源资产交易平台建设。

（七）健全国家自然资源资产管理体制。按照所有者和监管者分开和一件事情由一个部门负责的原则，整合分散的全民所有自然资源资产所有者职责，组建对全民所有的矿藏、水流、森林、山岭、草原、荒地、海域、滩涂等各类自然资源统一行使所有权的机构，负责全民所有自然资源的出让等。

（八）探索建立分级行使所有权的体制。对全民所有的自然资源资产，按照不同资源种类和在生态、经济、国防等方面的重要程度，研究实行中央和地方政府分级代理行使所有权职责的体制，实现效率和公平相统一。分清全民所有中央政府直接行使所有权、全民所有地方政府行使所有权的资源清单和空间范围。中央政府主要对石油天然气、贵重稀有矿产资源、重点国有林区、大江大河大湖和跨境河流、生态功能重要的湿地草原、海域滩涂、珍稀野生动植物种和部分国家公园等直接行使所有权。

（九）开展水流和湿地产权确权试点。探索建立水权制度，开展水域、岸线等水生态空间确权试点，遵循水生态系统性、整体性原则，分清水资源所有权、使用权及使用量。在甘肃、宁夏等地开展湿地产权确权试点。

三、建立国土空间开发保护制度

（十）完善主体功能区制度。统筹国家和省级主体功能区规划，健全基于主体功能区的区域政策，根据城市化地区、农产品主产区、重点生态功能区的不同定位，加快调整完善财政、产业、投资、人口流动、建设用地、资源开发、环境保护等政策。

（十一）健全国土空间用途管制制度。简化自上而下的用地指标控制体系，调整按行政区和用地基数分配指标的做法。将开发强度指标分解到各县级行政区，作为约束性指标，控制建设用地总量。将用途管制扩大到所有自然生态空间，划定并严守生态红线，严禁任意改变用途，防止不合理开发建设活动对生态红线的破坏。完善覆盖全部国土空间的监测系统，动态监测国土空间变化。

（十二）建立国家公园体制。加强对重要生态系统的保护和永续利用，改革各部门分头设置自然保护区、风景名胜区、文化自然遗产、地质公园、森林公园等的体制，对上述保护地进行功能重组，合理界定国家公园范围。国家公园实行更严格保护，除不损害生态系统的原住民生活生产设施改造和自然观光科研教育旅游外，禁止其他开发建设，保护自然生态和自然文化遗产原真性、完整性。加强对国家公园试点的指导，在试点基础上研究制定建立国家公园体制总体方案。构建保护珍稀野生动植物的长效机制。

（十三）完善自然资源监管体制。将分散在各部门的有关用途管制职责，逐步统一到一个部门，统一行使所有国土空间的用途管制职责。

四、建立空间规划体系

（十四）编制空间规划。整合目前各部门分头编制的各类空间性规划，编制统一的空间规划，实现规划全覆盖。空间规划是国家空间发展的指南、可持续发展的空间蓝图，是各类开发建设活动的基本依据。空间规划分为国家、省、市县（设区的市空间规划范围为市辖区）三级。研究建立统一规范的空间规划编制机制。鼓励开展省级空间规划试点。编制京津冀空间规划。

（十五）推进市县"多规合一"。支持市县推进"多规合一"，统一编制市县空间规划，逐步形成一个市县一个规划、一张蓝图。市县空间规划要统一土地分类标准，根据主体功能定位和省级空间规划要求，划定生产空间、生活空间、生态空间，明确城镇建设区、工业区、农村居民点等的开发边界，以及耕地、林地、草原、河流、湖泊、湿地等的保护边界，加强对城市地下空间的统筹规划。加强对市县"多规合一"试点的指导，研究制定市县空间规划编制指引和技术规范，形成可复制、能推广的经验。

（十六）创新市县空间规划编制方法。探索规范化的市县空间规划编制程序，扩大社会参与，增强规划的科学性和透明度。鼓励试点地区进行规划编制部门整合，由一个部门负责市县空间规划的编制，可成立由专业人员和有关方面代表组成的规划评议委员会。规划编制前应当进行资源环境承载能力评价，以评价结果作为规划的基本依据。规划编制过程中应当广泛征求各方面意见，全文公布规划草案，充分听取当地居民意见。规划经评议委员会论证通过后，由当地人民代表大会审议通过，并报上级政府部门备案。规划成果应当包括规划文本和较高精度的规划图，并在网络和其他本地媒体公布。鼓励当地居民对规划执行进行监督，对违反规划的开发建设行为进行举报。当地人民代表大会及其常务委员会定期听取空间规划执行情况报告，对当地政府违反规划行为进行问责。

五、完善资源总量管理和全面节约制度

（十七）完善最严格的耕地保护制度和土地节约集约利用制度。完善基本农田保护制度，划定永久基本农田红线，按照面积不减少、质量不下降、用途不改变的要求，将基本农田落地到户、上图入库，实行严格保护，除法律规定的国家重点建设项目选址确实无法避让外，其他任何建设不得占用。加强耕地质量等级评定与监测，强化耕地质量保护与提升建设。完善耕地占补平衡制度，对新增建设用地占用耕地规模实行总量控制，严格实行耕地占一补一、先补后占、占优补优。实施建设用地总量控制和减量化管理，建立节约集约用地激励和约束机制，调整结构，盘活存量，合理安排土地利用年度计划。

（十八）完善最严格的水资源管理制度。按照节水优先、空间均衡、系统治理、两手发力的方针，健全用水总量控制制度，保障水安全。加快制定主要江河流域水量分配方案，加强省级统筹，完善省市县三级取用水总量控制指标体系。建立健全节约集约用水机制，促进水资源使用结构调整和优化配置。完善规划和建设项目水资源论证制度。主要运用价格和税收手段，逐步建立农业灌溉用水量控制和定额管理、高耗水工业企业计划用水和定额管理制度。在严重缺水地区建立用水定额准入门槛，严格控制高耗水项目建设。加强水产品产地保护和环境修复，控制水产养殖，构建水生动植物保护机制。完善水功能区监督管理，建立促进非常规水源利用制度。

（十九）建立能源消费总量管理和节约制度。坚持节约优先，强化能耗强度控制，健全节能目标责任制和奖励制。进一步完善能源统计制度。健全重点用能单位节能管理制度，探索实行节能自愿承诺机制。完善节能标准体系，及时更新用能产品能效、高耗能行业能耗限额、建筑物能效等标准。合理确定全国能源消费总量目标，并分解落实到省级行政区和重点用能单位。健全节能低碳产品和技术装备推广机制，定期发布技术目录。强化节能评估审查和节能监察。加强对可再生能源发展的扶持，逐步取消对化石能源的普遍性补贴。逐步建立全国碳排放总量控制制度和分解落实机制，建立增加森林、草原、湿地、海洋碳汇的有效机制，加强应对气候变化国际合作。

（二十）建立天然林保护制度。将所有天然林纳入保护范围。建立国家用材林储备制度。逐步推进国有林区政企分开，完善以购买服务为主的国有林场公益林管护机制。完善集体林权制度，稳定承包权，拓展经营权能，健全林权抵押贷款和流转制度。

（二十一）建立草原保护制度。稳定和完善草原承包经营制度，实现草原承包地块、面积、合同、证书"四到户"，规范草原经营权流转。实行基本草原保护制度，确保基本草原面积不减少、质量不下降、用途不改变。健全草原生态保护补奖机制，实施禁牧休牧、划区轮牧和草畜平衡等制度。加强对草原征用使用审核审批的监管，严格控制草原非牧使用。

（二十二）建立湿地保护制度。将所有湿地纳入保护范围，禁止擅自征用占用国际重要湿地、国家重要湿地和湿地自然保护区。确定各类湿地功能，规范保护利用行为，建立湿地生态修复机制。

（二十三）建立沙化土地封禁保护制度。将暂不具备治理条件的连片沙化土地划为沙化土地封禁保护区。建立严格保护制度，加强封禁和管护基础设施建设，加强沙化土地治理，增加植被，合理发展沙产业，完善以购买服务为主的管护机制，探索开发与治理结合新机制。

（二十四）健全海洋资源开发保护制度。实施海洋主体功能区制度，确定近海海域海岛主体功能，引导、控制和规范各类用海用岛行为。实行围填海总量控制制度，对围填海面积实行约束性指标管理。建立自然岸线保有率控制制度。完善海洋渔业资源总量管理制度，严格执行休渔禁渔制度，推行近海捕捞限额管理，控制近海和滩涂养殖规模。健全海洋督察制度。

（二十五）健全矿产资源开发利用管理制度。建立矿产资源开发利用水平调查评估制度，加强矿产资源查明登记和有偿计时占用登记管理。建立矿产资源集约开发机制，提高矿区企业集中度，鼓励规模化开发。完善重要矿产资源开采回采率、选矿回收率、综合利用率等国家标准。健全鼓励提高矿产资源利用水平的经济政策。建立矿山企业高效和综合利用信息公示制度，建立矿业权人"黑名单"制度。完善重要矿产资源回收利用的产业化扶持机制。完善矿山地质环境保护和土地复垦制度。

（二十六）完善资源循环利用制度。建立健全资源产出率统计体系。实行生产者责任延伸制度，推动生产者落实废弃产品回收处理等责任。建立种养业废弃物资源化利用制度，实现种养业有机结合、循环发展。加快建立垃圾强制分类制度。制定再生资源回收目录，对复合包装物、电池、农膜等低值废弃物实行强制回收。加快制定资源分类回收利用标准。建立资源再生产品和原料推广使用制度，相关原材料消耗企业要使用一定比例的资源再生产品。完善限制一次性用品使用制度。落实并完善资源综合利用和促进循环经济发展的税收政策。制定循环经济技术目录，实行政府优先采购、贷款贴息等政策。

六、健全资源有偿使用和生态补偿制度

（二十七）加快自然资源及其产品价格改革。按照成本、收益相统一的原则，充分考虑社会可承受能力，建立自然资源开发使用成本评估机制，将资源所有者权益和生态环境损害等纳入自然资源及其产品价格形成机制。加强对自然垄断环节的价格监管，建立定价成本监审制度和价格调整机制，完善价格决策程序和信息公开制度。推进农业水价综合改革，全面实行非居民用水超计划、超定额累进加价制度，全面推行城镇居民用水阶梯价格制度。

（二十八）完善土地有偿使用制度。扩大国有土地有偿使用范围，扩大招拍挂出让比例，减少非公益性用地划拨，国有土地出让收支纳入预算管理。改革完善工业用地供应方式，探索实行弹性出让年限以及长期租赁、先租后让、租让结合供应。完善地价形成机制和评估制度，健全土地等级价体系，理顺与土地相关的出让金、租金和税费关系。建立有效调节工业用地和居住用地合理比价机制，提高工业用地出让地价水平，降低工业用地比例。探索通过土地承包经营、出租等方式，健全国有农用地有偿使用制度。

（二十九）完善矿产资源有偿使用制度。完善矿业权出让制度，建立符合市场经济要求和矿业规律的探矿权采矿权出让方式，原则上实行市场化出让，国有矿产资源出让收支纳入预算管理。理清有偿取得、占用和开采中所有者、投资者、使用者的产权关系，研究建立矿产资源国家权益金制度。调整探矿权采矿权使用费标准、矿产资源最低勘查投入标准。推进实现全国统一的矿业权交易平台建设，加大矿业权出让转让信息公开力度。

（三十）完善海域海岛有偿使用制度。建立海域、无居民海岛使用金征收标准调整机制。建立健全海域、无居民海岛使用权招拍挂出让制度。

（三十一）加快资源环境税费改革。理顺自然资源及其产品税费关系，明确各自功能，合理确定税收调控范围。加快推进资源税从价计征改革，逐步将资源税扩展到占用各种自然生态空间，在华北部分地区开展地下水征收资源税改革试点。加快推进环境保护税立法。

（三十二）完善生态补偿机制。探索建立多元化补偿机制，逐步增加对重点生态功能区转移支付，完善生态保护成效与资金分配挂钩的激励约束机制。制定横向生态补偿机制办法，以地方补偿为主，中央财政给予支持。鼓励各地区开展生态补偿试点，继续推进新安江水环境补偿试点，推动在京津冀水源涵养区、广西广东九洲江、福建广东汀江—韩江等开展跨地区生态补偿试点，在长江流域水环境敏感地区探索开展流域生态补偿试点。

（三十三）完善生态保护修复资金使用机制。按照山水林田湖系统治理的要求，完善相关资金使用管理办法，整合现有政策和渠道，在深入推进国土江河综合整治的同时，更多用于青藏高原生态屏障、黄土高原—川滇生态屏障、东北森林带、北方防沙带、南方丘陵山地带等国家生态安全屏障的保护修复。

（三十四）建立耕地草原河湖休养生息制度。编制耕地、草原、河湖休养生息规划，调整严重污染和地下水严重超采地区的耕地用途，逐步将25度以上不适宜耕种且有损生态的陡坡地退出基本农田。建立巩固退耕还林还草、退牧还草成果长效机制。开展退田还湖还湿试点，推进长株潭地区土壤重金属污染修复试点、华北地区地下水超采综合治理试点。

七、建立健全环境治理体系

（三十五）完善污染物排放许可制。尽快在全国范围建立统一公平、覆盖所有固定污染源的企业排放许可制，依法核发排污许可证，排污者必须持证排污，禁止无证排污或不按许可证规定排污。

（三十六）建立污染防治区域联动机制。完善京津冀、长三角、珠三角等重点区域大气污染防治联防联控协作机制，其他地方要结合地理特征、污染程度、城市空间分布以及污染物输送规律，建立区域协作机制。在部分地区开展环境保护管理体制创新试点，统一规划、统一标准、统一环评、统一监测、统一执法。开展按流域设置环境监管和行政执法机构试点，构建各流域内相关省级涉水部门参加、多形式的流域水环境保护协作机制和风险预警防控体系。建立陆海统筹的污染防治机制和重点海域污染物排海总量控制制度。完善突发环境事件应急机制，提高与环境风险程度、污染物种类等相匹配的突发环境事件应急处置能力。

（三十七）建立农村环境治理体制机制。建立以绿色生态为导向的农业补贴制度，加快制定和完善相关技术标准和规范，加快推进化肥、农药、农膜减量化以及畜禽养殖废弃物资源化和无害化，鼓励生产使用可降解农膜。完善农作物秸秆综合利用制度。健全化肥农药包装物、农膜回收贮运加工网络。采取财政和村集体补贴、住户付费、社会资本参与的投入运营机制，加强农村污水和垃圾处理等环保设施建设。采取政府购买服务等多种扶持措施，培育发展各种形式的农业面源污染治理、农村污水垃圾处理市场主体。强化县乡两级政府的环境保护职责，加强环境监管能力建设。财政支农资金的使用要统筹考虑增强农业综合生产能力和防治农村污染。

（三十八）健全环境信息公开制度。全面推进大气和水等环境信息公开、排污单位环境信息公开、监管部门环境信息公开，健全建设项目环境影响评价信息公开机制。健全环境新闻发言人制度。引导人民群众树立环保意识，完善公众参与制度，保障人民群众依法有序行使环境监督权。建立环境保护网络举报平台和举报制度，健全举报、听证、舆论监督等制度。

（三十九）严格实行生态环境损害赔偿制度。强化生产者环境保护法律责任，大幅度提高违法成本。健全环境损害赔偿方面的法律制度、评估方法和实施机制，对违反环保法律法规的，依法严惩重罚；对造成生态环境损害的，以损害程度等因素依法确定赔偿额度；对造成严重后果的，依法追究刑事责任。

（四十）完善环境保护管理制度。建立和完善严格监管所有污染物排放的环境保护管理制度，将分散在各部门的环境保护职责调整到一个部门，逐步实行城乡环境保护工作由一个部门进行统一监管和行政执法的体制。有序整合不同领域、不同部门、不同层次的监管力量，建立权威统一的环境执法体制，充实执法队伍，赋予环境执法强制执行的必要条件和手段。完善行政执法和环境司法的衔接机制。

八、健全环境治理和生态保护市场体系

（四十一）培育环境治理和生态保护市场主体。采取鼓励发展节能环保产业的体制机制和政策措施。废止妨碍形成全国统一市场和公平竞争的规定和做法，鼓励各类投资进入环保市场。能由政府和社会资本合作开展的环境治理和生态保护事务，都可以吸引社会资本参与建设和运营。通过政府购买服务等方式，加大对环境污染第三方治理的支持力度。加快推进污水垃圾处理设施运营管理单位向独立核算、自主经营的企业转变。组建或改组设立国有资本投资运营公司，推动国有资本加大对环境治理和生态保护等方面的投入。支持生态环境保护领域国有企业实行混合所有制改革。

（四十二）推行用能权和碳排放权交易制度。结合重点用能单位节能行动和新建项目能评审查，开展项目节能量交易，并逐步改为基于能源消费总量管理下的用能权交易。建立用能权交易系统、测量与核准体系。推广合同能源管理。深化碳排放权交易试点，逐步建立全国碳排放权交易市场，研究制定全国碳排放权交易总量设定与配额分配方案。完善碳交易注册登记系统，建立碳排放权交易市场监管体系。

（四十三）推行排污权交易制度。在企业排污总量控制制度基础上，尽快完善初始排污权核定，扩大涵盖的污染物覆盖面。在现行以行政区为单元层层分解机制基础上，根据行业先进排污水平，逐步强化以企业为单元进行总量控制、通过排污权交易获得减排收益的机制。在重点流域和大气污染重点区域，合理推进跨行政区排污权交易。扩大排污权有偿使用和交易试点，将更多条件成熟地区纳入试点。加强排污权交易平台建设。制定排污权核定、使用费收取使用和交易价格等规定。

（四十四）推行水权交易制度。结合水生态补偿机制的建立健全，合理界定和分配水权，探索地区间、流域间、流域上下游、行业间、用水户间等水权交易方式。研究制定水权交易管理办法，明确可交易水权的范围和类型、交易主体和期限、交易价格形成机制、交易平台运作规则等。开展水权交易平台建设。

（四十五）建立绿色金融体系。推广绿色信贷，研究采取财政贴息等方式加大扶持力度，鼓励各类金融机构加大绿色信贷的发放力度，明确贷款人的尽职免责要求和环境保护法律责任。加强资本市场相关制度建设，研究设立绿色股票指数和发展相关投资产品，研究银行和企业发行绿色债券，鼓励对绿色信贷资产实行证券化。支持设立各类绿色发展基金，实行市场化运作。建立上市公司环保信息强制性披露机制。完善对节能低碳、生态环保项目的各类担保机制，加大风险补偿力度。在环境高风险领域建立环境污染强制责任保险制度。建立绿色评级体系以及公益性的环境成本核算和影响评估体系。积极推动绿色金融领域各类国际合作。

（四十六）建立统一的绿色产品体系。将目前分头设立的环保、节能、节水、循环、低碳、再生、有机等产品统一整合为绿色产品，建立统一的绿色产品标准、认证、标识等体系。完善对绿色产品研发生产、运输配送、购买使用的财税金融支持和政府采购等政策。

九、完善生态文明绩效评价考核和责任追究制度

（四十七）建立生态文明目标体系。研究制定可操作、可视化的绿色发展指标体系。制定生态文明建设目标评价考核办法，把资源消耗、环境损害、生态效益纳入经济社会发展评价体系。根据不同区域主体功能定位，实行差异化绩效评价考核。

（四十八）建立资源环境承载能力监测预警机制。研究制定资源环境承载能力监测预警指标体系和技术方法，建立资源环境监测预警数据库和信息技术平台，定期编制资源环境承载能力监测预警报告，对资源消耗和环境容量超过或接近承载能力的地区，实行预警提醒和限制性措施。

（四十九）探索编制自然资源资产负债表。制定自然资源资产负债表编制指南，构建水资源、土地资源、森林资源等的资产和负债核算方法，建立实物量核算账户，明确分类标准和统计规范，定期评估自然资源资产变化状况。在市县层面开展自然资源资产负债表编制试点，核算主要自然资源实物量账户并公布核算结果。

（五十）对领导干部实行自然资源资产离任审计。在编制自然资源资产负债表和合理考虑客观自然因素基础上，积极探索领导干部自然资源资产离任审计的目标、内容、方法和评价指标体系。以领导干部任期内辖区自然资源资产变化状况为基础，通过审计，客观评价领导干部履行自然资源资产管理责任情况，依法界定领导干部应当承担的责任，加强审计结果运用。在内蒙古呼伦贝尔市、浙江湖州市、湖南娄底市、贵州赤水市、陕西延安市开展自然资源资产负债表编制试点和领导干部自然资源资产离任审计试点。

（五十一）建立生态环境损害责任终身追究制。实行地方党委和政府领导成员生态文明建设一岗双责制。以自然资源资产离任审计结果和生态环境损害情况为依据，明确对地方党委和政府领导班子主要负责人、有关领导人员、部门负责人的追责情形和认定程序。区分情节轻重，对造成生态环境损害的，予以诫勉、责令公开道歉、组织处理或党纪政纪处分，对构成犯罪的依法追究刑事责任。对领导干部离任后出现重大生态环境损害并认定其需要承担责任的，实行终身追责。建立国家环境保护督察制度。

十、生态文明体制改革的实施保障

（五十二）加强对生态文明体制改革的领导。各地区各部门要认真学习领会中央关于生态文明建设和体制改革的精神，深刻认识生态文明体制改革的重大意义，增强责任感、使命感、紧迫感，认真贯彻党中央、国务院决策部署，确保本方案确定的各项改革任务加快落实。各有关部门要按照本方案要求抓紧制定单项改革方案，明确责任主体和时间进度，密切协调配合，形成改革合力。

（五十三）积极开展试点试验。充分发挥中央和地方两个积极性，鼓励各地区按照本方案的改革方向，从本地实际出发，以解决突出生态环境问题为重点，发挥主动性，积极探索和推动生态文明体制改革，其中需要法律授权的按法定程序办理。将各部门自行开展的综合性生态文明试点统一为国家试点试验，各部门要根据各自职责予以指导和推动。

（五十四）完善法律法规。制定完善自然资源资产产权、国土空间开发保护、国家公园、空间规划、海洋、应对气候变化、耕地质量保护、节水和地下水管理、草原保护、湿地保护、排污许可、生态环境损害赔偿等方面的法律法规，为生态文明体制改革提供法治保障。

（五十五）加强舆论引导。面向国内外，加大生态文明建设和体制改革宣传力度，统筹安排、正确解读生态文明各项制度的内涵和改革方向，培育普及生态文化，提高生态文明意识，倡导绿色生活方式，形成崇尚生态文明、推进生态文明建设和体制改革的良好氛围。

（五十六）加强督促落实。中央全面深化改革领导小组办公室、经济体制和生态文明体制改革专项小组要加强统筹协调，对本方案落实情况进行跟踪分析和督促检查，正确解读和及时解决实施中遇到的问题，重大问题要及时向党中央、国务院请示报告。

中共中央　国务院关于深化
投融资体制改革的意见

中发〔2016〕18 号

（中共中央　国务院 2016 年 7 月 5 日印发）

党的十八大以来，党中央、国务院大力推进简政放权、放管结合、优化服务改革，投融资体制改革取得新的突破，投资项目审批范围大幅度缩减，投资管理工作重心逐步从事前审批转向过程服务和事中事后监管，企业投资自主权进一步落实，调动了社会资本积极性。同时也要看到，与政府职能转变和经济社会发展要求相比，投融资管理体制仍然存在一些问题，主要是：简政放权不协同、不到位，企业投资主体地位有待进一步确立；投资项目融资难融资贵问题较为突出，融资渠道需要进一步畅通；政府投资管理亟需创新，引导和带动作用有待进一步发挥；权力下放与配套制度建设不同步，事中事后监管和过程服务仍需加强；投资法制建设滞后，投资监管法治化水平亟待提高。为深化投融资体制改革，充分发挥投资对稳增长、调结构、惠民生的关键作用，现提出以下意见。

一、总体要求

全面贯彻落实党的十八大和十八届三中、四中、五中全会精神，以邓小平理论、"三个代表"重要思想、科学发展观为指导，深入学习贯彻习近平总书记系列重要讲话精神，按照"五位一体"总体布局和"四个全面"战略布局，牢固树立和贯彻落实创新、协调、绿色、开放、共享的新发展理念，着力推进结构性改革尤其是供给侧结构性改革，充分发挥市场在资源配置中的决定性作用和更好发挥政府作用。进一步转变政府职能，深入推进简政放权、放管结合、优化服务改革，建立完善企业自主决策、融资渠道畅通，职能转变到位、政府行为规范，宏观调控有效、法治保障健全的新型投融资体制。

——企业为主，政府引导。科学界定并严格控制政府投资范围，平等对待各类投资主体，确立企业投资主体地位，放宽放活社会投资，激发民间投资潜力和创新活力。充分发挥政府投资的引导作用和放大效应，完善政府和社会资本合作模式。

——放管结合，优化服务。将投资管理工作的立足点放到为企业投资活动做好服务上，在服务中实施管理，在管理中实现服务。更加注重事前政策引导、事中事后监管约束和过程服务，创新服务方式，简化服务流程，提高综合服务能力。

——创新机制，畅通渠道。打通投融资渠道，拓宽投资项目资金来源，充分挖掘社会资金潜力，让更多储蓄转化为有效投资，有效缓解投资项目融资难融资贵问题。

——统筹兼顾，协同推进。投融资体制改革要与供给侧结构性改革以及财税、金融、国有企业等领域改革有机衔接、整体推进，建立上下联动、横向协同工作机制，形成改革合力。

二、改善企业投资管理，充分激发社会投资动力和活力

（一）确立企业投资主体地位。坚持企业投资核准范围最小化，原则上由企业依法依规自主决策投资行为。在一定领域、区域内先行试点企业投资项目承诺制，探索创新以政策性条件引导、企业信用承诺、监管有效约束为核心的管理模式。对极少数关系国家安全和生态安全、涉及全国重大生产力布局、战略性资源开发和重大公共利益等项目，政府从维护社会公共利益角度确需依法进行审查把关的，应将相关事项以清单方式列明，最大限度缩减核准事项。

（二）建立投资项目"三个清单"管理制度。及时修订并公布政府核准的投资项目目录，实行企业投资项目管理负面清单制度，除目录范围内的项目外，一律实行备案制，由企业按照有关规定向备案机关备案。建立企业投资项目管理权力清单制度，将各级政府部门行使的企业投资项目管理职权以清单形式明确下来，严格遵循职权法定原则，规范职权行使，优化管理流程。建立企业投资项目管理责任清单制度，厘清各级政府部门企业投资项目管理职权所对应的责任事项，明确责任主体，健全问责机制。建立健全"三个清单"动态管理机制，根据情况变化适时调整。清单应及时向社会公布，接受社会监督，做到依法、公开、透明。

（三）优化管理流程。实行备案制的投资项目，备案机关要通过投资项目在线审批监管平台或政务服务大厅，提供快捷备案服务，不得设置任何前置条件。实行核准制的投资项目，政府部门要依托投资项目在线审批监管平台或政务服务大厅实行并联核准。精简投资项目准入阶段的相关手续，只保留选址意见、用地（用海）预审以及重特大项目的环评审批作为前置条件；按照并联办理、联合评审的要求，相关部门要协同下放审批权限，探索建立多评合一、统一评审的新模式。加快推进中介服务市场化进程，打破行业、地区壁垒和部门垄断，切断中介服务机构与政府部门间的利益关联，建立公开透明的中介服务市场。进一步简化、整合投资项目报建手续，取消投资项目报建阶段技术审查类的相关审批手续，探索实行先建后验的管理模式。

（四）规范企业投资行为。各类企业要严格遵守城乡规划、土地管理、环境保护、安全生产等方面的法律法规，认真执行相关政策和标准规定，依法落实项目法人责任制、招标投标制、工程监理制和合同管理制，切实加强信用体系建设，自觉规范投资行为。对于以不正当手段取得核准或备案手续以及未按照核准内容进行建设的项目，核准、备案机关应当根据情节轻重依法给予警告、责令停止建设、责令停产等处罚；对于未依法办理其他相关手续擅自开工建设，以及建设过程中违反城乡规划、土地管理、环境保护、安全生产等方面的法律法规的项目，相关部门应依法予以处罚。相关责任人员涉嫌犯罪的，依法移送司法机关处理。各类投资中介服务机构要坚持诚信原则，加强自我约束，增强服务意识和社会责任意识，塑造诚信高效、社会信赖的行业形象。有关行业协会要加强行业自律，健全行业规范和标准，提高服务质量，不得变相审批。

三、完善政府投资体制，发挥好政府投资的引导和带动作用

（五）进一步明确政府投资范围。政府投资资金只投向市场不能有效配置资源的社会公益服务、公共基础设施、农业农村、生态环境保护和修复、重大科技进步、社会管理、国家安全等公共领域的项目，以非经营性项目为主，原则上不支持经营性项目。建立政府投资范围定期评估调整机制，不断优化投资方向和结构，提高投资效率。

（六）优化政府投资安排方式。政府投资资金按项目安排，以直接投资方式为主。对确需支持的经营性项目，主要采取资本金注入方式投入，也可适当采取投资补助、贷款贴息等方式进行引导。安排政府投资资金应当在明确各方权益的基础上平等对待各类投资主体，不得设置歧视性条件。根据发展需要，依法发起设立基础设施建设基金、公共服务发展基金、住房保障发展基金、政府出资产业投资基金等各类基金，充分发挥政府资金的引导作用和放大效应。加快地方政府融资平台的市场化转型。

（七）规范政府投资管理。依据国民经济和社会发展规划及国家宏观调控总体要求，编制三年滚动政府投资计划，明确计划期内的重大项目，并与中期财政规划相衔接，统筹安排、规范使用各类政府投资资金。依据三年滚动政府投资计划及国家宏观调控政策，编制政府投资年度计划，合理安排政府投资。建立覆盖各地区各部门的政府投资项目库，未入库项目原则上不予安排政府投资。完善政府投资项目信息统一管理机制，建立贯通各地区各部门的项目信息平台，并尽快拓展至企业投资项目，实现项目信息共享。改进和规范政府投资项目审批制，采用直接投资和资本金注入方式的项目，对经济社会发展、社会公众利益有重大影响或者投资规模较大的，要在咨询机构评估、公众参与、专家评议、风险评估等科学论证基础上，严格审批项目建议书、可行性研究报告、初步设计。经国务院及有关部门批准的专项规划、区域规划中已经明确的项目，部分改扩建项目，以及建设内容单一、投资规模较小、技术方案简单的项目，可以简化相关文件内容和审批程序。

（八）加强政府投资事中事后监管。加强政府投资项目建设管理，严格投资概算、建设标准、建设工期等要求。严格按照项目建设进度下达投资计划，确保政府投资及时发挥效益。严格概算执行和造价控制，健全概算审批、调整等管理制度。进一步完善政府投资项目代理建设制度。在社会事业、基础设施等领域，推广应用建筑信息模型技术。鼓励有条件的政府投资项目通过市场化方式进行运营管理。完善政府投资监管机制，加强投资项目审计监督，强化重大项目稽察制度，完善竣工验收制度，建立后评价制度，健全政府投资责任追究制度。建立社会监督机制，推动政府投资信息公开，鼓励公众和媒体对政府投资进行监督。

（九）鼓励政府和社会资本合作。各地区各部门可以根据需要和财力状况，通过特许经营、政府购买服务等方式，在交通、环保、医疗、养老等领域采取单个项目、组合项目、连片开发等多种形式，扩大公共产品和服务供给。要合理把握价格、土地、金融等方面的政策支持力度，稳定项目预期收益。要发挥工程咨询、金融、财务、法律等方面专业机构作用，提高项目决策的科学性、项目管理的专业性和项目实施的有效性。

四、创新融资机制，畅通投资项目融资渠道

（十）大力发展直接融资。依托多层次资本市场体系，拓宽投资项目融资渠道，支持有真实经济活动支撑的资产证券化，盘活存量资产，优化金融资源配置，更好地服务投资兴业。结合国有企业改革和混合所有制机制创新，优化能源、交通等领域投资项目的直接融资。通过多种方式加大对种子期、初创期企业投资项目的金融支持力度，有针对性地为"双创"项目提供股权、债权以及信用贷款等融资综合服务。加大创新力度，丰富债券品种，进一步发展企业债券、公司债券、非金融企业债务融资工具、项目收益债等，支持重点领域投资项目通过债券市场筹措资金。开展金融机构以适当方式依法持有企业股权的试点。设立政府引导、市场化运作的产业（股权）投资基金，积极吸引社会资本参加，鼓励金融机构以及全国社会保障基金、保险资金等在依法合规、风险可控的前提下，经批准后通过认购基金份额等方式有效参与。加快建立规范的地方政府举债融资机制，支持省级政府依法依规发行政府债券，用于公共领域重点项目建设。

（十一）充分发挥政策性、开发性金融机构积极作用。在国家批准的业务范围内，政策性、开发性金融机构要加大对城镇棚户区改造、生态环保、城乡基础设施建设、科技创新等重大项目和工程的资金支持力度。根据宏观调控需要，支持政策性、开发性金融机构发行金融债券专项用于支持重点项目建设。发挥专项建设基金作用，通过资本金注入、股权投资等方式，支持看得准、有回报、不新增过剩产能、不形成重复建设、不产生挤出效应的重点领域项目。建立健全政银企社合作对接机制，搭建信息共享、资金对接平台，协调金融机构加大对重大工程的支持力度。

（十二）完善保险资金等机构资金对项目建设的投资机制。在风险可控的前提下，逐步放宽保险资金投资范围，创新资金运用方式。鼓励通过债权、股权、资产支持等多种方式，支持重大基础设施、重大民生工程、新型城镇化等领域的项目建设。加快推进全国社会保障基金、基本养老保险基金、企业年金等投资管理体系建设，建立和完善市场化投资运营机制。

（十三）加快构建更加开放的投融资体制。创新有利于深化对外合作的投融资机制，加强金融机构协调配合，用好各类资金，为国内企业走出去和重点合作项目提供更多投融资支持。在宏观和微观审慎管理框架下，稳步放宽境内企业和金融机构赴境外融资，做好风险规避。完善境外发债备案制，募集低成本外汇资金，更好地支持企业对外投资项目。加强与国际金融机构和各国政府、企业、金融机构之间的多层次投融资合作。

五、切实转变政府职能，提升综合服务管理水平

（十四）创新服务管理方式。探索建立并逐步推行投资项目审批首问负责制，投资主管部门或审批协调机构作为首家受理单位"一站式"受理、"全流程"服务，一家负责到底。充分运用互联网和大数据等技术，加快建设投资项目在线审批监管平台，联通各级政府部门，覆盖全国各类投资项目，实现一口受理、网上办理、规范透明、限时办结。加快建立投资项目统一代码制度，统一汇集审批、建设、监管等项目信息，实现信息共享，推动信息公开，提高透明度。各有关部门要制定项目审批工作规则和办事指南，及时公开受理情况、办理过程、审批结果，发布政策信息、投资信息、中介服务信息等，为企业投资决策提供参考和帮助。鼓励新闻媒体、公民、法人和其他组织依法对政府的服务管理行为进行监督。下移服务管理重心，加强业务指导和基层投资管理队伍建设，给予地方更多自主权，充分调动地方积极性。

（十五）加强规划政策引导。充分发挥发展规划、产业政策、行业标准等对投资活动的引导作用，并为监管提供依据。把发展规划作为引导投资方向，稳定投资运行，规范项目准入，优化项目布局，合理配置资金、土地（海域）、能源资源、人力资源等要素的重要手段。完善产业结构调整指导目录、外商投资产业指导目录等，为各类投资活动提供依据和指导。构建更加科学、更加完善、更具操作性的行业准入标准体系，加快制定修订能耗、水耗、用地、碳排放、污染物排放、安全生产等技术标准，实施能效和排污强度"领跑者"制度，鼓励各地区结合实际依法制定更加严格的地方标准。

（十六）健全监管约束机制。按照谁审批谁监管、谁主管谁监管的原则，明确监管责任，注重发挥投资主管部门综合监管职能、地方政府就近就便监管作用和行业管理部门专业优势，整合监管力量，共享监管信息，实现协同监管。依托投资项目在线审批监管平台，加强项目建设全过程监管，确保项目合法开工、建设过程合规有序。各有关部门要完善规章制度，制定监管工作指南和操作规程，促进监管工作标准具体化、公开化。要严格执法，依法纠正和查处违法违规投资建设行为。实施投融资领域相关主体信用承诺制度，建立异常信用记录和严重违法失信"黑名单"，纳入全国信用信息共享平台，强化并提升政府和投资者的契约意识和诚信意识，形成守信激励、失信惩戒的约束机制，促使相关主体切实强化责任，履行法定义务，确保投资建设市场安全高效运行。

六、强化保障措施，确保改革任务落实到位

（十七）加强分工协作。各地区各部门要充分认识深化投融资体制改革的重要性和紧迫性，加强组织领导，搞好分工协作，制定具体方案，明确任务分工、时间节点，定期督查、强化问责，确保各项改革措施稳步推进。国务院投资主管部门要切实履行好投资调控管理的综合协调、统筹推进职责。

（十八）加快立法工作。完善与投融资相关的法律法规，制定实施政府投资条例、企业投资项目核准和备案管理条例，加快推进社会信用、股权投资等方面的立法工作，依法保护各方权益，维护竞争公平有序、要素合理流动的投融资市场环境。

（十九）推进配套改革。加快推进铁路、石油、天然气、电力、电信、医疗、教育、城市公用事业等领域改革，规范并完善政府和社会资本合作、特许经营管理，鼓励社会资本参与。加快推进基础设施和公用事业等领域价格改革，完善市场决定价格机制。研究推动土地制度配套改革。加快推进金融体制改革和创新，健全金融市场运行机制。投融资体制改革与其他领域改革要协同推进，形成叠加效应，充分释放改革红利。

国务院关于实行最严格水资源
管理制度的意见

国发〔2012〕3 号

（国务院 2012 年 1 月 12 日印发）

各省、自治区、直辖市人民政府，国务院各部委、各直属机构：

水是生命之源、生产之要、生态之基，人多水少、水资源时空分布不均是我国的基本国情和水情。当前我国水资源面临的形势十分严峻，水资源短缺、水污染严重、水生态环境恶化等问题日益突出，已成为制约经济社会可持续发展的主要瓶颈。为贯彻落实好中央水利工作会议和《中共中央　国务院关于加快水利改革发展的决定》（中发〔2011〕1 号）的要求，现就实行最严格水资源管理制度提出以下意见：

一、总体要求

（一）指导思想。深入贯彻落实科学发展观，以水资源配置、节约和保护为重点，强化用水需求和用水过程管理，通过健全制度、落实责任、提高能力、强化监管，严格控制用水总量，全面提高用水效率，严格控制入河湖排污总量，加快节水型社会建设，促进水资源可持续利用和经济发展方式转变，推动经济社会发展与水资源水环境承载能力相协调，保障经济社会长期平稳较快发展。

（二）基本原则。坚持以人为本，着力解决人民群众最关心最直接最现实的水资源问题，保障饮水安全、供水安全和生态安全；坚持人水和谐，尊重自然规律和经济社会发展规律，处理好水资源开发与保护关系，以水定需、量水而行、因水制宜；坚持统筹兼顾，协调好生活、生产和生态用水，协调好上下游、左右岸、干支流、地表水和地下水关系；坚持改革创新，完善水资源管理体制和机制，改进管理方式和方法；坚持因地制宜，实行分类指导，注重制度实施的可行性和有效性。

（三）主要目标。

确立水资源开发利用控制红线，到 2030 年全国用水总量控制在 7000 亿立方米以内；确立用水效率控制红线，到 2030 年用水效率达到或接近世界先进水平，万元工业增加值用水量（以 2000 年不变价计，下同）降低到 40 立方米以下，农田灌溉水有效利用系数提高到 0.6 以上；确立水功能区限制纳污红线，到 2030 年主要污染物入河湖总量控制在水功能区纳污能力范围之内，水功能区水质达标率提高到 95％以上。

为实现上述目标，到 2015 年，全国用水总量力争控制在 6350 亿立方米以内；万元工业增加值用水量比 2010 年下降 30％以上，农田灌溉水有效利用系数提高到 0.53 以上；重要江河湖泊水功能区水质达标率提高到 60％以上。到 2020 年，全国用水总量力争控制在 6700 亿立方米以内；万元工业增加值用水量降低到 65 立方米以下，农田灌溉水有效利用系数提高到 0.55 以上；重要江河湖泊水功能区水质达标率提高到 80％以上，城镇供水水源地水质全面达标。

二、加强水资源开发利用控制红线管理，严格实行用水总量控制

（四）严格规划管理和水资源论证。开发利用水资源，应当符合主体功能区的要求，按照流域和区域统一制定规划，充分发挥水资源的多种功能和综合效益。建设水工程，必须符合流域综合规划和防洪规划，由有关水行政主管部门或流域管理机构按照管理权限进行审查并签署意见。加强相关规划和项目建设布局水资源论证工作，国民经济和社会发展规划以及城市总体规划的编制、重大建设项目的布局，应当与当地水资源条件和防洪要求相适应。严格执行建设项目水资源论证制度，对未依法完成水资源论证工作的建设项目，审批机关不予批准，建设单位不得擅自开工建设和投产使用，对违反规定的，一律责令停止。

（五）严格控制流域和区域取用水总量。加快制定主要江河流域水量分配方案，建立覆盖流域和省市县三级行政区域的取用水总量控制指标体系，实施流域和区域取用水总量控制。各省、自治区、直辖市要按照江河流域水量分配方案或取用水总量控制指标，制定年度用水计划，依法对本行政区域内的年度用水实行总量管理。建立健全水权制度，积极培育水市场，鼓励开展水权交易，运用市场机制合理配置水资源。

（六）严格实施取水许可。严格规范取水许可审批管理，对取用水总量已达到或超过控制指标的地区，暂停审批建设项目新增取水；对取用水总量接近控制指标的地区，限制审批建设项目新增取水。对不符合国家产业政策或列入国家产业结构调整指导目录中淘汰类的，产品不符合行业用水定额标准的，在城市公共供水管网能够满足用水需要却通过自备取水设施取用地下水的，以及地下水已严重超采的地区取用地下水的建设项目取水申请，审批机关不予批准。

（七）严格水资源有偿使用。合理调整水资源费征收标准，扩大征收范围，严格水资源费征收、使用和管理。各省、自治区、直辖市要抓紧完善水资源费征收、使用和管理的规章制度，严格按照规定的征收范围、对象、标准和程序征收，确保应收尽收，任何单位和个人不得擅自减免、缓征或停征水资源费。水资源费主要用于水资源节约、保护和管理，严格依法查处挤占挪用水资源费的行为。

（八）严格地下水管理和保护。加强地下水动态监测，实行地下水取用水总量控制和水位控制。各省、自治区、直辖市人民政府要尽快核定并公布地下水禁采和限采范围。在地下水超采区，禁止农业、工业建设项目和服务业新增取用地下水，并逐步削减超采量，实现地下水采补平衡。深层承压地下水原则上只能作为应急和战略储备水源。依法规范机井建设审批管理，限期关闭在城市公共供水管网覆盖范围内的自备水井。抓紧编制并实施全国地下水利用与保护规划以及南水北调东中线受水区、地面沉降区、海水入侵区地下水压采方案，逐步削减开采量。

（九）强化水资源统一调度。流域管理机构和县级以上地方人民政府水行政主管部门要依法制订和完善水资源调度方案、应急调度预案和调度计划，对水资源实行统一调度。区域水资源调度应当服从流域水资源统一调度，水力发电、供水、航运等调度应当服从流域水资源统一调度。水资源调度方案、应急调度预案和调度计划一经批准，有关地方人民政府和部门等必须服从。

三、加强用水效率控制红线管理，全面推进节水型社会建设

（十）全面加强节约用水管理。各级人民政府要切实履行推进节水型社会建设的责任，把节约用水贯穿于经济社会发展和群众生活生产全过程，建立健全有利于节约用水的体制和机制。稳步推进水价改革。各项引水、调水、取水、供用水工程建设必须首先考虑节水要求。水资源短缺、生态脆弱地区要严格控制城市规模过度扩张，限制高耗水工业项目建设和高耗水服务业发展，遏制农业粗放用水。

（十一）强化用水定额管理。加快制定高耗水工业和服务业用水定额国家标准。各省、自治区、直辖市人民政府要根据用水效率控制红线确定的目标，及时组织修订本行政区域内各行业用水定额。对纳入取水许可管理的单位和其他用水大户实行计划用水管理，建立用水单位重点监控名录，强化用水监控管理。新建、扩建和改建建设项目应制订节水措施方案，保证节水设施与主体工程同时设计、同时施工、同时投产（即"三同时"制度），对违反"三同时"制度的，由县级以上地方人民政府有关部门或流域管理机构责令停止取用水并限期整改。

（十二）加快推进节水技术改造。制定节水强制性标准，逐步实行用水产品用水效率标识管理，禁止生产和销售不符合节水强制性标准的产品。加大农业节水力度，完善和落实节水灌溉的产业支持、技术服务、财政补贴等政策措施，大力发展管道输水、喷灌、微灌等高效节水灌溉。加大工业节水技术改造，建设工业节水示范工程。充分考虑不同工业行业和工业企业的用水状况和节水潜力，合理确定节水目标。有关部门要抓紧制定并公布落后的、耗水量高的用水工艺、设备和产品淘汰名录。加大城市生活节水工作力度，开展节水示范工作，逐步淘汰公共建筑中不符合节水标准的用水设备及产品，大力推广使用生活节水器具，着力降低供水管网漏损率。鼓励并积极发展污水处理回用、雨水和微咸水开发利用、海水淡化和直接利用等非常规水源开发利用。加快城市污水处理回用管网建设，逐步提高城市污水处理回用比例。非常规水源开发利用纳入水资源统一配置。

四、加强水功能区限制纳污红线管理，严格控制入河湖排污总量

（十三）严格水功能区监督管理。完善水功能区监督管理制度，建立水功能区水质达标评价体系，加强水功能区动态监测和科学管理。水功能区布局要服从和服务于所在区域的主体功能定位，符合主体功能区的发展方向和开发原则。从严核定水域纳污容量，严格控制入河湖排污总量。各级人民政府要把限制排污总量作为水污染防治和污染减排工作的重要依据。切实加强水污染防控，加强工业污染源控制，加大主要污染物减排力度，提高城市污水处理率，改善重点流域水环境质量，防治江河湖库富营养化。流域管理机构要加强重要江河湖泊的省界水质水量监测。严格入河湖排污口监督管理，对排污量超出水功能区限排总量的地区，限制审批新增取水和入河湖排污口。

（十四）加强饮用水水源保护。各省、自治区、直辖市人民政府要依法划定饮用水水源保护区，开展重要饮用水水源地安全保障达标建设。禁止在饮用水水源保护区内设置排污口，对已设置的，由县级以上地方人民政府责令限期拆除。县级以上地方人民政府要完善饮用水水源地核准和安全评估制度，公布重要饮用水水源地名录。加快实施全国城市饮用水水源地安全保障规划和农村饮水安全工程规划。加强水土流失治理，防治面源污染，禁止破坏水源涵养林。强化饮用水水源应急管理，完善饮用水水源地突发事件应急预案，

建立备用水源。

（十五）推进水生态系统保护与修复。开发利用水资源应维持河流合理流量和湖泊、水库以及地下水的合理水位，充分考虑基本生态用水需求，维护河湖健康生态。编制全国水生态系统保护与修复规划，加强重要生态保护区、水源涵养区、江河源头区和湿地的保护，开展内源污染整治，推进生态脆弱河流和地区水生态修复。研究建立生态用水及河流生态评价指标体系，定期组织开展全国重要河湖健康评估，建立健全水生态补偿机制。

五、保障措施

（十六）建立水资源管理责任和考核制度。要将水资源开发、利用、节约和保护的主要指标纳入地方经济社会发展综合评价体系，县级以上地方人民政府主要负责人对本行政区域水资源管理和保护工作负总责。国务院对各省、自治区、直辖市的主要指标落实情况进行考核，水利部会同有关部门具体组织实施，考核结果交由干部主管部门，作为地方人民政府相关领导干部和相关企业负责人综合考核评价的重要依据。具体考核办法由水利部会同有关部门制订，报国务院批准后实施。有关部门要加强沟通协调，水行政主管部门负责实施水资源的统一监督管理，发展改革、财政、国土资源、环境保护、住房城乡建设、监察、法制等部门按照职责分工，各司其职，密切配合，形成合力，共同做好最严格水资源管理制度的实施工作。

（十七）健全水资源监控体系。抓紧制定水资源监测、用水计量与统计等管理办法，健全相关技术标准体系。加强省界等重要控制断面、水功能区和地下水的水质水量监测能力建设。流域管理机构对省界水量的监测核定数据作为考核有关省、自治区、直辖市用水总量的依据之一，对省界水质的监测核定数据作为考核有关省、自治区、直辖市重点流域水污染防治专项规划实施情况的依据之一。加强取水、排水、入河湖排污口计量监控设施建设，加快建设国家水资源管理系统，逐步建立中央、流域和地方水资源监控管理平台，加快应急机动监测能力建设，全面提高监控、预警和管理能力。及时发布水资源公报等信息。

（十八）完善水资源管理体制。进一步完善流域管理与行政区域管理相结合的水资源管理体制，切实加强流域水资源的统一规划、统一管理和统一调度。强化城乡水资源统一管理，对城乡供水、水资源综合利用、水环境治理和防洪排涝等实行统筹规划、协调实施，促进水资源优化配置。

（十九）完善水资源管理投入机制。各级人民政府要拓宽投资渠道，建立长效、稳定的水资源管理投入机制，保障水资源节约、保护和管理工作经费，对水资源管理系统建设、节水技术推广与应用、地下水超采区治理、水生态系统保护与修复等给予重点支持。中央财政加大对水资源节约、保护和管理的支持力度。

（二十）健全政策法规和社会监督机制。抓紧完善水资源配置、节约、保护和管理等方面的政策法规体系。广泛深入开展基本水情宣传教育，强化社会舆论监督，进一步增强全社会水忧患意识和水资源节约保护意识，形成节约用水、合理用水的良好风尚。大力推进水资源管理科学决策和民主决策，完善公众参与机制，采取多种方式听取各方面意见，进一步提高决策透明度。对在水资源节约、保护和管理中取得显著成绩的单位和个人给予表彰奖励。

国务院办公厅关于印发实行最严格
水资源管理制度考核办法的通知

国办发〔2013〕2 号

（国务院办公厅 2013 年 1 月 2 日印发）

各省、自治区、直辖市人民政府，国务院各部委、各直属机构：

《实行最严格水资源管理制度考核办法》已经国务院同意，现印发给你们，请认真贯彻执行。

实行最严格水资源管理制度考核办法

第一条 为推进实行最严格水资源管理制度，确保实现水资源开发利用和节约保护的主要目标，根据《中华人民共和国水法》、《中共中央国务院关于加快水利改革发展的决定》（中发〔2011〕1 号）、《国务院关于实行最严格水资源管理制度的意见》（国发〔2012〕3 号）等有关规定，制定本办法。

第二条 考核工作坚持客观公平、科学合理、系统综合、求真务实的原则。

第三条 国务院对各省、自治区、直辖市落实最严格水资源管理制度情况进行考核，水利部会同发展改革委、工业和信息化部、监察部、财政部、国土资源部、环境保护部、住房城乡建设部、农业部、审计署、统计局等部门组成考核工作组，负责具体组织实施。

各省、自治区、直辖市人民政府是实行最严格水资源管理制度的责任主体，政府主要负责人对本行政区域水资源管理和保护工作负总责。

第四条 考核内容为最严格水资源管理制度目标完成、制度建设和措施落实情况。

各省、自治区、直辖市实行最严格水资源管理制度主要目标详见附件；制度建设和措施落实情况包括用水总量控制、用水效率控制、水功能区限制纳污、水资源管理责任和考核等制度建设及相应措施落实情况。

第五条 考核评定采用评分法，满分为 100 分。考核结果划分为优秀、良好、合格、不合格四个等级。考核得分 90 分以上为优秀，80 分以上 90 分以下为良好，60 分以上 80 分以下为合格，60 分以下为不合格。（以上包括本数，以下不包括本数）

第六条 考核工作与国民经济和社会发展五年规划相对应，每五年为一个考核期，采用年度考核和期末考核相结合的方式进行。在考核期的第 2 至 5 年上半年开展上年度考核，在考核期结束后的次年上半年开展期末考核。

第七条 各省、自治区、直辖市人民政府要按照本行政区域考核期水资源管理控制目标，合理确定年度目标和工作计划，在考核期起始年 3 月底前报送水利部备案，同时抄送考核工作组其他成员单位。如考核期内对年度目标和工作计划有调整的，应及时将调整情况报送备案。

第八条　各省、自治区、直辖市人民政府要在每年3月底前将本地区上年度或上一考核期的自查报告上报国务院，同时抄送水利部等考核工作组成员单位。

第九条　考核工作组对自查报告进行核查，对各省、自治区、直辖市进行重点抽查和现场检查，划定考核等级，形成年度或期末考核报告。

第十条　水利部在每年6月底前将年度或期末考核报告上报国务院，经国务院审定后，向社会公告。

第十一条　经国务院审定的年度和期末考核结果，交由干部主管部门，作为对各省、自治区、直辖市人民政府主要负责人和领导班子综合考核评价的重要依据。

第十二条　对期末考核结果为优秀的省、自治区、直辖市人民政府，国务院予以通报表扬，有关部门在相关项目安排上优先予以考虑。对在水资源节约、保护和管理中取得显著成绩的单位和个人，按照国家有关规定给予表彰奖励。

第十三条　年度或期末考核结果为不合格的省、自治区、直辖市人民政府，要在考核结果公告后一个月内，向国务院作出书面报告，提出限期整改措施，同时抄送水利部等考核工作组成员单位。

整改期间，暂停该地区建设项目新增取水和入河排污口审批，暂停该地区新增主要水污染物排放建设项目环评审批。对整改不到位的，由监察机关依法依纪追究该地区有关责任人员的责任。

第十四条　对在考核工作中瞒报、谎报的地区，予以通报批评，对有关责任人员依法依纪追究责任。

第十五条　水利部会同有关部门组织制定实行最严格水资源管理制度考核工作实施方案。

各省、自治区、直辖市人民政府要根据本办法，结合当地实际，制定本行政区域内实行最严格水资源管理制度考核办法。

第十六条　本办法自发布之日起施行。

附件1

各省、自治区、直辖市用水总量控制目标

单位：亿立方米

地区	2015 年	2020 年	2030 年
北京	40.00	46.58	51.56
天津	27.50	38.00	42.20
河北	217.80	221.00	246.00
山西	76.40	93.00	99.00
内蒙古	199.00	211.57	236.25
辽宁	158.00	160.60	164.58
吉林	141.55	165.49	178.35
黑龙江	353.00	353.34	370.05
上海	122.07	129.35	133.52
江苏	508.00	524.15	527.68
浙江	229.49	244.40	254.67
安徽	273.45	270.84	276.75
福建	215.00	223.00	233.00
江西	250.00	260.00	264.63
山东	250.60	276.59	301.84
河南	260.00	282.15	302.78
湖北	315.51	365.91	368.91
湖南	344.00	359.75	359.77
广东	457.61	456.04	450.18
广西	304.00	309.00	314.00
海南	49.40	50.30	56.00
重庆	94.06	97.13	105.58
四川	273.14	321.64	339.43
贵州	117.35	134.39	143.33
云南	184.88	214.63	226.82
西藏	35.79	36.89	39.77
陕西	102.00	112.92	125.51
甘肃	124.80	114.15	125.63
青海	37.00	37.95	47.54
宁夏	73.00	73.27	87.93
新疆	515.60	515.97	526.74
全国	6350.00	6700.00	7000.00

附件2

各省、自治区、直辖市用水效率控制目标

地区	2015 年	
	万元工业增加值用水量比 2010 年下降	农田灌溉水有效利用系数
北京	25％	0.710
天津	25％	0.664
河北	27％	0.667
山西	27％	0.524
内蒙古	27％	0.501
辽宁	27％	0.587
吉林	30％	0.550
黑龙江	35％	0.588
上海	30％	0.734
江苏	30％	0.580
浙江	27％	0.581
安徽	35％	0.515
福建	35％	0.530
江西	35％	0.477
山东	25％	0.630
河南	35％	0.600
湖北	35％	0.496
湖南	35％	0.490
广东	30％	0.474
广西	33％	0.450
海南	35％	0.562
重庆	33％	0.478
四川	33％	0.450
贵州	35％	0.446
云南	30％	0.445
西藏	30％	0.414
陕西	25％	0.550
甘肃	30％	0.540
青海	25％	0.489
宁夏	27％	0.480
新疆	25％	0.520
全国	30％	0.530

注：各省、自治区、直辖市 2015 年后的用水效率控制目标，综合考虑国家产业政策、区域发展布局和物价等因素，结合国民经济和社会发展五年规划另行制定。

附件 3

各省、自治区、直辖市重要江河湖泊
水功能区水质达标率控制目标

地区	2015 年	2020 年	2030 年
北京	50％	77％	95％
天津	27％	61％	95％
河北	55％	75％	95％
山西	53％	73％	95％
内蒙古	52％	71％	95％
辽宁	50％	78％	95％
吉林	41％	69％	95％
黑龙江	38％	70％	95％
上海	53％	78％	95％
江苏	62％	82％	95％
浙江	62％	78％	95％
安徽	71％	80％	95％
福建	81％	86％	95％
江西	88％	91％	95％
山东	59％	78％	95％
河南	56％	75％	95％
湖北	78％	85％	95％
湖南	85％	91％	95％
广东	68％	83％	95％
广西	86％	90％	95％
海南	89％	95％	95％
重庆	78％	85％	95％
四川	77％	83％	95％
贵州	77％	85％	95％
云南	75％	87％	95％
西藏	90％	95％	95％
陕西	69％	82％	95％
甘肃	65％	82％	95％
青海	74％	88％	95％
宁夏	62％	79％	95％
新疆	85％	90％	95％
全国	60％	80％	95％

国务院关于创新重点领域投融资机制鼓励社会投资的指导意见

国发〔2014〕60号

（国务院 2014 年 11 月 16 日印发）

各省、自治区、直辖市人民政府，国务院各部委、各直属机构：

为推进经济结构战略性调整，加强薄弱环节建设，促进经济持续健康发展，迫切需要在公共服务、资源环境、生态建设、基础设施等重点领域进一步创新投融资机制，充分发挥社会资本特别是民间资本的积极作用。为此，特提出以下意见。

一、总体要求

（一）指导思想。全面贯彻落实党的十八大和十八届三中、四中全会精神，按照党中央、国务院决策部署，使市场在资源配置中起决定性作用和更好发挥政府作用，打破行业垄断和市场壁垒，切实降低准入门槛，建立公平开放透明的市场规则，营造权利平等、机会平等、规则平等的投资环境，进一步鼓励社会投资特别是民间投资，盘活存量、用好增量，调结构、补短板，服务国家生产力布局，促进重点领域建设，增加公共产品有效供给。

（二）基本原则。实行统一市场准入，创造平等投资机会；创新投资运营机制，扩大社会资本投资途径；优化政府投资使用方向和方式，发挥引导带动作用；创新融资方式，拓宽融资渠道；完善价格形成机制，发挥价格杠杆作用。

二、创新生态环保投资运营机制

（三）深化林业管理体制改革。推进国有林区和国有林场管理体制改革，完善森林经营和采伐管理制度，开展森林科学经营。深化集体林权制度改革，稳定林权承包关系，放活林地经营权，鼓励林权依法规范流转。鼓励荒山荒地造林和退耕还林林地林权依法流转。减免林权流转税费，有效降低流转成本。

（四）推进生态建设主体多元化。在严格保护森林资源的前提下，鼓励社会资本积极参与生态建设和保护，支持符合条件的农民合作社、家庭农场（林场）、专业大户、林业企业等新型经营主体投资生态建设项目。对社会资本利用荒山荒地进行植树造林的，在保障生态效益、符合土地用途管制要求的前提下，允许发展林下经济、森林旅游等生态产业。

（五）推动环境污染治理市场化。在电力、钢铁等重点行业以及开发区（工业园区）污染治理等领域，大力推行环境污染第三方治理，通过委托治理服务、托管运营服务等方式，由排污企业付费购买专业环境服务公司的治污减排服务，提高污染治理的产业化、专业化程度。稳妥推进政府向社会购买环境监测服务。建立重点行业第三方治污企业推荐制度。

（六）积极开展排污权、碳排放权交易试点。推进排污权有偿使用和交易试点，建立排污权有偿使用制度，规范排污权交易市场，鼓励社会资本参与污染减排和排污权交易。加快调整主要污染物排污费征收标准，实行差别化排污收费政策。加快在国内试行碳排放权交易制度，探索森林碳汇交易，发展碳排放权交易市场，鼓励和支持社会投资者参与碳配额交易，通过金融市场发现价格的功能，调整不同经济主体利益，有效促进环保和节能减排。

三、鼓励社会资本投资运营农业和水利工程

（七）培育农业、水利工程多元化投资主体。支持农民合作社、家庭农场、专业大户、农业企业等新型经营主体投资建设农田水利和水土保持设施。允许财政补助形成的小型农田水利和水土保持工程资产由农业用水合作组织持有和管护。鼓励社会资本以特许经营、参股控股等多种形式参与具有一定收益的节水供水重大水利工程建设运营。社会资本愿意投入的重大水利工程，要积极鼓励社会资本投资建设。

（八）保障农业、水利工程投资合理收益。社会资本投资建设或运营管理农田水利、水土保持设施和节水供水重大水利工程的，与国有、集体投资项目享有同等政策待遇，可以依法获取供水水费等经营收益；承担公益性任务的，政府可对工程建设投资、维修养护和管护经费等给予适当补助，并落实优惠政策。社会资本投资建设或运营管理农田水利设施、重大水利工程等，可依法继承、转让、转租、抵押其相关权益；征收、征用或占用的，要按照国家有关规定给予补偿或者赔偿。

（九）通过水权制度改革吸引社会资本参与水资源开发利用和保护。加快建立水权制度，培育和规范水权交易市场，积极探索多种形式的水权交易流转方式，允许各地通过水权交易满足新增合理用水需求。鼓励社会资本通过参与节水供水重大水利工程投资建设等方式优先获得新增水资源使用权。

（十）完善水利工程水价形成机制。深入开展农业水价综合改革试点，进一步促进农业节水。水利工程供非农业用水价格按照补偿成本、合理收益、优质优价、公平负担的原则合理制定，并根据供水成本变化及社会承受能力等适时调整，推行两部制水利工程水价和丰枯季节水价。价格调整不到位时，地方政府可根据实际情况安排财政性资金，对运营单位进行合理补偿。

四、推进市政基础设施投资运营市场化

（十一）改革市政基础设施建设运营模式。推动市政基础设施建设运营事业单位向独立核算、自主经营的企业化管理转变。鼓励打破以项目为单位的分散运营模式，实行规模化经营，降低建设和运营成本，提高投资效益。推进市县、乡镇和村级污水收集和处理、垃圾处理项目按行业"打包"投资和运营，鼓励实行城乡供水一体化、厂网一体投资和运营。

（十二）积极推动社会资本参与市政基础设施建设运营。通过特许经营、投资补助、政府购买服务等多种方式，鼓励社会资本投资城镇供水、供热、燃气、污水垃圾处理、建筑垃圾资源化利用和处理、城市综合管廊、公园配套服务、公共交通、停车设施等市政基础设施项目，政府依法选择符合要求的经营者。政府可采用委托经营或转让—经营—转让（TOT）等方式，将已经建成的市政基础设施项目转交给社会资本运营管理。

（十三）加强县城基础设施建设。按照新型城镇化发展的要求，把有条件的县城和重点镇发展为中小城市，支持基础设施建设，增强吸纳农业转移人口的能力。选择若干具有产业基础、特色资源和区位优势的县城和重点镇推行试点，加大对市政基础设施建设运营引入市场机制的政策支持力度。

（十四）完善市政基础设施价格机制。加快改进市政基础设施价格形成、调整和补偿机制，使经营者能够获得合理收益。实行上下游价格调整联动机制，价格调整不到位时，地方政府可根据实际情况安排财政性资金对企业运营进行合理补偿。

五、改革完善交通投融资机制

（十五）加快推进铁路投融资体制改革。用好铁路发展基金平台，吸引社会资本参与，扩大基金规模。充分利用铁路土地综合开发政策，以开发收益支持铁路发展。按照市场化方向，不断完善铁路运价形成机制。向地方政府和社会资本放开城际铁路、市域（郊）铁路、资源开发性铁路和支线铁路的所有权、经营权。按照构建现代企业制度的要求，保障投资者权益，推进蒙西至华中、长春至西巴彦花铁路等引进民间资本的示范项目实施。鼓励按照"多式衔接、立体开发、功能融合、节约集约"的原则，对城市轨道交通站点周边、车辆段上盖进行土地综合开发，吸引社会资本参与城市轨道交通建设。

（十六）完善公路投融资模式。建立完善政府主导、分级负责、多元筹资的公路投融资模式，完善收费公路政策，吸引社会资本投入，多渠道筹措建设和维护资金。逐步建立高速公路与普通公路统筹发展机制，促进普通公路持续健康发展。

（十七）鼓励社会资本参与水运、民航基础设施建设。探索发展"航电结合"等投融资模式，按相关政策给予投资补助，鼓励社会资本投资建设航电枢纽。鼓励社会资本投资建设港口、内河航运设施等。积极吸引社会资本参与盈利状况较好的枢纽机场、干线机场以及机场配套服务设施等投资建设，拓宽机场建设资金来源。

六、鼓励社会资本加强能源设施投资

（十八）鼓励社会资本参与电力建设。在做好生态环境保护、移民安置和确保工程安全的前提下，通过业主招标等方式，鼓励社会资本投资常规水电站和抽水蓄能电站。在确保具备核电控股资质主体承担核安全责任的前提下，引入社会资本参与核电项目投资，鼓励民间资本进入核电设备研制和核电服务领域。鼓励社会资本投资建设风光电、生物质能等清洁能源项目和背压式热电联产机组，进入清洁高效煤电项目建设、燃煤电厂节能减排升级改造领域。

（十九）鼓励社会资本参与电网建设。积极吸引社会资本投资建设跨区输电通道、区域主干电网完善工程和大中城市配电网工程。将海南联网Ⅱ回线路和滇西北送广东特高压直流输电工程等项目作为试点，引入社会资本。鼓励社会资本投资建设分布式电源并网工程、储能装置和电动汽车充换电设施。

（二十）鼓励社会资本参与油气管网、储存设施和煤炭储运建设运营。支持民营企业、地方国有企业等参股建设油气管网主干线、沿海液化天然气（LNG）接收站、地下储气库、城市配气管网和城市储气设施，控股建设油气管网支线、原油和成品油商业储备库。鼓励社会资本参与铁路运煤干线和煤炭储配体系建设。国家规划确定的石化基地炼化一体化项目向社会资本开放。

（二十一）理顺能源价格机制。进一步推进天然气价格改革，2015年实现存量气和增量气价格并轨，逐步放开非居民用天然气气源价格，落实页岩气、煤层气等非常规天然气价格市场化政策。尽快出台天然气管道运输价格政策。按照合理成本加合理利润的原则，适时调整煤层气发电、余热余压发电上网标杆电价。推进天然气分布式能源冷、热、电价格市场化。完善可再生能源发电价格政策，研究建立流域梯级效益补偿机制，适时调整完善燃煤发电机组环保电价政策。

七、推进信息和民用空间基础设施投资主体多元化

（二十二）鼓励电信业进一步向民间资本开放。进一步完善法律法规，尽快修订电信业务分类目录。研究出台具体试点办法，鼓励和引导民间资本投资宽带接入网络建设和业务运营，大力发展宽带用户。推进民营企业开展移动通信转售业务试点工作，促进业务创新发展。

（二十三）吸引民间资本加大信息基础设施投资力度。支持基础电信企业引入民间战略投资者。推动中国铁塔股份有限公司引入民间资本，实现混合所有制发展。

（二十四）鼓励民间资本参与国家民用空间基础设施建设。完善民用遥感卫星数据政策，加强政府采购服务，鼓励民间资本研制、发射和运营商业遥感卫星，提供市场化、专业化服务。引导民间资本参与卫星导航地面应用系统建设。

八、鼓励社会资本加大社会事业投资力度

（二十五）加快社会事业公立机构分类改革。积极推进养老、文化、旅游、体育等领域符合条件的事业单位，以及公立医院资源丰富地区符合条件的医疗事业单位改制，为社会资本进入创造条件，鼓励社会资本参与公立机构改革。将符合条件的国有单位培训疗养机构转变为养老机构。

（二十六）鼓励社会资本加大社会事业投资力度。通过独资、合资、合作、联营、租赁等途径，采取特许经营、公建民营、民办公助等方式，鼓励社会资本参与教育、医疗、养老、体育健身、文化设施建设。尽快出台鼓励社会力量兴办教育、促进民办教育健康发展的意见。各地在编制城市总体规划、控制性详细规划以及有关专项规划时，要统筹规划、科学布局各类公共服务设施。各级政府逐步扩大教育、医疗、养老、体育健身、文化等政府购买服务范围，各类经营主体平等参与。将符合条件的各类医疗机构纳入医疗保险定点范围。

（二十七）完善落实社会事业建设运营税费优惠政策。进一步完善落实非营利性教育、医疗、养老、体育健身、文化机构税收优惠政策。对非营利性医疗、养老机构建设一律免征有关行政事业性收费，对营利性医疗、养老机构建设一律减半征收有关行政事业性收费。

（二十八）改进社会事业价格管理政策。民办教育、医疗机构用电、用水、用气、用热，执行与公办教育、医疗机构相同的价格政策。养老机构用电、用水、用气、用热，按居民生活类价格执行。除公立医疗、养老机构提供的基本服务按照政府规定的价格政策执行外，其他医疗、养老服务实行经营者自主定价。营利性民办学校收费实行自主定价，非营利性民办学校收费政策由地方政府按照市场化方向根据当地实际情况确定。

九、建立健全政府和社会资本合作（PPP）机制

（二十九）推广政府和社会资本合作（PPP）模式。认真总结经验，加强政策引导，在公共服务、资源环境、生态保护、基础设施等领域，积极推广 PPP 模式，规范选择项目合作伙伴，引入社会资本，增强公共产品供给能力。政府有关部门要严格按照预算管理有关法律法规，完善财政补贴制度，切实控制和防范财政风险。健全 PPP 模式的法规体系，保障项目顺利运行。鼓励通过 PPP 方式盘活存量资源，变现资金要用于重点领域建设。

（三十）规范合作关系保障各方利益。政府有关部门要制定管理办法，尽快发布标准合同范本，对 PPP 项目的业主选择、价格管理、回报方式、服务标准、信息披露、违约处罚、政府接管以及评估论证等进行详细规定，规范合作关系。平衡好社会公众与投资者利益关系，既要保障社会公众利益不受损害，又要保障经营者合法权益。

（三十一）健全风险防范和监督机制。政府和投资者应对 PPP 项目可能产生的政策风险、商业风险、环境风险、法律风险等进行充分论证，完善合同设计，健全纠纷解决和风险防范机制。建立独立、透明、可问责、专业化的 PPP 项目监管体系，形成由政府监管部门、投资者、社会公众、专家、媒体等共同参与的监督机制。

（三十二）健全退出机制。政府要与投资者明确 PPP 项目的退出路径，保障项目持续稳定运行。项目合作结束后，政府应组织做好接管工作，妥善处理投资回收、资产处理等事宜。

十、充分发挥政府投资的引导带动作用

（三十三）优化政府投资使用方向。政府投资主要投向公益性和基础性建设。对鼓励社会资本参与的生态环保、农林水利、市政基础设施、社会事业等重点领域，政府投资可根据实际情况给予支持，充分发挥政府投资"四两拨千斤"的引导带动作用。

（三十四）改进政府投资使用方式。在同等条件下，政府投资优先支持引入社会资本的项目，根据不同项目情况，通过投资补助、基金注资、担保补贴、贷款贴息等方式，支持社会资本参与重点领域建设。抓紧制定政府投资支持社会投资项目的管理办法，规范政府投资安排行为。

十一、创新融资方式拓宽融资渠道

（三十五）探索创新信贷服务。支持开展排污权、收费权、集体林权、特许经营权、购买服务协议预期收益、集体土地承包经营权质押贷款等担保创新类贷款业务。探索利用工程供水、供热、发电、污水垃圾处理等预期收益质押贷款，允许利用相关收益作为还款来源。鼓励金融机构对民间资本举办的社会事业提供融资支持。

（三十六）推进农业金融改革。探索采取信用担保和贴息、业务奖励、风险补偿、费用补贴、投资基金，以及互助信用、农业保险等方式，增强农民合作社、家庭农场（林场）、专业大户、农林业企业的贷款融资能力和风险抵御能力。

（三十七）充分发挥政策性金融机构的积极作用。在国家批准的业务范围内，加大对公共服务、生态环保、基础设施建设项目的支持力度。努力为生态环保、农林水利、中西部铁路和公路、城市基础设施等重大工程提供长期稳定、低成本的资金支持。

（三十八）鼓励发展支持重点领域建设的投资基金。大力发展股权投资基金和创业投资基金，鼓励民间资本采取私募等方式发起设立主要投资于公共服务、生态环保、基础设

施、区域开发、战略性新兴产业、先进制造业等领域的产业投资基金。政府可以使用包括中央预算内投资在内的财政性资金，通过认购基金份额等方式予以支持。

（三十九）支持重点领域建设项目开展股权和债权融资。大力发展债权投资计划、股权投资计划、资产支持计划等融资工具，延长投资期限，引导社保资金、保险资金等用于收益稳定、回收期长的基础设施和基础产业项目。支持重点领域建设项目采用企业债券、项目收益债券、公司债券、中期票据等方式通过债券市场筹措投资资金。推动铁路、公路、机场等交通项目建设企业应收账款证券化。建立规范的地方政府举债融资机制，支持地方政府依法依规发行债券，用于重点领域建设。

创新重点领域投融资机制对稳增长、促改革、调结构、惠民生具有重要作用。各地区、各有关部门要从大局出发，进一步提高认识，加强组织领导，健全工作机制，协调推动重点领域投融资机制创新。各地政府要结合本地实际，抓紧制定具体实施细则，确保各项措施落到实处。国务院各有关部门要严格按照分工，抓紧制定相关配套措施，加快重点领域建设，同时要加强宣传解读，让社会资本了解参与方式、运营方式、盈利模式、投资回报等相关政策，进一步稳定市场预期，充分调动社会投资积极性，切实发挥好投资对经济增长的关键作用。发展改革委要会同有关部门加强对本指导意见落实情况的督促检查，重大问题及时向国务院报告。

附件

重点政策措施文件分工方案

序号	政策措施文件	负责单位	出台时间
1	大力推行环境污染第三方治理	发展改革委、环境保护部	2014 年底
2	推进排污权、碳排放权交易试点，鼓励社会资本参与污染减排和排污权、碳排放权交易	财政部、环境保护部、发展改革委、林业局、证监会（其中碳排放权交易由发展改革委牵头）	2015 年 3 月底
3	鼓励和引导社会资本参与节水供水重大水利工程建设运营的实施意见，积极探索多种形式的水权交易流转方式，鼓励社会资本参与节水供水重大水利工程投资建设	水利部、发展改革委、证监会	2015 年 3 月底
4	选择若干县城和重点镇推行试点，加大对市政基础设施建设运营引入市场机制的政策支持力度	住房城乡建设部、发展改革委	2014 年底
5	通过业主招标等方式，鼓励社会资本投资常规水电站和抽水蓄能电站	能源局	2014 年底
6	支持民间资本投资宽带接入网络建设和业务运营	工业和信息化部	2015 年 3 月底

续表

序号	政策措施文件	负责单位	出台时间
7	政府投资支持社会投资项目的管理办法	发展改革委、财政部	2015 年 3 月底
8	创新融资方式，拓宽融资渠道	人民银行、银监会、证监会、保监会、财政部	2015 年 3 月底
9	政府使用包括中央预算内投资在内的财政性资金，支持重点领域产业投资基金管理办法	发展改革委	2015 年 3 月底
10	完善价格形成机制，增强重点领域建设吸引社会投资能力	发展改革委、国务院有关部门	2015 年 3 月底

注：有 2 个或以上负责单位的，排在第一位的为牵头单位。

国务院关于印发水污染防治行动计划的通知

国发〔2015〕17号

（国务院 2015 年 4 月 2 日印发）

各省、自治区、直辖市人民政府，国务院各部委、各直属机构：

现将《水污染防治行动计划》印发给你们，请认真贯彻执行。

水污染防治行动计划

水环境保护事关人民群众切身利益，事关全面建成小康社会，事关实现中华民族伟大复兴中国梦。当前，我国一些地区水环境质量差、水生态受损重、环境隐患多等问题十分突出，影响和损害群众健康，不利于经济社会持续发展。为切实加大水污染防治力度，保障国家水安全，制定本行动计划。

总体要求：全面贯彻党的十八大和十八届二中、三中、四中全会精神，大力推进生态文明建设，以改善水环境质量为核心，按照"节水优先、空间均衡、系统治理、两手发力"原则，贯彻"安全、清洁、健康"方针，强化源头控制，水陆统筹、河海兼顾，对江河湖海实施分流域、分区域、分阶段科学治理，系统推进水污染防治、水生态保护和水资源管理。坚持政府市场协同，注重改革创新；坚持全面依法推进，实行最严格环保制度；坚持落实各方责任，严格考核问责；坚持全民参与，推动节水洁水人人有责，形成"政府统领、企业施治、市场驱动、公众参与"的水污染防治新机制，实现环境效益、经济效益与社会效益多赢，为建设"蓝天常在、青山常在、绿水常在"的美丽中国而奋斗。

工作目标：到 2020 年，全国水环境质量得到阶段性改善，污染严重水体较大幅度减少，饮用水安全保障水平持续提升，地下水超采得到严格控制，地下水污染加剧趋势得到初步遏制，近岸海域环境质量稳中趋好，京津冀、长三角、珠三角等区域水生态环境状况有所好转。到 2030 年，力争全国水环境质量总体改善，水生态系统功能初步恢复。到本世纪中叶，生态环境质量全面改善，生态系统实现良性循环。

主要指标：到 2020 年，长江、黄河、珠江、松花江、淮河、海河、辽河等七大重点流域水质优良（达到或优于Ⅲ类）比例总体达到 70％以上，地级及以上城市建成区黑臭水体均控制在 10％以内，地级及以上城市集中式饮用水水源水质达到或优于Ⅲ类比例总体高于 93％，全国地下水质量极差的比例控制在 15％左右，近岸海域水质优良（一、二类）比例达到 70％左右。京津冀区域丧失使用功能（劣于Ⅴ类）的水体断面比例下降 15 个百分点左右，长三角、珠三角区域力争消除丧失使用功能的水体。

到 2030 年，全国七大重点流域水质优良比例总体达到 75％以上，城市建成区黑臭水体总体得到消除，城市集中式饮用水水源水质达到或优于Ⅲ类比例总体为 95％左右。

一、全面控制污染物排放

（一）狠抓工业污染防治。取缔"十小"企业。全面排查装备水平低、环保设施差的小型工业企业。2016年底前，按照水污染防治法律法规要求，全部取缔不符合国家产业政策的小型造纸、制革、印染、染料、炼焦、炼硫、炼砷、炼油、电镀、农药等严重污染水环境的生产项目。（环境保护部牵头，工业和信息化部、国土资源部、能源局等参与，地方各级人民政府负责落实。以下均需地方各级人民政府落实，不再列出）

专项整治十大重点行业。制定造纸、焦化、氮肥、有色金属、印染、农副食品加工、原料药制造、制革、农药、电镀等行业专项治理方案，实施清洁化改造。新建、改建、扩建上述行业建设项目实行主要污染物排放等量或减量置换。2017年底前，造纸行业力争完成纸浆无元素氯漂白改造或采取其他低污染制浆技术，钢铁企业焦炉完成干熄焦技术改造，氮肥行业尿素生产完成工艺冷凝液水解解析技术改造，印染行业实施低排水染整工艺改造，制药（抗生素、维生素）行业实施绿色酶法生产技术改造，制革行业实施铬减量化和封闭循环利用技术改造。（环境保护部牵头，工业和信息化部等参与）

集中治理工业集聚区水污染。强化经济技术开发区、高新技术产业开发区、出口加工区等工业集聚区污染治理。集聚区内工业废水必须经预处理达到集中处理要求，方可进入污水集中处理设施。新建、升级工业集聚区应同步规划、建设污水、垃圾集中处理等污染治理设施。2017年底前，工业集聚区应按规定建成污水集中处理设施，并安装自动在线监控装置，京津冀、长三角、珠三角等区域提前一年完成；逾期未完成的，一律暂停审批和核准其增加水污染物排放的建设项目，并依照有关规定撤销其园区资格。（环境保护部牵头，科技部、工业和信息化部、商务部等参与）

（二）强化城镇生活污染治理。加快城镇污水处理设施建设与改造。现有城镇污水处理设施，要因地制宜进行改造，2020年底前达到相应排放标准或再生利用要求。敏感区域（重点湖泊、重点水库、近岸海域汇水区域）城镇污水处理设施应于2017年底前全面达到一级A排放标准。建成区水体水质达不到地表水Ⅳ类标准的城市，新建城镇污水处理设施要执行一级A排放标准。按照国家新型城镇化规划要求，到2020年，全国所有县城和重点镇具备污水收集处理能力，县城、城市污水处理率分别达到85％、95％左右。京津冀、长三角、珠三角等区域提前一年完成。（住房城乡建设部牵头，发展改革委、环境保护部等参与）

全面加强配套管网建设。强化城中村、老旧城区和城乡结合部污水截流、收集。现有合流制排水系统应加快实施雨污分流改造，难以改造的，应采取截流、调蓄和治理等措施。新建污水处理设施的配套管网应同步设计、同步建设、同步投运。除干旱地区外，城镇新区建设均实行雨污分流，有条件的地区要推进初期雨水收集、处理和资源化利用。到2017年，直辖市、省会城市、计划单列市建成区污水基本实现全收集、全处理，其他地级城市建成区于2020年底前基本实现。（住房城乡建设部牵头，发展改革委、环境保护部等参与）

推进污泥处理处置。污水处理设施产生的污泥应进行稳定化、无害化和资源化处理处置，禁止处理处置不达标的污泥进入耕地。非法污泥堆放点一律予以取缔。现有污泥处理处置设施应于2017年底前基本完成达标改造，地级及以上城市污泥无害化处理处置率应

于2020年底前达到90％以上。（住房城乡建设部牵头，发展改革委、工业和信息化部、环境保护部、农业部等参与）

（三）推进农业农村污染防治。防治畜禽养殖污染。科学划定畜禽养殖禁养区，2017年底前，依法关闭或搬迁禁养区内的畜禽养殖场（小区）和养殖专业户，京津冀、长三角、珠三角等区域提前一年完成。现有规模化畜禽养殖场（小区）要根据污染防治需要，配套建设粪便污水贮存、处理、利用设施。散养密集区要实行畜禽粪便污水分户收集、集中处理利用。自2016年起，新建、改建、扩建规模化畜禽养殖场（小区）要实施雨污分流、粪便污水资源化利用。（农业部牵头，环境保护部参与）

控制农业面源污染。制定实施全国农业面源污染综合防治方案。推广低毒、低残留农药使用补助试点经验，开展农作物病虫害绿色防控和统防统治。实行测土配方施肥，推广精准施肥技术和机具。完善高标准农田建设、土地开发整理等标准规范，明确环保要求，新建高标准农田要达到相关环保要求。敏感区域和大中型灌区，要利用现有沟、塘、窖等，配置水生植物群落、格栅和透水坝，建设生态沟渠、污水净化塘、地表径流集蓄池等设施，净化农田排水及地表径流。到2020年，测土配方施肥技术推广覆盖率达到90％以上，化肥利用率提高到40％以上，农作物病虫害统防统治覆盖率达到40％以上；京津冀、长三角、珠三角等区域提前一年完成。（农业部牵头，发展改革委、工业和信息化部、国土资源部、环境保护部、水利部、质检总局等参与）

调整种植业结构与布局。在缺水地区试行退地减水。地下水易受污染地区要优先种植需肥需药量低、环境效益突出的农作物。地表水过度开发和地下水超采问题较严重，且农业用水比重较大的甘肃、新疆（含新疆生产建设兵团）、河北、山东、河南等五省（区），要适当减少用水量较大的农作物种植面积，改种耐旱作物和经济林；2018年底前，对3300万亩灌溉面积实施综合治理，退减水量37亿立方米以上。（农业部、水利部牵头，发展改革委、国土资源部等参与）

加快农村环境综合整治。以县级行政区域为单元，实行农村污水处理统一规划、统一建设、统一管理，有条件的地区积极推进城镇污水处理设施和服务向农村延伸。深化"以奖促治"政策，实施农村清洁工程，开展河道清淤疏浚，推进农村环境连片整治。到2020年，新增完成环境综合整治的建制村13万个。（环境保护部牵头，住房城乡建设部、水利部、农业部等参与）

（四）加强船舶港口污染控制。积极治理船舶污染。依法强制报废超过使用年限的船舶。分类分级修订船舶及其设施、设备的相关环保标准。2018年起投入使用的沿海船舶、2021年起投入使用的内河船舶执行新的标准；其他船舶于2020年底前完成改造，经改造仍不能达到要求的，限期予以淘汰。航行于我国水域的国际航线船舶，要实施压载水交换或安装压载水灭活处理系统。规范拆船行为，禁止冲滩拆解。（交通运输部牵头，工业和信息化部、环境保护部、农业部、质检总局等参与）

增强港口码头污染防治能力。编制实施全国港口、码头、装卸站污染防治方案。加快垃圾接收、转运及处理处置设施建设，提高含油污水、化学品洗舱水等接收处置能力及污染事故应急能力。位于沿海和内河的港口、码头、装卸站及船舶修造厂，分别于2017年底前和2020年底前达到建设要求。港口、码头、装卸站的经营人应制定防治船舶及其有

关活动污染水环境的应急计划。（交通运输部牵头，工业和信息化部、住房城乡建设部、农业部等参与）

二、推动经济结构转型升级

（五）调整产业结构。依法淘汰落后产能。自 2015 年起，各地要依据部分工业行业淘汰落后生产工艺装备和产品指导目录、产业结构调整指导目录及相关行业污染物排放标准，结合水质改善要求及产业发展情况，制定并实施分年度的落后产能淘汰方案，报工业和信息化部、环境保护部备案。未完成淘汰任务的地区，暂停审批和核准其相关行业新建项目。（工业和信息化部牵头，发展改革委、环境保护部等参与）

严格环境准入。根据流域水质目标和主体功能区规划要求，明确区域环境准入条件，细化功能分区，实施差别化环境准入政策。建立水资源、水环境承载能力监测评价体系，实行承载能力监测预警，已超过承载能力的地区要实施水污染物削减方案，加快调整发展规划和产业结构。到 2020 年，组织完成市、县域水资源、水环境承载能力现状评价。（环境保护部牵头，住房城乡建设部、水利部、海洋局等参与）

（六）优化空间布局。合理确定发展布局、结构和规模。充分考虑水资源、水环境承载能力，以水定城、以水定地、以水定人、以水定产。重大项目原则上布局在优化开发区和重点开发区，并符合城乡规划和土地利用总体规划。鼓励发展节水高效现代农业、低耗水高新技术产业以及生态保护型旅游业，严格控制缺水地区、水污染严重地区和敏感区域高耗水、高污染行业发展，新建、改建、扩建重点行业建设项目实行主要污染物排放减量置换。七大重点流域干流沿岸，要严格控制石油加工、化学原料和化学制品制造、医药制造、化学纤维制造、有色金属冶炼、纺织印染等项目环境风险，合理布局生产装置及危险化学品仓储等设施。（发展改革委、工业和信息化部牵头，国土资源部、环境保护部、住房城乡建设部、水利部等参与）

推动污染企业退出。城市建成区内现有钢铁、有色金属、造纸、印染、原料药制造、化工等污染较重的企业应有序搬迁改造或依法关闭。（工业和信息化部牵头，环境保护部等参与）

积极保护生态空间。严格城市规划蓝线管理，城市规划区范围内应保留一定比例的水域面积。新建项目一律不得违规占用水域。严格水域岸线用途管制，土地开发利用应按照有关法律法规和技术标准要求，留足河道、湖泊和滨海地带的管理和保护范围，非法挤占的应限期退出。（国土资源部、住房城乡建设部牵头，环境保护部、水利部、海洋局等参与）

（七）推进循环发展。加强工业水循环利用。推进矿井水综合利用，煤炭矿区的补充用水、周边地区生产和生态用水应优先使用矿井水，加强洗煤废水循环利用。鼓励钢铁、纺织印染、造纸、石油石化、化工、制革等高耗水企业废水深度处理回用。（发展改革委、工业和信息化部牵头，水利部、能源局等参与）

促进再生水利用。以缺水及水污染严重地区城市为重点，完善再生水利用设施，工业生产、城市绿化、道路清扫、车辆冲洗、建筑施工以及生态景观等用水，要优先使用再生水。推进高速公路服务区污水处理和利用。具备使用再生水条件但未充分利用的钢铁、火电、化工、制浆造纸、印染等项目，不得批准其新增取水许可。自 2018 年起，单体建筑面积超过 2 万平方米的新建公共建筑，北京市 2 万平方米、天津市 5 万平方米、河北省 10 万平方米以上集中新建的保障性住房，应安装建筑中水设施。积极推动其他新建住房安装建筑中水设施。到 2020 年，缺水城市再生水利用率达到 20％以上，京津冀区域达到 30％以上。（住房城乡建设部牵头，发展改革委、工业和信息化部、环境保护部、交通运输部、水利部等参与）

推动海水利用。在沿海地区电力、化工、石化等行业，推行直接利用海水作为循环冷却等工业用水。在有条件的城市，加快推进淡化海水作为生活用水补充水源。（发展改革委牵头，工业和信息化部、住房城乡建设部、水利部、海洋局等参与）

三、着力节约保护水资源

（八）控制用水总量。实施最严格水资源管理。健全取用水总量控制指标体系。加强相关规划和项目建设布局水资源论证工作，国民经济和社会发展规划以及城市总体规划的编制、重大建设项目的布局，应充分考虑当地水资源条件和防洪要求。对取用水总量已达到或超过控制指标的地区，暂停审批其建设项目新增取水许可。对纳入取水许可管理的单位和其他用水大户实行计划用水管理。新建、改建、扩建项目用水要达到行业先进水平，节水设施应与主体工程同时设计、同时施工、同时投运。建立重点监控用水单位名录。到 2020 年，全国用水总量控制在 6700 亿立方米以内。（水利部牵头，发展改革委、工业和信息化部、住房城乡建设部、农业部等参与）

严控地下水超采。在地面沉降、地裂缝、岩溶塌陷等地质灾害易发区开发利用地下水，应进行地质灾害危险性评估。严格控制开采深层承压水，地热水、矿泉水开发应严格实行取水许可和采矿许可。依法规范机井建设管理，排查登记已建机井，未经批准的和公共供水管网覆盖范围内的自备水井，一律予以关闭。编制地面沉降区、海水入侵区等区域地下水压采方案。开展华北地下水超采区综合治理，超采区内禁止工农业生产及服务业新增取用地下水。京津冀区域实施土地整治、农业开发、扶贫等农业基础设施项目，不得以配套打井为条件。2017 年底前，完成地下水禁采区、限采区和地面沉降控制区范围划定工作，京津冀、长三角、珠三角等区域提前一年完成。（水利部、国土资源部牵头，发展改革委、工业和信息化部、财政部、住房城乡建设部、农业部等参与）

（九）提高用水效率。建立万元国内生产总值水耗指标等用水效率评估体系，把节水目标任务完成情况纳入地方政府政绩考核。将再生水、雨水和微咸水等非常规水源纳入水资源统一配置。到 2020 年，全国万元国内生产总值用水量、万元工业增加值用水量比 2013 年分别下降 35％、30％以上。（水利部牵头，发展改革委、工业和信息化部、住房城乡建设部等参与）

抓好工业节水。制定国家鼓励和淘汰的用水技术、工艺、产品和设备目录，完善高耗水行业取用水定额标准。开展节水诊断、水平衡测试、用水效率评估，严格用水定额管理。到 2020 年，电力、钢铁、纺织、造纸、石油石化、化工、食品发酵等高耗水行业达到先进定额标准。（工业和信息化部、水利部牵头，发展改革委、住房城乡建设部、质检总局等参与）

加强城镇节水。禁止生产、销售不符合节水标准的产品、设备。公共建筑必须采用节水器具，限期淘汰公共建筑中不符合节水标准的水嘴、便器水箱等生活用水器具。鼓励居民家庭选用节水器具。对使用超过 50 年和材质落后的供水管网进行更新改造，到 2017 年，全国公共供水管网漏损率控制在 12% 以内；到 2020 年，控制在 10% 以内。积极推行低影响开发建设模式，建设滞、渗、蓄、用、排相结合的雨水收集利用设施。新建城区硬化地面，可渗透面积要达到 40% 以上。到 2020 年，地级及以上缺水城市全部达到国家节水型城市标准要求，京津冀、长三角、珠三角等区域提前一年完成。（住房城乡建设部牵头，发展改革委、工业和信息化部、水利部、质检总局等参与）

发展农业节水。推广渠道防渗、管道输水、喷灌、微灌等节水灌溉技术，完善灌溉用水计量设施。在东北、西北、黄淮海等区域，推进规模化高效节水灌溉，推广农作物节水抗旱技术。到 2020 年，大型灌区、重点中型灌区续建配套和节水改造任务基本完成，全国节水灌溉工程面积达到 7 亿亩左右，农田灌溉水有效利用系数达到 0.55 以上。（水利部、农业部牵头，发展改革委、财政部等参与）

（十）科学保护水资源。完善水资源保护考核评价体系。加强水功能区监督管理，从严核定水域纳污能力。（水利部牵头，发展改革委、环境保护部等参与）

加强江河湖库水量调度管理。完善水量调度方案。采取闸坝联合调度、生态补水等措施，合理安排闸坝下泄水量和泄流时段，维持河湖基本生态用水需求，重点保障枯水期生态基流。加大水利工程建设力度，发挥好控制性水利工程在改善水质中的作用。（水利部牵头，环境保护部参与）

科学确定生态流量。在黄河、淮河等流域进行试点，分期分批确定生态流量（水位），作为流域水量调度的重要参考。（水利部牵头，环境保护部参与）

四、强化科技支撑

（十一）推广示范适用技术。加快技术成果推广应用，重点推广饮用水净化、节水、水污染治理及循环利用、城市雨水收集利用、再生水安全回用、水生态修复、畜禽养殖污染防治等适用技术。完善环保技术评价体系，加强国家环保科技成果共享平台建设，推动技术成果共享与转化。发挥企业的技术创新主体作用，推动水处理重点企业与科研院所、高等学校组建产学研技术创新战略联盟，示范推广控源减排和清洁生产先进技术。（科技部牵头，发展改革委、工业和信息化部、环境保护部、住房城乡建设部、水利部、农业部、海洋局等参与）

（十二）攻关研发前瞻技术。整合科技资源，通过相关国家科技计划（专项、基金）等，加快研发重点行业废水深度处理、生活污水低成本高标准处理、海水淡化和工业高盐废水脱盐、饮用水微量有毒污染物处理、地下水污染修复、危险化学品事故和水上溢油应急处置等技术。开展有机物和重金属等水环境基准、水污染对人体健康影响、新型污染物风险评价、水环境损害评估、高品质再生水补充饮用水水源等研究。加强水生态保护、农业面源污染防治、水环境监控预警、水处理工艺技术装备等领域的国际交流合作。（科技部牵头，发展改革委、工业和信息化部、国土资源部、环境保护部、住房城乡建设部、水利部、农业部、卫生计生委等参与）

（十三）大力发展环保产业。规范环保产业市场。对涉及环保市场准入、经营行为规范的法规、规章和规定进行全面梳理，废止妨碍形成全国统一环保市场和公平竞争的规定和做法。健全环保工程设计、建设、运营等领域招投标管理办法和技术标准。推进先进适用的节水、治污、修复技术和装备产业化发展。（发展改革委牵头，科技部、工业和信息化部、财政部、环境保护部、住房城乡建设部、水利部、海洋局等参与）

加快发展环保服务业。明确监管部门、排污企业和环保服务公司的责任和义务，完善风险分担、履约保障等机制。鼓励发展包括系统设计、设备成套、工程施工、调试运行、维护管理的环保服务总承包模式、政府和社会资本合作模式等。以污水、垃圾处理和工业园区为重点，推行环境污染第三方治理。（发展改革委、财政部牵头，科技部、工业和信息化部、环境保护部、住房城乡建设部等参与）

五、充分发挥市场机制作用

（十四）理顺价格税费。加快水价改革。县级及以上城市应于2015年底前全面实行居民阶梯水价制度，具备条件的建制镇也要积极推进。2020年底前，全面实行非居民用水超定额、超计划累进加价制度。深入推进农业水价综合改革。（发展改革委牵头，财政部、住房城乡建设部、水利部、农业部等参与）

完善收费政策。修订城镇污水处理费、排污费、水资源费征收管理办法，合理提高征收标准，做到应收尽收。城镇污水处理收费标准不应低于污水处理和污泥处理处置成本。地下水水资源费征收标准应高于地表水，超采地区地下水水资源费征收标准应高于非超采地区。（发展改革委、财政部牵头，环境保护部、住房城乡建设部、水利部等参与）

健全税收政策。依法落实环境保护、节能节水、资源综合利用等方面税收优惠政策。对国内企业为生产国家支持发展的大型环保设备，必需进口的关键零部件及原材料，免征关税。加快推进环境保护税立法、资源税税费改革等工作。研究将部分高耗能、高污染产品纳入消费税征收范围。（财政部、税务总局牵头，发展改革委、工业和信息化部、商务部、海关总署、质检总局等参与）

（十五）促进多元融资。引导社会资本投入。积极推动设立融资担保基金，推进环保设备融资租赁业务发展。推广股权、项目收益权、特许经营权、排污权等质押融资担保。采取环境绩效合同服务、授予开发经营权益等方式，鼓励社会资本加大水环境保护投入。（人民银行、发展改革委、财政部牵头，环境保护部、住房城乡建设部、银监会、证监会、保监会等参与）

增加政府资金投入。中央财政加大对属于中央事权的水环境保护项目支持力度，合理承担部分属于中央和地方共同事权的水环境保护项目，向欠发达地区和重点地区倾斜；研究采取专项转移支付等方式，实施"以奖代补"。地方各级人民政府要重点支持污水处理、污泥处理处置、河道整治、饮用水水源保护、畜禽养殖污染防治、水生态修复、应急清污等项目和工作。对环境监管能力建设及运行费用分级予以必要保障。（财政部牵头，发展改革委、环境保护部等参与）

（十六）建立激励机制。健全节水环保"领跑者"制度。鼓励节能减排先进企业、工业集聚区用水效率、排污强度等达到更高标准，支持开展清洁生产、节约用水和污染治理等示范。（发展改革委牵头，工业和信息化部、财政部、环境保护部、住房城乡建设部、水利部等参与）

推行绿色信贷。积极发挥政策性银行等金融机构在水环境保护中的作用，重点支持循环经济、污水处理、水资源节约、水生态环境保护、清洁及可再生能源利用等领域。严格限制环境违法企业贷款。加强环境信用体系建设，构建守信激励与失信惩戒机制，环保、银行、证券、保险等方面要加强协作联动，于 2017 年底前分级建立企业环境信用评价体系。鼓励涉重金属、石油化工、危险化学品运输等高环境风险行业投保环境污染责任保险。（人民银行牵头，工业和信息化部、环境保护部、水利部、银监会、证监会、保监会等参与）

实施跨界水环境补偿。探索采取横向资金补助、对口援助、产业转移等方式，建立跨界水环境补偿机制，开展补偿试点。深化排污权有偿使用和交易试点。（财政部牵头，发展改革委、环境保护部、水利部等参与）

六、严格环境执法监管

（十七）完善法规标准。健全法律法规。加快水污染防治、海洋环境保护、排污许可、化学品环境管理等法律法规制修订步伐，研究制定环境质量目标管理、环境功能区划、节水及循环利用、饮用水水源保护、污染责任保险、水功能区监督管理、地下水管理、环境监测、生态流量保障、船舶和陆源污染防治等法律法规。各地可结合实际，研究起草地方性水污染防治法规。（法制办牵头，发展改革委、工业和信息化部、国土资源部、环境保护部、住房城乡建设部、交通运输部、水利部、农业部、卫生计生委、保监会、海洋局等参与）

完善标准体系。制修订地下水、地表水和海洋等环境质量标准，城镇污水处理、污泥处理处置、农田退水等污染物排放标准。健全重点行业水污染物特别排放限值、污染防治技术政策和清洁生产评价指标体系。各地可制定严于国家标准的地方水污染物排放标准。（环境保护部牵头，发展改革委、工业和信息化部、国土资源部、住房城乡建设部、水利部、农业部、质检总局等参与）

（十八）加大执法力度。所有排污单位必须依法实现全面达标排放。逐一排查工业企业排污情况，达标企业应采取措施确保稳定达标；对超标和超总量的企业予以"黄牌"警示，一律限制生产或停产整治；对整治仍不能达到要求且情节严重的企业予以"红牌"处罚，一律停业、关闭。自 2016 年起，定期公布环保"黄牌"、"红牌"企业名单。定期抽查排污单位达标排放情况，结果向社会公布。（环境保护部负责）

完善国家督查、省级巡查、地市检查的环境监督执法机制，强化环保、公安、监察等部门和单位协作，健全行政执法与刑事司法衔接配合机制，完善案件移送、受理、立案、通报等规定。加强对地方人民政府和有关部门环保工作的监督，研究建立国家环境监察专员制度。（环境保护部牵头，工业和信息化部、公安部、中央编办等参与）

严厉打击环境违法行为。重点打击私设暗管或利用渗井、渗坑、溶洞排放、倾倒含有毒有害污染物废水、含病原体污水，监测数据弄虚作假，不正常使用水污染物处理设施，或者未经批准拆除、闲置水污染物处理设施等环境违法行为。对造成生态损害的责任者严格落实赔偿制度。严肃查处建设项目环境影响评价领域越权审批、未批先建、边批边建、久试不验等违法违规行为。对构成犯罪的，要依法追究刑事责任。（环境保护部牵头，公安部、住房城乡建设部等参与）

（十九）提升监管水平。完善流域协作机制。健全跨部门、区域、流域、海域水环境保护议事协调机制，发挥环境保护区域督查派出机构和流域水资源保护机构作用，探索建立陆海统筹的生态系统保护修复机制。流域上下游各级政府、各部门之间要加强协调配合、定期会商，实施联合监测、联合执法、应急联动、信息共享。京津冀、长三角、珠三角等区域要于2015年底前建立水污染防治联动协作机制。建立严格监管所有污染物排放的水环境保护管理制度。（环境保护部牵头，交通运输部、水利部、农业部、海洋局等参与）

完善水环境监测网络。统一规划设置监测断面（点位）。提升饮用水水源水质全指标监测、水生生物监测、地下水环境监测、化学物质监测及环境风险防控技术支撑能力。2017年底前，京津冀、长三角、珠三角等区域、海域建成统一的水环境监测网。（环境保护部牵头，发展改革委、国土资源部、住房城乡建设部、交通运输部、水利部、农业部、海洋局等参与）

提高环境监管能力。加强环境监测、环境监察、环境应急等专业技术培训，严格落实执法、监测等人员持证上岗制度，加强基层环保执法力量，具备条件的乡镇（街道）及工业园区要配备必要的环境监管力量。各市、县应自2016年起实行环境监管网格化管理。（环境保护部负责）

七、切实加强水环境管理

（二十）强化环境质量目标管理。明确各类水体水质保护目标，逐一排查达标状况。未达到水质目标要求的地区要制定达标方案，将治污任务逐一落实到汇水范围内的排污单位，明确防治措施及达标时限，方案报上一级人民政府备案，自2016年起，定期向社会公布。对水质不达标的区域实施挂牌督办，必要时采取区域限批等措施。（环境保护部牵头，水利部参与）

（二十一）深化污染物排放总量控制。完善污染物统计监测体系，将工业、城镇生活、农业、移动源等各类污染源纳入调查范围。选择对水环境质量有突出影响的总氮、总磷、重金属等污染物，研究纳入流域、区域污染物排放总量控制约束性指标体系。（环境保护部牵头，发展改革委、工业和信息化部、住房城乡建设部、水利部、农业部等参与）

（二十二）严格环境风险控制。防范环境风险。定期评估沿江河湖库工业企业、工业集聚区环境和健康风险，落实防控措施。评估现有化学物质环境和健康风险，2017年底前公布优先控制化学品名录，对高风险化学品生产、使用进行严格限制，并逐步淘汰替代。（环境保护部牵头，工业和信息化部、卫生计生委、安全监管总局等参与）

稳妥处置突发水环境污染事件。地方各级人民政府要制定和完善水污染事故处置应急预案，落实责任主体，明确预警预报与响应程序、应急处置及保障措施等内容，依法及时公布预警信息。（环境保护部牵头，住房城乡建设部、水利部、农业部、卫生计生委等参与）

（二十三）全面推行排污许可。依法核发排污许可证。2015年底前，完成国控重点污染源及排污权有偿使用和交易试点地区污染源排污许可证的核发工作，其他污染源于2017年底前完成。（环境保护部负责）

加强许可证管理。以改善水质、防范环境风险为目标，将污染物排放种类、浓度、总量、排放去向等纳入许可证管理范围。禁止无证排污或不按许可证规定排污。强化海上排污监管，研究建立海上污染排放许可制度。2017年底前，完成全国排污许可证管理信

息平台建设。（环境保护部牵头，海洋局参与）

八、全力保障水生态环境安全

（二十四）保障饮用水水源安全。从水源到水龙头全过程监管饮用水安全。地方各级人民政府及供水单位应定期监测、检测和评估本行政区域内饮用水水源、供水厂出水和用户水龙头水质等饮水安全状况，地级及以上城市自 2016 年起每季度向社会公开。自 2018 年起，所有县级及以上城市饮水安全状况信息都要向社会公开。（环境保护部牵头，发展改革委、财政部、住房城乡建设部、水利部、卫生计生委等参与）

强化饮用水水源环境保护。开展饮用水水源规范化建设，依法清理饮用水水源保护区内违法建筑和排污口。单一水源供水的地级及以上城市应于 2020 年底前基本完成备用水源或应急水源建设，有条件的地方可以适当提前。加强农村饮用水水源保护和水质检测。（环境保护部牵头，发展改革委、财政部、住房城乡建设部、水利部、卫生计生委等参与）

防治地下水污染。定期调查评估集中式地下水型饮用水水源补给区等区域环境状况。石化生产存贮销售企业和工业园区、矿山开采区、垃圾填埋场等区域应进行必要的防渗处理。加油站地下油罐应于 2017 年底前全部更新为双层罐或完成防渗池设置。报废矿井、钻井、取水井应实施封井回填。公布京津冀等区域内环境风险大、严重影响公众健康的地下水污染场地清单，开展修复试点。（环境保护部牵头，财政部、国土资源部、住房城乡建设部、水利部、商务部等参与）

（二十五）深化重点流域污染防治。编制实施七大重点流域水污染防治规划。研究建立流域水生态环境功能分区管理体系。对化学需氧量、氨氮、总磷、重金属及其他影响人体健康的污染物采取针对性措施，加大整治力度。汇入富营养化湖库的河流应实施总氮排放控制。到 2020 年，长江、珠江总体水质达到优良，松花江、黄河、淮河、辽河在轻度污染基础上进一步改善，海河污染程度得到缓解。三峡库区水质保持良好，南水北调、引滦入津等调水工程确保水质安全。太湖、巢湖、滇池富营养化水平有所好转。白洋淀、乌梁素海、呼伦湖、艾比湖等湖泊污染程度减轻。环境容量较小、生态环境脆弱，环境风险高的地区，应执行水污染物特别排放限值。各地可根据水环境质量改善需要，扩大特别排放限值实施范围。（环境保护部牵头，发展改革委、工业和信息化部、财政部、住房城乡建设部、水利部等参与）

加强良好水体保护。对江河源头及现状水质达到或优于Ⅲ类的江河湖库开展生态环境安全评估，制定实施生态环境保护方案。东江、滦河、千岛湖、南四湖等流域于 2017 年底前完成。浙闽片河流、西南诸河、西北诸河及跨界水体水质保持稳定。（环境保护部牵头，外交部、发展改革委、财政部、水利部、林业局等参与）

（二十六）加强近岸海域环境保护。实施近岸海域污染防治方案。重点整治黄河口、长江口、闽江口、珠江口、辽东湾、渤海湾、胶州湾、杭州湾、北部湾等河口海湾污染。沿海地级及以上城市实施总氮排放总量控制。研究建立重点海域排污总量控制制度。规范入海排污口设置，2017 年底前全面清理非法或设置不合理的入海排污口。到 2020 年，沿海省（区、市）入海河流基本消除劣于Ⅴ类的水体。提高涉海项目准入门槛。（环境保护部、海洋局牵头，发展改革委、工业和信息化部、财政部、住房城乡建设部、交通运输部、农业部等参与）

推进生态健康养殖。在重点河湖及近岸海域划定限制养殖区。实施水产养殖池塘、近海养殖网箱标准化改造，鼓励有条件的渔业企业开展海洋离岸养殖和集约化养殖。积极推广人工配合饲料，逐步减少冰鲜杂鱼饲料使用。加强养殖投入品管理，依法规范、限制使用抗生素等化学药品，开展专项整治。到 2015 年，海水养殖面积控制在 220 万公顷左右。（农业部负责）

严格控制环境激素类化学品污染。2017 年底前完成环境激素类化学品生产使用情况调查，监控评估水源地、农产品种植区及水产品集中养殖区风险，实施环境激素类化学品淘汰、限制、替代等措施。（环境保护部牵头，工业和信息化部、农业部等参与）

（二十七）整治城市黑臭水体。采取控源截污、垃圾清理、清淤疏浚、生态修复等措施，加大黑臭水体治理力度，每半年向社会公布治理情况。地级及以上城市建成区应于 2015 年底前完成水体排查，公布黑臭水体名称、责任人及达标期限；于 2017 年底前实现河面无大面积漂浮物，河岸无垃圾，无违法排污口；于 2020 年底前完成黑臭水体治理目标。直辖市、省会城市、计划单列市建成区要于 2017 年底前基本消除黑臭水体。（住房城乡建设部牵头，环境保护部、水利部、农业部等参与）

（二十八）保护水和湿地生态系统。加强河湖水生态保护，科学划定生态保护红线。禁止侵占自然湿地等水源涵养空间，已侵占的要限期予以恢复。强化水源涵养林建设与保护，开展湿地保护与修复，加大退耕还林、还草、还湿力度。加强滨河（湖）带生态建设，在河道两侧建设植被缓冲带和隔离带。加大水生野生动植物类自然保护区和水产种质资源保护区保护力度，开展珍稀濒危水生生物和重要水产种质资源的就地和迁地保护，提高水生生物多样性。2017 年底前，制定实施七大重点流域水生生物多样性保护方案。（环境保护部、林业局牵头，财政部、国土资源部、住房城乡建设部、水利部、农业部等参与）

保护海洋生态。加大红树林、珊瑚礁、海草床等滨海湿地、河口和海湾典型生态系统，以及产卵场、索饵场、越冬场、洄游通道等重要渔业水域的保护力度，实施增殖放流，建设人工鱼礁。开展海洋生态补偿及赔偿等研究，实施海洋生态修复。认真执行围填海管制计划，严格围填海管理和监督，重点海湾、海洋自然保护区的核心区及缓冲区、海洋特别保护区的重点保护区及预留区、重点河口区域、重要滨海湿地区域、重要砂质岸线及沙源保护海域、特殊保护海岛及重要渔业海域禁止实施围填海，生态脆弱敏感区、自净能力差的海域严格限制围填海。严肃查处违法围填海行为，追究相关人员责任。将自然海岸线保护纳入沿海地方政府政绩考核。到 2020 年，全国自然岸线保有率不低于 35％（不包括海岛岸线）。（环境保护部、海洋局牵头，发展改革委、财政部、农业部、林业局等参与）

九、明确和落实各方责任

（二十九）强化地方政府水环境保护责任。各级地方人民政府是实施本行动计划的主体，要于 2015 年底前分别制定并公布水污染防治工作方案，逐年确定分流域、分区域、分行业的重点任务和年度目标。要不断完善政策措施，加大资金投入，统筹城乡水污染治理，强化监管，确保各项任务全面完成。各省（区、市）工作方案报国务院备案。（环境保护部牵头，发展改革委、财政部、住房城乡建设部、水利部等参与）

（三十）加强部门协调联动。建立全国水污染防治工作协作机制，定期研究解决重大问题。各有关部门要认真按照职责分工，切实做好水污染防治相关工作。环境保护部要加强统一指导、协调和监督，工作进展及时向国务院报告。（环境保护部牵头，发展改革委、科技部、工业和信息化部、财政部、住房城乡建设部、水利部、农业部、海洋局等参与）

（三十一）落实排污单位主体责任。各类排污单位要严格执行环保法律法规和制度，加强污染治理设施建设和运行管理，开展自行监测，落实治污减排、环境风险防范等责任。中央企业和国有企业要带头落实，工业集聚区内的企业要探索建立环保自律机制。（环境保护部牵头，国资委参与）

（三十二）严格目标任务考核。国务院与各省（区、市）人民政府签订水污染防治目标责任书，分解落实目标任务，切实落实"一岗双责"。每年分流域、分区域、分海域对行动计划实施情况进行考核，考核结果向社会公布，并作为对领导班子和领导干部综合考核评价的重要依据。（环境保护部牵头，中央组织部参与）

将考核结果作为水污染防治相关资金分配的参考依据。（财政部、发展改革委牵头，环境保护部参与）

对未通过年度考核的，要约谈省级人民政府及其相关部门有关负责人，提出整改意见，予以督促；对有关地区和企业实施建设项目环评限批。对因工作不力、履职缺位等导致未能有效应对水环境污染事件的，以及干预、伪造数据和没有完成年度目标任务的，要依法依纪追究有关单位和人员责任。对不顾生态环境盲目决策，导致水环境质量恶化，造成严重后果的领导干部，要记录在案，视情节轻重，给予组织处理或党纪政纪处分，已经离任的也要终身追究责任。（环境保护部牵头，监察部参与）

十、强化公众参与和社会监督

（三十三）依法公开环境信息。综合考虑水环境质量及达标情况等因素，国家每年公布最差、最好的 10 个城市名单和各省（区、市）水环境状况。对水环境状况差的城市，经整改后仍达不到要求的，取消其环境保护模范城市、生态文明建设示范区、节水型城市、园林城市、卫生城市等荣誉称号，并向社会公告。（环境保护部牵头，发展改革委、住房城乡建设部、水利部、卫生计生委、海洋局等参与）

各省（区、市）人民政府要定期公布本行政区域内各地级市（州、盟）水环境质量状况。国家确定的重点排污单位应依法向社会公开其产生的主要污染物名称、排放方式、排放浓度和总量、超标排放情况，以及污染防治设施的建设和运行情况，主动接受监督。研究发布工业集聚区环境友好指数、重点行业污染物排放强度、城市环境友好指数等信息。（环境保护部牵头，发展改革委、工业和信息化部等参与）

（三十四）加强社会监督。为公众、社会组织提供水污染防治法规培训和咨询，邀请其全程参与重要环保执法行动和重大水污染事件调查。公开曝光环境违法典型案件。健全举报制度，充分发挥"12369"环保举报热线和网络平台作用。限期办理群众举报投诉的环境问题，一经查实，可给予举报人奖励。通过公开听证、网络征集等形式，充分听取公众对重大决策和建设项目的意见。积极推行环境公益诉讼。（环境保护部负责）

（三十五）构建全民行动格局。树立"节水洁水，人人有责"的行为准则。加强宣传教育，把水资源、水环境保护和水情知识纳入国民教育体系，提高公众对经济社会发展和环境保护客观规律的认识。依托全国中小学节水教育、水土保持教育、环境教育等社会实践基地，开展环保社会实践活动。支持民间环保机构、志愿者开展工作。倡导绿色消费新风尚，开展环保社区、学校、家庭等群众性创建活动，推动节约用水，鼓励购买使用节水产品和环境标志产品。（环境保护部牵头，教育部、住房城乡建设部、水利部等参与）

　　我国正处于新型工业化、信息化、城镇化和农业现代化快速发展阶段，水污染防治任务繁重艰巨。各地区、各有关部门要切实处理好经济社会发展和生态文明建设的关系，按照"地方履行属地责任、部门强化行业管理"的要求，明确执法主体和责任主体，做到各司其职，恪尽职守，突出重点，综合整治，务求实效，以抓铁有痕、踏石留印的精神，依法依规狠抓贯彻落实，确保全国水环境治理与保护目标如期实现，为实现"两个一百年"奋斗目标和中华民族伟大复兴中国梦作出贡献。

国务院办公厅关于推进农业水价
综合改革的意见

国办发〔2016〕2 号

（国务院办公厅 2016 年 1 月 21 日印发）

各省、自治区、直辖市人民政府，国务院各部委、各直属机构：

农业是用水大户，也是节水潜力所在。长期以来，我国农田水利基础设施薄弱，运行维护经费不足，农业用水管理不到位，农业水价形成机制不健全，价格水平总体偏低，不能有效反映水资源稀缺程度和生态环境成本，价格杠杆对促进节水的作用未得到有效发挥，不仅造成农业用水方式粗放，而且难以保障农田水利工程良性运行。为建立健全农业水价形成机制，促进农业节水和农业可持续发展，经国务院同意，现提出以下意见：

一、总体要求

（一）指导思想。全面贯彻党的十八大和十八届三中、四中、五中全会精神，认真落实党中央、国务院决策部署，按照"四个全面"战略布局要求，牢固树立创新、协调、绿色、开放、共享的发展理念，围绕保障国家粮食安全和水安全，落实节水优先方针，加强供给侧结构性改革和农业用水需求管理，坚持使市场在资源配置中起决定性作用和更好发挥政府作用，政府和市场协同发力，以完善农田水利工程体系为基础，以健全农业水价形成机制为核心，以创新体制机制为动力，逐步建立农业灌溉用水量控制和定额管理制度，提高农业用水效率，促进实现农业现代化。

（二）基本原则。

坚持综合施策。加强农业水价改革与其他相关改革的衔接，综合运用工程配套、管理创新、价格调整、财政奖补、技术推广、结构优化等举措统筹推进改革。

坚持两手发力。既要使市场在资源配置中起决定性作用，促进农业节水，也要更好发挥政府作用，保障粮食等重要农作物合理水需求，总体上不增加农民负担。

坚持供需统筹。既要强化供水管理，健全运行机制，提高供水服务效率，也要把需求管理摆在更加突出位置，全面提高农业用水精细化管理水平，推动农业用水方式转变。

坚持因地制宜。区分不同地区水资源禀赋、灌溉条件、经济发展水平、种植养殖结构等差异状况，结合土地流转、农业经营方式转变，尊重农民意愿，探索符合实际、各具特色的做法，有计划、分步骤推进。

（三）总体目标。用 10 年左右时间，建立健全合理反映供水成本、有利于节水和农田水利体制机制创新、与投融资体制相适应的农业水价形成机制；农业用水价格总体达到运行维护成本水平，农业用水总量控制和定额管理普遍实行，可持续的精准补贴和节水奖励机制基本建立，先进适用的农业节水技术措施普遍应用，农业种植结构实现优化调整，促进农业用水方式由粗放式向集约化转变。农田水利工程设施完善的地区要加快推进改革，通过 3～5 年努力率先实现改革目标。

二、夯实农业水价改革基础

（四）完善供水计量设施。加快供水计量体系建设，新建、改扩建工程要同步建设计量设施；尚未配备计量设施的已建工程要抓紧改造。严重缺水地区和地下水超采地区要限期配套完善。大中型灌区骨干工程全部实现斗口及以下计量供水；小型灌区和末级渠系根据管理需要细化计量单元；使用地下水灌溉的要计量到井，有条件的地方要计量到户。

（五）建立农业水权制度。以县级行政区域用水总量控制指标为基础，按照灌溉用水定额，逐步把指标细化分解到农村集体经济组织、农民用水合作组织、农户等用水主体，落实到具体水源，明确水权，实行总量控制。鼓励用户转让节水量，政府或其授权的水行政主管部门、灌区管理单位可予以回购；在满足区域内农业用水的前提下，推行节水量跨区域、跨行业转让。

（六）提高农业供水效率和效益。加强供给侧结构性改革，加快完善大中小微并举的农田水利工程体系。做好工程维修养护，保障工程良性运行。强化供水计划管理和调度，提高管理单位运行效率，强化监督检查，加强成本控制，建立管理科学、精简高效、服务到位的运行机制，保障合理的灌溉用水需求，有效降低供水成本。加强水费征收与使用管理。建立中央财政农田水利资金投入激励机制，重点向农业水价综合改革积极性高、工作有成效的地区倾斜。

（七）加强农业用水需求管理。在稳定粮食产量和产能的基础上，因地制宜调整优化种植结构。适度调减存在地表水过度利用、地下水严重超采等问题的水资源短缺地区高耗水作物面积。选育推广需水少的耐旱节水作物，建立作物生育阶段与天然降水相匹配的农业种植结构与种植制度。大力推广管灌、滴灌等节水技术，集成发展水肥一体化、水肥药一体化技术，积极推广农机农艺相结合的深松整地、覆盖保墒等措施，提升天然降水利用效率。开展节水农业试验示范和技术培训，提高农民科学用水技术水平。

（八）探索创新终端用水管理方式。鼓励发展农民用水自治、专业化服务、水管单位管理和用户参与等多种形式的终端用水管理模式。支持农民用水合作组织规范组建、创新发展，并充分发挥其在供水工程建设管理、用水管理、水费计收等方面的作用。推进小型水利工程管理体制改革，明晰农田水利设施产权，颁发产权证书，将使用权、管理权移交给农民用水合作组织、农村集体经济组织、受益农户及新型农业经营主体，明确管护责任。通过政府和社会资本合作（PPP）模式、政府购买服务等方式，鼓励社会资本参与农田水利工程建设和管护。

三、建立健全农业水价形成机制

（九）分级制定农业水价。农业水价按照价格管理权限实行分级管理。大中型灌区骨干工程农业水价原则上实行政府定价，具备条件的可由供需双方在平等自愿的基础上，按照有利于促进节水、保障工程良性运行和农业生产发展的原则协商定价；大中型灌区末级渠系和小型灌区农业水价，可实行政府定价，也可实行协商定价，具体方式由各地自行确定。加强政府定价成本监审，充分利用节水改造腾出空间，综合考虑供水成本、水资源稀缺程度以及用户承受能力等，合理制定供水工程各环节水价并适时调整。供水价格原则上应达到或逐步提高到运行维护成本水平；确有困难的地区要尽量提高并采取综合措施保障工程良性运行。水资源紧缺、用户承受能力强的地区，农业水价可提高到完全成本水平。

（十）探索实行分类水价。区别粮食作物、经济作物、养殖业等用水类型，在终端用水环节探索实行分类水价。统筹考虑用水量、生产效益、区域农业发展政策等，合理确定各类用水价格，用水量大或附加值高的经济作物和养殖业用水价格可高于其他用水类型。地下水超采区要采取有效措施，使地下水用水成本高于当地地表水，促进地下水采补平衡和生态改善。合理制定地下水水资源费（税）征收标准，严格控制地下水超采。

（十一）逐步推行分档水价。实行农业用水定额管理，逐步实行超定额累进加价制度，合理确定阶梯和加价幅度，促进农业节水。因地制宜探索实行两部制水价和季节水价制度，用水量年际变化较大的地区，可实行基本水价和计量水价相结合的两部制水价；用水量受季节影响较大的地区，可实行丰枯季节水价。

四、建立精准补贴和节水奖励机制

（十二）建立农业用水精准补贴机制。在完善水价形成机制的基础上，建立与节水成效、调价幅度、财力状况相匹配的农业用水精准补贴机制。补贴标准根据定额内用水成本与运行维护成本的差额确定，重点补贴种粮农民定额内用水。补贴的对象、方式、环节、标准、程序以及资金使用管理等，由各地自行确定。

（十三）建立节水奖励机制。逐步建立易于操作、用户普遍接受的农业用水节水奖励机制。根据节水量对采取节水措施、调整种植结构节水的规模经营主体、农民用水合作组织和农户给予奖励，提高用户主动节水的意识和积极性。

（十四）多渠道筹集精准补贴和节水奖励资金。统筹财政安排的水管单位公益性人员基本支出和工程公益性部分维修养护经费、农业灌排工程运行管理费、农田水利工程设施维修养护补助、调水费用补助、高扬程抽水电费补贴、有关农业奖补资金等，落实精准补贴和节水奖励资金来源。

五、保障措施

（十五）落实地方责任。各地区要进一步提高认识，把农业水价综合改革作为改革重点任务，积极推进落实。省级人民政府对本行政区域农业水价综合改革工作负总责，要切实加强组织领导，结合实际制定具体实施方案，明确改革时间表和分步实施计划，细化年度改革目标任务，建立健全工作机制，抓好各项措施落实。及时协调解决改革中遇到的困难和问题，定期总结改革经验，具备条件的要适时予以推广。

（十六）加强指导协调。发展改革委、财政部、水利部、农业部要认真履行职责，强化协调配合，加大对各地农业水价综合改革工作的指导和支持力度，每年向国务院报告进展情况。

（十七）强化宣传引导。各有关部门和地方各级人民政府要做好农业水价综合改革的政策解读，加强舆论引导，强化水情教育，引导农民树立节水观念、增强节水意识、提高有偿用水意识和节约用水的自觉性，为推进农业水价综合改革创造良好社会环境。

国务院办公厅关于健全生态保护
补偿机制的意见

国办发〔2016〕31 号

（国务院办公厅 2016 年 4 月 28 日印发）

各省、自治区、直辖市人民政府，国务院各部委、各直属机构：

实施生态保护补偿是调动各方积极性、保护好生态环境的重要手段，是生态文明制度建设的重要内容。近年来，各地区、各有关部门有序推进生态保护补偿机制建设，取得了阶段性进展。但总体看，生态保护补偿的范围仍然偏小、标准偏低，保护者和受益者良性互动的体制机制尚不完善，一定程度上影响了生态环境保护措施行动的成效。为进一步健全生态保护补偿机制，加快推进生态文明建设，经党中央、国务院同意，现提出以下意见：

一、总体要求

（一）指导思想。全面贯彻党的十八大和十八届三中、四中、五中全会精神，深入贯彻习近平总书记系列重要讲话精神，坚持"四个全面"战略布局，牢固树立创新、协调、绿色、开放、共享的发展理念，按照党中央、国务院决策部署，不断完善转移支付制度，探索建立多元化生态保护补偿机制，逐步扩大补偿范围，合理提高补偿标准，有效调动全社会参与生态环境保护的积极性，促进生态文明建设迈上新台阶。

（二）基本原则。

权责统一、合理补偿。谁受益、谁补偿。科学界定保护者与受益者权利义务，推进生态保护补偿标准体系和沟通协调平台建设，加快形成受益者付费、保护者得到合理补偿的运行机制。

政府主导、社会参与。发挥政府对生态环境保护的主导作用，加强制度建设，完善法规政策，创新体制机制，拓宽补偿渠道，通过经济、法律等手段，加大政府购买服务力度，引导社会公众积极参与。

统筹兼顾、转型发展。将生态保护补偿与实施主体功能区规划、西部大开发战略和集中连片特困地区脱贫攻坚等有机结合，逐步提高重点生态功能区等区域基本公共服务水平，促进其转型绿色发展。

试点先行、稳步实施。将试点先行与逐步推广、分类补偿与综合补偿有机结合，大胆探索，稳步推进不同领域、区域生态保护补偿机制建设，不断提升生态保护成效。

（三）目标任务。到 2020 年，实现森林、草原、湿地、荒漠、海洋、水流、耕地等重点领域和禁止开发区域、重点生态功能区等重要区域生态保护补偿全覆盖，补偿水平与经济社会发展状况相适应，跨地区、跨流域补偿试点示范取得明显进展，多元化补偿机制初步建立，基本建立符合我国国情的生态保护补偿制度体系，促进形成绿色生产方式和生活方式。

二、分领域重点任务

（四）森林。健全国家和地方公益林补偿标准动态调整机制。完善以政府购买服务为主的公益林管护机制。合理安排停止天然林商业性采伐补助奖励资金。（国家林业局、财政部、国家发展改革委负责）

（五）草原。扩大退牧还草工程实施范围，适时研究提高补助标准，逐步加大对人工饲草地和牲畜棚圈建设的支持力度。实施新一轮草原生态保护补助奖励政策，根据牧区发展和中央财力状况，合理提高禁牧补助和草畜平衡奖励标准。充实草原管护公益岗位。（农业部、财政部、国家发展改革委负责）

（六）湿地。稳步推进退耕还湿试点，适时扩大试点范围。探索建立湿地生态效益补偿制度，率先在国家级湿地自然保护区、国际重要湿地、国家重要湿地开展补偿试点。（国家林业局、农业部、水利部、国家海洋局、环境保护部、住房城乡建设部、财政部、国家发展改革委负责）

（七）荒漠。开展沙化土地封禁保护试点，将生态保护补偿作为试点重要内容。加强沙区资源和生态系统保护，完善以政府购买服务为主的管护机制。研究制定鼓励社会力量参与防沙治沙的政策措施，切实保障相关权益。（国家林业局、农业部、财政部、国家发展改革委负责）

（八）海洋。完善捕捞渔民转产转业补助政策，提高转产转业补助标准。继续执行海洋伏季休渔渔民低保制度。健全增殖放流和水产养殖生态环境修复补助政策。研究建立国家级海洋自然保护区、海洋特别保护区生态保护补偿制度。（农业部、国家海洋局、水利部、环境保护部、财政部、国家发展改革委负责）

（九）水流。在江河源头区、集中式饮用水水源地、重要河流敏感河段和水生态修复治理区、水产种质资源保护区、水土流失重点预防区和重点治理区、大江大河重要蓄滞洪区以及具有重要饮用水源或重要生态功能的湖泊，全面开展生态保护补偿，适当提高补偿标准。加大水土保持生态效益补偿资金筹集力度。（水利部、环境保护部、住房城乡建设部、农业部、财政部、国家发展改革委负责）

（十）耕地。完善耕地保护补偿制度。建立以绿色生态为导向的农业生态治理补贴制度，对在地下水漏斗区、重金属污染区、生态严重退化地区实施耕地轮作休耕的农民给予资金补助。扩大新一轮退耕还林还草规模，逐步将 25 度以上陡坡地退出基本农田，纳入退耕还林还草补助范围。研究制定鼓励引导农民施用有机肥料和低毒生物农药的补助政策。（国土资源部、农业部、环境保护部、水利部、国家林业局、住房城乡建设部、财政部、国家发展改革委负责）

三、推进体制机制创新

（十一）建立稳定投入机制。多渠道筹措资金，加大生态保护补偿力度。中央财政考虑不同区域生态功能因素和支出成本差异，通过提高均衡性转移支付系数等方式，逐步增加对重点生态功能区的转移支付。中央预算内投资对重点生态功能区内的基础设施和基本公共服务设施建设予以倾斜。各省级人民政府要完善省以下转移支付制度，建立省级生态保护补偿资金投入机制，加大对省级重点生态功能区域的支持力度。完善森林、草原、海洋、渔业、自然文化遗产等资源收费基金和各类资源有偿使用收入的征收管理办法，逐步扩大资源税征收范围，允许相关收入用于开展相关领域生态保护补偿。完善生态保护成效与资金分配挂钩的激励约束机制，加强对生态保护补偿资金使用的监督管理。（财政部、国家发展改革委会同国土资源部、环境保护部、住房城乡建设部、水利部、农业部、税务总局、国家林业局、国家海洋局负责）

（十二）完善重点生态区域补偿机制。继续推进生态保护补偿试点示范，统筹各类补偿资金，探索综合性补偿办法。划定并严守生态保护红线，研究制定相关生态保护补偿政策。健全国家级自然保护区、世界文化自然遗产、国家级风景名胜区、国家森林公园和国家地质公园等各类禁止开发区域的生态保护补偿政策。将青藏高原等重要生态屏障作为开展生态保护补偿的重点区域。将生态保护补偿作为建立国家公园体制试点的重要内容。（国家发展改革委、财政部会同环境保护部、国土资源部、住房城乡建设部、水利部、农业部、国家林业局、国务院扶贫办负责）

（十三）推进横向生态保护补偿。研究制定以地方补偿为主、中央财政给予支持的横向生态保护补偿机制办法。鼓励受益地区与保护生态地区、流域下游与上游通过资金补偿、对口协作、产业转移、人才培训、共建园区等方式建立横向补偿关系。鼓励在具有重要生态功能、水资源供需矛盾突出、受各种污染危害或威胁严重的典型流域开展横向生态保护补偿试点。在长江、黄河等重要河流探索开展横向生态保护补偿试点。继续推进南水北调中线工程水源区对口支援、新安江水环境生态补偿试点，推动在京津冀水源涵养区、广西广东九洲江、福建广东汀江—韩江、江西广东东江、云南贵州广西广东西江等开展跨地区生态保护补偿试点。（财政部会同国家发展改革委、国土资源部、环境保护部、住房城乡建设部、水利部、农业部、国家林业局、国家海洋局负责）

（十四）健全配套制度体系。加快建立生态保护补偿标准体系，根据各领域、不同类型地区特点，以生态产品产出能力为基础，完善测算方法，分别制定补偿标准。加强森林、草原、耕地等生态监测能力建设，完善重点生态功能区、全国重要江河湖泊水功能区、跨省流域断面水量水质国家重点监控点位布局和自动监测网络，制定和完善监测评估指标体系。研究建立生态保护补偿统计指标体系和信息发布制度。加强生态保护补偿效益评估，积极培育生态服务价值评估机构。健全自然资源资产产权制度，建立统一的确权登记系统和权责明确的产权体系。强化科技支撑，深化生态保护补偿理论和生态服务价值等课题研究。（国家发展改革委、财政部会同国土资源部、环境保护部、住房城乡建设部、水利部、农业部、国家林业局、国家海洋局、国家统计局负责）

（十五）创新政策协同机制。研究建立生态环境损害赔偿、生态产品市场交易与生态保护补偿协同推进生态环境保护的新机制。稳妥有序开展生态环境损害赔偿制度改革试点，加快形成损害生态者赔偿的运行机制。健全生态保护市场体系，完善生态产品价格形成机制，使保护者通过生态产品的交易获得收益，发挥市场机制促进生态保护的积极作用。建立用水权、排污权、碳排放权初始分配制度，完善有偿使用、预算管理、投融资机制，培育和发展交易平台。探索地区间、流域间、流域上下游等水权交易方式。推进重点流域、重点区域排污权交易，扩大排污权有偿使用和交易试点。逐步建立碳排放权交易制度。建立统一的绿色产品标准、认证、标识等体系，完善落实对绿色产品研发生产、运输配送、购买使用的财税金融支持和政府采购等政策。（国家发展改革委、财政部、环境保护部会同国土资源部、住房城乡建设部、水利部、税务总局、国家林业局、农业部、国家能源局、国家海洋局负责）

（十六）结合生态保护补偿推进精准脱贫。在生存条件差、生态系统重要、需要保护修复的地区，结合生态环境保护和治理，探索生态脱贫新路子。生态保护补偿资金、国家重大生态工程项目和资金按照精准扶贫、精准脱贫的要求向贫困地区倾斜，向建档立卡贫困人口倾斜。重点生态功能区转移支付要考虑贫困地区实际状况，加大投入力度，扩大实施范围。加大贫困地区新一轮退耕还林还草力度，合理调整基本农田保有量。开展贫困地区生态综合补偿试点，创新资金使用方式，利用生态保护补偿和生态保护工程资金使当地有劳动能力的部分贫困人口转为生态保护人员。对在贫困地区开发水电、矿产资源占用集体土地的，试行给原住居民集体股权方式进行补偿。（财政部、国家发展改革委、国务院扶贫办会同国土资源部、环境保护部、水利部、农业部、国家林业局、国家能源局负责）

（十七）加快推进法制建设。研究制定生态保护补偿条例。鼓励各地出台相关法规或规范性文件，不断推进生态保护补偿制度化和法制化。加快推进环境保护税立法。（国家发展改革委、财政部、国务院法制办会同国土资源部、环境保护部、住房城乡建设部、水利部、农业部、税务总局、国家林业局、国家海洋局、国家统计局、国家能源局负责）

四、加强组织实施

（十八）强化组织领导。建立由国家发展改革委、财政部会同有关部门组成的部际协调机制，加强跨行政区域生态保护补偿指导协调，组织开展政策实施效果评估，研究解决生态保护补偿机制建设中的重大问题，加强对各项任务的统筹推进和落实。地方各级人民政府要把健全生态保护补偿机制作为推进生态文明建设的重要抓手，列入重要议事日程，明确目标任务，制定科学合理的考核评价体系，实行补偿资金与考核结果挂钩的奖惩制度。及时总结试点情况，提炼可复制可推广的试点经验。

（十九）加强督促落实。各地区、各有关部门要根据本意见要求，结合实际情况，抓紧制定具体实施意见和配套文件。国家发展改革委、财政部要会同有关部门对落实本意见的情况进行监督检查和跟踪分析，每年向国务院报告。各级审计、监察部门要依法加强审计和监察。切实做好环境保护督察工作，督察行动和结果要同生态保护补偿工作有机结合。对生态保护补偿工作落实不力的，启动追责机制。

（二十）加强舆论宣传。加强生态保护补偿政策解读，及时回应社会关切。充分发挥新闻媒体作用，依托现代信息技术，通过典型示范、展览展示、经验交流等形式，引导全社会树立生态产品有价、保护生态人人有责的意识，自觉抵制不良行为，营造珍惜环境、保护生态的良好氛围。

公共资源交易平台管理暂行办法

国家发展改革委　工业和信息化部　财政部　国土资源部　环境保护部

住房和城乡建设部　交通运输部　水利部　商务部　国家卫生和计划生育委员会

国务院国有资产监督管理委员会　国家税务总局　国家林业局

国家机关事务管理局第 39 号令

（2016 年 6 月 24 日印发，2016 年 8 月 1 日起施行）

第一章　总　　则

第一条　为规范公共资源交易平台运行，提高公共资源配置效率和效益，加强对权力运行的监督制约，维护国家利益、社会公共利益和交易当事人的合法权益，根据有关法律法规和《国务院办公厅关于印发整合建立统一的公共资源交易平台工作方案的通知》（国办发〔2015〕63 号），制定本办法。

第二条　本办法适用于公共资源交易平台的运行、服务和监督管理。

第三条　本办法所称公共资源交易平台是指实施统一的制度和标准、具备开放共享的公共资源交易电子服务系统和规范透明的运行机制，为市场主体、社会公众、行政监督管理部门等提供公共资源交易综合服务的体系。

公共资源交易是指涉及公共利益、公众安全的具有公有性、公益性的资源交易活动。

第四条　公共资源交易平台应当立足公共服务职能定位，坚持电子化平台的发展方向，遵循开放透明、资源共享、高效便民、守法诚信的运行服务原则。

第五条　公共资源交易平台要利用信息网络推进交易电子化，实现全流程透明化管理。

第六条　国务院发展改革部门会同国务院有关部门统筹指导和协调全国公共资源交易平台相关工作。

设区的市级以上地方人民政府发展改革部门或政府指定的部门会同有关部门负责本行政区域的公共资源交易平台指导和协调等相关工作。

各级招标投标、财政、国土资源、国有资产等行政监督管理部门按照规定的职责分工，负责公共资源交易活动的监督管理。

第二章　平 台 运 行

第七条　公共资源交易平台的运行应当遵循相关法律法规和国务院有关部门制定的各领域统一的交易规则，以及省级人民政府颁布的平台服务管理细则。

第八条　依法必须招标的工程建设项目招标投标、国有土地使用权和矿业权出让、国有产权交易、政府采购等应当纳入公共资源交易平台。

国务院有关部门和地方人民政府结合实际，推进其他各类公共资源交易纳入统一平台。纳入平台交易的公共资源项目，应当公开听取意见，并向社会公布。

第九条 公共资源交易平台应当按照国家统一的技术标准和数据规范，建立公共资源交易电子服务系统，开放对接各类主体依法建设的公共资源电子交易系统和政府有关部门的电子监管系统。

第十条 公共资源交易项目的实施主体根据交易标的专业特性，选择使用依法建设和运行的电子交易系统。

第十一条 公共资源交易项目依法需要评标、评审的，应当按照全国统一的专家专业分类标准，从依法建立的综合评标、政府采购评审等专家库中随机抽取专家，法律法规另有规定的除外。

有关行政监督管理部门按照规定的职责分工，对专家实施监督管理。

鼓励有条件的地方跨区域选择使用专家资源。

第十二条 公共资源交易平台应当按照省级人民政府规定的场所设施标准，充分利用已有的各类场所资源，为公共资源交易活动提供必要的现场服务设施。

市场主体依法建设的交易场所符合省级人民政府规定标准的，可以在现有场所办理业务。

第十三条 公共资源交易平台应当建立健全网络信息安全制度，落实安全保护技术措施，保障平台平稳运行。

第三章 平 台 服 务

第十四条 公共资源交易平台的服务内容、服务流程、工作规范、收费标准和监督渠道应当按照法定要求确定，并通过公共资源交易电子服务系统向社会公布。

第十五条 公共资源交易平台应当推行网上预约和服务事项办理。确需在现场办理的，实行窗口集中，简化流程，限时办结。

第十六条 公共资源交易平台应当将公共资源交易公告、资格审查结果、交易过程信息、成交信息、履约信息等，通过公共资源交易电子服务系统依法及时向社会公开。涉及国家秘密、商业秘密、个人隐私以及其他依法应当保密的信息除外。

公共资源交易平台应当无偿提供依法必须公开的信息。

第十七条 交易服务过程中产生的电子文档、纸质资料以及音视频等，应当按照规定的期限归档保存。

第十八条 公共资源交易平台运行服务机构及其工作人员不得从事以下活动：

（一）行使任何审批、备案、监管、处罚等行政监督管理职能；

（二）违法从事或强制指定招标、拍卖、政府采购代理、工程造价等中介服务；

（三）强制非公共资源交易项目进入平台交易；

（四）干涉市场主体选择依法建设和运行的公共资源电子交易系统；

（五）非法扣押企业和人员的相关证照资料；

（六）通过设置注册登记、设立分支机构、资质验证、投标（竞买）许可、强制担保等限制性条件阻碍或者排斥其他地区市场主体进入本地区公共资源交易市场；

（七）违法要求企业法定代表人到场办理相关手续；

（八）其他违反法律法规规定的情形。

第十九条 公共资源交易平台运行服务机构提供公共服务确需收费的，不得以营利为目的。根据平台运行服务机构的性质，其收费分别纳入行政事业性收费和经营服务性收费管理，具体收费项目和收费标准按照有关规定执行。属于行政事业性收费的，按照本级政府非税收入管理的有关规定执行。

第二十条 公共资源交易平台运行服务机构发现公共资源交易活动中有违法违规行为的，应当保留相关证据并及时向有关行政监督管理部门报告。

第四章 信 息 资 源 共 享

第二十一条 各级行政监督管理部门应当将公共资源交易活动当事人资质资格、信用奖惩、项目审批和违法违规处罚等信息，自作出行政决定之日起 7 个工作日内上网公开，并通过相关电子监管系统交换至公共资源交易电子服务系统。

第二十二条 各级公共资源交易平台应当依托统一的社会信用代码，记录公共资源交易过程中产生的市场主体和专家信用信息，并通过国家公共资源交易电子服务系统实现信用信息交换共享和动态更新。

第二十三条 国务院发展改革部门牵头建立国家公共资源交易电子服务系统，与省级公共资源交易电子服务系统和有关部门建立的电子系统互联互通，实现市场主体信息、交易信息、行政监管信息的集中交换和同步共享。

第二十四条 省级人民政府应当搭建全行政区域统一、终端覆盖市县的公共资源交易电子服务系统，对接国家公共资源交易电子服务系统和有关部门建立的电子系统，按照有关规定交换共享信息。有关电子招标投标、政府采购等系统应当分别与国家电子招标投标公共服务系统、政府采购管理交易系统对接和交换信息。

第二十五条 公共资源交易电子服务系统应当分别与投资项目在线审批监管系统、信用信息共享系统对接，交换共享公共资源交易相关信息、项目审批核准信息和信用信息。

第二十六条 市场主体已经在公共资源电子交易系统登记注册，并通过公共资源交易电子服务系统实现信息共享的，有关行政监督管理部门和公共资源交易平台运行服务机构不得强制要求其重复登记、备案和验证。

第二十七条 公共资源交易电子服务系统应当支持不同电子认证数字证书的兼容互认。

第二十八条 公共资源交易平台和有关行政监督管理部门在公共资源交易数据采集、汇总、传输、存储、公开、使用过程中，应加强数据安全管理。涉密数据的管理，按照有关法律规定执行。

第五章 监 督 管 理

第二十九条 各级行政监督管理部门按照规定的职责分工，加强对公共资源交易活动的事中事后监管，依法查处违法违规行为。

对利用职权违规干预和插手公共资源交易活动的国家机关或国有企事业单位工作人

员，依纪依法予以处理。

各级审计部门应当对公共资源交易平台运行依法开展审计监督。

第三十条 设区的市级以上地方人民政府应当推动建立公共资源交易电子监管系统，实现对项目登记，公告发布，开标评标或评审、竞价，成交公示，交易结果确认，投诉举报，交易履约等交易全过程监控。

公共资源交易电子服务系统和其对接的公共资源电子交易系统应当实时向监管系统推送数据。

第三十一条 建立市场主体公共资源交易活动事前信用承诺制度，要求市场主体以规范格式向社会作出公开承诺，并纳入交易主体信用记录，接受社会监督。

第三十二条 各级行政监督管理部门应当将公共资源交易主体信用信息作为市场准入、项目审批、资质资格审核的重要依据。

建立行政监督管理部门、司法机关等部门联合惩戒机制，对在公共资源交易活动中有不良行为记录的市场主体，依法限制或禁止其参加招标投标、国有土地使用权出让和矿业权出让、国有产权交易、政府采购等公共资源交易活动。

建立公共资源交易相关信息与同级税务机关共享机制，推进税收协作。

第三十三条 各级行政监督管理部门应当运用大数据技术，建立公共资源交易数据关联比对分析机制，开展监测预警，定期进行效果评估，及时调整监管重点。

第三十四条 各级行政监督管理部门应当建立联合抽查机制，对有效投诉举报多或有违法违规记录情况的市场主体，加大随机抽查力度。

行政监督管理部门履行监督管理职责过程中，有权查阅、复制公共资源交易活动有关文件、资料和数据。公共资源交易平台运行服务机构应当如实提供相关情况。

第三十五条 建立由市场主体以及第三方参与的社会评价机制，对所辖行政区域公共资源交易平台运行服务机构提供公共服务情况进行评价。

第三十六条 市场主体或社会公众认为公共资源交易平台运行服务机构及其工作人员存在违法违规行为的，可以依法向政府有关部门投诉、举报。

第三十七条 公共资源交易领域的行业协会应当发挥行业组织作用，加强自律管理和服务。

第六章 法 律 责 任

第三十八条 公共资源交易平台运行服务机构未公开服务内容、服务流程、工作规范、收费标准和监督渠道，由政府有关部门责令限期改正。拒不改正的，予以通报批评。

第三十九条 公共资源交易平台运行服务机构及其工作人员违反本办法第十八条禁止性规定的，由政府有关部门责令限期改正，并予以通报批评。情节严重的，依法追究直接责任人和有关领导的责任。构成犯罪的，依法追究刑事责任。

第四十条 公共资源交易平台运行服务机构违反本办法第十九条规定收取费用的，由同级价格主管部门会同有关部门责令限期改正。拒不改正的，依照《中华人民共和国价格法》、《价格违法行为行政处罚规定》等给予处罚，并予以公示。

第四十一条 公共资源交易平台运行服务机构未按照本办法规定在公共资源交易电子服务系统公开、交换、共享信息的，由政府有关部门责令限期改正。拒不改正的，对直接负责的主管人员和其他直接责任人员依法给予处分，并予以通报。

第四十二条 公共资源交易平台运行服务机构限制市场主体建设的公共资源电子交易系统对接公共资源交易电子服务系统的，由政府有关部门责令限期改正。拒不改正的，对直接负责的主管人员和其他直接责任人员依法给予处分，并予以通报。

第四十三条 公共资源交易平台运行服务机构及其工作人员向他人透露依法应当保密的公共资源交易信息的，由政府有关部门责令限期改正，并予以通报批评。情节严重的，依法追究直接责任人和有关领导的责任。构成犯罪的，依法追究刑事责任。

第四十四条 有关行政监督管理部门、公共资源交易平台运行服务机构及其工作人员徇私舞弊、滥用职权、弄虚作假、玩忽职守，未依法履行职责的，依法给予处分；构成犯罪的，依法追究刑事责任。

第七章 附 则

第四十五条 公共资源电子交易系统是根据工程建设项目招标投标、土地使用权和矿业权出让、国有产权交易、政府采购等各类交易特点，按照有关规定建设、对接和运行，以数据电文形式完成公共资源交易活动的信息系统。

公共资源交易电子监管系统是指政府有关部门在线监督公共资源交易活动的信息系统。

公共资源交易电子服务系统是指联通公共资源电子交易系统、监管系统和其他电子系统，实现公共资源交易信息数据交换共享，并提供公共服务的枢纽。

第四十六条 公共资源交易平台运行服务机构是指由政府推动设立或政府通过购买服务等方式确定的，通过资源整合共享方式，为公共资源交易相关市场主体、社会公众、行政监督管理部门等提供公共服务的单位。

第四十七条 本办法由国务院发展改革部门会同国务院有关部门负责解释。

第四十八条 本办法自 2016 年 8 月 1 日起实施。

二、加快水行政管理职能转变

国家发展改革委关于精简重大
水利建设项目审批程序的通知

发改农经〔2015〕1860号

（国家发展改革委 2015 年 8 月 17 日印发）

各省、自治区、直辖市及计划单列市、新疆生产建设兵团发展改革委、水利（水务）厅（局），水利部各流域机构：

根据国务院关于推进简政放权放管结合职能转变工作有关要求，以及国务院发布的《关于取消非行政许可审批事项的决定》（国发〔2015〕27号），为进一步规范审批、优化服务、提高效率，加快推进重大水利工程建设，经研究并商水利部，现将有关事项通知如下：

一、减少中央审批事项。除新建大型水库、大型引调水、大江大河（大湖）干流重点河段治理、重要蓄滞洪区建设，跨省（区、市）、需要全国统筹安排或者总量控制，以及按照投资管理有关规定应由我委审批或我委核报国务院审批的重大水利项目外，其他重大水利项目由地方审批并报我委核备。

二、简化项目审批环节。对按规定由我委审批或我委核报国务院审批的重大水利项目，凡在国务院或我委批准的水利发展建设规划中明确工程建设必要性和开发任务的，原则上不再审批项目建议书，直接审批可行性研究报告（代项目建议书）。

三、下放初步设计审批权限。对按规定由我委审批或我委核报国务院审批的地方重大水利项目，除库容大于2亿立方米或坝高大于70米的大型水库、大型引调水工程和涉及跨省（区、市）水事协调的工程由水利部审批初步设计外，其他项目初步设计原则上由地方负责审批，具体审批方式在可行性研究报告审批时确定。已出具技术审查意见且符合要求的项目，水利部或地方原则上要在20个工作日内完成初步设计审批工作。

四、进一步优化审批服务。按规定需我委审批的重大水利项目统一纳入我委政务服务大厅受理，发布办事指南，明确受理条件，在线运行，提高效率，限时办结。在前置文件齐全并且符合要求、我委正式受理后，项目审批办理时限原则上不超过20个工作日。同时，充分发挥我委牵头的重大水利项目审批部际协调机制的作用，坚持问题导向，强化指导服务，加强部门、地方纵横联动和会商沟通，及时帮助解决项目推进中的困难和问题，协同加快项目审核审批进度。

五、提高前期工作质量。按本通知要求我委不再审批项目建议书的项目，有关地方、部门和项目单位要认真按照有关技术规范和规划确定的项目开发任务、规模等深入做好项目论证，逐步加深前期工作，提高工作质量和效率，为项目科学决策创造条件。我委将会同有关部门，进一步统筹做好水利发展"十三五"规划等编制工作，适当加深相关专项规划深度，增强规划的科学性和可操作性，强化规划的指导和约束作用。

六、强化项目监管。建立地方、部门协调沟通机制，形成纵横联动的监管体系，通过加快建设投资项目在线审批监管平台、落实项目统一代码制度、项目前期工作情况告知、建立项目库、督查、抽查、第三方评估等措施，加强项目审批和建设全过程监管，提高监管效率和水平。对按规定由地方审批的项目，地方发展改革部门和有关行业主管部门要履行主体责任，按照"权力与责任同步下放"、"谁承接、谁监管"的要求，明确监管主体和措施，提升业务能力和管理水平，确保接得住、管得好，保障项目科学决策实施。

七、本通知自发布之日起实施。各地执行中的重大情况和问题，请及时反馈。

水利部关于高速公路涉水行政
审批改革的通知

水政法〔2015〕431 号

（水利部 2015 年 11 月 11 日印发）

各流域机构，各省、自治区、直辖市水利（水务）厅（局），各计划单列市水利（水务）局，新疆生产建设兵团水利局：

为了贯彻落实国务院关于深化行政审批制度改革的决策部署，推进高速公路项目涉水行政审批改革，创新审批方式、改进审批工作、提高审批效率，现就高速公路项目需要办理的河道管理范围内建设项目工程建设方案审批、非防洪建设项目洪水影响评价报告审批和生产建设项目水土保持方案审批三项行政审批事项的有关改革事宜通知如下。

一、改革内容

（一）归并申请材料，整合技术报告。高速公路项目跨越多个河道管理范围、洪泛区、蓄滞洪区，需要办理两项以上河道管理范围内建设项目工程建设方案审批、非防洪建设项目洪水影响评价报告审批的，统一报送审批，以项目法人为单位编制一份技术报告，技术报告应根据项目跨越河道管理范围、洪泛区、蓄滞洪区的情况和有关技术要求，包含相应的河道管理范围内建设项目工程建设方案、洪泛区蓄滞洪区非防洪建设项目洪水影响评价等内容。

高速公路项目的水土保持方案审批单独实施，以项目法人为单位编制一份水土保持方案报告。

（二）减少审批层级，明确实施主体。高速公路项目需办理河道管理范围内建设项目工程建设方案审批和非防洪建设项洪水影响评价报告审批的，实行一个审批机关为主、有关机关会同或者参与的方式。审批机关按照以下原则确定：河道管理范围内建设项目工程建设方案审批和非防洪建设项目洪水影响评价报告审批的审批权限分别属于流域管理机构和水利部的，由流域管理机构负责实施；审批权限属于两个以上流域管理机构的，项目法人可以选择一个流域管理机构提出申请，由首先受理申请的流域管理机构牵头，会同有关流域管理机构办理；审批权限分别属于流域管理机构和地方水行政主管部门的，由流域管理机构负责实施，有关地方水行政主管部门参与；审批权限属于两级以上或者两个以上地方水行政主管部门的，原则上由上级或者共同的上一级地方水行政主管部门负责实施，有关的下级水行政主管部门参与。

上述两项审批，以河道管理范围内建设项目工程建设方案审批为主的，由审批机关河湖管理部门牵头办理，防办配合；以非防洪建设项目洪水影响评价报告审批为主的，由审批机关防办牵头办理，河湖管理部门配合。

高速公路项目的水土保持方案审批，由水利部或者省级水行政主管部门按照审批权限负责实施。

（三）规范中介服务，统一技术审查。高速公路项目涉水行政审批相关技术报告的编制，由项目法人按照技术规范自行完成或者自主委托中介机构完成，审批机关不得干预。

高速公路项目涉水行政审批相关技术报告的审查，由确定的审批主体统一组织，有关的流域管理机构和水行政主管部门参与，不再进行单独审查或者拆分审查。

（四）优化审批流程，提高服务质量。负责实施高速公路项目涉水行政审批的流域管理机构和水行政主管部门，要按照统一受理、合并审查、一文批复、限时办结的要求，优化审批流程、编制审批规则、提高审批效率，审批过程中要主动征求相关流域管理机构和水行政主管部门的意见。会同办理的流域管理机构要积极参与审查、提出审查意见并及时会签审批文件。参与审批的地方水行政主管部门要积极参与审查、提出审查意见。高速公路项目跨越多个河道管理范围、洪泛区、蓄滞洪区的，只下达一份审批文件，审批文件应针对不同河道管理范围、洪泛区、蓄滞洪区分别提出要求。

办理高速公路项目涉水行政审批，要在法定期限或者承诺期限内完成技术审查和审批工作，要创造条件开辟高速公路项目涉水行政审批"绿色通道"。积极推进高速公路项目涉水行政审批网上办理，公开受理情况、办理过程、审批结果，主动接受社会监督。

（五）明确监管责任，加强监督检查。要切实加强高速公路项目涉水行政审批改革后审批事项的后续监管工作，明确监管责任，落实监管任务，确保监管到位。负责实施审批的流域管理机构和水行政主管部门，要加强对审批事项的监督管理。地方各级水行政主管部门和流域管理机构要按照河道、洪泛区和蓄滞洪区管理权限以及水土保持管理权限，加强对高速公路项目涉水行政审批事项实施的监督管理。高速公路项目涉水行政审批的审批文件中，要明确后续监管主体和监管责任。

二、保障措施

（一）加强组织领导。各流域管理机构和地方各级水行政主管部门要提高对高速公路项目涉水行政审批改革重要性的认识，落实工作责任，抓好工作部署，及时研究和解决改革中的重大问题。要按照特事特办、专盯专办的要求，推进审批改革，提高审批效率，提升服务质量。

（二）制定实施细则。各流域管理机构和省级水行政主管部门，要根据本流域、本地区实际，抓紧制定实施细则，建立相关配套制度，特别是建立流域之间、流域与区域、区域之间办理审批事项的工作衔接机制，确保改革措施落实到位。

（三）及时总结经验。各流域管理机构和地方各级水行政主管部门在贯彻落实改革措施的过程中，要加强调查研究，广泛听取基层水行政主管部门和项目法人的意见，不断总结完善。实施中发现的问题，要及时报水利部。

本通知印发之前水利部发布的有关高速公路项目涉水行政审批的规定与本通知不一致的，依照本通知执行。

水利部关于加强投资项目水利审批
事中事后监管的通知

水规计〔2015〕519号

（水利部 2015 年 12 月 27 日印发）

部机关各司局，部直属各单位，各省、自治区、直辖市水利（水务）厅（局），各计划单列市水利（水务）局，新疆生产建设兵团水利局：

为贯彻落实《国务院办公厅关于印发精简审批事项规范中介服务实行企业投资项目网上并联核准制度的工作方案的通知》（国办发〔2014〕59号）和《国务院办公厅关于创新投资管理方式建立协同监管机制的若干意见》（国办发〔2015〕12号）等有关要求，进一步加强投资项目水利审批事中事后监管，现通知如下。

一、总体要求

全面贯彻党中央、国务院关于深化行政审批制度改革、加快转变政府职能的决策部署，坚持依法行政、简政放权、放管结合、优化服务，进一步转变水行政管理职能，合理划分管理权限，加快水利在线审批监管平台建设，建立纵横联动协同监管机制，完善社会信用体系和奖惩机制，落实水利审批监管责任，加强投资项目水利审批的事中事后监管，提高监管效能。

二、落实监管责任

各级水行政主管部门要合理划分审批权限，明晰审批和监管责任，切实提高审批质量，严格落实监管职责。

（一）合理划分管理权限。各省级水行政主管部门参照《水利部精简前置审批、规范中介服务、实行网上并联审批的实施方案》（办规计〔2015〕123号）等要求，根据本地实际情况，充分考虑基层水行政主管部门承接能力，合理划分水利审批事项管理权限。既要防止管理权限没有同步下放，又要防止简单一刀切不顾基层承接能力全部下放。

（二）切实落实监管责任。按照"谁审批、谁监管"的原则，有审批权的水行政主管部门或流域机构是审批事项责任主体，应切实加强投资项目水利审批事项的监督管理。项目所在地方水行政主管部门负有属地管理责任，审批部门要指导地方水行政主管部门加强日常监督检查，建立联动管理、协调和信息共享机制，形成监管合力。

（三）提升基层承接能力。坚持"权力和责任同步下放"的原则，在确定水利审批权限的同时明确相关监管职责和措施，确保放权到位，同时接住管好。通过汇编指南、集中培训、研讨交流等多种形式，加强业务指导和培训，提高地方特别是基层水行政主管部门的业务水平和综合服务管理能力。

（四）实行限时办结制度。各级水行政主管部门要制定完善投资项目水利审批有关工作规则，严格执行水行政审批事项清单管理制度、限时办结制度，公开办事指南，明确具体办理流程和时限，合理缩短办理时间，提高审批工作效率。

（五）强化责任落实的跟踪督导。各级水行政主管部门要加强对投资项目水利审批行为和监管责任落实情况的跟踪和监督指导，对审查审批把关不严、违反法定程序或超越法定权限作出审批决定、事中事后监管中不负责任等行为要及时督促整改并追究有关责任人责任。

三、突出监管重点

各级水行政主管部门要转变投资项目水行政审批监管工作重心和方式，围绕开工建设、竣工投产等重要节点和关键环节，加强投资项目水利审批事项的监管。

（六）加强开工建设环节监管。在项目开工前，各级水行政主管部门要按照项目审批、核准、备案基本程序和水利审批相关规定，依托投资项目在线审批监管平台，重点指导和服务项目单位办理投资项目开工前各项水利审批手续，并按要求报备项目开工情况的书面报告，保障项目合法开工、建设过程合规有序。

（七）加强竣工投产环节监管。在项目开工后到竣工投产前，各级水行政主管部门要依据项目单位报备的项目动态信息，重点加强对项目建设过程中水利审批事项的监督检查和业务指导，确保项目按照批准的方案建设实施。项目竣工后，各级水行政主管部门要按照有关规定及时进行验收，项目验收通过后方能正式投入使用。

四、创新监管方式

各级水行政主管部门要积极创新监管方式，加快水利在线审批监管平台建设与纵横对接，充分运用信息化手段，推进协同联动监管。

（八）加快建立在线审批监管平台。根据国务院统一部署，依托国家电子政务外网加快建设水利在线审批监管平台，其中水利部本级和各流域机构建设中央水利在线审批监管平台，与国家投资项目在线审批监管平台对接；地方水行政主管部门按照同级地方政府要求建设在线审批监管平台，并与中央平台统一数据接口，逐步实现中央与地方间、水利与其他部门间纵横联动。平台建成后，凡是能够利用平台开展的投资项目审批、核准、备案等工作，一律通过平台进行，实现涉水审批事项网上申报、在线办理、信息发布查询及在线监管等综合功能。

（九）推进监管信息互联共享。各级水行政主管部门要运用大数据和互联网等信息化手段，按照项目统一代码及时将项目建设、涉水审批、监督管理、信用评价、审计及其他监督检查等各类信息汇集至水利在线审批监管平台，实现基础信息、动态信息、关联信息的实时采集和共享利用。

（十）推进线上线下联动监管。各级水行政主管部门要通过水利在线审批监管平台对建设项目涉水违法违规行为进行重点标识和提醒，有关监管部门依据平台线上信息主动加强现场核查，及时处理存在的问题，并将处理结果反馈至平台，形成线上线下联动、持续有效跟踪的监管机制。

（十一）加强部门协同联动监管。各级水行政主管部门要加强与纪检监察、财政监督、审计等部门的沟通联系，相互配合，加大行政执法力度，形成监督合力，提高监管成效。各级水行政主管部门要按照职责分工相互配合、加强协作，避免监管脱节。

五、完善监管机制

各级水行政主管部门要完善监督检查制度，拓宽监管渠道和手段，充分发挥信用记录在监管中的作用，健全守信激励和失信惩戒机制，形成全社会共同参与的监管体系。

（十二）完善监督检查制度。各级水行政主管部门要不断完善监督检查制度，根据项目类型特点和审批事项监管重点，研究制定具体监管规则、流程、措施和标准，用制度规范监管。要强化水利行政审批在线监管、项目稽察、专项治理、执法检查、督促整改、查办案件、行政问责等多种监督检查手段的综合运用，完善常态化的监督检查工作机制。

（十三）建立异常信用记录和"黑名单"制度。各级水行政主管部门要对涉水审批事项监督管理中发现的违反法律法规擅自开工建设、不按照批准的内容组织实施、未通过验收擅自投入生产运营、未经批准擅自取水，以及其他违法违规行为，会同项目主管部门和地方政府予以严格查处，要求其限期整改，并采取补救措施消除已产生的危害或影响。对不能整改的项目或已造成严重损害、形成恶劣影响的项目，要依法追究相关责任人责任，并列入水利在线审批监管平台项目异常信用记录。对发生异常信用记录的项目单位要及时予以提醒或警告、督促整改，并对整改情况加强监督检查。对出现重大异常信用记录且未按规定整改的项目单位，水利在线审批监管平台要将其纳入"黑名单"并向社会公布。涉水审批事项异常信用记录和"黑名单"信息要纳入国家统一的信用信息平台，供有关方面查询使用。

（十四）建立守信激励和失信惩戒机制。推进水利建设市场主体信用评价管理及应用，及时将信用评价结果共享给相关部门，作为财政资金安排、政府采购、政府购买服务、招标投标、市场准入、日常监管等工作的重要参考。在市场监管和公共服务过程中，对守信者实施信用激励，在市场准入、资质升级、政策支持等方面给予倾斜，同等条件下对守信者给予优先办理、简化程序等绿色通道支持激励政策；对失信者实施严格惩戒、重点监管，情况严重者实行市场禁入。

六、加强组织实施

各级水行政主管部门要高度重视，加强组织领导，提高监管能力，做好组织实施。

（十五）加强组织领导。各级水行政主管部门要将转变行政职能、加强事中事后监管、提高服务能力作为当前的一项重要工作，制定工作方案和配套措施，加快在线审批监管平台建设，建立健全监管制度和工作机制，落实责任分工，加强统筹协调、组织指导和督促检查，并与有关部门密切配合，共同加强投资项目监督管理，确保监管到位。

（十六）推行信息公开。做好信息公开工作，投资项目有关审批信息、监管信息、处罚结果等要及时向社会公开，方便公众查询和社会监督。按照《水利工程建设领域项目信息公开基本指导目录（试行）》，准确、及时、规范地公开水利工程建设项目信息，使水利建设项目成为阳光工程。

（十七）提高监管能力。水利部各有关司局、各流域机构和省级水行政主管部门要加强业务指导与培训，指导基层水行政主管部门建立健全涉水审批工作细则和监督检查制度，推进涉水审批监管的标准化与规范化。地方水行政主管部门要积极协调落实监管工作经费，加强监管工作信息化管理，加强基层水行政管理队伍建设，提升基层水行政主管部门承接能力、监管能力和服务能力。

水利部关于印发《水利部简化整合投资项目涉水行政审批实施办法（试行）》的通知

水规计〔2016〕22号

（水利部2016年1月19日印发）

部机关各司局，部直属各单位，各省、自治区、直辖市水利（水务）厅（局），各计划单列市水利（水务）局，新疆生产建设兵团水利局：

为贯彻落实《国务院办公厅关于印发精简审批事项规范中介服务实行企业投资项目网上并联核准制度的工作方案的通知》（国办发〔2014〕59号）精神，深化水利行政审批制度改革，简化整合投资项目涉水行政审批事项，创新审批方式，优化审批流程，提高审批效率，我部研究制定了《水利部简化整合投资项目涉水行政审批实施办法（试行）》。现予以印发实施。

水利部简化整合投资项目涉水行政审批实施办法（试行）

为贯彻落实《国务院办公厅关于印发精简审批事项规范中介服务实行企业投资项目网上并联核准制度的工作方案的通知》（国办发〔2014〕59号）精神，深化水利行政审批制度改革，进一步简化整合投资项目涉水行政审批事项，创新审批方式，优化审批流程，提高审批效率，现制定简化整合投资项目涉水行政审批的实施办法。

一、整合审批事项

（一）对投资项目涉水行政审批内容相近事项进行分类整合。将取水许可和建设项目水资源论证报告书审批2项整合为"取水许可审批"。将水工程建设规划同意书审核、河道管理范围内建设项目工程建设方案审批、非防洪建设项目洪水影响评价报告审批、国家基本水文测站上下游建设影响水文监测工程的审批归并为"洪水影响评价类审批"。生产建设项目水土保持方案审批作为1项审批事项保持不变。

二、明确适用范围

（二）取水许可审批适用范围。利用取水工程或者设施直接从江河、湖泊或者地下取用水资源的单位和个人，除《取水许可和水资源费征收管理条例》（国务院令第460号）第四条规定的情形外，都应当申请取水许可。直接取用其他取水单位或者个人的退水或者排水的，应当申请取水许可。在取水许可申请受理阶段需一并提交建设项目水资源论证报告书，作为取水许可审批的依据。

（三）洪水影响评价类审批适用范围。有下列情形之一或以上的，办理洪水影响评价类审批。以项目法人为单位编制一份送审技术报告，技术报告应包含涉及情形相应内容，并符合原审批事项的有关技术要求。

1. 在江河、湖泊上新建、扩建以及改建并调整原有功能的水工程；

2. 在河道、湖泊管理范围内的建设项目；

3. 在洪泛区、蓄滞洪区内建设非防洪建设项目；

4. 在国家基本水文监测站上下游建设影响水文监测的工程。

（四）生产建设项目水土保持方案审批适用范围。在山区、丘陵区、风沙区以及水土保持规划确定的容易发生水土流失的其他区域开办可能造成水土流失的生产建设项目，生产建设单位应当编制水土保持方案，报县级以上人民政府水行政主管部门审批。

三、规范审批权限

（五）取水许可审批权限。按照《取水许可和水资源费征收管理条例》（国务院令第460号）、《取水许可管理办法》（水利部第34号令）等有关规定的审批权限开展建设项目水资源论证报告书技术审查和取水许可审批工作，审批主体为流域管理机构、地方水行政主管部门。

（六）洪水影响评价类审批权限

1. 对只涉及（三）中1种情形的投资项目，仍按该种情形的原审批管理权限执行。

（1）在江河、湖泊上新建、扩建以及改建并调整原有功能的水工程，依据《水工程建设规划同意书制度管理办法（试行）》（水利部令第31号）确定审批权限，审批主体为流域管理机构、地方水行政主管部门。

（2）在河道、湖泊管理范围内的建设项目，依据《河道管理范围内建设项目管理的有关规定》（水政〔1992〕7号）确定审批权限，审批主体为流域管理机构、地方水行政主管部门。流域管理机构审批权限按照水利部授权文件办理。

（3）在洪泛区、蓄滞洪区内建设非防洪建设项目，依据《关于加强洪水影响评价管理工作的通知》（水讯〔2013〕404号）确定审批权限，审批主体为水利部、流域管理机构和地方水行政主管部门。

（4）在国家基本水文监测站上下游建设影响水文监测的工程，依据《水文条例》确定审批权限，审批主体为水利部、流域管理机构和地方水行政主管部门。

2. 涉及（三）中2种情形及以上的投资项目，实行一个审批机关为主，有关机关会同或者参与的方式开展审批工作，只下达一份审批文件。审批文件针对相应情形分别出具审查意见。

审批权限属于不同层级，由高一级水行政主管部门组织开展审批工作。审批权限属于流域管理机构和地方水行政主管部门的，由流域管理机构负责实施，有关地方水行政主管部门参与；审批权限属于两级以上或者两个以上地方水行政主管部门的，原则上由上级或者共同的上一级地方水行政主管部门负责实施，有关的下级水行政主管部门参与；审批权限分别属于水利部和流域管理机构的，由流域管理机构负责实施；审批权限属于不同流域管理机构的，项目法人可以选择向一个流域管理机构提出申请，由首先受理申请的流域管理机构牵头，会同有关流域管理机构办理。各审批机关根据投资项目涉水行政审批主要内容确定牵头办理部门。

四、优化审批流程

（七）统一受理。水利部及 7 个流域管理机构分别设立水行政服务窗口，统一受理水行政审批事项，编制服务指南，明确办理流程和时限要求。推行受理单制度，对申请材料符合规定的要予以受理并出具受理单。地方水行政主管部门要参照水利部和流域管理机构做法，加快服务窗口建设，实行统一受理。

（八）规范审查。有关涉水行政审批事项简化整合后，由牵头审批机关组织技术审查，相关审批机关参与。需委托技术支撑单位开展技术审查的，采用竞争性方式选择审查单位开展审查。牵头部门在审批中要主动征求相关部门意见，会同办理的审批机关不再进行单独审查或拆分审查，要积极参与技术审查并提出书面审查意见。

（九）限时办结。各部门和单位要按照审查审批时限要求，限时办结。建立审批时限预警制和政府鼓励事项审批绿色通道，提高审批效率。审批完成后，审批文件交由水行政服务窗口统一送达行政相对人。

（十）加强监管。切实加强审批事项的后续监管工作，明确监管责任，落实监管任务，确保监管到位。负责实施审批的流域管理机构和各级水行政主管部门，要按照管理权限，加强对审批事项的监督管理。在投资项目涉水行政审批的批复文件中，要明确后续监管主体和监管责任。

五、提出保障措施

（十一）加强组织领导。流域管理机构和各级水行政主管部门要提高对投资项目涉水行政审批改革重要性的认识，落实工作责任，抓好工作部署，及时研究和解决改革中的重大问题。要按照特事特办、专盯专办的要求推进审批改革，提高审批效率，加强事中事后监管，提升服务质量。

（十二）制定实施细则。流域管理机构和各级水行政主管部门要根据本流域、本地区实际，抓紧制定实施细则，建立相关配套制度，并做好宣贯落实工作，本着依法、便民、高效的原则，确保改革措施落实到位。

（十三）完善工作机制。要完善投资项目涉水行政审批工作机制，加强审批机关各有关部门之间的衔接协调，同时，抓紧建立相关流域之间、流域与区域、区域之间办理审批中的工作衔接机制。

（十四）及时总结经验。流域管理机构和各级水行政主管部门在贯彻落实改革措施的过程中要加强调查研究，广泛听取基层水行政主管部门和项目法人的意见，不断总结完善。实施中发现的问题，要及时报水利部。

（十五）做好衔接实施。本办法自印发之日起实施，水利部发布的有关投资项目涉水行政审批的规定与本办法不一致的，依照本办法执行。办理高速公路涉水行政审批事项的，依照《水利部关于高速公路涉水行政审批改革的通知》（水政法〔2015〕431 号）执行。

三、推进水资源管理体制改革

关于印发落实《国务院关于实行最严格水资源管理制度的意见》实施方案的通知

水资源〔2012〕356 号

（水利部 2012 年 8 月 13 日印发）

部机关各司局，部直属各单位，各省、自治区、直辖市水利（水务）厅（局），各计划单列市水利（水务）局，新疆生产建设兵团水利局：

为加快落实《国务院关于实行最严格水资源管理制度的意见》（国发〔2012〕3 号），细化工作任务，落实措施要求，明确责任分工，举水利全行业之力，推动实行最严格水资源管理制度，水利部组织制定了《落实〈国务院关于实行最严格水资源管理制度的意见〉实施方案》（以下简称《实施方案》，见附件）。现印发你们，请认真贯彻执行，并提出以下要求：

一、切实加强组织领导。各有关单位要切实提高对实行最严格水资源管理制度重要性的认识，把水资源管理工作摆上更加突出的位置，主要领导要亲自抓，做到工作有布置、有检查、有评估、有奖惩。要积极推动落实水资源管理责任和考核制度，形成各级地方政府主要负责人负总责、水行政主管部门实施水资源统一监督管理、其他有关部门密切配合的工作格局。

二、抓紧落实各项任务措施。各有关单位要按照《实施方案》确定的各项任务、责任分工和工作进度要求，进一步细化措施、要求和时间控制节点，加快落实，确保按时高质量地完成任务。各流域管理机构和地方各级水行政主管部门要紧密结合本流域和本地区实际，进一步细化提出本流域和本地区的实施方案，采取切实可行的方式和方法，确保措施的可行性和有效性，对《国务院关于实行最严格水资源管理制度的意见》中需由其他有关部门牵头完成的事项，有关单位要按照《实施方案》的责任分工主动联系有关部门落实。

三、加强指导与监督检查。部各有关司局、各流域管理机构要及时跟踪了解地方落实情况，加强指导和帮助解决各地落实最严格水资源管理制度中的问题，形成上下联动的工作机制。加强监督检查，部水资源司会同监察局等有关单位，按照《实施方案》确定的责任分工和工作进度要求，对各项任务的完成情况进行监督检查。部各有关司局要加强沟通、密切配合，共同推动最严格水资源管理制度的落实。

四、加大宣传和培训力度。充分利用各种媒体，加大国情水情宣传，切实增强全民水忧患意识、水危机意识、水安全意识和节约保护意识，及时介绍各地典型经验，广泛动员社会各界参与和支持水资源管理，为水资源管理营造良好的舆论氛围。加强水资源管理培训等工作，将实行最严格水资源管理制度纳入水利系统干部学习培训必修课程，不断提高业务能力和水平，打造一支与落实最严格水资源管理制度要求相适应的水资源管理工作队伍。

附件

落实《国务院关于实行最严格水资源管理制度的意见》实施方案

（二○一二年八月）

为加快落实《国务院关于实行最严格水资源管理制度的意见》（国发〔2012〕3号，以下简称《意见》），细化工作任务，落实措施要求，明确责任分工，举水利全行业之力，推动实行最严格水资源管理制度，特制定本实施方案。

一、总体要求

（一）总体思路

以落实《意见》为纲领，以水资源配置、节约和保护为重点领域，以建立"三条红线"指标体系、健全管理制度、严格"三条红线"管理、健全水资源监控体系、落实水资源管理责任和考核制度为主要任务，以加强组织领导、完善管理体制、提高科技水平、加强宣传培训等为重要支撑保障，严格用水总量控制、用水效率控制和水功能区限制纳污控制，强化用水需求和用水过程管理，加快节水型社会建设，促进水资源可持续利用和经济发展方式转变，推动经济社会发展与水资源水环境承载能力相协调，保障经济社会长期平稳较快发展。

（二）工作原则

1. 围绕中心、服务大局。紧密围绕科学发展主题和加快转变经济发展方式主线，坚持以人为本、人水和谐、统筹兼顾，保障饮水安全、供水安全和生态安全，促进水资源可持续利用，服务经济社会发展全局。

2. 整体推动，突出重点。把"三条红线"、"四项制度"作为有机整体，统筹考虑严格水资源管理的各个环节，注重实行最严格水资源管理制度的系统性；突出"三条红线"指标体系建设、法规制度建设、监管能力建设、责任与考核制度的落实。

3. 远近结合，立足当前。准确把握实行最严格水资源管理制度总体要求，有计划、有步骤，分阶段、分层次推进，不断取得突破和进展；充分结合当前实际，重点明确"十二五"期间的重点任务与主要措施。

4. 因地制宜，注重实效。在准确把握实行最严格水资源管理制度总体要求、主要目标和重点任务的基础上，各流域管理机构和地方各级水行政主管部门要紧密结合实际，采取切实可行的方式和方法，确保制度措施的可行性和有效性。

5. 上下联动，形成合力。动员全部、全行业之力，形成上下联动的工作机制；加强与有关部门的沟通协调，完善公众参与机制，形成全社会共同落实最严格水资源管理制度的合力。

（三）主要目标

"十二五"期间，加快落实最严格水资源管理制度，建立"三条红线"指标体系，完善和严格执行水资源管理各项制度，基本建成国家水资源监控管理信息系统，提高水资源管理法制支撑能力、科技支撑能力和水务一体化管理体制支撑能力。到2020年，基本建立最严格水资源管理制度。通过实施最严格水资源管理制度，确保《意见》所明确的 2015 年、2020 年、2030 年水资源管理目标全面实现。

二、建立水资源管理"三条红线"指标体系

将《意见》明确的全国层面"三条红线"指标逐级分解落实到各流域和各行政区域，形成覆盖流域和省、市、县三级行政区域的水资源管理"三条红线"指标体系，确保国家总体目标的实现。

任务 1：建立各流域和各省级行政区水资源管理"三条红线"指标

1. 工作进展

水利部根据《意见》和《全国水资源综合规划（2010—2030）》，组织提出了各流域和各省（区、市）水资源管理"三条红线"指标，完成了部分省区指标协调与确认工作。

2. 主要任务

以国务院批复的《全国水资源综合规划（2010—2030）》为依据，综合考虑各地水资源开发利用现状、经济社会发展水平和产业布局、用水效率和水功能区水质现状等因素，按照水利部《关于认真做好水资源管理控制指标制定工作的通知》（办资源〔2011〕420号）、《关于进一步加强水资源管理控制指标分解确认工作的通知》（办资源〔2012〕35号）的要求，将《意见》明确的全国水资源开发利用、用水效率、水功能区限制纳污"三条红线"控制指标和 2015 年、2020 年阶段性管理目标分解到各流域和各省级行政区。该项任务力争于 2012 年上半年完成。（水资源司、各流域管理机构负责，各有关单位配合）

任务 2：各省级行政区将本辖区"三条红线"指标进一步分解落实到所辖各市、县级行政区

1. 工作进展

各省（区、市）均开展了指标分解前期工作，部分省（区、市）初步完成了所辖各市级行政区指标确定工作。

2. 主要任务

各省（区、市）结合本地实际，将本辖区"三条红线"控制指标和 2015 年、2020 年阶段性管理目标进一步分解落实到所辖各市、县级行政区。该项任务力争于 2012 年底前完成。（各省级水行政主管部门负责）

三、加强水资源开发利用控制红线管理，严格实行用水总量控制

在明确各流域、各行政区域水资源开发利用控制指标的基础上，通过江河流域水量分配工作，进一步明确重要江河和地下水水源地取用水总量控制指标；通过健全规划管理、水资源论证、取水许可、水资源调度等制度，严格监督管理，确保水资源开发利用控制指标的实现。

任务 3：严格规划管理

1. 工作进展

水利部出台了《水利规划管理办法（试行）》，明确了水利规划体系框架、编制程序和相关要求。全国水资源综合规划得到国务院批复，七大流域综合规划修编全部完成技术审查、正在报国务院审批，完成了一批重要江河湖泊综合规划，启动了全国水中长期供求规

划、全国水资源保护规划等编制工作，组织完成了大型灌区续建配套与节水改造、农村饮水安全等一大批专项建设规划，出台了《水工程建设规划同意书制度管理办法》（水利部第 31 号令）。

2. 主要任务

完善全国、流域和区域水资源规划体系；严格规划管理，各项水资源开发、利用、节约、保护和管理行为必须符合规划要求。"十二五"期间完成以下重点任务：

（1）加快完成重点水资源规划编制。组织完成全国水中长期供求规划、全国水资源保护规划、全国地下水利用与保护规划、全国灌溉发展总体规划等水资源相关规划。（规计司、水资源司、农水司等有关司局负责，各有关单位配合）

（2）落实水工程建设规划同意书制度。严格执行《水工程建设规划同意书制度管理办法》；2012 年底前力争发布《水工程规划同意书论证报告编制导则》。（规计司、各流域管理机构、各省级水行政主管部门负责，各有关单位配合）

任务 4：严格控制流域和区域取用水总量

1. 工作进展

国务院批复了《全国水资源综合规划（2010—2030）》，明确了全国水资源配置与用水总量控制方案。黄河、黑河、塔河等部分流域已实行了用水总量控制。水利部颁布了《水量分配暂行办法》，下发了《关于做好水量分配工作的通知》（水资源〔2011〕368 号），全面启动了跨省江河流域水量分配工作。部分省区已下达了本辖区所辖各市级行政区年度用水总量指标，实行了年度用水总量控制管理。水利部发布了《水权制度建设框架》、《关于水权转让的若干意见》，为建立健全水权制度、充分发挥市场配置水资源作用奠定了坚实基础。

2. 主要任务

以《全国水资源综合规划（2010—2030）》为主要依据，在明确各省水资源开发利用控制红线指标的基础上，以水资源紧缺、生态环境脆弱、水事矛盾突出、涉及跨流域和跨区域调水等的江河流域为重点，抓紧完成全国主要跨省江河流域水量分配工作。各省（区、市）按照江河流域水量分配方案或取用水总量控制指标，制定年度用水计划，依法对本行政区域内的年度用水实行总量管理。建立健全水权制度，积极培育水市场和开展水权交易工作，运用市场机制合理配置水资源。"十二五"期间完成以下重点任务：

（1）加快制订主要江河流域水量分配方案。

按照《关于做好水量分配工作的通知》要求，2012 年底前各流域管理机构要全面完成首批 25 条跨省江河流域水量分配方案编制工作，加大方案协调力度，规范协调机制和协商程序，尽快完成首批 25 条跨省江河流域水量分配方案的审查、报批；在此基础上，尽快启动第二批重要江河流域水量分配工作，力争用 5 年时间基本完成全国主要跨省江河流域水量分配工作。（水资源司会同规计司、各流域管理机构负责，各有关单位配合）

各省（区、市）在配合流域管理机构做好跨省江河流域水量分配工作的同时，抓紧开展本省（区、市）内跨市主要河流水量分配工作。（各省级水行政主管部门负责）

（2）实行区域年度用水总量控制管理。各省（区、市）按照水量分配方案或国家明确的本省区取用水总量控制指标，逐年制定年度用水计划、明确本省区及所辖各市级行政区

年度取用水总量控制指标，对本行政区域的年度用水实行总量管理。（各省级水行政主管部门负责）

（3）建立健全水权制度。结合水资源综合规划的实施、用水总量控制指标的建立和江河流域水量分配方案工作，逐步明晰区域初始水权；通过取水许可，明确具体取水户取水权。深入探索开展水权交易，重点在水资源紧缺、生态环境脆弱、水事矛盾突出的流域、区域开展水权交易试点工作。继续推进《取水权转让管理暂行办法》制订工作，明确取水权转让的原则、条件、方式、申请和审批程序及监督管理等内容。（政法司会同水资源司负责，各有关单位配合）

任务5：严格水资源论证

1. 工作进展

水利部会同有关部门发布了《建设项目水资源论证管理办法》（水利部令第15号），水利部颁布了《水文水资源调查评价资质和建设项目水资源论证资质管理办法（试行）》（水利部令第17号）、《建设项目水资源论证报告书审查工作管理规定（试行）》，发布了《建设项目水资源论证技术导则》等技术标准，建设项目水资源论证已成为水资源管理的重要抓手。水利部下发了《关于开展规划水资源论证试点工作的通知》（水资源〔2010〕483号），制定了《规划水资源论证技术要求（试行）》；各地积极推动规划水资源论证工作，开展了一批工业园区规划、城市总体规划水资源论证工作。

2. 主要任务

严格执行建设项目水资源论证制度，把建设项目水资源论证作为项目审批、核准的刚性前置条件，对不符合国家产业政策和水资源管理要求的建设项目，其水资源论证报告书一律不得批准；对未依法完成水资源论证工作、擅自开工建设和投产使用的建设项目，一律责令停止。加强相关规划和项目建设布局水资源论证工作，国民经济和社会发展规划以及城市总体规划的编制、重大建设项目的布局，应当与当地水资源条件和防洪要求相适应。"十二五"期间完成以下重点任务：

（1）积极推进《水资源论证条例》立法进程，制定《水资源论证监督管理办法》部规章。（政法司、水资源司负责，各有关单位配合）

（2）严格建设项目水资源论证管理。

2012年底前修订完成《建设项目水资源论证导则》并上升为国家标准；2014年底前制订完成核电、火电、化工、钢铁、造纸、纺织、食品等高用水工业建设项目和农业灌溉工程建设水资源论证技术要求。（国科司、水资源司负责，各有关单位配合）

进一步提高建设项目水资源论证资质门槛，从严监管资质单位从业情况，定期开展对资质单位的监督检查。建立水资源论证报告书责任追究制度，定期开展水资源论证报告书抽查，对报告书编制弄虚作假的，依法追究报告书编制单位和相关人员责任；对报告书质量达不到要求却通过审查的，依法追究审批机关和相关人员的责任。（水资源司、各流域管理机构、各省级水行政主管部门负责，各有关单位配合）

（3）大力推动规划水资源论证工作。

重点推进城市总体规划、重大项目布局和工业园区规划水资源论证工作。2014年底前水利部发布规划水资源论证报告书编制和审查管理指导性文件。水资源短缺、生态脆弱地区要率先开展规划水资源论证工作，促进控制城市规模过度扩张，限制高用水行业发展。（水资源司会同规计司、各流域管理机构、各省级水行政主管部门负责，各有关单位配合）

2014年底前，修订完成《规划水资源论证技术要求》，提出城市总体规划、工业园区等各类开发区规划、农业灌区规划等的水资源论证技术要求。（水资源司会同规计司、国科司、农水司负责，各有关单位配合）

任务6：严格实施取水许可

1. 工作进展

国务院颁布了《取水许可和水资源费征收管理条例》，水利部出台了《取水许可管理办法》；绝大部分省（区、市）出台了取水许可管理的配套规章，取水许可管理正逐步实现规范化管理。至2010年底全国有效取水许可证共45.12万套（其中河道外取水41.87万套），许可水量60593亿立方米（其中水电站等河道内取水56085亿立方米，河道外取水4508亿立方米）。

2. 主要任务

严格落实国务院《取水许可和水资源费征收管理条例》和水利部《取水许可管理办法》，将取水许可审批作为控制用水总量过快增长、落实水资源开发利用控制红线的重要抓手。对取用水总量已达到或超过控制指标的地区，暂停审批建设项目新增取水；对取用水总量接近控制指标的地区，限制审批建设项目新增取水。暂停审批建设项目新增取水的地区，新建、改建和扩建建设项目取水只能通过节约用水、利用再生水等非常规水源、水权转让等方式解决。"十二五"期间完成以下重点任务：

（1）研究制定《用水总量控制管理办法》部规章，进一步明确区域取水许可限批具体管理要求。（政法司、水资源司负责，各有关单位配合）

（2）严格规范取水许可审批管理。对《意见》和《取水许可和水资源费征收管理条例》明确不予许可的建设项目取水申请、未通过建设项目水资源论证的建设项目取水申请，各流域管理机构和地方各级水行政主管部门一律不得批准。（各流域管理机构、各省级水行政主管部门负责，各有关单位配合）

（3）进一步加强取水许可日常监督管理。2013年底前，基本建立起全国取水许可管理信息台账，形成取水许可管理信息库；严格取水工程设施验收管理，凡取水工程设施未通过验收的，不得发放取水许可证；取水许可证到期需要延续的，应重新、从严核定取水许可量。（水资源司、各流域管理机构、各省级水行政主管部门负责，各有关单位配合）

任务7：严格水资源有偿使用

1. 工作进展

财政部、发改委、水利部联合出台了《水资源费征收使用管理办法》（财综〔2008〕79号），财政部、水利部联合出台了《中央分成水资源费使用管理暂行办法》（财农〔2011〕24号）；31个省、自治区、直辖市全面实施了水资源有偿使用制度；2011年底全国水资源费征收额度已达到110多亿元。

2. 主要任务

合理调整水资源费征收标准，扩大征收范围，抓紧完善水资源费征收、使用和管理的规章制度；落实《水资源费征收使用管理办法》、《中央分成水资源费使用管理暂行办法》，严格水资源费征收、使用和管理。"十二五"期间完成以下重点任务：

（1）合理调整水资源费征收标准，扩大征收范围，完善水资源费征收使用管理制度。水利部配合有关部门出台有关指导意见，抓紧研究南水北调水资源费征收问题。各省级水行政主管部门要积极协调配合有关部门，合理调整水资源费征收标准，扩大征收范围，标准过低的地区要尽快提高征收标准，抓紧完善本辖区水资源费征收、使用和管理的规章制度。（财务司、水资源司、各省级水行政主管部门负责，各有关单位配合）

（2）严格水资源费征收管理。地方各级水行政主管部门要严格按照规定的征收范围、对象、标准和程序征收，确保应收尽收，任何单位和个人不得擅自减免、缓征或停征水资源费；从严落实超计划、超定额取水累进收取水资源费制度。水利部会同有关部门定期对各地水资源费征收情况进行监督检查。（水资源司、财务司、驻部监察局、各省级水行政主管部门负责，各有关单位配合）

（3）严格水资源费使用管理。水资源费主要用于水资源节约、保护和管理，严格依法查处挤占挪用水资源费行为。2012年出台《水利部中央分成水资源费预算项目管理办法》，编制完成2013—2015年中央分成水资源费使用规划。各省（区、市）要于2013年上半年前完成本省区水资源费使用规划。（水资源司、财务司、驻部监察局、各省级水行政主管部门负责，各有关单位配合）

任务8：严格地下水管理和保护

1. 工作进展

《全国地下水利用与保护规划》进入审批程序，《南水北调东中线一期工程受水区地下水压采总体方案》编制完成，《全国地面沉降防治规划（2011—2020年）》已由国务院批复，国家地下水监测工程项目完成了可研报告。部分省区实施了地下水取用水总量控制和水位控制，16个省（区、市）划分了地下水超采区，12个省（区、市）公布了地下水禁采和限采范围，部分地区开展了地下水压采工作。

2. 主要任务

健全地下水管理与保护的政策法规与技术标准体系，全面推行地下水取用水总量控制管理和水位控制管理。严控地下水开发利用规模，防止产生新的超采区；积极推进地下水超采治理，逐步削减超采量，实现地下水采补平衡。加强地下水保护，防止污染和破坏地下水。"十二五"期间完成以下重点任务：

（1）加快实行地下水取用水总量控制和水位控制管理。

加快推进《地下水管理条例》立法进程。（政法司、水资源司负责，各有关单位配合）

结合"三条红线"指标分解工作，尽快明确各地区地下水开发利用总量控制指标；对超过地下水开发利用总量控制指标的地区，暂停审批建设项目新增取用地下水。（水资源司、各流域管理机构、各省级水行政主管部门负责，各有关单位配合）

以地下水超采区、西北生态脆弱区、海水入侵区为重点，积极推进地下水开发利用水位控制管理。2013年底前制定地下水位控制技术要求，明确地下水位控制指标制定的技术方法和工作程序。各省（区、市）按照技术要求逐步明确本辖区重点地下水源地的控制水位。（水资源司、水文局、各流域管理机构、各省级水行政主管部门负责，各有关单位

配合）

（2）加快推进地下水超采治理。

2013年上半年前完成全国地下水超采区划分与复核，明确全国地下水超采区范围。地下水超采区禁止农业、工业建设项目和服务业新增取用水地下水，深层承压水原则上只能作为应急和战略储备水源。各省（区、市）要于2013年底前公布地下水禁采和限采范围，明确关闭在城市公共供水管网覆盖范围内自备水井的限期。（水资源司、各流域管理机构、各省级水行政主管部门负责，各有关单位配合）

加快南水北调东中线受水区地下水压采方案报批工作，抓紧组织各有关省（市）制定南水北调东中线受水区地下水压采实施方案；结合南水北调工程全面启动南水北调东中线受水区地下水压采工作。抓紧编制并实施地面沉降区、海水入侵区地下水压采方案。（水资源司、规计司、各流域管理机构、各省级水行政主管部门负责，各有关单位配合）

（3）加强地下水保护。水利部制定地下水取水工程监督管理规范性文件，规范地下水取水工程建设、运行、报废等管理；配合有关部门组织实施《全国地面沉降防治规划》、《全国地下水污染防治规划》；进一步研究制定地下水保护的政策与技术要求。（水资源司负责，各有关单位配合）

任务9：强化水资源统一调度

1. 工作进展

国务院颁布了《黄河水量调度条例》，水利部制定了《黄河水量调度管理办法》、《黑河干流水量调度管理办法》。部分江河明确了水资源调度方案、应急调度预案和调度计划。黄河、黑河、塔河水资源统一调度，山西、河北向北京应急调水，引江济太、珠江压咸补淡、引黄济津济淀、淮河重要闸坝调度等，对保障城乡居民用水、积极应对水污染事件、协调生活生产和生态用水方面发挥了重要作用。

2. 主要任务

加快制订和完善水资源调度方案、应急调度预案和调度计划，全面落实水资源调度管理责任制；加强重要江河、湖泊和水资源配置工程水资源调度，为保障防洪安全、供水安全、粮食安全和生态安全奠定科学扎实的基础。"十二五"期间完成以下重点任务：

（1）加快制定并实施重要江河水资源调度方案、应急调度预案和调度计划。

水利部进一步明确近期水资源调度管理重点名录；各省（区、市）明确本辖区近期水资源调度管理重点名录；水利部组织制定水资源调度规范性文件和技术导则。（水资源司会同防办、建管司负责，各有关单位配合）

各流域管理机构和各省（区、市）要抓紧完成列入近期水资源调度管理名录的水资源调度方案、应急调度预案、调度计划和相关技术规程制订工作。（各流域管理机构、各省级水行政主管部门负责，各有关单位配合）

各流域管理机构和地方各级水行政主管部门在调度管理权限内，按照批准的水资源调度方案、应急调度预案和调度计划实施水资源调度工作。区域水资源调度应当服从流域水资源统一调度，水力发电、供水、航运等调度应当服从流域水资源统一调度。（各流域管理机构、各省级水行政主管部门负责，各有关单位配合）

（2）加强重点流域、区域水资源统一调度。加强黄河、黑河、塔里木河等重点河流水量统一调度，做好河北山西向北京调水、引黄济津济冀济淀、引江济太、引滦济向等水量应急调度工作，确保重要城市、重点地区供水安全与生态安全。加强水利工程联合调度，抓紧研究编制南水北调东中线一期工程水量调度方案，合理确定不同水利工程蓄、放、提过程，最大程度发挥水利工程的综合调配作用，进一步优化水资源配置。（水资源司、规计司、防办、建管司、各流域管理机构、各省级水行政主管部门负责，各有关单位配合）

（3）加快水资源配置工程建设。积极推进滇中引水、引汉济渭等跨流域、跨区域调水工程，因地制宜建设城市应急备用水源，提高区域水资源调控和供水保障能力。加快南水北调东中线一期工程及配套工程建设，推进南水北调西线工程前期工作，抓紧研究健全后续管理体制机制，确保工程如期通水并持续发挥效益，进一步优化我国水资源宏观战略配置格局。（规计司、建管司、各流域管理机构、各省级水行政主管部门负责，各有关单位配合）

四、加强用水效率控制红线管理，全面推进节水型社会建设

在建立用水效率控制红线指标体系的基础上，通过严格用水定额、计划用水管理、建立有利于节水的水价机制等非工程措施，以及大力推进农业节水灌溉、工业和城市生活节水技术改造、开发利用非常规水源等工程措施，不断提高用水效率和效益，确保用水效率控制指标目标的实现。

任务10：加强节水型社会建设组织管理

1. 工作进展

"十五"以来，各级水行政主管部门积极推动建设节水型社会，开展了100个全国节水型社会建设试点和200多个省级节水型社会建设试点建设工作，其中21个全国试点已完成验收；发布了《节水型社会建设"十二五"规划》；推动节约用水法规和标准体系、水价改革等，节水型社会建设组织管理不断加强，全国用水效率和效益不断提高。

2. 主要任务

深入推进节水型社会建设，把节约用水贯穿于经济社会发展和群众生产生活全过程。进一步推动节约用水法规和标准体系建设，推动水价改革，建立有利于节约用水的体制和机制，全面加强节水型社会建设组织管理。"十二五"期间，要全面实施《节水型社会建设"十二五"规划》，完成以下重点任务：

（1）推动出台《节约用水条例》。在现有工作基础上，进一步完善条例相关内容，加强沟通协调力度，加快推进《节约用水条例》立法工作。（政法司会同水资源司负责，各有关单位配合）

（2）各省区要按照《全国节水型社会建设"十二五"规划》的总体要求，结合本地实际，抓紧制定并实施本行政区域的节水型社会建设规划。（各省级水行政主管部门负责）

（3）加快完善节水标准体系，制订实施节水强制性标准。

进一步健全节水标准体系。在梳理现有标准的基础上，2012年底前明确"十二五"期间拟制定（修订）的节水标准名录。（国科司会同水资源司、农水司等有关司局负责，各有关单位配合）

制定节水强制性标准。"十二五"期间制定完成净水机、家用和商用洗衣机等主要用水产品的节水强制性标准。禁止生产和销售不符合节水强制性标准的产品，实行节水产品

市场准入；联合有关部门严格节水产品市场监管。（国科司会同水资源司负责联系有关部门落实，各有关单位配合）

继续配合有关部门制定并公布落后的、耗水量高的用水工艺、设备和产品淘汰名录。配合有关部门制定《水效标识管理办法》，对主要用水产品节水水平进行分级、标识，逐步实行用水产品用水效率标识管理。（水资源司负责，各有关单位配合）

（4）深入推进节水型社会建设试点示范工作。2012 年底前完成第二批全国试点验收，2013 年完成第四批全国试点中期评估，2014 年完成第三批全国试点验收，2015 年完成第四批全国试点验收。（水资源司负责，各有关单位配合）

（5）严格论证各项引水、调水、取水、供用水工程的取水规模。各项引水、调水、取水、供用水工程建设方案的论证报告和水资源论证报告书的编制，应将节水要求作为重要内容进行论证，合理确定工程规模；不符合节水要求的，不得审查通过水资源论证报告书和工程方案；不按照水资源论证要求和工程方案实施的，不得发放取水许可证。（规计司、水资源司、各流域管理机构、各省级水行政主管部门负责，各有关单位配合）

（6）积极推动水价改革。积极协调配合有关部门，建立有利于节约用水、合理配置水资源、促进水资源可持续利用的水价形成机制。协调有关部门出台关于推进农业水价综合改革、建立农业灌排工程运行管理费用财政补助机制的指导意见；推动实行国有水利工程水价加末级渠系水价的终端水价制度，推进农业用水计量收费。积极推动实行工业和服务业用水超额累进加价制度，拉开高耗水行业与其他行业的水价差价，合理调整城市居民生活用水价格，稳步推行阶梯式水价制度。（财务司负责联系有关部门落实，各有关单位配合）

任务 11：严格用水定额管理

1. 工作进展

30 个省（区、市）发布了本省区主要行业用水定额；火电、钢铁、石油炼制、纺织、造纸等高耗水工业行业取水定额国家标准颁布实施。用水定额在水资源论证、取水许可、计划用水管理中发挥了重要作用。

2. 主要任务

健全用水定额标准，将用水定额作为水资源论证、取水许可、计划用水等水资源管理的重要依据，严格用水定额管理。"十二五"期间完成以下重点任务：

（1）健全用水定额标准。

2012 年制订完成《用水定额编制技术导则》国家标准；2013 年底前修订完成火电、钢铁、石油炼制、造纸、纺织行业取水定额国家标准；"十二五"期间，基本制订完成主要高耗水工业和服务业用水定额国家标准。（国科司会同水资源司负责联系有关部门落实，各有关单位配合）

各省（区、市）根据用水效率控制红线确定的目标修订完善本行政区域内的用水定额标准；用水定额已颁布 5 年以上的省区，要于 2013 年底前完成用水定额的修订与发布。（各省级水行政主管部门负责）

（2）严格用水定额管理。

2012 年底前水利部制定出台用水定额管理规范性文件。（水资源司负责，各有关单位

配合）

各流域管理机构和各级水行政主管部门要将用水定额作为水资源论证、取水许可、计划用水管理等的重要依据。对不符合用水定额标准的取水申请，审批机关不得批准取水许可；对超定额用水的，严格执行累进水资源费和累进水价制度。（各流域管理机构、各省级水行政主管部门负责，各有关单位配合）

任务12：强化计划用水管理

1. 工作进展

绝大部分地区对取用水户实行了计划用水管理，逐年下达取用水计划，实行了超计划累进加价制度。部分城市实施了节水"三同时"管理。

2. 主要任务

健全计划用水管理制度，对纳入取水许可管理的单位和其他用水大户实行计划用水管理；建立用水单位重点监控名录，强化用水监控管理；健全节水"三同时"制度，加强节水"三同时"管理。"十二五"期间完成以下重点任务：

（1）进一步规范计划用水管理。

制定《计划用水管理办法》部规章，明确计划用水管理对象、程序和管理要求。（政法司、水资源司负责，各有关单位配合）

各流域管理机构和地方各级水行政主管部门要对所有纳入取水许可管理的单位实行计划用水管理；对理顺节水管理体制的地区，要同时对取用公共供水管网水的用水大户实行计划用水管理。（各流域管理机构、各省级水行政主管部门负责，各有关单位配合）

（2）加强节水"三同时"管理。

制定完成《建设项目节水设施管理办法》部规章，力争2012年底前出台。（政法司、水资源司负责，各有关单位配合）

各流域管理机构和地方各级水行政主管部门要严格节水"三同时"管理，新、改、扩建的建设项目，必须制订节水措施方案，保证节水设施与主体工程同时设计、同时施工、同时投产。对违反节水"三同时"的建设项目，由县级以上地方人民政府有关部门或流域管理机构责令停止取用水并限期整改。（各流域管理机构、各省级水行政主管部门负责，各有关单位配合）

（3）强化重点用水单位节水监督管理。

2012年底前水利部公布第一批全国用水单位重点监控名单，制定监督管理规范性文件。"十二五"期间拟确定全国具有代表性的300个大中型灌区、3000个高用水工业企业、3000个生活服务业用水单位作为国家重点用水单位、进行跟踪监控。（水资源司、各流域管理机构、各省级水行政主管部门负责，各有关单位配合）

任务13：加快推进节水技术改造

1. 工作进展

通过实施大型灌区续建配套与节水改造、重点中型灌区节水配套改造和大型灌排泵站更新改造、小型农田水利建设等有关灌排工程设施改造等项目，2010年全国农田灌溉水有效利用系数已达到0.50，全国节水灌溉工程面积达到4.1亿亩。开展了工业节水技术改造和生活节水器具推广示范，开展了污水处理回用规划编制工作，发布了污水处理回用有关技术标准，2010 年全国污水处理回用量已达 27.6 亿立方米。

2. 主要任务

加快大中型灌区续建配套节水改造，全面推进小型农田水利重点县建设，加强灌区田间工程配套，完善农业节水工程体系；加大工业节水技术改造力度，建设节水示范工业园区；加大城市生活节水工作力度，大力推广使用生活节水器具；积极发展非常规水源开发利用，逐步提高城市污水处理回用比例，将非常规水源开发利用纳入水资源统一配置。"十二五"期间完成以下重点任务：

（1）加快推进农业节水工程建设。

"十二五"期间，新增节水灌溉工程面积 1.5 亿亩以上，其中确保新增高效节水灌溉工程面积 0.5 亿亩、力争新增 1 亿亩。（农水司会同规计司负责联系有关部门落实，各有关单位配合）

加强灌区灌溉用水计量工作，提高灌溉用水量测率，推进全国灌溉用水效率的监测评价网络建设。（农水司会同规计司负责联系有关部门落实，各有关单位配合）

积极协调配合有关部门制定农业灌排工程运行管理费用财政适当补助政策，完善金融支持政策。（财务司、农水司、规计司负责联系有关部门落实，各有关单位配合）

（2）加大工业节水技术改造和生活节水力度。以火力发电、石油石化、钢铁、纺织、造纸、化工、食品等高耗水工业行业为重点，建设一批工业节水示范项目，推广工业企业节水技术；大力推广节水器具，建设一批节水型学校、节水型生活小区和节水型服务业示范工程。（水资源司、规计司负责联系有关部门落实，各有关单位配合）

（3）加快发展非常规水源开发利用。

协调配合有关部门建立合理的再生水定价机制，推动建立污水处理回用设施与再生水管网建设"以奖代补"财政支持政策，建设一批示范工程。（财务司、水资源司负责联系有关部门落实，各有关单位配合）

加快污水处理回用立法进程，完善城市污水处理回用技术标准体系，将城市污水处理回用技术推广纳入到水利科技推广体系。（政法司、国科司会同水资源司负责，各有关单位配合）

五、加强水功能区限制纳污红线管理，严格控制入河湖排污总量

以国务院批复的《全国重要江河湖泊水功能区划》为依据，以实现各阶段水功能区达标率为主要目标，在核定水功能区纳污能力、提出分阶段限制排污总量意见的基础上，建立和完善水功能区限制纳污管理、入河湖排污口监督管理、全国重要饮用水水源地安全保障、水生态系统保护与修复、河湖健康评估、突发水污染事件应急建设等工作体系，构建水资源保护工作的规划、工程、法规标准、监控能力等基础支撑，初步建成水资源保护和河湖健康保障体系。

任务 14：严格水功能区监督管理

1. 工作进展

国务院批复了《全国重要江河湖泊水功能区划》，31 个省政府批复了本省区的水功能区划，全国水功能区划体系基本形成；水利部颁布了《水功能区管理办法》，发布了《地表水资源质量评价技术规程》；组织各流域管理机构和各省（区、市）开展了水功能区纳污能力核定和分阶段限排总量控制方案制定，对流域省界水质监测断面进行了复核调整；水功能区动态监测得到加强。

2. 主要任务

健全水功能区限制纳污管理制度，完善水功能区管理体系，完成水功能区纳污能力核定，提出分阶段限制排污总量意见，建立水功能区水质达标评价体系，提高水功能区监测能力和管理水平，强化水功能区基础性和约束性作用。"十二五"期间完成以下重点任务：

（1）完善水功能区划体系。2012年上半年前会同有关部门印发《全国重要江河湖泊水功能区划》（以下简称《区划》），2012年底前水利部出台贯彻落实《区划》意见。2013年前水利部组织完成全国重要江河湖泊水功能区划基础信息调查，建立水功能区管理信息库。各省（区、市）要根据《区划》，进一步核定省区内水功能区划。（水资源司、各流域管理机构、各省级水行政主管部门负责，各有关单位配合）

（2）推动出台《水功能区管理条例》。（政法司、水资源司负责，有关单位配合）

（3）建立水功能区达标评价体系。2012年底前选定优先纳入评估的水功能区名录；水利部组织制定水功能区达标评价工作方案，2013年底前建立水功能区水质达标评价体系。（水资源司、各流域管理机构、各省级水行政主管部门负责，各有关单位配合）

（4）核定水功能区纳污能力，明确限制排污总量意见。

2012年底前，按照《重要江河湖泊水功能区纳污能力核定和分阶段限制排污总量控制实施方案》要求，完成全国重要江河湖泊水功能区纳污能力核定，提出分阶段限制排污总量意见。（水资源司、各流域管理机构、各省级水行政主管部门负责，各有关单位配合）

水利部定期编发水功能区水质状况通报，将全国重要江河湖泊水功能区达标评价状况通报各省（区、市）人民政府和国务院有关部门；按照《意见》明确的"各级人民政府要把限制排污总量作为水污染防治和污染减排工作的重要依据"要求，水利部定期组织对各省（区、市）水功能区水资源保护情况进行监督检查。（水资源司、各流域管理机构负责，各有关单位配合）

对水质不达标的重要水功能区，要研究采取排污口整治、底泥清淤、生态调水、水系整治、生态修复等措施，实施综合治理。（水资源司、规计司、建管司、各流域管理机构、有关省区水行政主管部门）

任务15：严格入河湖排污口监督管理

1. 工作进展

水利部颁布了《入河排污口监督管理办法》，制定了《入河排污口管理技术导则》标准，开展了入河湖排污口普查工作，入河湖排污口设置审批、监督管理制度基本建立。

2. 主要任务

全面及时掌握入河湖排污口分布情况；建立取水许可和排污口设置管理联动机制，对排污量超出水功能区限制排污总量的地区，限制审批新增取水和入河湖排污口；加强对已有入河湖排污口的整治。"十二五"期间完成以下重点任务：

（1）全面调查掌握入河湖排污口情况。各级水行政主管部门结合水利普查工作，完善入河湖排污口管理台账，并在重要入河湖排污口设立明显标示；定期组织开展入河湖排污口核查工作，及时掌握入河湖排污口动态变化。（水资源司、各流域管理机构、各省级水

行政主管部门负责，各有关单位配合）

（2）严格入河湖排污口设置审批和监督管理。

2013年底前修订完成《入河排污口监督管理办法》；制定入河湖排污口设置同意报告书编制技术和审查要求，进一步明确排污口设置限制审批要求。（水资源司、政法司、建管司负责，各有关单位配合）

2013年底前水利部制定完成入河湖排污口监督管理指导意见，明确入河湖排污口分级管理权限。（水资源司会同建管司负责，各有关单位配合）

2014年底前各流域会同各省（区、市）完成重要流域入河湖排污口布设要求。各流域管理机构和地方各级水行政主管部门要严格控制入河湖排污口设置审批。（各流域管理机构、各省级水行政主管部门负责，各有关单位配合）

任务16：加强饮用水水源保护

1. 工作进展

国务院批复了《全国城市饮用水安全保障规划》，水利部会同有关部门印发了《全国城市饮用水水源地安全保障规划》。初步建立了水源地安全核准和安全评估制度，水利部公布了三批175个全国重要饮用水水源地名录，组织开展了监督检查，启动了饮用水水源地达标建设工作。初步建立了突发水污染事件预案和报告制度，各流域和大部分省区制定了饮用水水源地突发事件应急预案，应急能力建设得到加强。

2. 主要任务

实施全国城市饮用水水源地安全保障规划和农村饮水安全工程规划，实现全国重要饮用水水源地安全保障达标建设目标。"十二五"期间完成以下重点任务：

（1）完善饮用水水源地核准和安全评估制度。水利部制定规范性文件，进一步完善饮用水水源地核准和安全评估制度；定期对列入名录的全国重要饮用水水源地进行评估，对不符合水质要求和存在安全隐患的进行调整。各省（区、市）要加快完善饮用水水源地核准和安全评估制度，公布本省区内重要饮用水水源地名录并进行安全评估。（水资源司、各流域管理机构、各省级水行政主管部门负责，各有关单位配合）

（2）开展饮用水水源地安全保障达标建设。

水利部组织各流域管理机构和各省（区、市）制定名录内全国重要饮用水水源地达标建设实施方案，制定相关管理办法，加强饮用水水源地保护工作的监督检查；各省（区、市）组织开展本省区内水源地达标建设工作。各级水行政主管部门禁止审批饮用水水源保护区内排污口的设置；对已设置的，地方各级水行政主管部门会同有关部门及时报告地方人民政府，由地方人民政府责令限期拆除。（水资源司、各流域管理机构、各级水行政主管部门负责，各有关单位配合）

（3）强化饮用水水源地法规和应急管理体系建设。

推动出台《饮用水水源地管理与保护条例》。（水资源司、政法司负责，有关单位配合）

2012年底前水利部组织制定完成流域管理机构应急能力建设实施方案；"十二五"期间，进一步完善流域管理机构和省区重大水污染事件应急预案和应急响应、报告工作机制。制定突发水污染事件技术指导手册，指导地方妥善应对重大突发水污染事件。（水资源司、各流域管理机构负责，各有关单位配合）

各流域管理机构和地方各级水行政主管部门要加强管辖范围内饮用水水源地应急监测、预警体系能力建设，不断完善应急预案，定期组织开展突发水污染事件应急演练。（各流域管理机构、各省级水行政主管部门负责，各有关单位配合）

（4）继续推进生态清洁型小流域建设。2012年底前水利部发布《生态清洁型小流域技术导则》。"十二五"期间，在重要水源区建成一批标准化、规模化、设施配套化的生态清洁型小流域。（水保司负责，各有关单位配合）

任务17：推进水生态系统保护与修复

1. 工作进展

《全国水资源综合规划（2010—2030）》和七大流域综合规划（修编）初步明确了河湖生态用水需求。水利部组织开展了生态用水研究和技术标准编制工作，开展了黑河、塔里木河、太湖等流域综合治理，实施了引黄济淀、扎龙湿地等生态补水工作，开展了水生态系统保护与修复试点工作，先后批准了无锡等14个水生态保护与修复试点，完成了桂林等5个试点验收工作，启动了重要河湖健康评估工作。

2. 主要任务

结合水量分配方案工作，逐步明确河流合理流量和湖泊、水库以及地下水的合理水位，维护河湖健康生态。加强重要生态保护区、水源涵养区、江河源头区和湿地的保护，推进生态脆弱河流和地区水生态修复，开展水生态保护示范区建设，建立生态用水及河流生态评价指标体系，定期组织开展全国重要河湖健康评估，建立健全水生态补偿机制。"十二五"期间完成以下重点任务：

（1）加快江河湖库水系连通工程建设。统筹考虑水的资源功能、环境功能、生态功能，综合采取调水引流、清淤疏浚、生态修复等措施，科学合理建设河湖水系连通工程，加快构建引排顺畅、蓄泄得当、丰枯调剂、多源互补、调控自如的江河湖库连通体系。（规计司负责，各有关单位配合）

（2）深入推进水生态系统保护与修复试点工作。

完成哈尔滨、合肥、查干湖等国家级水生态系统保护与修复试点的中期评估或验收工作，系统总结试点经验；通过试点示范，推动水生态系统保护与修复工作深入开展。（水资源司负责，各有关单位配合）

制定进一步推进水生态系统保护与修复试点指导意见，组织编制《水生态系统保护与修复工程建设技术要求》等技术标准。"十二五"期间再开展一批水生态系统保护与修复试点。（水资源司负责，各有关单位配合）

（3）积极推进河湖健康评估工作。

在河湖健康评估试点工作基础上，进一步完善河湖健康评估技术方法和指标体系，深入开展河流健康评估工作。（水资源司、建管司、各流域管理机构负责，各有关单位配合）

（4）大力推进生态脆弱河流和地区水生态修复。全面完成塔里木河流域近期治理工程，继续推进塔里木河综合治理；提前完成石羊河流域重点治理规划远期项目建设；实施敦煌水资源合理利用与生态保护综合规划；继续开展引黄济淀、扎龙湿地等生态补水工作。（规计司、水资源司、建管司、防办负责，各有关单位配合）

（5）推动建立健全水生态补偿机制。配合有关部门起草《生态补偿条例》；配合有关部门开展建立水生态补偿机制政策研究和制定工作。（规计司会同财务司、政法司、水资源司、水保司、建管司负责，各有关单位配合）

六、建立水资源管理责任和考核制度，健全水资源监控体系

将水资源开发利用、节约和保护的主要指标纳入地方经济社会发展综合评价体系，落实水资源管理责任制。制订出台实行最严格水资源管理制度考核办法，严格考核管理。健全水资源监控系统，保障"三条红线"指标可监测、可评价、可考核。

任务18：建立水资源管理责任和考核制度

1. 工作进展

水利部组织起草了《实行最严格水资源管理制度考核办法》，初步提出了考核内容、程序、方式和奖惩措施。配合有关部门将万元工业增加值用水量、农田灌溉水有效利用系数两项指标纳入了对各省（区、市）经济社会发展综合评价体系。

2. 主要任务

建立水资源管理责任与考核制度，将水资源开发利用、节约和保护的主要指标纳入地方经济社会发展综合评价体系，严格考核管理。"十二五"期间完成以下重点任务：

（1）2012年底前力争完成《实行最严格水资源管理制度考核办法》起草工作并上报国务院。（水资源司会同人事司、政法司、驻部监察局、农水司等有关司局负责，各有关单位配合）

（2）2013年底前力争建立考核支撑体系。研究制定考核实施方案；组织编制指标监测办法和统计办法。（水资源司会同政法司、人事司、规计司、农水司负责，各有关单位配合）

（3）组织开展考核工作。在总结试点考核工作基础上，水利部会同有关部门组织对各省（区、市）进行考核。考核结果交由干部主管部门，作为地方人民政府相关领导干部和相关企业负责人综合考核评价的重要依据。（水资源司、驻部监察局、人事司负责，各有关单位配合）

（4）加强监督检查。水利部会同监察部等有关部门，组织对各地落实最严格水资源管理制度工作进行监督检查，并将其纳入政府绩效考评指标体系，建立追踪问责制度。（驻部监察局会同水资源司负责，各有关单位配合）

（5）各省区要制定本省区《实行最严格水资源管理制度考核办法》；省级水行政主管部门要会同有关部门，具体组织实施对所辖各市级行政区落实最严格水资源管理制度的考核和监督检查工作。（各省级水行政主管部门负责）

任务19：健全水资源监控体系

1. 工作进展

国家水资源监控能力建设项目全面启动，编制了《国家水资源监控能力建设项目实施方案（2012—2014年）》，明确了取用水户、水功能区、省界断面国控监测点和中央、流域、省级监控管理信息平台建设内容。各省（区、市）水资源管理信息系统建设实施方案通过了技术审查，部分省区已启动建设工作。《水文基础设施"十二五"建设规划》编制完成。国家地下水监测工程项目正式立项。

2. 主要任务

加快建设国家和省级水资源监控管理信息系统，加强取水、排水、入河湖排污口计量监控设施建设，逐步建立中央、流域和地方水资源监控管理平台；进一步优化水文站网布局；建立国家地下水监测站网，加强地下水动态监测；及时发布水资源公报等信息。"十二五"期间完成以下重点任务：

（1）建立国家和省级水资源监控管理信息系统。从 2012 年起用 3 年时间，基本建立国家水资源监控管理信息系统框架。

2012 年上半年，审查完成《国家水资源监控能力建设项目实施方案（2012—2014 年）》，出台《国家水资源监控能力建设项目管理办法》，各流域管理机构、各省区组建项目办。（水资源司、水文局、各流域管理机构、各省区水行政主管部门负责，各有关单位配合）

完成重要省际河流和省界断面核定，确认水量监测的现状站和规划站。2012 年下半年，基本完成项目标准规范建设、通用软件开发，初步建立数据库体系。（水资源司、水文局、国家水资源监控能力建设项目办负责，各有关单位配合）

2013 年，全面开展三类国控监测点建设，年底前在中央、流域和试点省区基本完成应用系统开发、三级信息平台建设和数据库基本体系。（国家水资源监控能力建设项目办、各流域管理机构、各省区水行政主管部门负责，各有关单位配合）

2014 年底前，完成中央、七大流域和 32 个省级平台的信息资源整合与集成，基本建成全国互联互通的国家水资源管理系统。到 2015 年，实现 8558 个取用水户在线监测全覆盖，对列入《全国重要江河湖泊水功能区划》名录的 4493 个全国重要江河湖库水功能区监测覆盖率达到 80％以上，实现重要省界水质断面监测全覆盖。（国家水资源监控能力建设项目办、各流域管理机构、各省区水行政主管部门负责，各有关单位配合）

加快建设省级水资源监控管理信息系统。各省（区、市）按照审查通过的省级水资源信息系统建设方案，同步推进省级水资源监控能力建设，进一步扩大监控范围，提高监测频率。（各省级水行政主管部门负责）

（2）进一步优化水文站网布局，满足最严格水资源管理工作需要。编制完成《全国水资源监测站网规划》，加快实施《水文基础设施"十二五"建设规划》，"十二五"期间，规划建设水文站 5671 处（新建 4019 处，改建 1652 处），优先建设 54 条需开展水量分配河流的省界站点 372 处。（规计司、水文局、各流域管理机构、各省级水行政主管部门负责，各有关单位配合）

（3）加强地下水动态监测。建立国家地下水监测站网，按批复的实施年限完成《国家地下水监测工程》由水利部门负责的地下水监测站点 10298 处（其中有 4075 处同时开展水质监测）及各级信息系统，并与有关部门实现信息共享。（规计司、水文局、水资源司、各流域管理机构、各省级水行政主管部门负责，各有关单位配合）

（4）加强取水和入河湖排污口排污量监督监测。

加强取用水计量管理。研究制定取用水计量监督管理办法，健全计量标准，进一步规范取用水计量管理。结合水资源监控管理信息系统建设，2015 年前基本实现对地表水年取水量 300 万立方米以上、地下水年取水量 50 万立方米以上取用水大户的实时在线监控。（水资源司、国科司、水文局负责，各有关单位配合）

组织制定入河湖排污口排污量监测方案；建立入河湖排污量统计和通报制度。加强入河湖排污口排污量监测设施建设，提高入河湖排污口监测覆盖率。（水资源司、规计司、水文局、各流域管理机构、各省级水行政主管部门负责，各有关单位配合）

（5）进一步完善"三条红线"指标监测与统计方法。在现有水资源公报工作基础上，抓紧完善用水总量、万元工业增加值用水量、农田灌溉水有效利用系数、水功能区水质达标率的监测与统计方法，2013年上半年前制订完成相关技术要求。（水资源司、农水司、水文局负责，各有关单位配合）

七、强化保障措施

加强组织领导，抓好工作部署，强化督促检查，建立水资源管理长效投入机制，加强人才队伍建设，积极开展试点引导示范，加大宣传力度，为加快落实最严格水资源管理制度做好保障。

任务20：加强组织领导

建立最严格水资源管理制度各级政府一把手负责制，形成一级抓一级、层层抓落实的工作格局。各级水行政主管部门要切实提高对实行最严格水资源管理制度重要性的认识，把水资源管理工作摆上重要位置，主要领导要亲自抓，负总责。"十二五"期间完成以下重点任务：

（1）各流域管理机构和各省级水行政主管部门要组织编制本流域和本地区落实最严格水资源管理制度工作实施方案，细化工作措施，明确时限要求，落实到工作岗位，明确工作责任。（各流域管理机构、各省级水行政主管部门负责）

（2）加强水资源管理机构和队伍建设。各级水行政主管部门要积极协调有关部门，健全水资源管理机构，确保机构、编制与严格水资源管理的任务相适应。加强水资源管理培训和交流工作，制定水资源管理培训计划和对外交流与培训计划，将实行最严格水资源管理制度纳入水利系统干部学习培训必修课程，加强水资源管理国际交流合作，建立与有关国家政府机构、科研机构的合作机制。（水资源司会同人事司、国科司、各省级水行政主管部门负责，各有关单位配合）

（3）各级水行政主管部门要建立健全系统内目标考核、干部问责和监督检查机制，做到工作有布置、有检查、有评估、有奖惩，形成一级抓一级，层层抓落实的工作格局。（水资源司会同人事司、驻部监察局、各流域管理机构、各省级水行政主管部门负责，各有关单位配合）

任务21：完善水资源管理政策法规和技术标准体系

抓紧完善水资源配置、节约、保护和管理等方面的政策法规体系，细化制度措施要求，不断增强各项制度措施的针对性和可操作性；加快制定完善水资源管理技术标准；严格执法监督管理。"十二五"期间完成以下重点任务：

（1）健全水资源管理法规体系。

水利部重点推动《节约用水条例》、《地下水管理条例》、《水资源论证条例》等立法工作，出台水资源管理有关部规章。（政法司、水资源司负责，各有关单位配合）

各省（区、市）要抓紧推动出台本行政区域水资源节约、保护和管理地方性法规和规章，以及实行最严格水资源管理制度有关政策性和规范性文件。（各省级水行政主管部门负责）

（2）健全水资源管理技术标准体系。在对现有标准调研、分析评估的基础上，完善水资源管理技术标准体系。（国科司会同水资源司、农水司等有关司局负责，各有关单位配合）

（3）严格执法监督检查。"十二五"期间重点开展水资源论证、取水许可、水资源费征缴、取用水计量、节水"三同时"与高用水行业、入河湖排污口等执法监督检查。（政法司、水资源司、财务司、各流域管理机构、各省级水行政主管部门负责，各有关单位配合）

任务 22：强化水资源管理科技支撑

围绕落实最严格水资源管理制度的需要，开展重大课题和应用技术研究，加快技术推广。"十二五"期间完成以下重点任务：

（1）加强水资源基础性、战略性问题研究。"十二五"期间，开展新时期水资源可持续利用战略，全球气候变化与工业化、城镇化快速发展背景下我国水资源演变趋势，水资源要素参与国家宏观调控方式方法、节水型社会建设、水生态保护和河湖健康评价方法等研究；进一步完善最严格水资源管理制度基础理论和系统构架，研究建立"三条红线"联动机制等。（国科司、办公厅会同水资源司、规计司、农水司等有关单位负责，各有关单位配合）

（2）加强应用技术研发与推广。"十二五"期间，重点研究推广先进适用的节水、水资源实时调度、水资源保护、非常规水源利用、取用水信息获取等关键技术、工艺或设备、农业综合节水关键技术研究与示范、大型灌区节水改造关键技术研究与示范、农业高效用水精量控制技术与产品示范与推广等。（国科司会同水资源司、农水司等有关单位负责，各有关单位配合）

任务 23：完善水资源管理体制

完善流域管理与行政区域管理相结合的水资源管理体制，继续推进城乡水务管理一体化，建立实行最严格水资源管理制度部门合作机制。"十二五"期间完成以下重点任务：

（1）完善流域管理与行政区域管理相结合的水资源管理体制。进一步加强流域水资源的统一规划、统一管理和统一调度。建立各方参与、民主协商、共同决策、分工负责的流域议事协调机制和高效的执行机制。合理划分流域管理与区域管理的事权和职责范围，建立事权清晰、分工明确、行为规范、运转协调的水资源管理工作机制。（水资源司会同人事司负责，各有关单位配合）

（2）继续推进城乡水务管理一体化。以省会城市、计划单列市、重要地级城市为重点，加快推动城乡水务一体化管理体制。稳步推进水务市场化进程，加强政府对水务行业和市场的监督管理，重点加强供水服务、供水价格和供水安全方面的监管，努力提高服务质量和水平。（水资源司会同人事司、各省级水行政主管部门负责，各有关单位配合）

（3）建立实行最严格水资源管理制度部门合作机制。加强与环保、城建、国土等有关部门的沟通协调，研究建立多部门密切合作、共同做好最严格水资源管理制度的合作机制。（水资源司会同人事司负责，各有关单位配合）

任务 24：完善水资源管理投入机制

推动拓宽水资源管理投资渠道，建立长效、稳定的水资源管理投入机制，保障水资源节约、保护和管理工作经费。"十二五"期间完成以下重点任务：

（1）积极争取中央和地方加大对水资源管理的投入，着力解决当前水资源管理经费严重不足的局面。

水利部协调有关部门，进一步研究解决节水技术推广应用、地下水超采区治理、水源地达标建设、水生态系统保护与修复等经费渠道。（规计司、财务司、水资源司负责联系有关部门落实，各有关单位配合）

各省级水行政主管部门要积极协调有关部门争取水资源管理投入，力争"十二五"期间各省（区、市）年平均水资源管理投入经费有较大幅度提高，切实满足水资源管理工作需要。（各省级水行政主管部门负责）

（2）用好用足水资源费。

严格执行《水资源费征收使用管理办法》（财综〔2008〕79号），水资源费主要用于水资源节约、保护和管理，严格依法查处挤占挪用水资源费的行为。（财务司会同水资源司、各省级水行政主管部门负责，各有关单位配合）

中央分成水资源费要全部用于最严格水资源管理制度的实施。（财务司会同水资源司负责）

各地水资源费主要用于水资源节约、保护和管理工作，比例原则不低于60％。（各省级水行政主管部门负责）

任务25：加强试点引导

深入推动实行最严格水资源管理制度试点工作，着力在关键环节上有所突破。"十二五"期间完成以下重点任务：

（1）着力抓好全国试点工作。2012年水利部完成试点方案的批复。试点地区要率先出台实行最严格水资源管理制度意见、实施方案和考核办法；率先确立"三条红线"指标体系；率先建成水资源管理信息系统；率先建立水资源管理责任制，努力探索实行最严格水资源管理制度的模式、经验和做法，发挥示范带头作用。水利部要及时总结试点工作经验，在全国范围内推广普及。（水资源司会同规计司、试点地区水行政主管部门负责，各有关单位配合）

（2）各流域管理机构和各省（区、市）要按照实行最严格水资源管理制度的要求，结合本地实际因地制宜借鉴试点模式和做法，推广试点经验，全面推进最严格水资源管理制度的实施。（各流域管理机构、各省级水行政主管部门负责，各有关单位配合）

任务26：加大宣传和表彰力度

大规模、多角度、深层次宣传最严格水资源管理制度，推动最严格水资源管理制度理念深入人心；大力宣传先进做法和典型经验，加大表彰奖励工作力度，广泛动员社会各界参与和支持水资源管理，为水资源管理营造良好的舆论范围。

（1）大力开展宣传工作。

按照《关于做好国务院关于实行最严格水资源管理制度的意见宣传工作的通知》（办宣〔2012〕64号）的要求，在已开展相关宣传工作的基础上，广泛深入开展基本水情教育，进一步加大宣传力度。编印《实行最严格水资源管理制度宣讲材料》、《十问最严格水资源管理制度》、《〈国务院关于实行最严格水资源管理制度的意见〉辅导读本》，组织开展宣讲活动；策划组织好有关节水宣传采访活动；发挥节水大使的作用，组织开展"节水大使清水行动"等公益性活动；不断鼓励文艺、影视创作，通过歌曲征集、影视制作、文学创作和公益演出活动，进一步提高水忧患意识和水资源保护意识；联系新闻媒体跟踪报道实行最严格水资源管理制度最新动态。（办公厅会同水资源司负责，新闻宣传中心、水利报社等各有关单位配合）

水利部将宣传最严格水资源管理制度作为宣传工作的重点任务，逐年进行安排部署。（办公厅会同水资源司负责，新闻宣传中心、水利报社等各有关单位配合）

各流域管理机构和地方各级水行政主管部门要按照水利部的总体要求，结合当地实际逐年制定宣传工作方案或计划，大力开展宣传工作。（各流域管理机构、各省级水行政主管部门负责）

（2）加大表彰奖励工作力度。

协调有关部门将水资源节约、保护和管理表彰纳入国家表彰范围。（人事司会同水资源司负责联系有关部门落实，各有关单位配合）

各级水行政主管部门要对在水资源节约、保护和管理中取得显著成绩的单位和个人给予表彰奖励。（人事司会同水资源司、各流域管理机构、各省级水行政主管部门负责，各有关单位配合）

水利部　国家发展改革委　工业和信息化部
财政部　国土资源部　环境保护部
住房城乡建设部　农业部　审计署
统计局关于印发《实行最严格水资源
管理制度考核工作实施方案》的通知

水资源〔2014〕61号

（水利部　国家发展改革委　工业和信息化部　财政部　国土资源部
环境保护部　住房城乡建设部　农业部　审计署
国家统计局 2014 年 1 月 27 日印发）

各省、自治区、直辖市人民政府：

根据《国务院办公厅关于印发实行最严格水资源管理制度考核办法的通知》（国办发〔2013〕2 号）要求，现将《实行最严格水资源管理制度考核工作实施方案》印发你们，请认真贯彻执行。

实行最严格水资源管理制度考核工作实施方案

为落实《国务院关于实行最严格水资源管理制度的意见》（国发〔2012〕3 号），推动最严格水资源管理制度考核工作，依据《国务院办公厅关于印发实行最严格水资源管理制度考核办法的通知》（国办发〔2013〕2 号）要求，制定本方案。

一、适用范围

本方案适用于国务院对全国 31 个省级行政区落实最严格水资源管理制度情况进行考核，考核对象为各省级行政区人民政府。

二、考核组织

水利部会同发展改革委、工业和信息化部、财政部、国土资源部、环境保护部、住房城乡建设部、农业部、审计署、统计局等部门组成实行最严格水资源管理制度考核工作组（以下简称考核工作组），负责具体组织实施对各省、自治区、直辖市落实最严格水资源管理制度情况的考核，形成年度或期末考核报告。

考核工作组办公室（以下简称考核办）设在水利部，承担考核工作组的日常工作。

三、考核内容

考核内容包括最严格水资源管理制度目标完成、制度建设和措施落实情况两部分。

（一）目标完成情况

目标完成情况考核 4 项指标：用水总量、万元工业增加值用水量、农田灌溉水有效利用系数和重要江河湖泊水功能区水质达标率。指标定义及计算、评分方法见附件1。

（二）制度建设和措施落实情况

制度建设和措施落实情况包括用水总量控制、用水效率控制、水功能区限制纳污、水资源管理责任和考核等制度建设及相应措施落实情况。评分方法见附件2。

四、考核程序

（一）发布年度考核工作通知

水利部商考核工作组各成员单位，于考核期内各年度2月发布年度考核工作通知，明确对上一年度或期末考核工作的具体要求。

（二）确定年度目标和工作计划

各省级行政区人民政府根据考核期水资源管理控制目标、制度建设和措施落实要求，合理确定年度目标，制定年度工作计划，于考核期起始年3月底前报送水利部备案，同时抄送考核工作组其他成员单位。考核期内年度目标和工作计划有调整的，应于每年3月底前及时将调整情况报送备案。逾期未上报或报送年度目标和工作计划不符合要求的，由水利部通知该省级行政区人民政府限期补报或重新上报；仍不符合要求的，由考核工作组根据该行政区域考核期水资源管理控制目标直接确定其年度考核目标或进行合理调整。

（三）省级政府自查

各省级行政区人民政府组织开展自查，形成自查报告，相关数据协商一致后，于每年3月底前报国务院，并抄送水利部等考核工作组成员单位。

省级水行政主管部门会同相关部门将用于自查报告复核的相关技术资料同时报送水利部。

（四）核查和抽查

受考核工作组委托，考核办组织对省级行政区人民政府上报的自查报告和相关的技术资料进行真实性、准确性和合理性检验及核算分析。

在资料核查的基础上，考核工作组对各省级行政区进行重点抽查和现场检查。重点抽查内容包括对省级行政区人民政府上报的相关技术资料现场核对以及对重点用水户取用水量、用水效率、水功能区水质状况等进行实地检查。

（五）形成考核报告

考核办综合自查、核查和重点抽查结果，提出各省级行政区年度或期末考核评分和等级建议，相关数据协商一致后，形成年度或期末考核报告，经考核工作组审定后，由水利部在每年6月底前上报国务院。

五、考核评分

考核评定采用评分法，满分为100分。

（一）年度考核评分

各年度考核得分为目标完成、制度建设和措施落实情况两部分分值加权，保留整数。计算公式为：年度考核得分＝目标完成情况得分×权重系数＋制度建设和措施落实情况得分×权重系数。

目标完成、制度建设和措施落实情况评分方法详见附件1和附件2。权重系数在年度考核工作通知中明确。

（二）期末考核评分

期末考核总分由各年度考核平均得分（不包括期末年）和期末年考核得分加权，分值保留整数。其中年度考核平均得分权重占 40％，期末年考核得分占 60％。计算公式为：
期末考核总分＝各年度考核平均得分×40％＋期末年考核得分×60％。

（三）考核等级确定

根据年度或期末考核的评分结果划分为优秀、良好、合格、不合格四个等级。考核得分 90 分以上为优秀，80 分以上 90 分以下为良好，60 分以上 80 分以下为合格，60 分以下为不合格。（以上包括本数，以下不包括本数）

六、考核结果使用

（一）考核结果公告与使用

年度、期末考核结果经国务院审定后向社会公告，并交由干部主管部门，作为对各省级行政区人民政府主要负责人和领导班子综合考核评价的重要依据。

（二）奖励与表彰

对期末考核结果为优秀的省级行政区人民政府，国务院予以通报表扬，有关部门在相关项目安排上优先予以考虑。对在水资源节约、保护和管理中取得显著成绩的单位和个人，按照国家有关规定给予表彰奖励。

（三）整改检查

年度或期末考核结果不合格的省级行政区人民政府，要在考核结果公告后 1 个月内，向国务院做出书面报告，提出限期整改措施，同时抄送水利部等考核工作组成员单位。

整改期间，暂停该地区建设项目新增取水和入河排污口审批，暂停该地区新增主要水污染物排放建设项目环评审批。

（四）追究责任

对整改不到位的，由相关部门依法依纪追究该地区有关责任人员的责任。

对在考核工作中有瞒报、谎报、漏报等弄虚作假行为的地区，予以通报批评，对有关责任人员依法依纪追究责任。

附件 1

目标完成情况评分方法

4 项指标中，用水总量指标分值 30 分、万元工业增加值用水量指标分值 20 分、农田灌溉水有效利用系数指标分值 20 分、重要江河湖泊水功能区水质达标率指标分值 30 分。工业增加值数据由国家统计局负责，其余数据由各省级行政区明确水行政主管部门会同有关部门提供。

一、用水总量

（一）定义及计算

用水总量指各类用水户取用的包括输水损失在内的毛水量，包括农业用水、工业用水、生活用水、生态环境补水四类。当年用水总量折算成平水年用水总量进行考核。

农业用水指农田灌溉用水、林果地灌溉用水、草地灌溉用水和鱼塘补水。

工业用水指工矿企业在生产过程中用于制造、加工、冷却、空调、净化、洗涤等方面的用水，按新水取用量计，不包括企业内部的重复利用水量。水力发电等河道内用水不计入用水量。

生活用水包括城镇生活用水和农村生活用水。城镇生活用水由居民用水和公共用水（含第三产业及建筑业等用水）组成；农村生活用水除居民生活用水外，还包括牲畜用水在内。

生态环境补水包括人为措施供给的城镇环境用水和部分河湖、湿地补水，不包括降水、径流自然满足的水量。

（二）评分方法

年度用水总量小于等于年度考核目标值时，指标得分＝［（考核目标值－实际值）/考核目标值］×30＋30×80％。得分最高不超过30分。

年度用水总量大于目标值时，目标完成情况得分为0分。

二、万元工业增加值用水量

（一）定义及计算

万元工业增加值用水量指工业用水量与工业增加值（以万元计）的比值。计算公式为：万元工业增加值用水量（立方米/万元）＝工业用水量（立方米）/工业增加值（万元）。其中，工业增加值按2000年不变价计。

万元工业增加值用水量降幅指当年度万元工业增加值用水量比上年度下降的百分比。

（二）评分方法

万元工业增加值用水量降幅达到或超过年度考核目标值时，指标得分＝［（实际值－考核目标值）/考核目标值］×20＋20×80％。得分最高不超过20分。

万元工业增加值用水量降幅低于目标值时，目标完成情况得分为0分。

三、农田灌溉水有效利用系数

（一）定义及计算

农田灌溉水有效利用系数指灌入田间可被作物吸收利用的水量与灌溉系统取用的灌溉总水量的比值。计算公式为：农田灌溉水有效利用系数＝灌入田间可被作物吸收利用的水量（立方米）/灌溉系统取用的灌溉总水量（立方米）。

（二）评分方法

农田灌溉水有效利用系数大于等于年度考核目标值时，指标得分＝［（实际值－考核目标值）/考核目标值］×20＋20×80％。得分最高不超过20分。

农田灌溉水有效利用系数小于目标值时，目标完成情况得分为0分。

四、重要江河湖泊水功能区水质达标率

（一）定义及计算

重要江河湖泊水功能区水质达标率指水质评价达标的水功能区数量与全部参与考核的水功能区数量的比值（单位为百分比）。计算公式为：重要江河湖泊水功能区水质达标率＝（达标的水功能区数量/参与考核的水功能区数量）×100％。

（二）评分方法

重要江河湖泊水功能区水质达标率大于等于年度考核目标值时，指标得分＝［（实际值－考核目标值）/考核目标值］×30＋30×80％。得分最高不超过30分。

重要江河湖泊水功能区水质达标率小于目标值时，目标完成情况得分为0分。

附件 2

制度建设和措施落实情况评分方法

制度建设和措施落实情况评分以 100 分计，评分内容包括用水总量控制、用水效率控制、水功能区限制纳污、水资源管理责任和考核等制度建设及相应措施落实情况。具体评分标准见下表。

制度建设和措施落实情况评分表

项目	序号	分 项	分值	主要考核内容
用水总量控制	1	严格规划管理和水资源论证	5	按照流域和区域统一制定水资源规划；在相关规划编制和项目建设布局中加强水资源论证工作，严格执行建设项目水资源论证制度
	2	严格控制区域取用水总量	5	加快制定主要江河流域水量分配方案，建立辖区内取用水总量控制指标体系，实施区域取用水总量控制和年度用水总量管理；鼓励建立和探索水权制度，运用市场机制合理配置水资源
	3	严格实施取水许可	5	对取用水总量达到或超过控制指标的地区，暂停审批建设项目新增取水；对取用水总量接近控制指标的地区，限制审批建设项目新增取水；严格规范建设项目取水许可审批管理
	4	严格水资源有偿使用	5	严格水资源费征收、使用和管理，完善水资源费征收、使用和管理的规章制度；水资源费主要用于水资源节约、保护和管理，加大水资源费调控作用，严格依法查处挤占挪用水资源费的行为
	5	严格地下水管理和保护	5	实行地下水取用水总量控制和水位控制；核定并公布地下水禁采和限采范围，严格查处地下水违规采用；规范机井建设审批管理，限期关闭在城市公共供水管网覆盖范围内的自备水井；编制并实施地下水利用与保护规划
	6	强化水资源统一调度	5	制定和完善水资源调度方案、应急调度预案和调度计划，对水资源实行统一调度；区域水资源调度服从流域水资源统一调度；地方人民政府和部门等服从经批准的水资源调度方案、应急调度预案和调度计划
		小计	30	

续表

项目	序号	分　项	分值	主要考核内容
用水效率控制	7	全面加强节约用水管理	8	切实推进节水型社会建设，建立健全有利于节约用水的体制和机制；稳步推进水价改革；引水、调水、取水、供用水工程建设首先考虑节水要求；深入推进节水型企业建设；水资源短缺地区限制高耗水产业发展，遏制农业粗放用水
	8	强化用水定额管理	6	严格用水定额管理；强化用水监控管理，对纳入取水许可管理的单位和其他用水大户实行计划用水管理；实行节水"三同时"制度，对违反"三同时"制度的责令停止取水并限期整改
	9	加快推进节水技术改造	6	严格执行节水强制性标准，禁止生产和销售不符合节水强制性标准的产品；加快推广先进适用的节水技术、工业、装备和产品，加大农业、工业、生活节水技术改造力度；大力推广使用生活节水器具，着力降低供水管网漏损率；鼓励非常规水源开发利用，并纳入水资源统一配置
		小计	20	
水功能区限制纳污	10	严格水功能区监督管理	8	完善水功能区监督管理制度，建立水功能区水质达标评价体系；从严核定水域纳污容量，严格控制入河湖排污总量；把限制排污总量作为水污染防治和污染减排工作的重要依据，切实加强水污染防控，加强工业污染源控制，提高城市污水处理率，改善水环境质量；严格入河湖排污口监督管理，对排污量超出水功能区限排总量的地区，限制审批新增取水和入河湖排污口
	11	加强饮用水水源保护	6	依法划定饮用水水源保护区，组织开展饮用水水源地达标建设；禁止在饮用水水源保护区内设置排污口；完善饮用水水源地核准和安全评估制度；加快实施全国城市饮用水水源地安全保障规划和农村饮水安全工程规划；制定饮用水水源地突发事件应急预案，实行单水源供水的城市，应在安全评估的基础上建立备用水源
	12	推进水生态系统保护与修复	6	维持河流合理流量和湖泊、水库以及地下水的合理水位，维护河湖健康生态；加强水资源保护，推进生态脆弱河流和地区水生态修复；推进河湖健康评估，建立健全水生态补偿机制
		小计	20	

续表

项目	序号	分　项	分值	主要考核内容
其他制度建设及相应措施落实情况	13	建立水资源管理责任和考核	6	逐级落实水资源管理责任，建立考核工作体系，考核结果作为县级以上地方人民政府相关领域干部综合考核评价依据
	14	健全水资源监控体系	6	加强水质水量监测能力建设；加快应急机动监测能力建设；提高水资源监控能力；完善水资源信息统计与发布体系
	15	完善水资源管理体制	6	完善流域管理与行政区域管理相结合的水资源管理体制；强化城乡水资源统一管理
	16	完善水资源管理投入机制	6	建立长效、稳定的水资源管理投入机制，加大财政资金对水资源节约、保护和管理的支持力度
	17	健全政策法规和社会监督机制	6	完善水资源配置、节约、保护和管理等方面的政策法规体系；开展水情宣传教育，强化社会舆论监督，完善公众参与机制；对在水资源节约、保护和管理中取得显著成绩的单位和个人给予表彰奖励
	小计		30	
合计			100	

水利部关于印发《计划用水
管理办法》的通知

水资源〔2014〕360 号

（水利部 2014 年 11 月 5 日印发）

各流域机构，各省、自治区、直辖市水利（水务）厅（局），各计划单列市水利（水务）局，新疆生产建设兵团水利局：

为深入贯彻中央节水优先方针，落实最严格水资源管理制度，全面推进节水型社会建设，强化用水单位用水需求和过程管理，提高计划用水管理规范化精细化水平，根据《中华人民共和国水法》和《取水许可和水资源费征收管理条例》等法律法规，我部制定了《计划用水管理办法》。现印发你们，请遵照执行。

计 划 用 水 管 理 办 法

第一条　为落实最严格水资源管理制度，强化用水需求和过程管理，控制用水总量，提高用水效率，依据《中华人民共和国水法》和《取水许可和水资源费征收管理条例》等法律法规，制定本办法。

第二条　对纳入取水许可管理的单位和其他用水大户（以下统称用水单位）实行计划用水管理。

第三条　用水单位用水计划的建议、核定、下达、调整及其相关管理活动，适用本办法。

第四条　行政区域内用水单位的年度计划用水总量不得超过本区域的年度用水总量控制指标。

第五条　水利部负责全国计划用水制度的监督管理工作，全国节约用水办公室负责具体组织实施。

流域管理机构依照法律法规授权和水利部授予的管理权限，负责所管辖范围内计划用水制度的监督管理工作，其直接发放取水许可证的用水单位计划用水相关管理工作，委托用水单位所在地省级人民政府水行政主管部门承担。

县级以上地方人民政府水行政主管部门按照分级管理权限，负责本行政区域内计划用水制度的管理和监督工作。

第六条　用水单位的用水计划由年计划用水总量、月计划用水量、水源类型和用水用途构成。

年计划用水总量、水源类型和用水用途由具有管理权限的水行政主管部门（以下简称管理机关）核定下达，不得擅自变更。月计划用水量由用水单位根据核定下达的年计划用水量自行确定，并报管理机关备案。

纳入取水许可管理的用水单位，其用水计划中水源类型、用水用途应当与取水许可证明确的水源类型、取水用途保持一致；月计划用水量不得超过取水许可登记表明确的月度分配水量。

第七条 用水单位应当于每年 12 月 31 日前向管理机关提出下一年度的用水计划建议；新增用水单位应当在用水前 30 日内提出本年度用水计划建议。

第八条 用水单位提出用水计划建议时，应当提供用水计划建议表和用水情况说明材料。

用水计划建议表由省级人民政府水行政主管部门自行确定。用水情况说明应当包括用水单位基本情况、用水需求、用水水平及所采取的相关节水措施和管理制度。

管理机关应当将用水计划建议表示范文本和所需提交材料的目录在办公场所和政府网站公示，并逐步实行网上办理。

第九条 管理机关根据本行政区域年度用水总量控制指标、用水定额和用水单位的用水记录，按照统筹协调、综合平衡、留有余地的原则，核定用水单位的用水计划。

第十条 管理机关应当于每年 1 月 31 日前书面下达所管辖范围内用水单位的本年度用水计划；新增用水单位的用水计划，应当自收到建议之日起 20 日内下达。

逾期不能下达用水计划的，经管理机关负责人批准，可以延长 10 日，并应当将延长期限的理由告知用水单位。

第十一条 获得省级节水型企业、节水型单位称号的用水单位，下一年度用水计划根据实际需要报管理机关备案。

第十二条 除停止用水及其他正当事由外，用水单位未在规定期限内提出用水计划建议的，管理机关应当书面告知其限期办理用水计划；逾期仍未办理的，按照用水单位所在行业先进用水水平核定其用水计划，并书面通知用水单位。

第十三条 用水单位调整年计划用水总量的，应当向管理机关提出用水计划调整建议，并提交计划用水总量增减原因的说明和相关证明材料。用水单位不调整年计划用水总量，仅调整月计划用水量的，应当重新报管理机关备案。

第十四条 管理机关应当自收到用水单位的用水计划调整建议之日起 15 日内核定或者备案，并书面通知用水单位。

第十五条 用水单位具有下列情形之一的，管理机关应当核减其年计划用水总量：

（一）用水水平未达到用水定额标准的；

（二）使用国家明令淘汰的用水技术、工艺、产品或者设备的；

（三）具备利用雨水、再生水等非常规水源条件而不利用的。

第十六条 因重大旱情或者突发水污染事件等原因无法满足正常供水的，管理机关应当制定应急用水方案，经本级人民政府批准后，管理机关可以核减用水单位的计划用水量。重大旱情或者突发水污染事件影响解除后，应当即时恢复原用水状况。

第十七条 用水单位应当按照法律法规和有关技术标准要求，安装经质量技术监督部门检定合格的用水计量设施，并进行定期检查和维护，保证计量设施的正常运行。

用水单位有两个以上不同水源或者两类以上不同用途用水的，应当分别安装用水计量设施。

未按规定安装用水计量设施，用水计量设施不合格或者运行不正常的，按照其设计最大取水能力或者取水设备额定流量全时程运行核定用水量。

第十八条 管理机关应当加强计划用水的指导、协调和监督检查，建立用水统计台账和重点用水单位监控名录，实施用水在线监控和动态管理。

用水单位应当建立健全用水原始记录和统计台账，按月向管理机关报送用水情况。

第十九条 用水单位月实际用水量超过月计划用水量 10％的，管理机关应当给予警示。

用水单位月实际用水量超过月计划用水量 50％以上，或者年实际用水量超过年计划用水总量 30％以上的，管理机关应当督促、指导其开展水平衡测试，查找超量原因，制定节约用水方案和措施。

第二十条 用水单位超计划用水的，对超用部分按季度实行加价收费；有条件的地区，可以按月或者双月实行加价收费。

第二十一条 省级人民政府水行政主管部门应当于每年 3 月底前将本行政区域上一年度用水计划管理情况和本年度用水计划核定备案情况报送水利部，其中流域管理机构委托管理的应当同时报送相应流域管理机构。

第二十二条 省级行政区计划用水制度实施情况纳入国家实行最严格水资源管理制度考核。

第二十三条 违反本办法规定的，按照《中华人民共和国水法》和《取水许可和水资源费征收管理条例》等有关规定处罚。

第二十四条 本办法所称其他用水大户的类别和规模，由省级人民政府水行政主管部门确定。

第二十五条 本办法由水利部负责解释。

第二十六条 本办法自发布之日起执行。

关于印发《水效领跑者引领行动
实施方案》的通知

发改环资〔2016〕876 号

（国家发展改革委 水利部 工业和信息化部 住房城乡建设部 国家质检总局
国家能源局 2016 年 4 月 21 日印发）

各省、自治区、直辖市、计划单列市及新疆生产建设兵团发展改革委、水利厅（水利局）、工业和信息化主管部门、住房城乡建设厅（建委、市政管委）、质量技术监督局（市场监督管理部门）、能源局，海南省、北京、天津、上海水务局（厅）：

为贯彻落实《中共中央关于制定国民经济和社会发展第十三个五年规划的建议》和《中华人民共和国国民经济和社会发展第十三个五年规划纲要》关于开展水效领跑者引领行动的有关要求，我们研究制定了《水效领跑者引领行动实施方案》，现印发你们，请认真组织实施。

附件

水效领跑者引领行动实施方案

本方案所称的水效领跑者是指同类可比范围内用水效率处于领先水平的用水产品、企业和灌区。依据《关于实行最严格水资源管理制度的意见》（国发〔2012〕3 号）和《水污染防治行动计划》（国发〔2015〕17 号），为贯彻落实《中共中央关于制定国民经济和社会发展第十三个五年规划的建议》和《中华人民共和国国民经济和社会发展第十三个五年规划纲要》对开展水效领跑者引领行动的有关要求，制定本方案。

一、基本思路

牢固树立创新、协调、绿色、开放、共享五大发展理念，按照"节水优先、空间均衡、系统治理、两手发力"治水方针，落实最严格水资源管理制度，在工业、农业和生活用水领域开展水效领跑者引领行动，制定水效领跑者指标，发布水效领跑者名单，树立先进典型。水效领跑者引领行动实施范围包括用水产品、重点用水行业和灌区，遴选程序为自愿申报、地方推荐、专家评审和社会公示。通过树立标杆、标准引导、政策鼓励，形成用水产品、企业和灌区用水效率不断提升的长效机制，建立节水型的生产方式、生活方式和消费模式。

二、用水产品水效领跑者引领行动

综合考虑产品的市场规模、节水潜力、技术发展趋势以及相关标准规范、检测能力等情况，选择坐便器、水嘴、洗衣机、净水机等生活领域用水产品实施水效领跑者引领行动，逐步扩大到工业、农业和商用等领域用水产品。

（一）用水产品水效领跑者的基本要求

1. 水效指标达到国家标准 1 级以上，且为同类产品的领先水平，具有取得资质认定的检验检测机构出具的第三方水效检测报告或获得经批准的认证机构颁发的节水产品认证证书。

2. 产品为量产的定型产品，达到一定销售规模。

3. 产品质量性能优良，近一年内产品质量国家监督抽查和执法检查中，该品牌产品无不合格、无质量违法行为。

4. 生产企业为中国大陆境内合法的独立法人，具有完备的质量管理体系、健全的供应体系和良好的售后服务能力。

（二）用水产品水效领跑者的遴选和发布

国家发展改革委会同水利部、住房城乡建设部、国家质检总局等负责用水产品水效领跑者引领行动，制定实施细则并组织实施。

用水产品生产企业将材料报送所在地的省级发展改革部门，省级发展改革部门会同水行政主管部门、住房城乡建设部门、质量技术监督部门（市场监督管理部门）初步审核后，推荐给国家发展改革委。国家发展改革委会同水利部、住房城乡建设部、国家质检总局组织专家对上报材料进行评审，专家评审结果在指定媒体向社会公示，公示时间不少于15 个工作日。对公示无异议的产品，国家发展改革委、水利部、住房城乡建设部、国家质检总局公告水效领跑者产品目录、水效指标及其生产企业。

用水产品水效领跑者目录每两年发布一次。

（三）对水效领跑者给予激励

建立用水产品水效领跑者指标与水效强制性国家标准衔接的机制。根据节水技术发展、市场水效水平变化等情况，适时将水效领跑者指标纳入水效标准体系。制定激励政策，鼓励水效领跑者产品的技术研发、宣传和推广。

三、用水企业水效领跑者引领行动

综合考虑企业的取水量、节水潜力、技术发展趋势以及用水统计、计量、标准等情况，从火力发电、钢铁、纺织染整、造纸、石油炼制、化工等行业中，选择技术水平先进、用水效率领先的企业实施水效领跑者引领行动。

（一）用水企业水效领跑者的基本要求

1. 符合相关节水标准，单位产品取水量指标达到行业领先水平。

2. 有取用水资源的合法手续，近三年取水无超计划。

3. 建立健全节水管理制度，各生产环节有配套的节水措施；建立了完备的用水计量和统计管理体系，水计量器具配备满足国家标准《用水单位水计量器具配备和管理通则》（GB 24789）要求。

4. 无重大安全和环境事故，无违法行为。

（二）用水企业水效领跑者的遴选和发布

工业和信息化部会同水利部、国家能源局、国家发展改革委、国家质检总局等负责用水企业水效领跑者引领行动，制定实施细则并组织实施。

企业将材料报送所在地的省级工业和信息化部门、水行政主管部门，省级工业和信息化部门、水行政主管部门会同能源部门、发展改革部门、质量技术监督部门（市场监督管理部门）初步审核后，推荐给工业和信息化部、水利部。工业和信息化部会同水利部、国家能源局、国家发展改革委、国家质检总局组织专家对上报材料进行评审，专家评审结果在指定媒体向社会公示，公示时间不少于 15 个工作日。对公示无异议的企业，工业和信息化部、水利部、国家能源局、国家发展改革委、国家质检总局公告用水企业水效领跑者企业名单及单位产品取水量等水效指标。

用水企业水效领跑者企业名单每两年发布一次。

（三）开展水效对标活动

总结用水企业水效领跑者的最佳实践，鼓励企业开展水效对标活动，广泛开展节水技术、标准、管理体系培训，引导企业实施节水技术改造。

四、灌区水效领跑者引领行动

综合考虑灌区的气候地理条件、水资源状况、农作物种类、灌区规模等情况，选择灌溉面积 1 万亩以上、具有完善的管理机构、安全运行状况良好的大中型灌区实施水效领跑者引领行动。

（一）灌区水效领跑者的基本要求

1. 用水效率处于同类型灌区的领先水平。

2. 灌区工程管理和用水管理措施到位，满足《节水灌溉工程技术规范》 （GB/T 50363）要求。

3. 灌区具备完善的管理制度，用水计量和调度设施配置完备、技术先进，水效监测和评价符合《全国农田灌溉水有效利用系数测算分析技术指导细则》。

（二）灌区水效领跑者的遴选和发布

水利部会同国家发展改革委负责灌区水效领跑者引领行动，制定实施细则并组织实施。

申报单位将材料报送所在地的省级水行政主管部门、发展改革部门，省级水行政主管部门、发展改革部门初步审核后，推荐给水利部、国家发展改革委。水利部、国家发展改革委组织专家对上报材料进行评审，专家评审结果在指定媒体向社会公示，公示时间不少于 15 个工作日。经公示无异议后，水利部、国家发展改革委公告灌区水效领跑者名单。

灌区水效领跑者名单每三年发布一次。

（三）发挥示范效应

总结灌区水效领跑者最佳实践，实施灌区续建配套和节水改造，开展现代灌区建设，推广喷灌、微灌、低压管道输水灌溉和水肥一体化等高效节水技术，加强灌区监测与管理信息系统建设，实现精准灌溉。形成符合区域水资源条件的规模化农业灌溉节水模式和先进经验，适时将灌区水效领跑者指标纳入节水标准体系，并转化为制定节水目标、开展考核评价的依据。

五、水效领跑者标志及使用

列入水效领跑者的产品、企业和灌区，应使用统一的水效领跑者标志（样式如下图）。水效领跑者产品可以在产品本体明显位置或包装物上加施水效领跑者标志。鼓励符合条件的企业和灌区在宣传活动中使用水效领跑者标志。

严禁伪造、冒用水效领跑者标志，以及利用水效领跑者标志做虚假宣传。

六、保障措施

（一）加强统筹协调

国家发展改革委、水利部负责水效领跑者引领行动的统筹协调和综合推进。工业和信息化部、住房城乡建设部、国家质检总局、国家能源局各司其职、各负其责、密切配合、通力合作，确保引领行动取得实效。

（二）加强监督管理

加强水效领跑者引领行动的监督管理，确保水效领跑者遴选过程的客观公正。水效领跑者称号实行动态化管理，开展跟踪调查，对不符合水效领跑者条件的，撤销称号，三年内不得申报水效领跑者；加强用水产品水效领跑者的水效、质量等性能的监督检查，将水效领跑者列入产品质量国家监督抽查的重点，加大对违规行为的处罚力度；对在水效领跑者评选过程中弄虚作假的企业（单位）和第三方检测机构，将纳入全国信用信息共享平台，在信用中国网站公开曝光，对失信行为实施联合惩戒。

（三）加强标准引导

根据各领域的节水现状及发展趋势、产业结构、可实现的技术改进等情况，建立水效领跑者指标持续更新机制，逐步提高水效领跑者指标要求。建立以国际领先水平为标杆的水效领跑者衡量标准，并将水效领跑者指标与产品、企业和灌区的节水评价体系相结合，促进节水标准提升。

（四）加强宣传推广

各有关部门和有关方面应加大宣传力度，利用新闻发布会、表彰会或推介会等形式和电视、网络等大众传媒，对先进的管理经验、技术方法进行宣传推广。树立标杆，弘扬典型，表彰先进，为引领行动实施营造良好氛围。

国家发展改革委等 9 部委印发
《关于加强资源环境生态红线
管控的指导意见》 的通知

发改环资〔2016〕1162 号

（国家发展改革委　财政部　国土资源部　环境保护部　水利部
农业部　林业局　能源局　海洋局 2016 年 5 月 30 日印发）

各省、自治区、直辖市及计划单列市、新疆生产建设兵团发展改革委、财政厅（局）、国土资源厅（局）、环境保护厅（局）、水利（水务）厅（局）、农业厅（局、委）、林业厅（局）、能源局（办）、海洋厅（局）：

根据《中共中央、国务院关于加快推进生态文明建设的意见》中关于严守资源环境生态红线的部署要求，我们制定了《关于加强资源环境生态红线管控的指导意见》，现印发给你们，请结合实际贯彻执行。

附件

关于加强资源环境生态红线管控的指导意见

为贯彻落实《中共中央、国务院关于加快推进生态文明建设的意见》中严守资源环境生态红线的有关要求，指导红线划定工作，推动建立红线管控制度，加快建设生态文明，提出本意见。

一、总体要求和基本原则

（一）总体要求

统筹考虑资源禀赋、环境容量、生态状况等基本国情，根据我国发展的阶段性特征及全面建成小康社会目标的需要，合理设置红线管控指标，构建红线管控体系，健全红线管控制度，保障国家能源资源和生态环境安全，倒逼发展质量和效益提升，构建人与自然和谐发展的现代化建设新格局。

（二）基本原则

——严格管控、保障发展。树立底线思维和红线意识，设定并严守资源环境生态红线，并与空间开发保护管理相衔接，实行最严格的管控和保护措施。推动资源环境生态红线管控与经济社会发展相适应，预留必要的发展空间。

——分类管理、因地制宜。根据红线管控不同类型和要素特征，制定科学合理的红线管控政策措施。结合不同地区经济社会发展情况、资源环境现状和主体功能定位等因素，提出差别化、针对性强的管控要求。

——部门协调、上下联动。有关主管部门在红线管控目标设置、政策制定、制度建设等方面，要加强与相关部门的沟通协调，做好与有关法规标准、战略规划、政策措施的衔接。明确部门和地方责任，上下联动、形成合力。

——立足当前、着眼长远。把对当前经济社会发展制约性强的要素优先纳入红线管控，尽快遏制资源无节制消耗、生态环境退化的趋势。根据经济社会发展长远目标，超前研究其他相关红线管控要素，适时纳入管控范围。

二、管控内涵及指标设置

资源环境生态红线管控是指划定并严守资源消耗上限、环境质量底线、生态保护红线，强化资源环境生态红线指标约束，将各类经济社会活动限定在红线管控范围以内。

（一）设定资源消耗上限。合理设定全国及各地区资源消耗"天花板"，对能源、水、土地等战略性资源消耗总量实施管控，强化资源消耗总量管控与消耗强度管理的协同。

1. 能源消耗。依据经济社会发展水平、产业结构和布局、资源禀赋、环境容量、总量减排和环境质量改善要求等因素，确定能源消费总量控制目标。京津冀、长三角、珠三角和山东省等大气污染治理重点地区及城市，要明确煤炭占能源消费比重、煤炭消费减量控制等指标要求。

2. 水资源消耗。依据水资源禀赋、生态用水需求、经济社会发展合理需要等因素，确定用水总量控制目标。严重缺水以及地下水超采地区，要严格设定地下水开采总量指标。

3. 土地资源消耗。依据粮食和生态安全、主体功能定位、开发强度、城乡人口规模、人均建设用地标准等因素，划定永久基本农田，严格实施永久保护，对新增建设用地占用耕地规模实行总量控制，落实耕地占补平衡，确保耕地数量不下降、质量不降低。用地供需矛盾特别突出地区，要严格设定城乡建设用地总量控制目标。

（二）严守环境质量底线。以改善环境质量为核心，以保障人民群众身体健康为根本，综合考虑环境质量现状、经济社会发展需要、污染预防和治理技术等因素，与地方限期达标规划充分衔接，分阶段、分区域设置大气、水和土壤环境质量目标，强化区域、行业污染物排放总量控制，严防突发环境事件。环境质量达标地区要努力实现环境质量向更高水平迈进，不达标地区要尽快制定达标规划，实现环境质量达标。

1. 大气环境质量。以达到《环境空气质量标准》（GB 3095—2012）为主要目标，与《大气污染防治行动计划》相衔接，地区和区域大气环境质量不低于现状，向更好转变。

2. 水环境质量。以水环境质量持续改善为目标，与《水污染防治行动计划》、《国务院关于实行最严格水资源管理制度的意见》相衔接，各地区、各流域水质优良比例不低于现状，向更好转变。

3. 土壤环境质量。以农用地土壤镉（Cd）、汞（Hg）、砷（As）、铅（Pb）、铬（Cr）等重金属和多环芳烃、石油烃等有机污染物含量为主要指标，设置农用地土壤环境质量底线指标，与国家有关土壤污染防治计划规划相衔接，各地区农用地土壤环境质量达标率不低于现状，向更好转变。条件成熟地区，应将城市、工矿等污染地块环境质量纳入底线管理。

（三）划定生态保护红线。根据涵养水源、保持水土、防风固沙、调蓄洪水、保护生物多样性，以及保持自然本底、保障生态系统完整和稳定性等要求，兼顾经济社会发展需要，划定并严守生态保护红线。

依法在重点生态功能区、生态环境敏感区和脆弱区等区域划定生态保护红线，实行严格保护，确保生态功能不降低、面积不减少、性质不改变；科学划定森林、草原、湿地、海洋等领域生态红线，严格自然生态空间征（占）用管理，有效遏制生态系统退化的趋势。

三、管控制度

加快建立体现资源环境生态红线管控要求的政策机制，形成源头严防、过程严管、责任追究的红线管控制度体系。

（一）建立红线管控目标确定及分解落实机制。根据部门职责和地方实际，国务院主管部门要会同相关部门和地方，在摸清全国资源环境生态现状的基础上，分别确定资源环境生态红线管控目标、分解方案，报经国务院批准后实施。资源环境生态红线确定后原则上不得调整，根据实际情况确需进行调整的，要按程序报批。

（二）完善与红线管控相适应的准入制度。有关部门和各地区要把资源环境生态红线管控要求纳入经济社会发展规划及相关专项规划，鼓励地方出台严于国家要求的红线管控办法。在环境影响评价、排污许可、节能评估审查、用地预审、水土保持方案、入河（湖、海）排污口设置、水资源论证和取水许可等制度完善和实施过程中，强化细化红线管控要求。

（三）加强资源环境生态红线实施监管。加强环评、排污许可、能评、用地许可、水土保持方案审批、入河（湖、海）排污口设置、水资源论证和取水许可等后评估和监督检查，加大违法违规行为的查处力度。强化规划实施期中、期末评估和环境影响跟踪评价，严格落实红线管控要求和规划环境影响评价结论及审查意见。建立资源环境生态红线管控落实情况日常巡查、现场核查等制度，强化红线管控落实情况的执法监督。在节能减排目标责任考核、土地和环保督察、最严格水资源管理制度考核、水资源督察等考核监督中，强化红线管控要求。

（四）加强统计监测能力建设。加快推进资源消耗、环境质量、生态保护红线管控的统计监测核算制度建设，确保国家与地方核算方法、标准、点位等衔接统一，提高数据的准确性、科学性、一致性，加强部门间数据共享。利用信息化、大数据、卫星遥感与无人机等技术手段，建立红线监测网络体系，覆盖管控重点领域。研究建立红线管控第三方评估机制。

（五）建立资源环境承载能力监测预警机制。在资源环境承载能力监测预警机制中充分考虑资源环境生态红线因素，对水土资源、环境容量和海洋资源超载区域，研究提出具有针对性的限制性措施。完善能源消耗晴雨表发布等制度。红线管控事项涉及多个地区的，相关地区要建立区域、流域红线管控预警和联动机制。

（六）建立红线管控责任制。将资源环境生态红线管控纳入地方政府和领导干部政绩考核体系，并作为党政领导干部生态环境损害责任追究的重要内容，对任期内突破红线管控要求并造成资源浪费和生态环境破坏的，按照情节轻重，从决策、实施、监管等环节追究有关人员的责任。

四、组织实施

（一）加强组织领导。国务院有关主管部门要根据工作职责，会同相关部门研究制定具体要素的红线管控实施方案，明确红线管控的主要目标、重点任务、制度机制等，加强对各地区的工作指导和监督，重大问题及时向国务院报告。地方有关部门要严格目标管理，明确任务分工，建立协调机制，切实将红线管控要求落到实处。

（二）明确部门工作重点。发展改革部门牵头负责管控能源消耗上限，划定森林、草原、湿地、海洋等领域生态红线；国土资源部门牵头负责管控土地资源消耗上限、划定永久基本农田、自然生态空间征（占）用管理工作；环境保护部门牵头负责管控环境质量底线，依法在重点生态功能区、生态环境敏感区和脆弱区等区域划定生态保护红线；水利部门牵头负责管控水资源消耗上限；海洋部门负责划定海洋生态红线。其他相关部门根据工作职责，参与资源环境生态红线管控方面的政策制定、制度设计、监督管理、考核问责、信息公开等工作。

（三）鼓励公众参与。各部门、各地区要及时准确发布资源环境生态红线有关信息，有效保障公众知情权和参与权。健全公众举报、听证和监督等制度，发挥好民间组织和志愿者的积极作用，形成政府、企业、社会齐抓共管的良好工作局面。

水利部关于加强水资源用途管制的指导意见

水资源〔2016〕234 号

（水利部 2016 年 6 月 29 日印发）

部机关各司局，部直属各单位，各省、自治区、直辖市水利（水务）厅（局），各计划单列市水利（水务）局，新疆生产建设兵团水利局：

为贯彻落实中央关于健全自然资源用途管制制度要求，按照"节水优先、空间均衡、系统治理、两手发力"的新时期水利工作方针，加强水资源用途管制工作，统筹协调好生活、生产、生态用水，充分发挥水资源的多重功能，使水资源按用途得到合理开发、高效利用和有效保护，现就加强水资源用途管制工作提出以下意见。

一、加强水资源用途管制的重要性和紧迫性

1. 加强水资源用途管制是推进生态文明建设的重要举措。《中共中央关于全面深化改革若干重大问题的决定》要求健全自然资源用途管制制度。《生态文明体制改革总体方案》要求将用途管制扩大到所有自然生态空间。水资源是生态环境的控制性要素，保障生态需水是建设生态文明的基础支撑。长期以来，我国经济社会发展付出的水资源、水环境代价过大，经济社会发展挤占生态环境用水，河道断流、湖泊湿地萎缩、地下水超采、水生态退化等问题突出，亟须加强水资源用途管制，保障生态环境基本需水，这是推进生态文明建设的重要举措。

2. 加强水资源用途管制是推进"四化"同步发展和保障经济社会可持续发展的必然要求。水资源是基础性的自然资源和战略性的经济资源，是实现"四化"同步发展的基本保障条件。随着经济社会快速发展，生活、农业、工业等各行业之间的用水矛盾将日趋突出。这就要求必须强化水资源用途管制，统筹协调各行业用水需求，以水资源节约集约利用和可持续利用支撑工业化、城镇化和农业现代化，保障经济社会可持续发展。

3. 加强水资源用途管制是深化水利改革的重要内容。近年来，各级水行政主管部门通过编制水资源规划、实行用水总量控制、严格水资源论证和取水许可管理、强化水功能区监督管理等措施，初步形成了水资源用途管制框架体系。但是，水资源的生活、生产和生态用途还需进一步细化明确，各项管理制度和措施有待深入落实，管理能力亟待提高。深化水利改革明确将加强水资源用途管制作为重要内容，这就要求必须健全水资源用途管制制度，落实各项水资源用途管制措施，使水资源按用途得到合理开发、高效利用和有效保护。

二、总体要求

1. 指导思想。全面贯彻党的十八大和十八届三中、四中、五中全会精神，深入贯彻习近平总书记系列重要讲话精神，按照"节水优先、空间均衡、系统治理、两手发力"的新时期水利工作方针，统筹生活、生产和生态用水，优先保证生活用水，确保生态基本需水，保障粮食生产合理需水，优化配置生产经营用水，有效发挥水资源的多种功能，保障国家供水安全、粮食安全、经济安全和生态安全。

2. 基本原则。以人为本、服务民生。将保障城乡居民生活用水作为水资源用途管制的第一目标，切实解决人民群众最关心的水资源问题。节水优先，注重保护。以水定需，量水而行，严控水资源开发利用总量，全面推动水资源节约、集约利用，保护水生态环境。统筹兼顾，综合利用。统筹生活、生产和生态用水，统筹水量和水质，处理好流域与区域、现状用水与发展用水等的关系，发挥水资源的综合效益。落实责任，严格监管。明确管理责任，强化监控监督，确保水资源按照确定的用途使用，严格追究违反用途管制的责任。

3. 总体目标。到 2020 年，水资源用途管制的制度体系基本建立，各项监管措施得到有效落实，行业用水配置趋于合理，生活用水得到优先保障，重要河湖生态环境用水得到基本保障，地下水超采得到严格控制；到 2030 年，水资源用途管制的制度体系全面建立，各行业合理用水得到保障，挤占的河湖生态环境用水得到退减，地下水实现采补平衡。

三、进一步明确水资源的生活、生产和生态用途

1. 健全用水总量控制指标体系。尽快完成市县两级行政区 2020 年和 2030 年用水总量控制指标分解工作。抓紧开展跨行政区域江河水量分配，将用水总量控制指标明确到具体江河、湖泊、水库和地下水源，明确经济社会发展用水和生态环境用水的合理边界。

2. 强化水资源的行业配置。以区域用水总量控制指标和水量分配方案为依据，以水资源综合规划为基础，完善区域水资源配置方案，统筹考虑城镇化发展、粮食安全、产业布局等因素，将用水总量控制指标进一步细化到生活、农业、工业等主要用水行业，明确经济社会发展各行业的水资源用途。

3. 科学确定江河湖泊生态流量。在黄河、淮河等流域开展生态流量（水位）试点工作。在总结试点经验基础上，制定江河湖泊生态流量（水位）技术标准，逐步明确各主要河流和湖泊的生态流量（水位）。

四、优先保障城乡居民生活用水

1. 将保障城乡居民生活用水作为水资源用途管制的第一目标。统筹配置区域内的各种水源，将优质水资源优先用于城乡居民生活用水。饮用水水源地水量不足时要限制其他行业用水，优先保障城乡居民生活用水。加快备用水源建设，单一水源地供水的地级及以上城市要于 2020 年底前基本完成备用水源或应急水源建设，有条件的地方要适当提前，确保特殊干旱年份或发生突发性事件时城乡居民生活用水得到有效保障。

2. 严格饮用水水源地保护。完善饮用水水源地核准和安全评估制度，将供水人口超过（含）20 万以及向地市级城市供水的饮用水水源地纳入国家重要饮用水水源地名录，其他集中供水饮用水水源地纳入地方重要饮用水水源地名录。逐个排查已有饮用水水源地，对尚未划定保护区的，要尽快推动依法划定饮用水水源保护区。加快开展重要饮用水水源地安全保障达标建设，对采取措施后水质仍然不达标的应当尽快调整，确保城乡生活供水安全。

五、确保生态基本需水

1. 切实保障江河湖泊生态流量（水位）。通过调水引流、生态调度等措施，保障重要河湖湿地及河口生态需水。加强江河湖库水量统一调度管理，采取闸坝联合调度、生态补水等措施，合理安排重要断面下泄水量，维持河湖基本生态用水需求，重点保障枯水期生态基流。重要生态保护区、水源涵养区、江河源头区以水资源保护为主，严格限制开发，有管辖权的水行政主管部门应当限制审批该区域内新建、改建、扩建建设项目新增取水。对已经过度开发的江河湖泊，要抓紧制定实施修复方案或规划，退减被挤占的生态环境用水，并采取生态补水措施，逐步恢复生态流量（水位）。

2. 加快实施地下水超采治理。存在地下水超采问题的有关省、自治区、直辖市，要于 2017 年底前完成地下水禁采区、限采区范围划定工作，其中京津冀、长三角、珠三角等区域要于 2016 年底前完成；抓紧制定地下水压采实施方案和年度计划，将压采目标任务落实到各市县、各年度、各水井。通过发展高效节水灌溉、调整种植结构、水源置换、适度退地减水等综合措施，治理地下水超采。加快完成河北地下水超采综合治理试点工作，总结推广成功经验和模式。全面落实南水北调东中线受水区地下水压采总体方案，积极推进华北等地下水超采区综合治理。加快国家地下水监测工程建设，完善地下水监控体系。

六、优化配置生产用水

1. 切实保障合理农业用水。按照保障粮食安全的要求，合理配置好农业用水指标。强化农业取水许可管理，明确各灌区的合理用水量和供水水源，保障各灌区的合理用水。具备条件的地区，进一步明确农村集体经济组织、农民用水合作组织、农户等用水主体的水权，维护其合法权益。鼓励各地根据当地水资源条件，优化农业种植结构，推广耗水少、效益高的农作物和其他农业项目，推行节水灌溉技术，提高农业用水效率。

2. 合理配置其他生产经营用水。按照国民经济和社会发展总体布局以及区域和行业发展战略等要求，合理配置好工业、服务业等行业生产经营用水。引导鼓励工业、服务业企业采用先进节水技术、设备和工艺，循环用水、综合利用，降低用水定额，提高用水效率。有条件的地区和行业，应当优先使用再生水、微咸水、海水等非常规水源。对不符合国家产业政策或者列入国家产业结构调整目录中淘汰类的，以及产品不符合行业用水定额标准的建设项目取水申请，审批机关不予批准。水资源短缺地区要大力发展优质、低耗、高附加值产业，加快淘汰高耗水落后产能，不断降低高耗水行业比重。

七、严格水资源用途监管

1. 严格水资源论证和取水许可管理。健全规划水资源论证制度，按照以水定产、以水定城的要求，把水资源论证作为产业布局、城市建设、区域发展等规划审批的重要前置条件。严格建设项目水资源论证，未进行建设项目水资源论证或建设项目水资源论证未通过审查的，审批机关不得批准取水申请。对取用水总量已达到或超过控制指标的地区，暂停审批建设项目新增取水。发放取水许可证要明确载明取用水具体用途、取水口及各取水口许可取用水量、取水许可证有效期限等。全面开展农业取水许可管理，2016 年底前北方地区要基本完成大型灌区取水许可工作，2017 年底前北方地区 5 万亩以上重点中型灌区、南方地区供水水源集中的大型和重点中型灌区要基本完成取水许可工作，到"十三五"末，农业取水许可要基本实现全覆盖。

2. 强化水功能区分类管理。根据不同水域的功能定位，按照保护区、保留区、缓冲区、开发利用区等实行分类管理。保护区要坚持保护优先，禁止不利于功能保护的活动。

保留区要坚持休养生息，严格限制新增取用水以及可能对其水量、水质、水生态造成重大影响的活动。缓冲区要坚持流域统筹，严格控制各项涉水活动，防止对相邻水功能区造成不利影响。开发利用区要坚持开发保护并重，保障水资源可持续利用。建立水功能区风险管理制度，定期开展水功能区风险评估，加强风险源调查，编制水功能区风险预警图。

3. 严格水资源用途变更监管。未经批准不得擅自改变水资源用途。确需变更用途的，必须由原审批机关按程序批准。禁止影响城乡居民生活用水安全的水资源用途变更，禁止基本生态用水转变为生产用途，禁止农业灌溉合理水量转变为非农业用途。取用水户擅自变更水资源用途的，县级以上人民政府水行政主管部门或者流域管理机构要依据管理权限，责令停止并限期采取补救措施，情节严重的吊销其取水许可证。规范水权水市场建设，在符合用途管制的前提下，鼓励通过水权交易等市场手段促进水资源有序流转，同时防止以水权交易为名套取取用水指标，变相挤占生活、基本生态和农业合理用水。

4. 加强水资源监控计量。严格落实《取水许可和水资源费征收管理条例》关于取用水计量设施安装和运行的要求，切实加强取用水计量监管。加快推进国家水资源监控能力项目建设，健全重点用水户、省界断面和重要控制断面、水功能区三大监控体系，提高用水计量和监控水平。完善中央、流域和省水资源管理系统三级平台建设。积极推进省市县水资源监控能力建设，实现信息共享、互联互通和业务协同。结合大中型灌区建设与节水配套改造、小型农田水利设施建设，完善灌溉用水计量设施，加快健全灌溉试验站网体系，提高农业灌溉用水定额管理和科学计量水平。

八、保障措施

1. 加强组织领导。各流域管理机构、地方各级水行政主管部门要充分认识水资源用途管制的重要性，结合本流域、本区域实际，制定工作方案，落实相关措施，建立工作机制，层层分解责任，强化监督检查，抓好督办落实。

2. 健全协作机制。水资源用途管制涉及不同部门，事关各用水行业的利益。各流域管理机构要加强对流域内各省（区、市）的指导、沟通和协调，地方各级水行政主管部门要主动做好与各有关部门的沟通和协调，形成工作合力。

3. 加强宣传引导。充分利用各种媒体，加大对水资源用途管制工作的宣传力度，提高全社会对水资源用途管制重要性的认识，动员全社会力量关心、支持和参与水资源用途管制工作。

关于推行合同节水管理促进节水服务
产业发展的意见

发改环资〔2016〕1629 号

（国家发展改革委　水利部　税务总局 2016 年 7 月 27 日印发）

各省、自治区、直辖市、计划单列市及新疆生产建设兵团发展改革委、水利厅（水利局）、国家税务局、地方税务局：

合同节水管理是指节水服务企业与用水户以合同形式，为用水户募集资本、集成先进技术，提供节水改造和管理等服务，以分享节水效益方式收回投资、获取收益的节水服务机制。推行合同节水管理，有利于降低用水户节水改造风险，提高节水积极性；有利于促进节水服务产业发展，培育新的经济增长点；有利于节水减污，提高用水效率，推动绿色发展。为贯彻落实《中共中央关于制定国民经济和社会发展第十三个五年规划的建议》中关于推行合同节水管理的要求，现提出以下意见：

一、总体要求

牢固树立创新、协调、绿色、开放、共享五大发展理念，坚持节水优先、两手发力，以节水减污、提高用水效率为核心，加强政府引导和政策支持，促进节水服务产业发展，加快节水型社会建设。

（一）基本原则

坚持市场主导。充分发挥市场配置资源的决定作用，鼓励社会资本参与，发展统一开放、竞争有序的节水服务市场。

坚持政策引导。落实水资源消耗总量和强度双控行动，完善约束和激励政策，营造良好的政策和市场环境，培育发展节水服务产业。

坚持创新驱动。以科技创新和商业模式创新为支撑，推动节水技术成果转化与推广应用，促进节水服务企业提高服务能力，改善服务质量。

坚持自律发展。完善节水服务企业信用体系，强化社会监督与行业自律，促进节水服务产业健康有序发展。

（二）发展目标

到 2020 年，合同节水管理成为公共机构、企业等用水户实施节水改造的重要方式之一，培育一批具有专业技术、融资能力强的节水服务企业，一大批先进适用的节水技术、工艺、装备和产品得到推广应用，形成科学有效的合同节水管理政策制度体系，节水服务市场竞争有序，发展环境进一步优化，用水效率和效益逐步提高，节水服务产业快速健康发展。

二、重点领域和典型模式

（一）重点领域

公共机构。切实发挥政府机关、学校、医院等公共机构在节水领域的表率作用，采用合同节水管理模式，对省级以上政府机关、省属事业单位、学校、医院等公共机构进行节水改造，加快建设节水型单位；严重缺水的京津冀地区，市县级以上政府机关要加快推进节水改造。

公共建筑。推进写字楼、商场、文教卫体、机场车站等公共建筑的节水改造，引导项目业主或物业管理单位与节水服务企业签订节水服务合同，推行合同节水管理。

高耗水工业。在高耗水工业中广泛开展水平衡测试和用水效率评估，对节水减污潜力大的重点行业和工业园区、企业，大力推行合同节水管理，推动工业清洁高效用水，大幅提高工业用水循环利用率。

高耗水服务业。结合开展违规取用水、偷采地下水整治专项行动，在高尔夫球场、洗车、洗浴、人工造雪滑雪场、餐饮娱乐、宾馆等耗水量大、水价较高的服务企业，积极推行合同节水管理，开展节水改造。

其他领域。在高效节水灌溉、供水管网漏损控制和水环境治理等项目中，以政府和社会资本合作、政府购买服务等方式，积极推行合同节水管理。

（二）典型模式

节水效益分享型。节水服务企业和用水户按照合同约定的节水目标和分成比例收回投资成本、分享节水效益的模式。

节水效果保证型。节水服务企业与用水户签订节水效果保证合同，达到约定节水效果的，用水户支付节水改造费用，未达到约定节水效果的，由节水服务企业按合同对用水户进行补偿。

用水费用托管型。用水户委托节水服务企业进行供用水系统的运行管理和节水改造，并按照合同约定支付用水托管费用。

在推广合同节水管理典型模式基础上，鼓励节水服务企业与用水户创新发展合同节水管理商业模式。

三、加快推进制度创新

（一）强化节水监管制度

落实水资源消耗总量和强度双控制度，完善节水的法律法规体系，把节水的相关制度要求纳入法制化轨道。制（修）订完善取水许可、水资源有偿使用、水效标识管理、节水产品认证等方面的规章制度，落实节水要求。健全并严格落实责任和考核制度，把节水作为约束性指标纳入政绩考核。加强节水执法检查，严厉查处违法取用水行为。依据法规和制度，优化有利于节水的政策和市场环境。

（二）完善水价和水权制度

加快价格改革。全面实行城镇居民阶梯水价、非居民用水超计划超定额累进加价制度。稳步推进农业水价综合改革，建立健全合理反映供水成本、有利于节水和农田水利体制机制创新、与投融资体制相适应的农业水价形成机制。建立完善水权交易市场。因地制宜探索地区间、行业间、用水户间等多种形式的水权交易，鼓励和引导水权交易在规范的交易平台实施。完善水权制度体系，落实水权交易管理办法。鼓励通过合同节水管理方式取得的节水量参与水权交易，获取节水效益。

（三）加强行业自律机制建设

加强节水服务企业信用体系建设，建立相关市场主体信用记录，纳入全国信用信息共享平台。探索对严重失信主体实施跨部门联合惩戒，对诚实守信主体实施联合激励，引导节水服务市场主体加强自律，制定节水服务行业公约，建立完善行业自律机制，不断提高节水服务行业整体水平。鼓励龙头企业、设备供应商、投资机构、科研院所成立节水服务产业联盟，支持联盟成员实现信息互通、优势互补。

（四）健全标准和计量体系

建立合同节水管理技术标准体系，为合同节水管理提供较完备的相关技术标准和规范性文件。加强用水计量管理，完善用水计量监控体系，加强农业、工业等取水计量设施建设，督促供水单位和用水户按规定配备节水计量器具，积极开展用水计量技术服务。依托现有的国家和社会检测、认证资源，提升节水技术产品检测能力。建立节水量第三方评估机制，确保节水效果可监测、可报告、可核查，明确争议解决方式。

四、培育发展节水服务市场

（一）培育壮大节水服务企业

鼓励具有节水技术优势的专业化公司与社会资本组建具有较强竞争力的节水服务企业，鼓励节水服务企业优化要素资源配置，加强商业和运营模式创新，不断提高综合实力和市场竞争力。充分发挥水务等投融资平台资金、技术和管理优势，培育发展具有竞争力的龙头企业，形成龙头企业＋大量专业化技术服务企业的良性发展格局。

（二）创新技术集成与推广应用

及时制定和发布国家鼓励和淘汰的用水工艺、技术、产品和装备目录。充分发挥国家科技重大专项、科技计划专项资金等作用，支持企业牵头承担节水治污科技项目等关键技术攻关，鼓励发展一批由骨干企业主导、产学研用紧密结合的节水服务产业技术创新联盟，集成推广先进适用的节水技术、产品。充分发挥国家科技推广服务体系的重要作用，积极开展节水技术、产品和前沿技术的评估、推荐等服务。

（三）改善融资环境

鼓励合同节水管理项目通过发行绿色债券募资。鼓励金融机构开展绿色信贷，探索运用互联网＋供应链金融方式，加大对合同节水管理项目的信贷资金支持。有效发挥开发性和政策性金融的引导作用，积极为符合条件的合同节水管理项目提供信贷支持。鼓励金融资本、民间资本、创业与私募股权基金等设立节水服务产业投资基金，各级政府投融资平台可通过认购基金股份等方式予以支持。合同节水管理项目要充分利用政府性融资担保体系，建立政银担三方参与的合作模式。

（四）加强财税政策支持

符合条件的合同节水管理项目，可按相关政策享受税收优惠。研究鼓励合同节水管理发展的税收支持政策，完善相关会计制度。各地、各有关部门要利用现有资金渠道和政策手段，对实施合同节水管理的项目予以支持。鼓励有条件的地方，通过加强政策引导，推动高耗水工业、服务业和城镇用水开展节水治污技术改造，培育节水服务产业。

（五）组织试点示范

利用 5 年左右时间，重点在公共机构、公共建筑、高耗水工业和服务业、公共水域水环境治理、经济作物高效节水灌溉等领域，分类建成一批合同节水管理试点示范工程。生态文明先行示范区、节水型社会试点示范地区、节水型城市等应当积极推行合同节水管理，形成示范带头效应。及时总结经验，广泛宣传推行合同节水管理的重要意义和明显成效，提高全社会对合同节水管理的认知度和认同感，促进节水服务产业发展壮大。

五、组织实施

国家发展改革委、水利部统筹组织合同节水管理工作，制定并完善相关制度、标准和规范，积极开展试点示范，及时总结模式经验。地方各级发展改革部门、水行政主管部门、税务主管部门根据本意见要求，加强协调配合，落实工作责任，扎实开展工作，确保各项任务措施落到实处，务求尽快取得实效，形成合力，促进节水服务产业持续快速发展。

水利部　国家发展改革委关于印发《"十三五"水资源消耗总量和强度双控行动方案》的通知

水资源〔2016〕379号

（水利部　国家发展改革委2016年10月18日印发）

各省、自治区、直辖市人民政府，国务院有关部委、直属机构：

《"十三五"水资源消耗总量和强度双控行动方案》已经国务院同意，现印发给你们，请认真贯彻执行。

附件

"十三五"水资源消耗总量和强度双控行动方案

根据《中华人民共和国国民经济和社会发展第十三个五年规划纲要》和《政府工作报告》要求，为加快推进生态文明建设，推动形成绿色发展方式和生活方式，进一步控制水资源消耗，实施水资源消耗总量和强度双控行动，特制定本方案。

一、总体要求

（一）指导思想。全面贯彻党的十八大和十八届三中、四中、五中全会精神，深入学习贯彻习近平总书记系列重要讲话精神，紧紧围绕统筹推进"五位一体"总体布局和协调推进"四个全面"战略布局，牢固树立创新、协调、绿色、开放、共享的发展理念，认真落实党中央、国务院决策部署，坚持节水优先、空间均衡、系统治理、两手发力，切实落实最严格水资源管理制度，控制水资源消耗总量，强化水资源承载能力刚性约束，促进经济发展方式和用水方式转变；控制水资源消耗强度，全面推进节水型社会建设，把节约用水贯穿于经济社会发展和生态文明建设全过程，为全面建成小康社会提供水安全保障。

（二）基本原则。

坚持双控与转变经济发展方式相结合。以水定需，量水而行，因水制宜，促进人口经济与资源环境相均衡，以水资源利用效率和效益的全面提升推动经济增长和转型升级。

坚持政府主导与市场调节相结合。加强对双控行动的规范和引导，强化政府目标责任考核。完善市场机制，营造良好市场环境，充分发挥市场机制作用，提高水资源配置效率。

坚持制度创新和公众参与相结合。制定完善配套政策，创新激励约束机制，形成促进高效用水的制度体系。加强水情宣传教育，推动形成全社会爱水护水节水的良好风尚。

坚持统筹兼顾与分类推进相结合。统筹考虑区域水资源条件、产业布局、用水结构和水平，科学合理逐级分解双控目标任务。分类推进各行业、各领域重点任务落实。

（三）主要目标。到2020年，水资源消耗总量和强度双控管理制度基本完善，双控措施有效落实，双控目标全面完成，初步实现城镇发展规模、人口规模、产业结构和布局等经济社会发展要素与水资源协调发展。各流域、各区域用水总量得到有效控制，地下水开发利用得到有效管控，严重超采区超采量得到有效退减，全国年用水总量控制在6700亿立方米以内。万元国内生产总值用水量、万元工业增加值用水量分别比2015年降低23%和20%；农业亩均灌溉用水量显著下降，农田灌溉水有效利用系数提高到0.55以上。

二、明确目标责任

（四）健全指标体系。严格总量指标管理，在国务院确定的2020年各省（区、市）用水总量控制目标基础上，健全省、市、县三级行政区域用水总量控制指标体系。2016年底前，各省（区、市）要完成所辖市、县用水总量控制指标分解。推进江河流域水量分配，加快完成53条跨省重要江河流域水量分配，各省（区、市）要有序推进本行政区内跨市、县江河流域水量分配，把用水总量控制指标落实到流域和水源。

严格强度指标管理，把万元国内生产总值用水量、万元工业增加值用水量和农田灌溉水有效利用系数逐级分解到各省、市、县，明确区域强度控制要求［各省（区、市）2020年用水强度控制目标见附表］。2016年底前，各省（区、市）要力争完成所辖市、县用水强度控制指标分解。到2020年，建立覆盖主要农作物、工业产品和生活服务行业的先进用水定额体系，定额实行动态修订。严格用水定额和计划管理，强化行业和产品用水强度控制。

（五）强化目标考核和责任追究。全面实施最严格水资源管理制度考核，逐级建立用水总量和强度控制目标责任制，完善考核评价体系，突出双控要求。对严重缺水地区，突出节水考核要求。考核结果作为干部主管部门对政府领导班子和相关领导干部综合考核评价的重要依据。

建立用水总量和强度双控责任追究制，严格责任追究，对落实不力的地方，采取约谈、通报等措施予以督促；对因盲目决策和渎职、失职造成水资源浪费、水环境破坏等不良后果的相关责任人，依法依纪追究责任。加快建立国家水资源督察制度，加强对各地用水总量和强度控制目标完成情况督察，确保政策措施落到实处。

三、落实重点任务

（六）强化水资源承载能力刚性约束。各省（区、市）要以县域为单元开展水资源承载能力评价，建立预警体系，发布预警信息，强化水资源承载能力对经济社会发展的刚性约束。2016年完成京津冀三省市和试点地区以县域为单元的水资源承载能力评价。

建立健全规划和建设项目水资源论证制度，完善规划水资源论证相关政策措施。各省（区、市）政府要重点推进重大产业布局和各类开发区规划水资源论证，严格建设项目水资源论证和取水许可管理，从严核定许可水量，对取用水总量已达到或超过控制指标的地区暂停审批新增取水。

（七）全面推进各行业节水。大力推进农业、工业、城镇节水，建设节水型社会，编制实施节水规划。

强化农业节水，加快重大农业节水工程建设，到2020年完成大型灌区续建配套和节水改造任务，加快实施区域规模化高效节水灌溉工程，积极推广喷灌、微灌、集雨补灌、水田控制灌溉和水肥一体化等高效节水技术，开展灌区现代化改造试点，全国节水灌溉工程面积达到 7 亿亩左右。

强化工业节水，完善国家鼓励和淘汰的用水技术、工艺、产品和设备目录，重点开展火电、钢铁、石化、化工、印染、造纸、食品等高耗水工业行业节水技术改造，大力推广工业水循环利用，推进节水型企业、节水型工业园区建设。到 2020 年，高耗水行业达到先进定额标准。

强化城镇节水，加快推进城镇供水管网改造，推动供水管网独立分区计量管理，加快推广普及生活节水器具，推进学校、医院、宾馆、餐饮、洗浴等重点行业节水技术改造，全面开展节水型公共机构、居民小区建设。到 2020 年，地级及以上缺水城市全部达到国家节水型城市标准要求，公共供水管网漏损率控制在 10％以内。

（八）加快地下水超采区综合治理。实行地下水取用水总量和水位控制，编制实施全国地下水利用与保护规划。2017 年底前完成地下水禁采区、限采区和地面沉降控制区范围划定，编制完成地面沉降区、海水入侵区地下水压采方案。以华北地区为重点，推进地下水超采区综合治理，加快实施《南水北调东中线一期工程受水区地下水压采总体方案》。地方各级政府要依法规范机井建设管理，限期关闭未经批准的和公共供水管网覆盖范围内的自备水井。加快实施国家地下水监测工程，完善地下水监测网络，实现对地下水动态有效监测。

（九）统筹配置和有序利用水资源。合理有序使用地表水、控制使用地下水、积极利用非常规水，进一步做好流域和区域水资源统筹调配，减少水资源消耗，逐步降低过度开发河流和地区的开发利用强度，退减被挤占的生态用水。加快完善流域和重点区域水资源配置，强化水资源统一调度，统筹协调生活、生产、生态用水。大力推进非常规水源利用，将非常规水源纳入区域水资源统一配置。

（十）稳步推进水权制度建设。加快明晰区域和取用水户初始水权，稳步推进确权登记，建立健全水权初始分配制度。2017 年底前完成在内蒙古、江西、河南、湖北、广东、甘肃、宁夏 7 个省区开展的水权试点工作。总结试点经验，研究进一步扩大试点范围，推进区域间、流域间、流域上下游、行业间、用水户间等多种形式的水权交易，因地制宜探索水权交易的方式，统筹推进水权交易平台建设。

（十一）加快理顺价格税费。深入贯彻落实《国务院办公厅关于推进农业水价综合改革的意见》（国办发〔2016〕2 号），建立健全农业水价形成机制，建立精准补贴和节水奖励机制，农田水利工程设施完善的地区通过 3～5 年努力率先完成改革目标。合理制定、调整城镇供水价格，全面推行居民阶梯水价和非居民用水超定额超计划累进加价制度。切实加强水资源费征收管理，确保应收尽收。积极推进水资源税费改革。

（十二）提升水资源计量监控能力。加快推进国家水资源监控能力建设（2016—2018年）项目，2018 年底前对年取水量 50 万立方米以上的工业取水户、100 万立方米以上的公共供水取水户和大型灌区及部分中型灌区渠首实现在线监控。完善中央、流域和省水资源管理系统三级平台建设，健全水资源计量体系。加快推进省、市、县各级水资源监控能力建设，实现信息共享、互联互通和业务协同。结合大中型灌区建设与节水配套改造、小型农田水利设施建设，完善灌溉用水计量设施，提高农业灌溉用水定额管理和科学计量水平。

（十三）加强重点用水单位监督管理。建立健全国家、省、市级重点监控用水单位名录，强化取用水计量监控，完善取用水统计和核查体系，建立健全用水统计台账。对重点用水单位的主要用水设备、工艺和水消耗情况及用水效率等进行监控管理。引导重点用水单位建立健全节水管理制度，实施节水技术改造，提高其内部节水管理水平。

（十四）加快推进技术与机制创新。实施国家重点研发计划水资源高效开发利用专项，大力推进综合节水、非常规水源开发利用、水资源信息监测、水资源计量器具在线校准等关键技术攻关，加快研发水资源高效利用成套技术设备。建设节水技术推广服务平台，加强先进实用技术示范和应用，支持节水产品设备制造企业做大做强，尽快形成一批实用高效、有应用前景的科技成果。

开展水效领跑者引领行动，定期公布用水产品、用水企业、灌区等领域的水效领跑者名单和指标，带动全社会提高用水效率。培育一批专业化节水服务企业，加大节水技术集成推广，推动开展合同节水示范应用，通过第三方服务模式重点推进农业高效节水灌溉和公共机构、高耗水行业等领域的节水技术改造。

四、完善保障措施

（十五）加强组织领导。各省（区、市）政府对本地区水资源消耗总量和强度双控工作负总责，要抓紧制定落实方案，明确具体措施和任务分工，创新工作机制，确保双控目标完成。国务院有关部门按照职能分工，加强指导、支持和监督管理。水利部、发展改革委将切实加强统筹协调，会同有关部门共同推进各项工作任务落实。

（十六）创新支持方式。地方各级政府要积极筹措资金，落实相关优惠政策，支持重大节水工程建设、节水型社会建设、取用水计量监控等工作任务的落实。要积极探索合同节水管理等新模式，利用政府和社会资本合作（PPP）模式等，鼓励社会资本进入节水等领域。

（十七）夯实管理基础。积极推进水资源管理法制化进程，加快出台节约用水条例、地下水管理条例，制订和完善取水许可、水效标识管理等方面的规章制度。完善水资源高效利用技术标准体系，加快节水技术和管理标准制修订工作。加强基层水资源管理能力建设，健全管理队伍，加大培训力度，提高水资源管理与社会服务能力。

（十八）强化公众参与。广泛深入开展基本水情宣传教育，强化社会舆论监督，进一步增强全社会水忧患意识和水资源节约保护意识，形成节约用水、合理用水的良好风尚。大力推进水资源管理科学决策和民主决策，完善公众参与机制，地方各级政府要依法公开水资源信息，及时发布水资源管理政策，进一步提高决策透明度，健全听证等公众参与制度，对涉及群众用水利益的发展规划和建设项目，采取多种方式充分听取公众意见。

附表

2020 年各省（区、市）用水强度控制目标

地区	万元国内生产总值用水量比 2015 年下降	万元工业增加值用水量比 2015 年下降	农田灌溉水有效利用系数
全 国	23％	20％	0.550
北 京	15％	15％	0.750
天 津	10％	5％	0.684
河 北	25％	23％	0.675
山 西	15％	13％	0.550
内蒙古	25％	20％	0.532
辽 宁	20％	15％	0.592
吉 林	25％	23％	0.582
黑龙江	21％	23％	0.600
上 海	23％	20％	0.738
江 苏	25％	20％	0.600
浙 江	23％	20％	0.600
安 徽	28％	21％	0.535
福 建	33％	35％	0.547
江 西	28％	33％	0.510
山 东	18％	10％	0.646
河 南	25％	25％	0.616
湖 北	30％	30％	0.524
湖 南	30％	30％	0.521
广 东	30％	25％	0.500
广 西	33％	25％	0.500
海 南	25％	25％	0.570
重 庆	29％	30％	0.500
四 川	23％	23％	0.476
贵 州	29％	30％	0.480
云 南	29％	30％	0.472
西 藏	20％	25％	0.450
陕 西	20％	15％	0.570
甘 肃	33％	30％	0.570
青 海	18％	15％	0.500
宁 夏	25％	18％	0.506
新 疆	33％	22％	0.570

四、建立健全水权制度
和水价机制

国家发展改革委　住房城乡建设部
关于加快建立完善城镇居民用水
阶梯价格制度的指导意见

发改价格〔2013〕2676号

（国家发展改革委　住房城乡建设部 2013 年 12 月 31 日印发）

各省、自治区、直辖市发展改革委、物价局、住房城乡建设厅（市政管委、水务局），新疆生产建设兵团发展改革委、建设局：

为深入贯彻党的十八届三中全会精神，落实国务院关于完善资源性产品价格形成机制决策部署，加快建立完善城镇居民阶梯水价制度，现提出如下意见。

一、加快建立完善居民阶梯水价制度的必要性

我国是水资源短缺的国家，人均水资源占有量仅为世界平均水平的四分之一，城市缺水问题尤为突出。为促进节约用水，近年来，一些地方结合水价调整实行了居民阶梯水价制度（以下简称"居民阶梯水价"），节水效果比较明显。但从实施情况看，还存在各地居民阶梯水价进展不平衡、制度不完善等问题，影响了阶梯水价机制作用的有效发挥。

目前，居民生活用水占全国城镇供水总量的比例接近 50％。一方面，随着我国城镇化进程加快，用水人口增加，城镇水资源短缺的形势将更为严峻；另一方面，水资源浪费严重，节水意识不强。加快建立完善居民阶梯水价制度，充分发挥价格机制调节作用，对提高居民节约意识，引导节约用水，促进水资源可持续利用具有十分重要的意义。

二、加快建立完善居民阶梯水价制度的总体要求和基本原则

（一）总体要求。加快建立完善居民阶梯水价制度，要以保障居民基本生活用水需求为前提，以改革居民用水计价方式为抓手，通过健全制度、落实责任、加大投入、完善保障等措施，充分发挥阶梯价格机制的调节作用，促进节约用水，提高水资源利用效率。

（二）基本原则。一是保障基本需求。区分基本需求和非基本需求，保持居民基本生活用水价格相对稳定；对非基本用水需求，价格要反映水资源稀缺程度。二是促进公平负担。居民生活用水价格总体上要逐步反映供水成本，并兼顾不同收入居民的承受能力，多用水多负担。三是坚持因地制宜。根据各地水资源禀赋状况、经济社会发展水平、居民生活用水习惯等因素，制定符合实际、确保实效的居民阶梯水价制度。

（三）主要目标。2015 年底前，设市城市原则上要全面实行居民阶梯水价制度；具备实施条件的建制镇，也要积极推进居民阶梯水价制度。

三、建立完善居民阶梯水价制度的主要内容

（一）各阶梯水量确定。阶梯设置应不少于三级。第一级水量原则上按覆盖 80％居民家庭用户的月均用水量确定，保障居民基本生活用水需求；第二级水量原则上按覆盖 95％居民家庭用户的月均用水量确定，体现改善和提高居民生活质量的合理用水需求；第三级水量为超出第二级水量的用水部分。各地应结合当地实际，根据《城市居民生活用水量标准》（GB/T 50331）和近三年居民实际月人均用水量合理确定分级水量。第一、第二级水量可参考《各地城市居民生活用水阶梯水量建议值》（见附件）确定。各地可进一步细化阶梯级数，设置四级或五级阶梯。

（二）各阶梯价格制定。根据不同阶梯的保障功能，第一和第二级要保持适当价差，第三级要反映水资源稀缺程度，拉大价差，抑制不合理消费。原则上，一、二、三级阶梯水价按不低于1∶1.5∶3的比例安排；缺水地区，含水质型缺水地区，应进一步加大价差，具体由各地根据当地水资源稀缺状况等因素确定。实行阶梯水价后增加的收入，应用于供水企业实施户表改造、弥补供水成本上涨和保持第一级水价相对稳定等。

（三）计量缴费周期。各地在确定计量缴费周期时，应考虑季节性用水差异，以月或季、年度作为计量缴费周期，具体由各地结合实际确定。实施居民阶梯水价原则上以居民家庭用户为单位，对家庭人口数量较多的，要通过适当增加用水基数等方式妥善解决。

（四）全面推行成本公开。制定和调整居民阶梯水价要按照有关规定和程序，严格实施成本监审和成本公开。切实做到供水企业成本公开和定价成本监审公开，把成本公开作为各级政府价格主管部门制定和调整水价的一项基本制度，主动接受社会监督，不断提高水价调整的科学性和透明度。

四、保障措施和工作要求

（一）制定具体实施方案。各地应按照国家统一要求，尽快制定本地区居民阶梯水价具体实施方案，结合实际，适当考虑家庭人口差异，合理确定阶梯水量、分档水价、计价周期，妥善处理合表用户水价问题，明确推进居民阶梯水价的步骤、进度要求，制定确保阶梯水价落实到位的保障措施。今后凡调整城市供水价格的，必须同步建立起阶梯水价制度。已实施居民阶梯水价的城镇，要按本指导意见要求进一步调整和完善。

（二）做好方案论证和听证。各地在制定居民用水阶梯价格方案的过程中，要充分听取各方面意见，对实施方案进行认真研究论证。方案形成后，应按《政府制定价格听证办法》规定进行听证后实施。

（三）加快城市"一户一表"改造。推进"一户一表"改造是实行阶梯水价制度的重要基础条件。国家对户表改造资金实行支持政策，各地列入全国城镇供水设施改造与建设"十二五"规划的管网改造项目，可将户表改造工作纳入项目建设内容；地方也要加大力度，通过增加财政投入、发行企业债券等多渠道筹集资金，限期完成"一户一表"改造。新建住宅要严格按照国家标准要求，设置分户水表，便于户外读表。户表改造和新建住宅水表应积极推行智能化管理。供水企业因实施计量到户增加的改造、运营和维护费用，可计入供水成本。未实行"一户一表"的合表居民用户和执行居民生活用水价格的非居民用户，水价标准应按高于第一级阶梯价格水平确定。

（四）做好低收入家庭保障工作。各地在建立居民阶梯水价制度工作时，要充分考虑低收入家庭经济承受能力，对低收入居民家庭可以设定一定数量的减免优惠水量或增加补贴等方式，确保其基本生活水平不因实施阶梯水价制度而降低。

（五）加强宣传引导。充分利用各种媒体，采取多种形式，宣传我国水资源紧缺现状、实行阶梯水价制度的重要意义，做好政策宣传解读，及时回应社会关切，争取社会各方理解和支持。

（六）加大督促检查力度。各级价格、城市供水主管部门要高度重视建立完善居民阶梯水价制度工作，明确任务和要求，加强跟踪指导和监督检查，确保各项措施落实到位，务求实效。2015 年底前，各省级价格、城市供水主管部门每半年要向国家发展改革委、住房城乡建设部报送一次本地推进居民阶梯水价制度工作进展情况。国家发展改革委、住房城乡建设部将适时检查通报各地工作进展情况。

附件

各地城市居民生活用水阶梯水量建议值

单位：吨/（人·月）

地　　区	地域分区	阶梯水量建议值	
		第一级	第二级
内蒙古、辽宁、吉林、黑龙江	1	2.4	4.1
北京、天津、河北、山西、山东、河南、陕西、甘肃、宁夏	2	2.6	4.3
上海、江苏、浙江、安徽、福建、江西、湖北、湖南	3	3.6	5.5
广东、广西、海南	4	4.6	6.7
重庆、四川、贵州、云南	5	3.0	4.3
西藏、青海、新疆	6	2.6	4.3

注　1. 表中地域分区及阶梯水量建议值依据《城市居民生活用水量标准》（GB/T 50331）制定；

2. 《城市居民生活用水量标准》中第 6 区三省份居民生活用水量标准较实际偏低，调整为按第 2 区执行；

3. 考虑到地区差异，各地可结合近三年居民实际用水量作适当调整。

水利部关于印发《水权交易
管理暂行办法》的通知

水政法〔2016〕156号

（水利部 2016 年 4 月 19 日印发）

部机关各司局，部直属各单位，各省、自治区、直辖市水利（水务）厅（局），各计划单列市水利（水务）局，新疆生产建设兵团水利局：

为贯彻落实党中央、国务院关于完善水权制度、推行水权交易、培育水权交易市场的决策部署，指导水权交易实践，我部制定了《水权交易管理暂行办法》，现予印发，请结合本地区、本单位实际遵照执行。

水权交易管理暂行办法

第一章 总 则

第一条 为贯彻落实党中央、国务院关于建立完善水权制度、推行水权交易、培育水权交易市场的决策部署，鼓励开展多种形式的水权交易，促进水资源的节约、保护和优化配置，根据有关法律法规和政策文件，制定本办法。

第二条 水权包括水资源的所有权和使用权。本办法所称水权交易，是指在合理界定和分配水资源使用权基础上，通过市场机制实现水资源使用权在地区间、流域间、流域上下游、行业间、用水户间流转的行为。

第三条 按照确权类型、交易主体和范围划分，水权交易主要包括以下形式：

（一）区域水权交易：以县级以上地方人民政府或者其授权的部门、单位为主体，以用水总量控制指标和江河水量分配指标范围内结余水量为标的，在位于同一流域或者位于不同流域但具备调水条件的行政区域之间开展的水权交易。

（二）取水权交易：获得取水权的单位或者个人（包括除城镇公共供水企业外的工业、农业、服务业取水权人），通过调整产品和产业结构、改革工艺、节水等措施节约水资源的，在取水许可有效期和取水限额内向符合条件的其他单位或者个人有偿转让相应取水权的水权交易。

（三）灌溉用水户水权交易：已明确用水权益的灌溉用水户或者用水组织之间的水权交易。

通过交易转让水权的一方称转让方，取得水权的一方称受让方。

第四条 国务院水行政主管部门负责全国水权交易的监督管理，其所属流域管理机构依照法律法规和国务院水行政主管部门授权，负责所管辖范围内水权交易的监督管理。

县级以上地方人民政府水行政主管部门负责本行政区域内水权交易的监督管理。

第五条 水权交易应当坚持积极稳妥、因地制宜、公正有序，实行政府调控与市场调节相结合，符合最严格水资源管理制度要求，有利于水资源高效利用与节约保护，不得影响公共利益或者利害关系人合法权益。

第六条 开展水权交易，用以交易的水权应当已经通过水量分配方案、取水许可、县级以上地方人民政府或者其授权的水行政主管部门确认，并具备相应的工程条件和计量监测能力。

第七条 水权交易一般应当通过水权交易平台进行，也可以在转让方与受让方之间直接进行。区域水权交易或者交易量较大的取水权交易，应当通过水权交易平台进行。

本办法所称水权交易平台，是指依法设立，为水权交易各方提供相关交易服务的场所或者机构。

第二章　区　域　水　权　交　易

第八条 区域水权交易在县级以上地方人民政府或者其授权的部门、单位之间进行。

第九条 开展区域水权交易，应当通过水权交易平台公告其转让、受让意向，寻求确定交易对象，明确可交易水量、交易期限、交易价格等事项。

第十条 交易各方一般应当以水权交易平台或者其他具备相应能力的机构评估价为基准价格，进行协商定价或者竞价；也可以直接协商定价。

第十一条 转让方与受让方达成协议后，应当将协议报共同的上一级地方人民政府水行政主管部门备案；跨省交易但属同一流域管理机构管辖范围的，报该流域管理机构备案；不属同一流域管理机构管辖范围的，报国务院水行政主管部门备案。

第十二条 在交易期限内，区域水权交易转让方转让水量占用本行政区域用水总量控制指标和江河水量分配指标，受让方实收水量不占用本行政区域用水总量控制指标和江河水量分配指标。

第三章　取　水　权　交　易

第十三条 取水权交易在取水权人之间进行，或者在取水权人与符合申请领取取水许可证条件的单位或者个人之间进行。

第十四条 取水权交易转让方应当向其原取水审批机关提出申请。申请材料应当包括取水许可证副本、交易水量、交易期限、转让方采取措施节约水资源情况、已有和拟建计量监测设施、对公共利益和利害关系人合法权益的影响及其补偿措施。

第十五条 原取水审批机关应当及时对转让方提出的转让申请报告进行审查，组织对转让方节水措施的真实性和有效性进行现场检查，在 20 个工作日内决定是否批准，并书面告知申请人。

第十六条 转让申请经原取水审批机关批准后，转让方可以与受让方通过水权交易平台或者直接签订取水权交易协议，交易量较大的应当通过水权交易平台签订协议。协议内容应当包括交易量、交易期限、受让方取水地点和取水用途、交易价格、违约责任、争议解决办法等。

交易价格根据补偿节约水资源成本、合理收益的原则，综合考虑节水投资、计量监测设施费用等因素确定。

第十七条 交易完成后，转让方和受让方依法办理取水许可证或者取水许可变更手续。

第十八条 转让方与受让方约定的交易期限超出取水许可证有效期的，审批受让方取水申请的取水审批机关应当会同原取水审批机关予以核定，并在批准文件中载明。在核定的交易期限内，对受让方取水许可证优先予以延续，但受让方未依法提出延续申请的除外。

第十九条 县级以上地方人民政府或者其授权的部门、单位，可以通过政府投资节水形式回购取水权，也可以回购取水单位和个人投资节约的取水权。回购的取水权，应当优先保证生活用水和生态用水；尚有余量的，可以通过市场竞争方式进行配置。

第四章　灌溉用水户水权交易

第二十条 灌溉用水户水权交易在灌区内部用水户或者用水组织之间进行。

第二十一条 县级以上地方人民政府或者其授权的水行政主管部门通过水权证等形式将用水权益明确到灌溉用水户或者用水组织之后，可以开展交易。

第二十二条 灌溉用水户水权交易期限不超过一年的，不需审批，由转让方与受让方平等协商，自主开展；交易期限超过一年的，事前报灌区管理单位或者县级以上地方人民政府水行政主管部门备案。

第二十三条 灌区管理单位应当为开展灌溉用水户水权交易创造条件，并将依法确定的用水权益及其变动情况予以公布。

第二十四条 县级以上地方人民政府或其授权的水行政主管部门、灌区管理单位可以回购灌溉用水户或者用水组织水权，回购的水权可以用于灌区水权的重新配置，也可以用于水权交易。

第五章　监　督　检　查

第二十五条 交易各方应当建设计量监测设施，完善计量监测措施，将水权交易实施后水资源水环境变化情况及时报送有关地方人民政府水行政主管部门。

省级人民政府水行政主管部门应当于每年1月31日前向国务院水行政主管部门和有关流域管理机构报送本行政区域上一年度水权交易情况。

流域管理机构应当于每年1月31日前向国务院水行政主管部门报送其批准的上一年度水权交易情况，并同时抄送有关省级人民政府水行政主管部门。

第二十六条 县级以上地方人民政府水行政主管部门或者流域管理机构应当加强对水权交易实施情况的跟踪检查，完善计量监测设施，适时组织水权交易后评估工作。

第二十七条 县级以上地方人民政府水行政主管部门、流域管理机构或者其他有关部门及其工作人员在水权交易监管工作中滥用职权、玩忽职守、徇私舞弊的，由其上级行政机关或者监察机关责令改正；情节严重的，依法追究责任。

第二十八条 取水审批机关违反本办法规定批准取水权交易的；转让方或者受让方违

反本办法规定，隐瞒有关情况或者提供虚假材料骗取取水权交易批准文件的；未经原取水审批机关批准擅自转让取水权的，依照《取水许可和水资源费征收管理条例》有关规定处理。

第二十九条 水权交易平台应当依照有关法律法规完善交易规则，加强内部管理。水权交易平台违法违规运营的，依据有关法律法规和交易场所管理办法处罚。

第六章 附　　则

第三十条 各省、自治区、直辖市可以根据本办法和本行政区域实际情况制定具体实施办法。

第三十一条 本办法由国务院水行政主管部门负责解释。

第三十二条 本办法自印发之日起施行。

关于贯彻落实《国务院办公厅关于推进农业水价综合改革的意见》的通知

发改价格〔2016〕1143 号

（国家发展改革委　财政部　水利部　农业部　2016 年 5 月 28 日印发）

各省、自治区、直辖市发展改革委、物价局、财政厅（局）、水利（水务）厅（局）、农业厅（局、委、办）：

为深入贯彻落实《国务院办公厅关于推进农业水价综合改革的意见》（国办发〔2016〕2 号，以下简称《意见》）精神，稳步推进农业水价综合改革，现就有关事项通知如下。

一、提高思想认识，明确工作责任

推进农业水价综合改革，对促进农业节水、提高用水效率、优化资源配置、实现农业现代化，具有十分重要意义。《意见》紧紧围绕"四个全面"战略布局，坚持问题导向，贯彻新发展理念，明确提出了推进农业水价综合改革的总体要求、重点任务和保障措施，是促进农业节水和农业可持续发展的重要举措，也是今后一个时期农业水价综合改革工作的基本遵循。各地要充分认识农业水价综合改革的重要性、紧迫性和艰巨性，全面把握《意见》内容，深刻领会改革精神，切实增强做好改革工作的责任感和使命感。按照《意见》明确的省级人民政府负总责的要求，细化部门分工和责任，扎实做好各项工作，把农业水价综合改革任务不折不扣地落实到位。

二、紧扣目标任务，编制实施方案

各地要围绕改革总体目标，在省级人民政府的统一领导下，组织精干力量，在深入调研、科学测算、综合平衡的基础上，抓紧编制本地区农业水价综合改革实施方案和年度实施计划，明确改革的具体目标、实施范围、主要举措、完成时限、进度安排、资金投入等，报省级人民政府审定。要按照用十年左右时间完成改革任务的总体要求，倒排时间，合理安排改革进度，有计划、分步骤推进，确保如期实现改革目标。实施方案要重点明确 3~5 年率先实现改革目标的地区范围。具备全省（自治区、直辖市）整体实施条件的，要同步推进；暂不具备条件的，要按照先易后难的原则集中力量有序推进。尽可能以市、县、乡镇、村等行政区划以及灌区等为单元集中连片推进，形成示范效应。

三、坚持多措并举，狠抓任务落实

各地要以完善农田水利工程体系为基础，以健全农业水价形成机制为核心，以创新体制机制为动力，坚持综合施策、供需统筹、两手发力、因地制宜的原则，准确把握各项改革任务，厘清内在关系，统筹抓好落实。

（一）夯实农业水价改革基础。要把夯实农业水价改革基础摆在重要位置，结合本地实际，有针对性地补足补强，为各项机制发挥作用创造条件。加快完善农田水利工程体系，按照经济实用、满足取用水管理和计量收费需要的原则，配备完善取用水计量设施。农业水权分配要科学合理，总量控制和定额管理要与当前农业用水总量、未来农业发展需求、区域用水总量控制指标、江河水量分配方案及节水目标相匹配，在保障合理灌溉用水的基础上适度从紧。加快健全供水管理机制，实现合理高效供水。农业用水需求管理的重点放在调整优化种植结构，大力推广先进适用的节水技术，全面提高农业用水精细化管理水平。创新终端用水管理模式，推进小型水利工程管理体制改革，明晰产权，落实管护责任。创新管护机制，积极创造条件鼓励社会资本参与农田水利工程建设和管护。各地在安排农田水利等相关资金时，要向农业水价综合改革地区倾斜，对农业水价综合改革积极性高、工作有成效的地区给予重点支持。

（二）建立健全农业水价形成机制。根据农业水价改革目标，结合本地农田水利工程设施建设和用水管理等情况，合理制定价格调整计划，充分听取各方面意见，把握调价时机、力度和节奏，确保调整后的农业水价可接受、可实施。水资源紧缺地区、地下水超采地区的农业水价要率先调整到位，条件具备的地区可提高到完全成本水平。积极探索实行分类水价和逐步推行分档水价。鼓励供需双方公开公平协商定价。

（三）建立精准补贴和节水奖励机制。在统筹分析节水成效、调价幅度、财力状况的基础上，建立农业用水精准补贴和节水奖励机制，科学确定补贴对象、方式、环节、标准、程序等，确保奖补资金可持续。统筹利用中央财政安排的水利工程维修养护补助资金和《意见》明确的其他资金渠道，积极筹集资金用于支持农业水价综合改革、农田水利设施产权制度改革和运行管护机制创新等。

四、加强组织领导，着力推进改革

（一）建立健全工作机制。要建立在省级人民政府统一领导下各部门共同参与的工作机制，加强对改革工作的领导，协调解决改革中出现的重大问题，把农业水价综合改革作为改革重点任务积极推进。已成立农业水价综合改革领导小组或建立联席会议的，要进一步完善工作机制，更加有力有效地发挥组织推动作用；尚未建立的要尽快建立，明确部门分工，细化落实责任，协同推进改革。各部门要加强沟通，通力合作，形成合力，推动农业水价综合改革不断深化。

（二）加强督促检查。要建立农业水价综合改革监督检查和绩效评价机制，采取检查、抽查等方式定期或不定期进行专项督导，或与有关稽察、督察等工作联合实施，推动各项任务落到实处。国家发展改革委、财政部、水利部、农业部（以下简称"四部委"）将做好服务指导，把改革进度、成效等作为农业水价综合改革工作目标考核的重要内容，对照《意见》、各地改革实施方案和年度实施计划等开展监督检查和跟踪问效，并定期通报。

（三）强化培训宣传。要围绕推进农业水价综合改革开展专门的业务培训，切实提高相关工作人员的思想认识和业务水平，搞好横向交流，确保各项政策落实不走样、见实效。同时，利用好各种新闻媒介，及时向相关部门、单位和社会公众宣传农业水价综合改革重大意义，加大对改革内容的宣传解读，选好典型，展示成效，加强舆论引导，使社会各界充分理解改革内容，了解改革效果，拥护支持改革工作。

（四）做好信息报送。要按照《意见》要求逐级做好改革信息汇总上报工作，每年6

月底前和 11 月底前将上半年和全年改革工作进展情况上报四部委。同时，以简报、专报等形式及时上报本地区推进农业水价综合改革的经验做法、重要情况、发现的问题以及有关建议等。

各地要将经省级人民政府批准后的农业水价综合改革实施方案及 2016 年度实施计划，于 7 月底前报送四部委，以后年度实施计划于上年 11 月底前报送。

五、加强水生态文明制度建设

水利部关于加快推进水生态文明
建设工作的意见

水资源〔2013〕1 号

（水利部 2013 年 1 月 4 日印发）

各流域机构，各省、自治区、直辖市水利（水务）厅（局），各计划单列市水利（水务）局，新疆生产建设兵团水利局：

为贯彻落实党的十八大关于加强生态文明建设的重要精神，加快推进水生态文明建设，促进经济社会发展与水资源水环境承载能力相协调，不断提升我国生态文明水平，努力建设美丽中国，提出意见如下。

一、充分认识加快推进水生态文明建设的重要意义

水是生命之源、生产之要、生态之基，水生态文明是生态文明的重要组成和基础保障。长期以来，我国经济社会发展付出的水资源、水环境代价过大，导致一些地方出现水资源短缺、水污染严重、水生态退化等问题。加快推进水生态文明建设，从源头上扭转水生态环境恶化趋势，是在更深层次、更广范围、更高水平上推动民生水利新发展的重要任务，是促进人水和谐、推动生态文明建设的重要实践，是实现"四化同步发展"、建设美丽中国的重要基础和支撑，也是各级水行政主管部门的重要职责。

各流域机构、各级水行政主管部门必须深刻领会党的十八大精神，从保障国家可持续发展和水生态安全的战略高度，加强学习、提高认识，增强紧迫感和责任感，把水生态文明建设工作放在更加突出的位置，加大推进力度，落实保障措施，加快实现从供水管理向需水管理转变，从水资源开发利用为主向开发保护并重转变，从局部水生态治理向全面建设水生态文明转变，切实把水生态文明建设工作抓实抓好。

二、水生态文明建设的指导思想、基本原则和目标

水生态文明建设的指导思想是：以科学发展观为指导，全面贯彻党的十八大关于生态文明建设战略部署，把生态文明理念融入到水资源开发、利用、治理、配置、节约、保护的各方面和水利规划、建设、管理的各环节，坚持节约优先、保护优先和自然恢复为主的方针，以落实最严格水资源管理制度为核心，通过优化水资源配置、加强水资源节约保护、实施水生态综合治理、加强制度建设等措施，大力推进水生态文明建设，完善水生态保护格局，实现水资源可持续利用，提高生态文明水平。

水生态文明建设的基本原则是：

——坚持人水和谐，科学发展。牢固树立人与自然和谐相处理念，尊重自然规律和经济社会发展规律，充分发挥生态系统的自我修复能力，以水定需、量水而行、因水制宜，推动经济社会发展与水资源和水环境承载力相协调。

——坚持保护为主，防治结合。规范各类涉水生产建设活动，落实各项监管措施，着力实现从事后治理向事前保护转变。在维护河湖生态系统的自然属性，满足居民基本水资源需求基础上，突出重点，推进生态脆弱河流和地区水生态修复，适度建设水景观，避免借生态建设名义浪费和破坏水资源。

——坚持统筹兼顾，合理安排。科学谋划水生态文明建设布局，统筹考虑水的资源功能、环境功能、生态功能，合理安排生活、生产和生态用水，协调好上下游、左右岸、干支流、地表水和地下水关系，实现水资源的优化配置和高效利用。

——坚持因地制宜，以点带面。根据各地水资源禀赋、水环境条件和经济社会发展状况，形成各具特色的水生态文明建设模式。选择条件相对成熟、积极性较高的城市或区域，开展试点和创建工作，探索水生态文明建设经验，辐射带动流域、区域水生态的改善和提升。

水生态文明建设的目标是：最严格水资源管理制度有效落实，"三条红线"和"四项制度"全面建立；节水型社会基本建成，用水总量得到有效控制，用水效率和效益显著提高；科学合理的水资源配置格局基本形成，防洪保安能力、供水保障能力、水资源承载能力显著增强；水资源保护与河湖健康保障体系基本建成，水功能区水质明显改善，城镇供水水源地水质全面达标，生态脆弱河流和地区水生态得到有效修复；水资源管理与保护体制基本理顺，水生态文明理念深入人心。

三、水生态文明建设的主要工作内容

（一）落实最严格水资源管理制度

把落实最严格水资源管理制度作为水生态文明建设工作的核心，抓紧确立水资源开发利用控制、用水效率控制、水功能区限制纳污"三条红线"，建立和完善覆盖流域和省、市、县三级行政区域的水资源管理控制指标，纳入各地经济社会发展综合评价体系。全面落实取水许可和水资源有偿使用、水资源论证等管理制度；加快制定区域、行业和用水产品的用水效率指标体系，加强用水定额和计划用水管理，实施建设项目节水设施与主体工程"三同时"制度；充分发挥水功能区的基础性和约束性作用，建立和完善水功能区分类管理制度，严格入河湖排污口设置审批，进一步完善饮用水水源地核准和安全评估制度；健全水资源管理责任与考核制度，建立目标考核、干部问责和监督检查机制。充分发挥"三条红线"的约束作用，加快促进经济发展方式转变。

（二）优化水资源配置

严格实行用水总量控制，制定主要江河流域水量分配和调度方案，强化水资源统一调度。着力构建我国"四横三纵、南北调配、东西互济、区域互补"的水资源宏观配置格局。在保护生态前提下，建设一批骨干水源工程和河湖水系连通工程，加快形成布局合理、生态良好，引排得当、循环通畅，蓄泄兼筹、丰枯调剂，多源互补、调控自如的江河湖库水系连通体系，提高防洪保安能力、供水保障能力、水资源与水环境承载能力。大力推进污水处理回用，鼓励和积极发展海水淡化和直接利用，高度重视雨水和微咸水利用，将非常规水源纳入水资源统一配置。

（三）强化节约用水管理

建设节水型社会，把节约用水贯穿于经济社会发展和群众生产生活全过程，进一步优化用水结构，切实转变用水方式。大力推进农业节水，加快大中型灌区节水改造，推广管道输水、喷灌和微灌等高效节水灌溉技术。严格控制水资源短缺和生态脆弱地区高用水、高污染行业发展规模。加快企业节水改造，重点抓好高用水行业节水减排技改以及重复用水工程建设，提高工业用水的循环利用率。加大城市生活节水工作力度，逐步淘汰不符合节水标准的用水设备和产品，大力推广生活节水器具，降低供水管网漏损率。建立用水单位重点监控名录，强化用水监控管理。

（四）严格水资源保护

编制水资源保护规划，做好水资源保护顶层设计。全面落实《全国重要江河湖泊水功能区划》，严格监督管理，建立水功能区水质达标评价体系，加强水功能区动态监测和科学管理。从严核定水域纳污容量，制定限制排污总量意见，把限制排污总量作为水污染防治和污染减排工作的重要依据。加强水资源保护和水污染防治力度，严格入河湖排污口监督管理和入河排污总量控制，对排污量超出水功能区限排总量的地区，限制审批新增取水和入河湖排污口，改善重点流域水环境质量。严格饮用水水源地保护，划定饮用水水源保护区，按照"水量保证、水质合格、监控完备、制度健全"要求，大力开展重要饮用水水源地安全保障达标建设，进一步强化饮用水水源应急管理。

（五）推进水生态系统保护与修复

确定并维持河流合理流量和湖泊、水库以及地下水的合理水位，保障生态用水基本需求，定期开展河湖健康评估。加强对重要生态保护区、水源涵养区、江河源头区和湿地的保护，综合运用调水引流、截污治污、河湖清淤、生物控制等措施，推进生态脆弱河湖和地区的水生态修复。加快生态河道建设和农村沟塘综合整治，改善水生态环境。严格控制地下水开采，尽快建立地下水监测网络，划定限采区和禁采区范围，加强地下水超采区和海水入侵区治理。深入推进水土保持生态建设，加大重点区域水土流失治理力度，加快坡耕地综合整治步伐，积极开展生态清洁小流域建设，禁止破坏水源涵养林。合理开发农村水电，促进可再生能源应用。建设亲水景观，促进生活空间宜居适度。

（六）加强水利建设中的生态保护

在水利工程前期工作、建设实施、运行调度等各个环节，都要高度重视对生态环境的保护，着力维护河湖健康。在河湖整治中，要处理好防洪除涝与生态保护的关系，科学编制河湖治理、岸线利用与保护规划，按照规划治导线实施，积极采用生物技术护岸护坡，防止过度"硬化、白化、渠化"，注重加强江河湖库水系连通，促进水体流动和水量交换。同时要防止以城市建设、河湖治理等名义盲目裁弯取直、围垦水面和侵占河道滩地；要严格涉河湖建设项目管理，坚决查处未批先建和不按批准建设方案实施的行为。在水库建设中，要优化工程建设方案，科学制定调度方案，合理配置河道生态基流，最大程度地降低工程对水生态环境的不利影响。

（七）提高保障和支撑能力

充分发挥政府在水生态文明建设中的领导作用，建立部门间联动工作机制，形成工作合力。进一步强化水资源统一管理，推进城乡水务一体化。建立政府引导、市场推动、多元投入、社会参与的投入机制，鼓励和引导社会资金参与水生态文明建设。完善水价形成机制和节奖超罚的节水财税政策，鼓励开展水权交易，运用经济手段促进水资源的节约与保护，探索建立以重点功能区为核心的水生态共建与利益共享的水生态补偿长效机制。注重科技创新，加强水生态保护与修复技术的研究、开发和推广应用。制定水生态文明建设工作评价标准和评估体系，完善有利于水生态文明建设的法制、体制及机制，逐步实现水生态文明建设工作的规范化、制度化、法制化。

（八）广泛开展宣传教育

开展水生态文明宣传教育，提升公众对于水生态文明建设的认知和认可，倡导先进的水生态伦理价值观和适应水生态文明要求的生产生活方式。建立公众对于水生态环境意见和建议的反映渠道，通过典型示范、专题活动、展览展示、岗位创建、合理化建议等方式，鼓励社会公众广泛参与，提高珍惜水资源、保护水生态的自觉性。大力加强水文化建设，采取人民群众喜闻乐见、容易接受的形式，传播水文化，加强节水、爱水、护水、亲水等方面的水文化教育，建设一批水生态文明示范教育基地，创作一批水生态文化作品。

四、开展水生态文明建设试点和创建活动

为加快推进水生态文明建设，充分吸收节水型社会建设、水生态系统保护与修复、水土保持和水利风景区建设等工作经验，我部拟选择一批基础条件较好、代表性和典型性较强的市，开展水生态文明建设试点工作，探索符合我国水资源、水生态条件的水生态文明建设模式。在此基础上，尽快启动全国水生态文明市创建活动，在更大范围、更高层面上推进水生态文明建设工作。通过水生态文明建设试点和创建活动，树立典型，发挥示范带动效应。各省（自治区、直辖市）水行政主管部门可结合当地工作实际，组织开展本省（自治区、直辖市）水生态文明建设试点或创建活动。水生态文明建设试点和创建工作相关要求另行制定。

加强水生态文明建设是一项长期而复杂的系统工程，各流域机构和各级水行政主管部门主要负责同志要亲自抓，积极安排部署，认真督促检查，及时研究解决工作中的重大问题，确保各项工作落到实处。要按照本意见的要求，抓紧制定具体工作方案，加快推进水生态文明建设工作，及时将有关情况报我部。

水利部关于印发推进江河湖库水系
连通工作的指导意见的通知

水规计〔2013〕393 号

（水利部 2013 年 10 月 15 日印发）

各省、自治区、直辖市水利（水务）厅（局），新疆生产建设兵团水利局，各流域机构：

为贯彻落实 2011 年中央 1 号文件和中央水利工作会议关于"尽快建设一批河湖水系连通工程，提高水资源调控水平和供水保障能力"的要求，加强对江河湖库水系连通工作的指导，大力推动连通工作，我部研究提出了《关于推进江河湖库水系连通工作的指导意见》。现印发给你们，请认真贯彻落实。

附件

水利部关于推进江河湖库水系
连通工作的指导意见

河湖水系是水资源的载体，是生态环境的重要组成部分，也是经济社会发展的基础。江河湖库水系连通（以下简称河湖水系连通）是优化水资源配置战略格局、提高水利保障能力、促进水生态文明建设的有效举措。2011 年中央 1 号文件和中央水利工作会议明确提出，尽快建设一批河湖水系连通工程，提高水资源调控水平和供水保障能力。近年来，我部安排部署了河湖水系连通战略研究等相关工作，各地也相继开展了一些河湖水系连通实践，取得了有益的经验。为科学推进河湖水系连通工作，现提出以下意见。

一、河湖水系连通的重要意义

（一）河湖水系连通是以江河、湖泊、水库等为基础，采取合理的疏导、沟通、引排、调度等工程和非工程措施，建立或改善江河湖库水体之间的水力联系。经过长期的治水实践，特别是新中国成立以来大规模的水利建设，目前部分流域和区域已初步形成了以自然水系为主、人工水系为辅、具有一定调控能力的江河湖库水系及其连通格局，为促进经济社会发展发挥了重要作用。

（二）我国水资源时空分布不均，与经济社会发展布局不相匹配，一些地区水资源承载能力和调配能力不足，部分江河和地区洪涝水宣泄不畅，河湖湿地萎缩严重，水环境恶化。积极推进河湖水系连通，进一步完善水资源配置格局，合理有序开发利用水资源，全面提高水资源调控水平，增强抗御水旱灾害能力，改善水生态环境，对保障国家供水安全、防洪安全、粮食安全、生态安全，支撑经济社会可持续发展具有重要意义。

二、河湖水系连通的总体思路

（三）指导思想。以邓小平理论、"三个代表"重要思想、科学发展观为指导，深入贯彻落实党的十八大精神和中央加快水利改革发展决策部署，以提高我国水资源调控水平和供水保障能力、增强防御水旱灾害能力、促进水生态文明建设为目标，以自然河湖水系、调蓄工程和引排工程为依托，努力构建"格局合理、功能完备，蓄泄兼筹、引排得当，多源互补、丰枯调剂，水流通畅、环境优美"的江河湖库连通体系，为实现以水资源可持续利用支撑经济社会可持续发展提供基础保障。

（四）基本原则

——科学规划、合理布局。紧密结合流域和区域功能定位、发展战略和河湖水系特点，以水资源综合规划、流域综合规划、防洪规划等为基础，科学布局连通工程。

——保护优先、综合利用。在保证连通区域水量、水质及水生态安全的前提下进行河湖水系连通，充分发挥河湖水系连通的资源、环境、生态等多种功能。

——因地制宜、分类指导。充分考虑连通区域的自然条件、水利基础和经济社会发展对河湖水系连通的合理需求，因势利导开展河湖水系连通工作。

——深入论证、优化比选。遵循自然规律和经济规律，加强连通工程论证和方案比选，高度重视河湖水系连通对生态环境的影响，注重连通工程风险评估。

——强化管理、注重效益。加强连通工程的运行管理，注重连通工程的水量—水质—水生态联合调度，充分发挥河湖水系连通的综合效益。

（五）主要目标。通过 10～20 年的努力，以水资源紧缺、水生态脆弱和水环境恶化等地区为重点，逐步构建国家、区域、城市层面布局合理、功能完备、工程优化、保障有力的河湖水系连通格局，水资源统筹调配能力、供水安全保障能力、防洪除涝减灾能力、水生态环境保护能力和应急保障能力得到明显提高。

三、河湖水系连通的工作重点

（六）突出河湖水系连通的功能要求。以水资源配置为主的河湖水系连通，要根据水资源合理配置与高效利用体系建设的总体要求，充分考虑区域水系格局、水资源禀赋条件和生态环境状况，统筹区域之间、行业之间、城乡之间的用水关系，注重多水源的互通互济和联合调度，重点提高供水保障能力和应急抗旱能力。以防洪减灾为主的河湖水系连通，要根据流域防洪体系建设的总体要求，综合考虑流域洪水蓄泄关系和洪水出路安排以及洪水资源利用与生态功能，统筹安排泄洪通道与蓄滞场所，重点提高江河蓄泄洪水的能力。以水生态环境修复与保护为主的河湖水系连通，要根据区域与城市生态保护与修复的要求，在强化节水和严格防治污染的基础上，结合水资源配置体系，保障生态环境用水，修复河湖和区域的生态环境，重点提高水资源和水环境承载能力。

（七）把握河湖水系连通的区域特点。东部地区以巩固优化水系格局和连通状况以及合理恢复历史连通为重点，针对东部地区经济发达、河网密布、循环不畅、水环境压力大等特点，加快连通工程建设，维系河网水流畅通，率先构建现代水网络体系。中部地区以恢复、维系、增强河湖水系连通性为重点，针对中部地区水系复杂、河湖萎缩、蓄滞洪水能力降低等问题，积极实施清淤疏浚、打通阻隔、新建必要的人工通道，提高水旱灾害防御能力和水资源调配能力。西部地区以修复保护生态环境和保障能源基地、重要城市用水为重点，针对西部地区缺水严重、生态脆弱、人水矛盾尖锐等问题，在科学论证、充分比选的基础上，合理兴建必要的调水工程，缓解水资源短缺和生态恶化的状况。东北地区以保障老工业基地、城市群和粮食生产用水为重点，针对东北地区水资源分布不均、水体污染、湿地萎缩等问题，开源节流并举，在有条件的地方加快河湖水系连通工程建设，恢复湖泊湿地，提高城乡供水保障能力。

（八）注重不同层面的连通特征。国家层面河湖水系连通以重要江河湖泊为基础，重要控制性水库为中枢，依托南水北调等重大跨流域调水工程，逐步形成"四横三纵、南北调配、东西互济"的河湖水系连通总体格局。区域层面河湖水系连通以国家骨干连通工程为依托，以区域内水库、湖泊为调蓄中枢，建设必要的引调水工程，逐步实现局部连通向区域连通发展，形成"互连互通、相互调剂"的格局。城市层面应以城市水源调配、防洪排涝、水环境改善为重点，结合城市总体规划，合理连通城市河湖水系，完善城市防洪排涝体系，提高防洪排涝能力，加强备用水源工程建设，保障城市供水安全，保护恢复河流生态廊道，提高水体流动性，适度构建亲水平台，提升城市品位。针对一些农村河道淤堵严重、水流不畅、水源不足等问题，积极实施清淤疏浚、引排工程以及小型水源工程建设，为新农村建设创造条件。

四、河湖水系连通工作的有关要求

（九）以规划为依据，有序推进河湖水系连通。河湖水系连通骨干工程建设，要以水资源综合规划、流域综合规划、防洪规划等为基础，纳入水利发展规划实施；河湖水系连通中小型工程建设，要结合区域水利规划、中小河流治理规划等，统筹安排实施。要根据区域水系格局和水资源条件、生态环境特点和经济社会发展与生态文明建设的要求，充分把握区域河湖水系演变规律，统筹考虑连通的需求与可能性，自然连通与人工连通相结合，恢复历史连通与新建连通相结合，合理有序地开展河湖水系连通。要将全国水生态文明城市建设试点地区河湖连通工作列入优先领域，加大支持力度，切实发挥好示范作用。

（十）深化前期论证，提高工程方案的科学性。实施河湖水系连通工程，要认真做好前期工作，遵循水文循环、水沙运动、河湖演变等自然规律，在充分论证的前提下科学连通，避免盲目建设。要将连通相关区域作为一个整体统筹考虑，根据经济社会发展需要和河湖水系的特点，合理确定河湖水系连通工程的功能、范围、规模，优化工程建设用地、移民安置等方案，建立良性运行机制，提高工程综合效益。深入分析河湖水系连通对生态环境可能带来的影响，重视多方案比选与技术、经济、环境可行性论证，强化河湖水系连通工程对水循环及社会、经济、生态的影响评价，有效规避洪灾和污染转移、生物入侵等连通风险。加强方案协调论证，充分听取有关部门、地方以及专家和公众意见，保证论证和决策的科学性。

（十一）加强工程建设与管理，建立良性运行的长效机制。要加大对河湖水系连通工程建设的财政支持力度，同时要吸引社会资金参与建设，多渠道筹集建设资金。严格按照基本建设程序，加强工程质量和安全管理，有序推进河湖水系连通工程建设。开展河湖水系连通运行管理和优化调度研究，利用现代科技和信息化等手段，加强连通工程涉及区域的水文、水资源、水生态环境监测，科学制定调度方案，加强河湖水系连通系统防洪、供水、生态综合调度，充分发挥连通工程的综合效益。合理制定水价电价和工程运行的公益性补助政策，建立工程良性运行机制。中央分成和省级水资源费等要支持河湖水系连通前期论证、连通水系系统调度和信息管理系统建设等工作。

（十二）切实加强组织领导，推进河湖水系连通工作。推进河湖水系连通工作，是贯彻落实 2011 年中央 1 号文件的一项重要任务。各地区、各单位要高度重视，充分认识构建河湖水系连通网络体系对提高水利支撑能力、保障国家水安全的重要意义，加强领导、统筹谋划、有序组织、加大投入、强化管理，认真总结和推广典型经验，积极推进河湖水系连通工作。

财政部　国家发展改革委　水利部
中国人民银行关于印发《水土保持补偿费
征收使用管理办法》的通知

财综〔2014〕8 号

（财政部　国家发展改革委　水利部　中国人民银行 2014 年 1 月 29 日印发）

各省、自治区、直辖市财政厅（局）、发展改革委、物价局、水利（水务）厅局，中国人民银行上海总部、各分行、营业管理部、省会（首府）城市中心支行、大连、青岛、宁波、厦门、深圳中心支行：

为了规范水土保持补偿费征收使用管理，促进水土流失预防和治理，改善生态环境，根据《中华人民共和国水土保持法》的规定，我们制定了《水土保持补偿费征收使用管理办法》，现印发给你们，请遵照执行。

附件

水土保持补偿费征收使用管理办法

第一章　总　　则

第一条　为了规范水土保持补偿费征收使用管理，促进水土流失防治工作，改善生态环境，根据《中华人民共和国水土保持法》的规定，制定本办法。

第二条　水土保持补偿费是水行政主管部门对损坏水土保持设施和地貌植被、不能恢复原有水土保持功能的生产建设单位和个人征收并专项用于水土流失预防治理的资金。

第三条　水土保持补偿费全额上缴国库，纳入政府性基金预算管理，实行专款专用，年终结余结转下年使用。

第四条　水土保持补偿费征收、缴库、使用和管理应当接受财政、价格、人民银行、审计部门和上级水行政主管部门的监督检查。

第二章　征　　收

第五条　在山区、丘陵区、风沙区以及水土保持规划确定的容易发生水土流失的其他区域开办生产建设项目或者从事其他生产建设活动，损坏水土保持设施、地貌植被，不能恢复原有水土保持功能的单位和个人（以下简称缴纳义务人），应当缴纳水土保持补偿费。

前款所称其他生产建设活动包括：

（一）取土、挖砂、采石（不含河道采砂）；

（二）烧制砖、瓦、瓷、石灰；

（三）排放废弃土、石、渣。

第六条 县级以上地方水行政主管部门按照下列规定征收水土保持补偿费。

开办生产建设项目的单位和个人应当缴纳的水土保持补偿费，由县级以上地方水行政主管部门按照水土保持方案审批权限负责征收。其中，由水利部审批水土保持方案的，水土保持补偿费由生产建设项目所在地省（区、市）水行政主管部门征收；生产建设项目跨省（区、市）的，由生产建设项目涉及区域各相关省（区、市）水行政主管部门分别征收。

从事其他生产建设活动的单位和个人应当缴纳的水土保持补偿费，由生产建设活动所在地县级水行政主管部门负责征收。

第七条 水土保持补偿费按照下列方式计征：

（一）开办一般性生产建设项目的，按照征占用土地面积计征。

（二）开采矿产资源的，在建设期间按照征占用土地面积计征；在开采期间，对石油、天然气以外的矿产资源按照开采量计征，对石油、天然气按照油气生产井占地面积每年计征。

（三）取土、挖砂、采石以及烧制砖、瓦、瓷、石灰的，按照取土、挖砂、采石量计征。

（四）排放废弃土、石、渣的，按照排放量计征。对缴纳义务人已按照前三种方式计征水土保持补偿费的，其排放废弃土、石、渣，不再按照排放量重复计征。

第八条 水土保持补偿费的征收标准，由国家发展改革委、财政部会同水利部另行制定。

第九条 开办一般性生产建设项目的，缴纳义务人应当在项目开工前一次性缴纳水土保持补偿费。

开采矿产资源处于建设期的，缴纳义务人应当在建设活动开始前一次性缴纳水土保持补偿费；处于开采期的，缴纳义务人应当按季度缴纳水土保持补偿费。

从事其他生产建设活动的，缴纳水土保持补偿费的时限由县级水行政主管部门确定。

第十条 缴纳义务人应当向负责征收水土保持补偿费的水行政主管部门如实报送征占用土地面积（矿产资源开采量、取土挖砂采石量、弃土弃渣量）等资料。

负责征收水土保持补偿费的水行政主管部门审核确定水土保持补偿费征收额，并向缴纳义务人送达水土保持补偿费缴纳通知单。缴纳通知单应当载明征占用土地面积（矿产资源开采量、取土挖砂采石量、弃土弃渣量）、征收标准、缴纳金额、缴纳时间和地点等事项。

缴纳义务人应当按照缴纳通知单的规定缴纳水土保持补偿费。

第十一条 下列情形免征水土保持补偿费：

（一）建设学校、幼儿园、医院、养老服务设施、孤儿院、福利院等公益性工程项目的；

（二）农民依法利用农村集体土地新建、翻建自用住房的；

（三）按照相关规划开展小型农田水利建设、田间土地整治建设和农村集中供水工程建设的；

（四）建设保障性安居工程、市政生态环境保护基础设施项目的；

（五）建设军事设施的；

（六）按照水土保持规划开展水土流失治理活动的；

（七）法律、行政法规和国务院规定免征水土保持补偿费的其他情形。

第十二条 除本办法规定外，任何单位和个人均不得擅自减免水土保持补偿费，不得改变水土保持补偿费征收对象、范围和标准。

第十三条 县级以上地方水行政主管部门征收水土保持补偿费，应当到指定的价格主管部门申领《收费许可证》，并使用省级财政部门统一印制的票据。

第十四条 县级以上地方水行政主管部门应当对水土保持补偿费的征收依据、征收标准、征收主体、征收程序、法律责任等进行公示。

第三章 缴　　库

第十五条 县级以上地方水行政主管部门征收的水土保持补偿费，按照 1∶9 的比例分别上缴中央和地方国库。

地方各级政府之间水土保持补偿费的分配比例，由各省（区、市）财政部门商水行政主管部门确定。

第十六条 水土保持补偿费实行就地缴库方式。

负责征收水土保持补偿费的水行政主管部门填写"一般缴款书"，随水土保持补偿费缴纳通知单一并送达缴纳义务人，由缴纳义务人持"一般缴款书"在规定时限内到商业银行办理缴款。在填写"一般缴款书"时，预算科目栏填写"1030176 水土保持补偿费收入"，预算级次栏填写"中央和地方共享收入"，收款国库栏填写实际收纳款项的国库名称。

第十七条 水土保持补偿费收入在政府收支分类科目中列 103 类 01 款 76 项"水土保持补偿费收入"，作为中央和地方共用收入科目。

第十八条 地方各级水行政主管部门要确保将中央分成的水土保持补偿费收入及时足额上缴中央国库，不得截留、占压、拖延上缴。

财政部驻各省（区、市）财政监察专员办事处负责监缴中央分成的水土保持补偿费。

第四章 使 用 管 理

第十九条 水土保持补偿费专项用于水土流失预防和治理，主要用于被损坏水土保持设施和地貌植被恢复治理工程建设。

第二十条 县级以上水行政主管部门应当根据水土保持规划，编制年度水土保持补偿费支出预算，报同级财政部门审核。财政部门应当按照政府性基金预算管理规定审核水土保持补偿费支出预算并批复下达。其中，水土保持补偿费用于固定资产投资项目的，由发展改革部门商同级水行政主管部门纳入固定资产投资计划。

第二十一条 水土保持补偿费的资金支付按照财政国库管理制度有关规定执行。

第二十二条 水土保持补偿费支出在政府收支分类科目中列 213 类 70 款"水土保持

补偿费安排的支出"01 项"综合治理和生态修复"、02 项"预防保护和监督管理"、03 项"其他水土保持补偿费安排的支出"。

第二十三条 各级财政、水行政主管部门应当严格按规定使用水土保持补偿费，确保专款专用，严禁截留、转移、挪用资金和随意调整预算。

第五章 法 律 责 任

第二十四条 单位和个人违反本办法规定，有下列情形之一的，依照《财政违法行为处罚处分条例》和《违反行政事业性收费和罚没收入收支两条线管理规定行政处分暂行规定》等国家有关规定追究法律责任；涉嫌犯罪的，依法移送司法机关处理：

（一）擅自减免水土保持补偿费或者改变水土保持补偿费征收范围、对象和标准的；

（二）隐瞒、坐支应当上缴的水土保持补偿费的；

（三）滞留、截留、挪用应当上缴的水土保持补偿费的；

（四）不按照规定的预算级次、预算科目将水土保持补偿费缴入国库的；

（五）违反规定扩大水土保持补偿费开支范围、提高开支标准的；

（六）其他违反国家财政收入管理规定的行为。

第二十五条 缴纳义务人拒不缴纳、拖延缴纳或者拖欠水土保持补偿费的，依照《中华人民共和国水土保持法》第五十七条规定进行处罚。缴纳义务人对处罚决定不服的，可以依法申请行政复议或者提起行政诉讼。

第二十六条 缴纳义务人缴纳水土保持补偿费，不免除其水土流失防治责任。

第二十七条 水土保持补偿费征收、使用管理有关部门的工作人员违反本办法规定，在水土保持补偿费征收和使用管理工作中徇私舞弊、玩忽职守、滥用职权的，依法给予处分；涉嫌犯罪的，依法移送司法机关。

第六章 附 则

第二十八条 各省（区、市）根据本办法制定具体实施办法，并报财政部、国家发展改革委、水利部、中国人民银行备案。

第二十九条 按本办法规定开征水土保持补偿费后，原各地区征收的水土流失防治费、水土保持设施补偿费、水土流失补偿费等涉及水土流失防治和补偿的收费予以取消。

第三十条 本办法由财政部商国家发展改革委、水利部、中国人民银行负责解释。

第三十一条 本办法自 2014 年 5 月 1 日起施行。

关于水土保持补偿费收费标准
（试行）的通知

发改价格〔2014〕886号

（国家发展改革委　财政部　水利部2014年5月7日印发）

各省、自治区、直辖市发展改革委、物价局，财政厅（局），水利（水务）厅（局）：

为规范水土保持补偿费收费管理，根据《中华人民共和国水土保持法》、《财政部、国家发展改革委、水利部、中国人民银行关于印发〈水土保持补偿费征收使用管理办法〉的通知》（财综〔2014〕8号）等规定，现就水土保持补偿费试行收费标准等有关问题通知如下。

一、制定水土保持补偿费收费标准的基本原则：

（一）预防和治理水土流失，促进水土资源的保护和合理利用；

（二）考虑不同区域水土流失状况和不同行业对生态环境的影响差异；

（三）与国家资源税改革及其他资源补偿类收费政策相衔接；

（四）与经济社会发展阶段相适应，充分考虑相关企业承受能力；

（五）考虑企业生产技术、管理水平、生态环境治理投入等方面的差异；

（六）在自然地理环境相似的地区，对中央和地方企业不得制定歧视性收费标准。

二、水土保持补偿费收费标准按下列规定执行：

（一）对一般性生产建设项目，按照征占用土地面积一次性计征，东部地区每平方米不超过2元（不足1平方米的按1平方米计，下同），中部地区每平方米不超过2.2元，西部地区每平方米不超过2.5元。

对水利水电工程建设项目，水库淹没区不在水土保持补偿费计征范围之内。

（二）开采矿产资源的，建设期间，按照征占用土地面积一次性计征，具体收费标准按照本条第一款执行。开采期间，石油、天然气以外的矿产资源按照开采量（采掘、采剥总量）计征。石油、天然气根据油、气生产井（不包括水井、勘探井）占地面积按年征收，每口油、气生产井占地面积按不超过2000平方米计算；对丛式井每增加一口井，增加计征面积按不超过400平方米计算，每平方米每年收费不超过2元。各地在核定具体收费标准时，应充分评估损害程度，对生产技术先进、管理水平较高、生态环境治理投入较大的资源开采企业，在核定收费标准时应按照从低原则制定。

（三）取土、挖砂（河道采砂除外）、采石以及烧制砖、瓦、瓷、石灰的，根据取土、挖砂、采石量，按照每立方米0.5～2元计征（不足1立方米的按1立方米计）。对缴纳义务人已按前两种方式计征水土保持补偿费的，不再重复计征。

（四）排放废弃土、石、渣的，根据土、石、渣量，按照每立方米0.5～2元计征（不足1立方米的按1立方米计）。对缴纳义务人已按前三种方式计征水土保持补偿费的，不再重复计征。

上述各类收费具体标准由各省、自治区、直辖市价格主管部门、财政部门会同水行政主管部门根据本地实际情况制定。

三、县级以上地方水行政主管部门征收水土保持补偿费，应到同级价格主管部门办理收费许可证，并使用省级财政部门统一印制的票据。

四、相关收费单位要在收费场所显著位置和门户网站对水土保持补偿费的收费依据、收费标准、收费主体、收费范围等内容进行公示。

五、收费单位应严格执行批准的收费项目和收费标准，不得自行增设收费项目和提高收费标准，并自觉接受价格、财政、审计和上级水行政主管部门的监督检查。各级价格主管部门应加强对收费单位收费许可证的年度审验。

六、上述规定自本通知印发之日起执行，试行两年。各省、自治区、直辖市根据本通知规定制定具体的水土保持补偿费收费标准，报国家发展改革委、财政部、水利部备案。

水利部关于印发推进海绵城市建设
水利工作的指导意见的通知

水规计〔2015〕321号

（水利部2015年8月10日印发）

各省、自治区、直辖市水利（水务）厅（局），各计划单列市水利（水务）局，新疆生产建设兵团水利局：

为贯彻落实习近平总书记关于保障水安全和推进城镇化建设重要讲话精神，2015年，财政部、住房城乡建设部、水利部联合启动了海绵城市建设试点工作。为进一步指导和推进海绵城市建设水利工作，充分发挥水利在海绵城市建设中的重要作用，我部研究提出了《关于推进海绵城市建设水利工作的指导意见》。现印发给你们，请认真贯彻落实。

附件

水利部关于推进海绵城市建设
水利工作的指导意见

为贯彻落实习近平总书记关于保障水安全和推进城镇化建设重要讲话精神，2015年财政部、住房城乡建设部、水利部联合启动了海绵城市建设试点工作。河湖水系和地下水系统是海绵城市建设的重要组成部分，水灾害防治、水资源利用、水环境治理和水生态保护是海绵城市建设的重要内容。为指导和推进海绵城市建设水利工作，现提出以下意见。

一、充分认识水利在海绵城市建设中的重要作用

（一）海绵城市是以低影响开发建设模式为基础，以防洪排涝体系为支撑，充分发挥绿地、土壤、河湖水系等对雨水径流的自然积存、渗透、净化和缓释作用，实现城市雨水径流源头减排、分散蓄滞、缓释慢排和合理利用，使城市像海绵一样，能够减缓或降低自然灾害和环境变化的影响，保护和改善水生态环境。海绵城市建设以水为主线，以城市规划建设和管理为载体，构建城市良性水循环系统，增强城市水安全保障能力和水资源水环境承载能力。

（二）目前，城市水资源短缺、水环境污染、水生态恶化、水灾害加剧等水安全问题日益凸显。一些城市洪涝水宣泄不畅，河湖、湿地萎缩严重，河湖水生态空间被严重挤占，不透水面积不断增加，水体黑臭现象频繁发生，雨洪资源利用程度低，地下水超采和水土流失问题严重，应对干旱和突发水事件能力低。开展海绵城市建设是有效解决城市水安全问题，加快推进生态文明建设的重要举措。

（三）城市河湖水系和地下水系统是蓄积、调节和净化雨洪径流的主要场所，是保障海绵城市建设"渗、滞、蓄、净、用、排"各项措施发挥系统治理效益的重要基础。完善城市防洪排涝体系，统筹调控流域上下游、城市建成区内外洪涝水，合理安排洪涝水出路，是提高城市防洪排涝标准的重要措施。加强城市河湖综合整治和水系连通，保护地下水系统，实施水生态修复，是改善城市生态环境的重要支撑。强化节约用水，优化配置水资源，加强雨水、再生水等水源利用，是提高城市水资源承载力的重要举措。提高城市水管理能力，规范城市水资源管理和河湖水域管控，是建设海绵城市的重要保障。

二、推进海绵城市建设水利工作的总体思路

（四）指导思想。深入贯彻落实党的十八大和十八届三中、四中全会精神，遵循"节水优先、空间均衡、系统治理、两手发力"的新时期水利工作方针，以提升城市防洪排涝、供水保障能力和改善水生态环境为目标，以城市河湖水系和水利工程体系为依托，以加强城市水管理为保障，协同海绵城市建设其他措施，共同构建自净自渗、蓄泄得当、排用结合的城市良性水循环系统，为促进城市水生态文明建设和城镇化健康发展提供基础支撑。

（五）基本原则

——尊重规律，因地制宜。综合考虑城市地形地貌、降水径流、水资源、洪涝灾害、河湖水系分布等自然地理特点，以及城市功能定位、发展建设布局、水利基础设施等因素，坚持问题导向，合理确定海绵城市建设水利工作的目标、指标和对策措施，推动城市发展与水资源水环境承载力相协调。

——科学规划，系统布局。将海绵城市建设水利措施和要求，统一纳入城市规划蓝图，强化与流域和区域综合规划、防洪排涝规划等的衔接，发挥规划的约束和引领作用。统筹协调流域上下游、城市建成区内外、地表水与地下水、防洪排涝与雨水利用的关系，科学布局海绵城市建设，确保发挥系统治理效益。

——保护优先，综合施策。树立山水林田湖是一个生命共同体的理念，加强城市河湖水域和地下水保护，维持城市良性水循环所必要的空间，促进绿色生态城市发展。统筹各类治理措施，自然和人工措施相结合，注重措施的实用性、经济性和创新性，综合治理，发挥连片效应。

——依法管理，创新机制。坚持依法行政，严格贯彻执行《水法》《防洪法》《水土保持法》及《河道管理条例》等法律法规，加强城市水管理，创新水管理机制，完善海绵城市建设体制机制。加强城市水资源、河湖水域及岸线、水利工程管理和洪水及供水风险管理，提高城市水管理能力和水平，强化水资源水环境承载力的刚性约束。推行政府和社会资本合作的建设运营模式，激发市场活力。

（六）总体目标。以城市河湖水域及岸线管控和综合整治、防洪排涝体系建设、水资源优化配置和高效利用、水资源保护与水生态修复、水土保持、水管理能力建设为重点，逐步构建"格局合理、蓄泄兼筹、水流通畅、环境优美、管理科学"的海绵城市建设水利保障体系，增强城市防洪排涝、水资源保障、水生态环境等水安全保障能力，与其他海绵城市建设项目和措施统筹衔接，提升城市生态文明建设水平。

（七）水利主要指标。各地应结合当地实际，合理确定海绵城市建设水利工作的目标指标，促进各项水利工作协同推进。水利主要指标如下：防洪标准、降雨滞蓄率、水域面积率、地表水体水质达标率、雨水资源利用率、再生水利用率、防洪堤达标率、排涝达标率、河湖水系生态防护比例、地下水埋深、新增水土流失治理率。指标释义详见附件（略）。

三、海绵城市建设水利工作主要任务

（八）制定海绵城市建设实施方案。加强与财政、住建等相关部门的协调衔接，科学确定海绵城市建设总体布局和目标指标，因地制宜制定海绵城市建设实施方案。研究提出重点水利措施和项目，构建海绵城市建设水利保障体系。加强海绵城市建设的水利技术支撑，提出城市河湖水系重要控制节点的水位、流量、水质等关键技术指标。加强各项水利措施与城市管网设施及其他各类措施的衔接，发挥系统治理效益。

（九）严格城市河湖水域空间管控。严格城市河湖、湿地、沟渠、蓄洪洼淀等自然河湖水域岸线的用途管制，划定河湖管理范围和水利工程管理与保护范围，推进确权划界，设置必要的界桩、界碑和警示设施，依法依规确定水利工程管理范围内的土地使用权属，禁止侵占河湖水域岸线，维持城市水循环所必要的生态空间，保持其滞留、集蓄、净化洪涝水的功能。水资源条件好的城市，可适当恢复和增加一定比例的水域面积，改善城市水循环条件；水资源短缺城市，可利用雨水、再生水等水源，适当构建有限的水域载体，严控人造水景观工程。

（十）因地制宜做好河湖水系连通。根据城市水系格局和水资源条件，通过清淤疏浚、连通工程、涵闸调控、水系调度等措施，恢复河流、湖泊、洼地、湿地等自然水系互通，提高雨洪径流的调蓄容量和调配灵活性，完善城市防洪排涝体系，保护恢复河流绿色生态廊道，提高水体流动性。把握河湖水系演变规律，统筹考虑连通的需求和可行性，坚持恢复自然连通与人工连通相结合，合理有序开展城市河湖水系连通，逐步构建"格局合理、功能完备、蓄泄兼筹、引排得当、多源互补、丰枯调剂、水流通畅、环境优美"的河湖水系连通格局。

（十一）推进城市水生态治理与修复。统筹考虑防洪、供水、生态环境保护等目标要求，完善城市河湖生态调度，保障河湖生态用水，保护和修复水生态系统。推进城市河湖生态化治理，尽量维持河道自然形态，避免盲目裁弯取直；护岸护坡尽量采用生态措施，避免河道过度"硬化、白化、渠化"；修复河滩及滨水带生态功能，合理设置人工湿地、生态浮岛等生态修复措施，发挥其自然渗透、涵养水源、净化水体的作用。采取控源截污、清淤疏浚、生态修复等措施，加大城市黑臭水体治理力度。要严格控制地下水开采，依法划定禁止开采区和限制开采区，恢复地下水水位，防止地面沉降。

（十二）建设雨水径流调蓄和承泄设施。根据城市地形地貌特点、河湖水系分布、岸坡地质条件及雨洪蓄泄关系，在满足防洪排涝安全的前提下，在城市河湖水系沿岸适当位置，因地制宜布设旁侧湖、滞水塘、调蓄池、蓄水池等雨水径流调蓄设施，有条件的可建设地下蓄水储水设施、排洪通道，增加对雨洪径流的滞蓄和承泄能力。

（十三）完善城市防洪排涝体系。与流域、区域防洪规划相衔接，妥善安排城市洪涝水滞蓄和外排出路，统筹布局泄洪通道和蓄滞场所，合理确定城市防洪排涝分区和建设标准。科学谋划城市建成区内外的防洪排涝工程体系，综合考虑河湖调节、滞蓄、外排等措施，完善堤防、涵闸、泵站、蓄滞场所等水利设施，提高城市防洪排涝能力。加强城市水文监测，健全监测站网，加强城市易涝区、城市河湖等洪涝水文信息监测和预警系统建设。处理好城市防洪排涝体系与海绵城市建设各项措施的衔接关系，增强雨洪径流调控能力。加强城市防洪减灾社会管理和应急管理能力建设，完善防洪排涝应急预案，建立应急抢险队伍和应急储备机制，健全预警预报和响应制度，增强群众防洪避险及自救意识，纳入城市安全运行体系。

（十四）强化城市水资源管理与保护。落实最严格水资源管理制度，强化"三条红线"管理和考核。推进规划水资源论证工作，坚持以水定城、以水定地、以水定人、以水定产，切实把水资源作为城市发展、人口规模、土地利用、产业布局的刚性约束。加强城市水资源供需平衡分析，大力推进城乡水资源统一规划、统一配置和统一调度。加强节水型社会建设，全面落实计划用水和节水"三同时"制度，强化用水计量管理和水资源监控能力建设，对工业用水户及其他规模以上用水户进行全面监控。建立水功能区分级分类监管体系，严格按照水功能区进行水资源开发利用、水生态保护和用途管制。规范入河排污口设置，优化入河排污布局，对入河排污口开展监督性监测，清理和整治设置不合理的入河排污口。制定严重干旱供水应急预案和调度方案，确保供水安全。

（十五）加强城市水源保障和雨洪利用。强化城市水源地保护和安全保障达标建设，加强应急备用水源建设，完善城市多水源供水系统和联合调度机制，增强城市供水保障能力和应急能力。加强雨洪、再生水等水源利用，纳入城市水资源统一配置。充分利用河道、沟渠、湿地、洼淀等蓄水功能，完善雨水收集、调蓄、利用设施，推进雨洪资源化。

（十六）做好城市水土保持与生态清洁小流域治理。加强城市开发建设过程中水土保持预防监督管理工作，执行水土保持设施"三同时"制度，减少新增人为水土流失，促进雨水径流源头减排。对城市侵蚀劣地、闲置开发区、裸露土地、坡地及岸坡等采取水土保持措施，提高城市植被覆盖率和雨水下渗能力。根据城市雨水汇流特征，以小流域为单元开展清洁化治理，通过雨水收集存储、雨水花园建设等综合治理措施，削减城市面源污染，提升城市生态品质。

四、海绵城市建设水利工作要求

（十七）加强组织领导。各地区、各单位要高度重视海绵城市建设工作，加强组织领导，明确各项工作责任。各城市水利（水务）部门要在城市人民政府统一领导下，加强与财政、住建等部门沟通协调，按照职责分工，积极主动做好水利相关工作，协同推进海绵城市建设。省级水行政主管部门要加强对海绵城市建设水利工作的指导，做好与水生态文明建设工作的衔接，同时加强与省级相关部门的协调与合作。

（十八）抓好项目实施。根据海绵城市建设实施方案和目标任务，城市水利（水务）部门要与有关部门共同细化制定实施计划，优化项目安排，合理确定项目实施进度。认真做好相关项目前期工作，抓好项目组织实施，严格执行建设程序，加强工程质量与安全管理。加强新技术推广运用，做好技术培训。充分发挥市场机制作用，创新投融资机制，多渠道筹集资金，加强资金整合，积极吸引社会资本投入。

（十九）强化项目运行管理。做好水利项目运行管理和优化调度，利用现代科技和信息化等手段，加强海绵城市各类措施的协同调度，充分发挥综合效益。创新水利项目运行管护机制，落实工程运行管护经费，明确运行管护机构和责任，建立工程良性运行机制。

（二十）做好跟踪监测和评估考核。完善城市水文水资源监测体系，加强对城市水循环系统的跟踪监测。根据海绵城市建设的考核目标和城市水循环系统监测成果，加强水利措施的效果评估工作，对水利措施提出调整和完善建议。与有关部门共同对海绵城市建设的实施效果进行考核评估，对相关技术的适用性进行分析评价。做好海绵城市建设经验总结，完善相关政策法规和技术规范。

六、建立严格的河湖管理
与保护制度

水利部关于印发《关于加强河湖管理工作的指导意见》的通知

水建管〔2014〕76 号

（水利部 2014 年 2 月 28 日印发）

部机关各司局，部直属各单位，各省、自治区、直辖市水利（水务）厅（局），各计划单列市水利（水务）局，新疆生产建设兵团水利局：

为贯彻落实党的十八大、十八届三中全会精神和中央关于加快水利改革发展的决策部署，全面加强河湖管理，提升河湖管理水平，维护河湖健康生命，促进生态文明建设，我部研究制定了《关于加强河湖管理工作的指导意见》，现予印发。请各地和有关单位高度重视河湖管理工作，结合各地实际，切实加强组织领导，明确责任分工，健全工作机制，确保各项措施有效落实。

附件

关于加强河湖管理工作的指导意见

为贯彻落实党的十八大、十八届三中全会精神和中央关于加快水利改革发展的决策部署，全面提升河湖管理的法制化、规范化和专业化水平，实现传统管理向现代管理、粗放管理向精细管理转变，保障防洪和供水安全，促进河湖休养生息，维护河湖健康生命，推进水生态文明建设，现就加强河湖管理工作提出如下意见。

一、加强河湖管理的重要性和紧迫性

江河湖泊具有重要的资源功能和生态功能，是洪水的通道、水资源的载体、生态环境的重要组成部分。近年来，各地积极采取措施，着力加强河湖管理，促进了河湖防洪、供水、发电、航运、生态等综合效益的发挥，有力支撑了经济社会的可持续发展。但是，一些地方在发展过程中，忽视河湖保护，违法围垦湖泊、挤占河道、蚕食水域、滥采河砂等问题突出，严重威胁着防洪安全、供水安全、生态安全。河湖管理涉及水域、岸线、采砂、排污口设置、涉河建设项目等方面，是水利社会管理的核心内容，是确保河湖资源可持续利用的重要工作，是当前水利工作的一项硬任务。加强河湖管理，实现河畅、水清、岸绿、景美，是建设美丽中国、建立生态文明制度的迫切需要，是推进工业化、城镇化、农业现代化和保障经济社会可持续发展的必然要求，是深化水利改革的重要内容。各地要深入贯彻落实中央决策部署，充分认识加强河湖管理工作的重要性和紧迫性，把加强河湖管理摆在更加突出位置，纳入重要议事日程，采取有力措施，切实抓紧抓好。

二、指导思想和原则

1. 指导思想。认真贯彻落实党的十八大和十八届三中全会精神，按照中央关于加快水利改革发展的决策部署，牢固树立以人为本、人与自然和谐的理念，尊重河湖自然规律，维护河湖生命健康，科学规划、完善机制、落实责任、强化监管，着力提升河湖管理的能力和水平，以健康完整的河湖功能支撑经济社会的可持续发展。

2. 基本原则。坚持人水和谐，既要满足经济社会发展对河湖资源合理开发的需求，更要满足维护河湖健康的基本需求；坚持统筹兼顾，实行保护优先，处理好利用与保护的关系、当前和长远的关系、区域和流域的关系、水利和其他行业的关系；坚持依法管理，完善河湖管理保护法规，统筹相关部门执法力量，加大执法监督力度，严格涉河涉湖建设项目和活动审批，规范河湖开发利用行为；坚持改革创新，不断探索创新符合本地实际的管理模式，利用科学的管理方式、先进的管理手段，积极构建长效管理机制。

3. 总体目标。到 2020 年，基本建成河湖健康保障体系，建立完善河湖管理体制机制，努力实现河湖水域不萎缩、功能不衰减、生态不退化。

三、主要任务

1. 健全法规制度体系。依据水法、防洪法等法律法规，完善现有河湖管理法规制度。各地要根据本地区实际，健全涉河建设项目管理、水域和岸线保护、河湖采砂管理、水域占用补偿和岸线有偿使用等法规制度，制定和完善技术标准，确保河湖管理工作有法可依、有章可循。根据河湖生态环境修复成本，按照"谁破坏、谁赔偿"的原则，研究建立河湖资源损害赔偿和责任追究制度。

2. 建立规划约束机制。各地要认真组织实施国家批准的流域综合规划、流域防洪规划、水资源保护规划、采砂管理规划、岸线利用管理规划等重要规划。要根据国家规划，结合本地河湖管理实际，科学编制相关规划，加强规划对河湖管理的指导和约束作用。要建立健全规划治导线管理制度，抓紧划定规划治导线，并严格执行。要依据采砂规划确定河湖采砂禁采区和禁采期，严格采砂管理。要落实水域岸线用途管制，与水功能区划相衔接，将水域岸线按规划划分为保护区、保留区、限制开发区、开发利用区，严格分区管理。落实规划实施评估和监督考核工作。

3. 创新河湖管护机制。各地要按照分级管理原则，层层落实河湖管护主体、责任和经费，特别是明确县级以下的基层河湖管理责任主体，充实基层管护人员，实现河湖管理的全覆盖。创新河湖管理模式，鼓励各地推行政府行政首长负责的"河长制"，对河湖的生命健康负总责。积极引入市场机制，凡是适合市场、社会组织承担的工程维护、河道疏浚、水域保洁、岸线绿化等管护任务，可通过合同、委托等方式向社会购买公共服务。

4. 开展水域岸线登记和确权划界工作。各地要全面开展河湖水域岸线登记、河湖管理范围划定、水利工程确权划界工作。抓紧制定河湖水域岸线登记办法，保障水域岸线登记工作统一标准、统一平台、统一发证。各地要依照法律法规规定，加快划定河湖管理范围，明确管理界线。水利工程确权划界工作要按照轻重缓急、先易后难、因地制宜的原则实施，对确权存在较大困难的可先划界、后确权。对已划定管理和保护范围的，要设立界桩、管理和保护标志，严格涉河湖活动的社会管理。

5. 建立占用水域补偿制度。各地要根据党的十八届三中全会"实行资源有偿使用制度和生态补偿制度"的要求，采取有效措施，尽快建立建设项目占用水域补偿制度。要切实加强河湖水域保护，严格限制建设项目占用水域，防止现有水域面积衰减。建设项目确需占用水域的，应按照消除对水域功能的不利影响、等效替代的原则，实行占用补偿。鼓励地方积极探索建设项目占用水域的补偿方式，制定相应的补偿管理办法。要把占用水域补偿措施作为河道管理范围内建设项目工程建设方案审查（以下简称涉河建设项目审查）的重要内容，与建设项目同步实施。

6. 规范涉河建设项目和活动审批。严格执行水工程建设规划同意书、涉河建设项目审查、河道采砂许可、洪水影响评价、入河排污口审批等制度。按照国务院加快转变政府职能的要求，可将河道管理范围内建设项目位置和界限与工程建设方案一并审查审批。各流域管理机构和地方各级水行政主管部门要规范审查程序，明确审查标准，依照审批权限严格审批。建立健全涉河建设项目审批公示制度，加强涉河建设项目全过程监管，做到源头严防、过程严管。

7. 依法严禁涉河违法活动。各地要根据法律法规的相关规定，加强涉河活动管理。在河湖管理范围内，严格禁止修建围堤，建设阻水建筑物，种植高秆作物，设置拦河渔具，弃置矿渣、泥土、垃圾等。在堤防和护堤地禁止建房、打井、存放物料、开采地下资源等活动。在河湖管理范围内采砂、取土、淘金、滩地存放物料、修建建筑设施、开采地下资源等，应按管理权限报相应的水行政主管部门批准。禁止围湖造地，已经围垦的，应当按照国家规定的防洪标准有计划地退地还湖。禁止围垦河道，确需围垦的，必须经过科学论证，经省级人民政府水行政主管部门或国务院水行政主管部门同意后，报本级人民政府批准。各地要做好河湖清障、退圩和保洁等日常管护工作，做到河湖畅通，堤岸整洁，水面清洁，改善河湖环境。

8. 强化日常巡查和检查。各地要建立河湖日常巡查责任制，确保日常巡查责任到位、人员到位。要明确河湖巡查内容，加强对涉河建设项目、水利工程管护、河湖采砂、排污口设置等涉河活动的巡查检查，加大重要河湖、重点河段和重要时段的巡查密度和力度，对涉河湖违法违规行为和工程隐患早发现、早处理。各河湖管理单位要把河湖巡查和检查工作纳入绩效目标，上级部门要加强监督检查。

9. 严厉打击违法违规行为。各地要进一步加大河湖执法力度，坚持有法必依、执法必严、违法必究，切实维护良好的河湖管理秩序。要建立政府主导、水利牵头、有关部门配合的联合执法机制，形成执法合力。要开展定期或不定期的执法检查，针对违法现象严重的区域和水域，开展专项执法和集中整治行动。全面加强对河湖非法采砂的行政执法，强化可采期可采区现场监管，严禁超范围、超时限、超功率、超采量采砂；严格禁采区和禁采期管理，严禁偷采盗采，保持对非法采砂的高压严打。全面强化对涉河违法违规建设项目和活动的行政执法，严禁违法侵占河湖，严厉查处未批先建和越权审批行为。对涉河重大违法案件，要由上一级水行政主管部门挂牌督办，一查到底，做到依法查处到位、责任追究到位、整改落实到位。

10. 加强河湖管理动态监控。要充分利用第一次全国水利普查成果，制定完善的河湖名录，建立河湖管理信息系统，实现河湖管理信息化。要积极运用遥感、空间定位、卫星航片、视频监控等科技手段，对重点河湖、水域岸线、河道采砂进行动态监控，及时发现围垦河湖、侵占岸线、非法设障、水域变化、非法采砂等情况，为河湖管理和行政执法提供技术支撑。建立河湖管理动态监控信息公开制度，对违法违规项目信息及整改情况依法予以公布。建立河湖管理信息报送制度，重大问题及时报水利部。

四、保障措施

1. 加强组织领导。地方各级水行政主管部门要充分认识加强河湖管理的重要性，加强组织领导，落实责任主体，建立工作机制，强化监督检查，严格考核问责，抓好督办落实。

2. 提升管理能力。健全河湖管理机构，落实管理人员。加强职工教育培训，改进管理手段，强化作风建设，提高队伍素质，进一步提升管理水平和依法行政能力。

3. 落实管护经费。地方各级水行政主管部门要根据河湖管护任务要求，合理核算管护经费，拓宽经费渠道，稳定经费来源，参照中央水利建设基金的支出结构，逐步提高地方水利建设基金、河道工程修建维护管理费等用于河湖水利工程维修养护的比例。

4. 强化检查督导。各流域管理机构和各省级水行政主管部门要加强管辖范围内河湖管理工作的检查督导，按照"谁监管、谁负责"的原则，严格责任落实和责任追究，对河湖管理混乱、问题突出以及执法严重不到位的要追究相关单位和人员的责任。

5. 注重舆论宣传。加强河湖管理保护重要意义和相关法律法规制度的宣传，加大对违法案件的曝光力度，充分发挥新闻媒体监督与社会监督的作用，形成河湖管理保护的良好氛围。

水利部 国土资源部 交通运输部
关于进一步加强河道采砂管理工作的通知

水建管〔2015〕310号

（水利部 国土资源部 交通运输部2015年7月30日印发）

各省、自治区、直辖市水利（水务）厅（局）、国土资源厅（局）、交通运输厅（局），各计划单列市水利（水务）局、国土资源局、交通局（委），新疆生产建设兵团水利局、国土资源局、交通局，水利部各流域机构、国土资源部各相关派出机构，交通运输部各相关派出机构、航道管理机构：

为深入贯彻落实党的十八届三中、四中全会精神，进一步加强河道采砂管理，维护河势和航道稳定，保障防洪安全、通航安全、供水安全、生态安全和重要基础设施安全，促进砂石资源的合理开发利用，现就有关事项通知如下。

一、提高认识，加强组织领导

多年来，经过地方各级人民政府，各级水利、国土资源、交通运输和有关部门的共同努力，河道采砂管理取得了良好成效，逐步走向规范化、制度化。但在暴利驱使下，一些地方私采滥挖河道砂石问题仍时有发生，有的地方甚至愈演愈烈，对堤防、航道、桥梁等重要基础设施的安全和河道砂石资源的合理利用带来不利影响，给防洪安全、通航安全、供水安全、生态安全造成威胁，河道采砂管理形势严峻。

党的十八届三中全会提出，要创新社会治理体制，健全公共安全体系；加快生态文明制度建设，有序实现河湖休养生息。党的十八届四中全会对全面推进依法治国和建设社会主义法治国家作出重要部署。各地水利、国土资源、交通运输部门要充分认识依法加强河道采砂管理工作的重要性和艰巨性，充分认识打击河道非法采砂的长期性和复杂性，深入贯彻落实党的十八届三中、四中全会精神，把加强河道采砂管理作为依法治国、建设生态文明和维护公共安全的重要政治任务，在地方人民政府的统一领导下，按照各自职责分工，切实把河道采砂管理工作抓实抓好。

二、统筹规划，依法科学管理

河道砂石是河床的重要组成部分，也是重要的矿产资源，对河道采砂进行统一规划，是依法管理河道采砂的重要依据，是规范河道采砂活动的重要基础。河道采砂管理规划要坚持统筹兼顾、科学论证，处理好保护与利用、当前与长远的关系，符合流域和区域综合规划以及防洪、河道整治规划，航道规划，矿产资源规划等相关规划，严格划定禁采区，明确禁采期，合理确定可采量和可采范围，实行保护优先、总量控制和有序开采，确保河道采砂不影响河势稳定，不损害航道条件和通航安全，不带来防洪隐患，不威胁生态安全。

水利部会同国土资源部、交通运输部正在编制《全国江河重要河道采砂管理规划》，拟由三部联合印发，各地各有关单位要认真执行，增强规划的约束力。对于其他河道，各地要在地方人民政府的统一领导下，尽快建立健全河道采砂管理统一规划制度。近期，对采砂问题突出、采砂管理任务较重，采砂可能对河势、防洪、供水、通航、生态环境等方面有较大影响的河道，各地水利部门要会同国土资源、交通运输部门按管理权限抓紧编制出台河道采砂管理规划。长江宜宾以下干流河道采砂管理规划按《长江河道采砂管理条例》的规定执行。

三、落实责任，加大监管力度

水利部会同国土资源部、交通运输部等部门负责除长江宜宾以下干流河道之外的全国河道采砂监督管理工作。水利部对河道采砂影响防洪安全、河势稳定、堤防安全负责；国土资源部对保障河道内砂石资源合理开发利用负责；交通运输部对河道采砂影响通航安全负责。各级水利、国土资源、交通运输部门要在地方人民政府的领导下，充分发挥各自监管优势，密切协调配合，齐抓共管，共同维护河道采砂监管良好局面。

各地要根据行政审批制度改革要求和河道径流特点，切实规范采砂许可工作，对同一事项只进行一次许可。非季节性河流（常年流水河道），以确保河势稳定、航道稳定和防洪安全、通航安全为主，在科学规划基础上，河道采砂管理作为河道管理的重要内容，依法实行河道采砂许可。在发放采砂许可证前，水行政主管部门应事先征求国土资源等相关部门意见，涉及航道的，由水行政主管部门会同交通运输主管部门批准。季节性河流，在保障河势稳定和防洪安全、通航安全、生态安全的前提下，在科学规划的基础上，采砂管理以矿产资源管理为主，依法实行采矿许可。在发放采矿许可证前，国土资源行政主管部门应事先征求水行政主管部门等相关部门意见，涉及航道的应事先征得交通运输部门同意。各地季节性和非季节性河流的划分、河道采砂许可的具体方式、审批程序等由各省级人民政府确定。

非季节性河流的采砂管理由水利部门负责。季节性河流的采砂管理主要由国土资源部门负责。航道和航道保护范围内采砂损害航道通航条件的，航道管理部门应按照《中华人民共和国航道法》规定进行执法监管。要加强河道采砂日常巡查和监管，强化重要江河、重点河段、重要区域和重要时段的巡查，强化对禁采区和禁采期、采砂总量和作业方式的监管，对违法违规采砂行为做到早发现，早制止，早处理。加强对涉砂船舶和采砂机具的监管，严厉打击"三无"船只。对重要江河、重点河段、重要区域和重要时段的非法采砂，水利、国土资源、交通运输部门要适时组织开展联合执法打击。

长江宜宾以下干流河道采砂管理按《长江河道采砂管理条例》的规定执行。

四、突出重点，全面排查隐患

自本通知下发之日起，各地要对重要河道、重点河段和重要工程设施水域进行全面排查。重点排查违法违规采砂问题突出、采砂量较大以及防汛任务较重的河段，对无证和不按许可要求的河道采砂行为和涉砂船舶，危及水工程、桥梁、航道、码头、管线等重要基础设施安全以及影响防洪安全、通航安全、供水安全的河道非法采砂行为要进行集中打击，按照有关法律法规从严从重处理，及时消除安全隐患。在各地隐患排查和集中打击的基础上，水利部、国土资源部、交通运输部将联合开展河道非法采砂专项检查行动。

五、密切配合，建立长效机制

水利部、国土资源部、交通运输部建立河道采砂管理合作机制，充分发挥各自优势，密切加强协调配合，推进建立完善的河道采砂管理长效机制。三部成立合作机制领导小组，负责除长江宜宾以下干流河道之外的全国河道采砂管理的重大决策部署，协调解决重大问题，推进河道采砂管理立法工作。

各级水利、国土资源、交通运输部门要在地方人民政府的统一领导下，按本通知精神结合本地实际，明确采砂管理牵头部门和协作部门，落实责任主体，要建立联合监管机制、共同执法机制、定期会商机制、重大问题协调机制和信息资源共享机制。通过强化制度建设、狠抓源头治理、加强日常巡查、严格依法查处、注重教育引导等多种有效形式，始终保持对河道违法违规采砂行为的高压严打态势。

七、完善水利投入稳定
增长机制

关于进一步做好水利改革发展金融服务的意见

银发〔2012〕51号

（中国人民银行　国家发展改革委　财政部　水利部　银监会
证监会　保监会 2012 年 2 月 29 日印发）

中国人民银行上海总部，各分行、营业管理部，各省会（首府）城市中心支行，各副省级城市中心支行；各省、自治区、直辖市、计划单列市发展改革委、财政厅（局）、水利（水务）厅（局）、银监局、证监局、保监局，水利部各流域机构；交易商协会；国家开发银行、各政策性银行、国有商业银行、股份制商业银行、中国邮政储蓄银行：

为深入贯彻落实《中共中央国务院关于加快水利改革发展的决定》（中发〔2011〕1号）和中央水利工作会议精神，进一步做好水利改革发展金融服务工作，现提出如下意见。

一、充分认识做好水利改革发展金融服务的重要意义

（一）水利是现代农业建设不可或缺的首要条件，是经济社会发展不可替代的基础支撑，是生态环境改善不可分割的保障系统，事关农业农村发展，事关经济社会发展全局，事关粮食、生态和国家安全。中发〔2011〕1号文件明确提出要把水利工作摆在党和国家事业发展更加突出的位置，推动水利实现跨越式发展。金融部门要认真学习、深入贯彻落实中发〔2011〕1号文件和中央水利工作会议精神，加强和发展改革、财政、水利等部门的协调配合，积极探索综合运用多种政策资源的有效模式，把水利作为国家基础设施建设的优先领域，把农田水利作为农村基础建设的重点任务，加大金融产品和服务模式创新，合理调配金融资源，优化信贷结构，全面改进和加强水利改革发展的金融支持和服务。

二、大力创新符合水利项目属性、模式和融资特点的金融产品和服务方式，进一步加大对水利建设的金融支持

（二）鼓励和支持符合条件的地方政府融资平台公司通过直接、间接融资方式，拓宽水利投融资渠道。各级地方政府要认真按照国务院以及有关部门关于地方融资平台公司整改要求，积极通过注入资本、财政补助以及重组增加水电站、城市供水等部分优质资产的方式，支持有实力的水利融资平台公司整改为一般公司类法人，对于经整改后符合条件的水利融资平台公司，银行业金融机构应积极予以支持，地方政府在出资范围内承担有限责任。对于在建的国家重点水利建设项目，地方政府、融资平台公司应按照有关要求通过增加抵押担保等风险缓释措施，在新增抵押担保合法合规足值的条件下，银行业金融机构要在依法合规的前提下采取有效措施予以支持。

（三）积极引入多元化投融资主体，创新项目融资方式，引导金融资源支持水利建设。积极发展 BOT（建设—经营—转交）、TOT（转让经营权）、BT（建设—转交）等新型水利项目融资模式，通过有资质的水利项目建设方作为贷款主体，引导更多信贷资源支持水利建设。合理开发水能资源、旅游资源、生态资源、土地资源等各种资源，组建股份制水利企业，鼓励各类企业投资兴建经营性水利项目。鼓励和引导银行业金融机构加大对经营性水利项目的信贷支持，对能够用省（市）属水利工程经营性收益实现可持续经营的水利建设项目积极予以支持。

（四）大力创新金融产品和服务，加大对农田水利建设的支持力度。金融机构要积极配合国家组织开展的农村饮水安全工程、大中型灌区续建配套与节水改造、小型农田水利工程、节水灌溉等重点水利项目，积极做好金融支持和服务工作。加快小型农田水利工程与城乡互助型农业、订单农业等新型农业生产方式的结合，以农民专业合作组织、农业产业化龙头企业、种养殖大户等作为小型农田水利承贷主体，采取"合作社＋农户"、"企业＋基地＋农户"等多种信贷模式，加大农田水利基本建设的金融支持。

三、督促和引导涉农金融机构在风险可控的前提下，全面加强和提升对水利改革发展的信贷支持和服务

（五）积极发挥政策性金融机构作用，加大对战略性、基础性、公益性水利建设项目的支持力度。中国农业发展银行要在风险可控的前提下，立足自身职能定位，积极开展水利建设中长期政策性贷款业务。完善水利信贷管理制度，创新信贷管理模式，根据借款人的资信状况、偿债能力、贷款期内现金流量预测等合理确定贷款方式，按照水利建设项目的周期特点与风险特征合理确定水利建设贷款的利率和期限，加大对水利建设的信贷支持力度。

（六）支持大型商业银行在财务可持续的前提下，改进对水利改革发展的金融支持。国家开发银行要认真总结支持国家重点基础设施建设的实践经验，加大对重大水利项目、国家水利投资重点区域及水利建设薄弱环节的信贷支持力度。中国农业银行要加强和水利、农业等部门的沟通，及时了解水利项目储备和安排特点，积极参与对水利改革发展的金融支持和服务。中国邮政储蓄银行要利用贴近农村、网点众多的优势，积极提供对小型农田水利工程的信贷支持。鼓励其他大型商业银行积极支持列入政府年度水利建设投资计划、项目承贷主体合法，且取得有关部门审批（或核准、备案），土地、环评、节能审查等合法性手续完备的水利建设项目。

（七）积极引导地方法人金融机构创新体制机制、结合现有优惠政策，加大水利信贷投入。继续深化农村信用社改革，通过增资扩股等方式完善公司治理结构，增强农村信用社支持农田水利基础设施建设的资金实力。把对农田水利建设的信贷支持纳入涉农信贷导向效果评估范围，加大信贷导向力度。改进和完善鼓励县域法人金融机构将新增存款一定比例用于当地贷款的考核办法，引导县域法人金融机构将更多资金用于"三农"发展和农田水利建设。

四、积极拓展多元化投融资渠道支持水利改革发展

（八）支持符合条件的水利企业通过上市和发行债券进行直接融资。支持符合法定条件的水利企业首次公开发行股票并上市，支持符合法定条件的已上市水利企业通过公开增发、定向增发、发行上市公司债等方式再融资，鼓励已上市水利企业通过并购重组、定向增发等方式实现整体上市。支持符合条件的水利企业发行企业（公司）债券，扩大直接融资的规模和比重。加强债券市场产品创新和制度创新，鼓励符合条件的水利企业在银行间债券市场运用短期融资券、中期票据、中小企业集合票据和定向工具等多种债务融资工具融资；建立和完善中小水利企业直接债务融资担保机制，协调落实中小水利企业进行债务融资的风险缓释措施，积极鼓励符合条件的中小水利企业通过区域集优的方式发行中小企业集合票据。

（九）积极发展多种融资产品，拓宽水利项目融资渠道。支持银行业金融机构通过银团贷款分散大型水利项目风险。鼓励银行业金融机构联合融资租赁公司增强对水利建设的支持力度，发展大型水利基础设施设备和中小农田水利灌溉系统融资租赁服务。允许理财资金在依法合规的前提下投资有现金流、有收益的水利项目。积极稳妥探索水利建设贷款等涉农贷款资产证券化试点。

（十）引导民间资本投入水利建设。探索通过业主招标、承包租赁等方式，吸引民间资本投资建设农田水利、跨流域调水、水资源综合利用、水土保持等水利项目。鼓励政府部门以股权投资方式引导示范和带动社会资金投资水利建设。扩大与国际开发性金融机构的合作，积极引入战略投资者，加大水利建设资金投入。继续加大一事一议财政奖补力度，引导农民为改善生产生活条件兴修水利，促进形成政府与农民共同投入的良性机制。

五、严格加强水利建设项目和资金的监督管理

（十一）加强对不同类型水利投资建设项目的管理。及时编制各级水利重点工程综合规划和专项规划，定期公布水利建设重点项目范围，为银行业金融机构加大支持力度创造条件。对纳入国家和省级综合规划和专项规划的重点水利项目，要明确拟建项目的目标、任务、进度、责任主体，细化资金管理办法；对国家补助的农田水利项目，各地要立足当地实际，因地制宜探索各类农田水利建设管理体制机制；对引入民间投资的小型农田水利项目，按照"建用两利"的原则，明晰农田水利工程所有权，落实建设和管理责任；对吸引民间资本进入的经营性水利项目，要发挥各级水利主管部门的行政监督和市场监管职能，落实水利项目法人责任制，严把水利项目的立项审批、公开招标和工程建设质量，培育公平竞争的设计、监理、施工等建设市场。

（十二）完善水利项目信贷资金监督管理制度。尽快制定和完善水利项目信贷资金管理制度，强化对项目运营管理的监督管理。对重点水利项目，要在媒体发布招标公告，严格实行公开招标、全程审计，充分发挥中介机构评审、舆论监督、群众监督的综合作用。

（十三）严格管理政府主管的水利投融资企业。对政府水利投融资企业利用借贷资金进行定性和定量的综合绩效考核评价，建立水利项目借贷资金使用绩效评价制度。严格政府水利投融资企业的年度审计制度，加强融资后管理，加大监督和检查力度，杜绝违规违纪现象，切实防范政府债务风险。建立过失责任追究制度，对违反决策程序造成重大失误及违规进行投融资活动造成重大损失的责任人，给予责任追究。

六、积极探索综合运用多种政策资源的有效模式，建立金融支持水利改革发展的风险分散和政策保障机制

（十四）进一步拓宽水利建设项目的抵（质）押物范围和还款来源。允许以水利、水电、供排水资产等作为还款来源和合法抵押担保物，探索以水利项目收益相关的权利作为担保财产的可行性。允许水利建设贷款以项目自身收益、借款人其他经营性收入作为还款来源。经地方人民政府同意，地方水资源费、地方水利建设基金、土地出让收益中计提的用于农田水利建设的资金也可以作为还款来源。

（十五）综合运用多种货币政策工具，保持货币信贷适度增长，鼓励银行业金融机构加大对水利改革发展的金融支持力度。探索建立金融支持水利改革发展的专项信贷政策导向效果评估制度，发挥宏观信贷政策导向作用，建立银行业金融机构支持水利建设的政策约束激励机制。

（十六）加快建立发挥财政、金融、税收等多种政策资源，共同支持水利改革发展的有效结合模式。有条件的地方可根据不同水利工程的建设特点和项目性质，确定财政贴息的规模、期限和贴息率，发挥财政资金的导向作用。

（十七）积极探索建立风险补偿专项基金，完善融资担保风险补偿机制，加大融资担保对水利建设的支持力度。鼓励有条件的地方政府通过资本注入、风险补偿和奖励补助等多种方式，引导有实力的担保机构通过再担保、联合担保以及担保与保险相结合等多种方式，积极提供水利建设融资担保。鼓励保险公司开展水利保险，积极发挥保险的风险保障功能。

七、加强工作沟通协调和政策贯彻落实

（十八）积极争取和充分发挥地方政府作用，为金融支持水利改革发展提供良好环境。人民银行各分支机构要积极会同辖区发展改革、财政、水利、银监、证监、保监等部门，根据本指导意见精神，结合辖区实际，制定和完善金融支持水利改革发展的具体实施意见或办法，引导金融机构加大水利建设投入，切实抓好贯彻实施工作。

关于印发鼓励和引导民间资本参与
农田水利建设实施细则的通知

水规计〔2012〕282 号

（水利部 2012 年 6 月 19 日印发）

各流域机构，各省、自治区、直辖市水利（水务）厅（局），各计划单列市水利（水务）局，新疆生产建设兵团水利局：

为贯彻落实《国务院关于鼓励和引导民间投资健康发展的若干意见》（国发〔2010〕13 号），充分发挥民间资本在推进水利建设中的重要作用，结合水利行业特点，我部研究制定了《鼓励和引导民间资本参与农田水利建设实施细则》，现印发给你单位，请认真贯彻执行。

附件

鼓励和引导民间资本参与农田水利建设实施细则

第一章　总　　则

第一条　为鼓励和引导民间资本参与农田水利建设，促进农业和农村经济发展，根据《国务院关于鼓励和引导民间投资健康发展的若干意见》（国发〔2010〕13 号）和国家有关法律法规，制定本细则。

第二条　民间资本参与县域内农田水利建设有关活动，适用本细则。

第三条　鼓励和引导民间资本参与农田水利建设，应坚持遵循规划、政策支持、保障权益、公平对待原则。

第二章　参与范围与方式

第四条　鼓励和引导民间资本参与农田水利建设的范围包括：

（一）库容 10 万立方米以下的蓄水工程建设；

（二）灌区内的沟渠及其配套设施建设；

（三）机电排灌站建设；

（四）机电井建设；

（五）农业高效节水灌溉工程建设；

（六）牧区饲草料地灌溉工程建设；

（七）农田排水工程建设；

（八）上述工程的运行、管理以及科学技术研究与咨询服务。

第五条 民间资本可以独资、合资、合作、捐赠及村民"一事一议"筹资筹劳等多种出资形式参与农田水利建设。

第三章 鼓励政策与扶持措施

第六条 国家鼓励民间资本参与农田水利工程建设。民间资本按规划建设农田水利工程可以享受政府财政支持政策。承担公益性任务的农田水利工程可以享受当地政府规定的工程维修养护经费或管护经费财政补助。具体奖励或补助标准由县级水行政主管部门商有关部门确定。

第七条 民间资本参与农田水利科学技术研究与咨询服务，可纳入政府采购服务或资助范围。

第八条 民间资本投资人作为承贷主体，贷款建设农田水利工程的，可以根据工程的性质与类型，按照有关规定享受财政贴息。

第九条 民间资本建设或管理的农田水利工程，可以享受当地政府规定的农田水利工程用地、用电优惠政策。

第十条 国家鼓励和支持民间资本参与农田水利建设，对成绩显著的单位和个人，根据有关规定给予表彰。

第四章 权 益 保 障

第十一条 民间资本参与农田水利建设，按照"谁投资、谁所有"的原则确定工程产权。民间资本投资形成的资产，产权归民间资本投资主体所有；财政补助资金形成的资产，产权应按照国家有关规定确定，可归民间资本投资主体所有。

第十二条 民间资本通过建设、承包、租赁、股份合作、拍卖等方式依法获得的农田水利工程的产权和运行管理权受国家法律保护。

第十三条 民间资本管理的农田水利工程供水可以依法收取水费，供水价格在政府有关部门批准的基准价及其浮动幅度范围内自行确定。

第十四条 征收、征用或占用民间资本建设或管理的农田水利工程，需经工程产权所有人同意，并按照国家有关规定给予补偿或者赔偿。

第十五条 民间资本建设或管理的农田水利工程，可依法和按有关规定程序享有继承、转让、转租、抵押等权益。

第十六条 民间资本建设或管理的农田水利工程，应当维持规定的功能与用途。确需变更工程功能与用途的，按有关规定报批。

第五章 服 务 与 监 管

第十七条 县级水行政主管部门要按有关规定及时公布政府已批准的农田水利规划及年度项目计划、补助标准等，为民间资本投资主体提供农田水利建设管理信息。

第十八条 民间资本投资主体在符合规划的前提下，可向县级水行政主管部门提出参与农田水利建设的申请报告。县级水行政主管部门应当及时审核批复申请报告，超过其管理权限的，要按程序及时向上级主管部门转报，协助做好相关工作。

申请报告主要内容包括：拟建项目资金来源，工程主要技术指标，工程建后运行管护措施，以及申请政府农田水利资金奖励或补助金额等。

第十九条 申请报告审核同意后，民间资本投资主体应按农田水利建设规划和有关规程规范编制工程实施方案，按规定程序和要求报有关部门审批，并按照审批后的实施方案组织实施。

第二十条 项目完工后，县级水行政主管部门会同有关部门按审批的实施方案和有关技术标准规范进行验收，验收合格后，及时支付补助金额。

第二十一条 县级水行政主管部门应主动及时为民间资本参与农田水利建设提供技术服务支持，指导民间资本投资人做好工程设计、建设管理、工程管理等工作。同时，应将民间资本参与农田水利建设相关人员纳入水利行业人员培训范围。

第二十二条 县级水行政主管部门要加强监督检查，确保民间资本参与建设的农田水利工程符合农田水利相关规划，符合相关规程规范技术标准，符合运行管理有关规定。对于不符合有关规定的农田水利工程，限期整改。

第二十三条 鼓励民间资本投资人积极吸纳当地群众参与工程建设，引导群众共同致富。

第二十四条 民间资本投资人应当加强对农田水利设施的管理和维护，保证其安全运行和正常发挥效益。

第六章　附　　则

第二十五条 本细则自发布之日起施行。

关于印发鼓励和引导民间资本参与
水土保持工程建设实施细则的通知

水规计〔2012〕283 号

（水利部 2012 年 6 月 19 日印发）

各流域机构，各省、自治区、直辖市水利（水务）厅（局），各计划单列市水利（水务）局，新疆生产建设兵团水利局：

为贯彻落实《国务院关于鼓励和引导民间投资健康发展的若干意见》（国发〔2010〕13 号），充分发挥民间资本在推进水利建设中的重要作用，结合水利行业特点，我部研究制定了《鼓励和引导民间资本参与水土保持工程建设实施细则》，现印发给你单位，请认真贯彻执行。

附件

鼓励和引导民间资本参与水土保持工程建设实施细则

第一章　总　　则

第一条　为鼓励和引导民间资本参与水土保持工程建设，加快水土流失治理，改善生态环境，根据《中华人民共和国水土保持法》和《国务院关于鼓励和引导民间投资健康发展的若干意见》（国发〔2010〕13 号），制定本细则。

第二条　本细则适用于各级水土保持规划（以下简称"规划"）确定的水土流失治理区域，包括荒山、荒沟、荒丘、荒滩等范围（以下简称"四荒"）。

第三条　国家对民间资本参与水土保持工程建设坚持科学引导、积极扶持、依法管理、保护权益的原则，治理工程实行"谁投资、谁所有、谁管护"政策。

第四条　国家鼓励民间资本按照水土保持规划参与水土保持工程建设，在资金、技术等方面予以扶持。

第五条　民间资本投资人（不含无偿捐赠资金）是民间资本水土保持工程建设的责任主体；县级以上水行政主管部门依法行使监管职责。

第二章　参　与　范　围　与　方　式

第六条　民间资本参与水土保持工程建设包括小流域综合治理、坡耕地改梯田、水土保持植物种植、淤地坝建设等各类水土流失治理开发，以及水土保持科技示范园、水土保持教育社会实践基地建设等。

第七条　民间资本参与水土保持工程建设可采取以下投入方式：（一）资金投入；

（二）实物投入；（三）劳力和机械投入；（四）其他投入。

国家鼓励社会和个人无偿捐资支持水土流失治理。

第八条　民间资本参与水土保持工程建设可采取以下形式：

（一）以流域（片）为单元开展集中连片水土流失治理开发；

（二）采取承包、租赁、股份合作、拍卖使用权等方式对"四荒"资源进行治理开发；

（三）民营资源开发企业结合生产生活环境改善对周边区域进行水土流失治理开发；

（四）结合水土流失治理进行的水土保持植物资源开发利用；

（五）以其他方式参与治理开发。

第九条　民间资本参与水土保持工程建设应依法与有关方面签订治理开发协议，涉及土地使用权流转的还应按规定办理有关手续。

第三章　鼓励政策与扶持措施

第十条　国家鼓励民间资本参与水土保持工程建设。按相关政策规定，中央和地方各类用于水土流失治理的资金对规划范围内民间资本水土保持工程建设给予支持。

第十一条　各类金融机构应按国家有关政策规定积极支持民间资本开展水土保持工程建设和水土保持植物开发利用。

第十二条　各级水行政主管部门应主动为民间资本水土保持工程建设提供技术服务支持，指导民间资本投资人做好治理工程设计和建设管理等工作。

第十三条　民间资本水土保持工程设施所有权和使用权，在规定的使用期限内，可依法和按照有关规定程序享有继承、转让、转租、抵押和参股经营等权益。

第十四条　县级以上人民政府对在水土保持工作中做出突出成绩的民间资本投资人，应依法予以表彰。

第十五条　对民间资本投入较大、治理效果显著的水土保持工程，在工程竣工后，可以民间资本投资人名称标示。

第四章　权　益　保　障

第十六条　民间资本投资人依法享有其出资建设的水土保持工程设施，国家依法保护其合法权益。

第十七条　征收或征用民间资本参与治理开发的水土流失土地，应依法对其治理成果给予补偿。

第十八条　工程建设过程中，在符合国家有关法律、法规、政策和水土保持规划的前提下，民间资本投资人享有治理开发自主权。

第十九条　民间资本水土保持工程建设成果享有平等进入政府采购目录的权利。

第五章　服　务　与　监　管

第二十条　县级水行政主管部门应公告辖区水土保持规划和近期治理范围，为民间资本投资人提供有关水土流失治理信息，引导民间资本投资人在公告区域范围内进行相关水土保持工程建设。

第二十一条　民间资本参与水土保持工程建设，应根据水土保持规划和有关规程规范编制治理开发实施方案，向县级水行政主管部门提出申请。拟申请水土保持资金扶持的项目，应在申请中注明。

第二十二条　治理开发实施方案经县级以上水行政主管部门审核及相关部门审批后，民间资本投资人应按照实施方案组织实施，依法承担水土流失防治责任，落实水土流失预防和治理措施，防止造成新的水土流失。

第二十三条　民间投资水土保持项目申请财政扶持资金的，应与国家投资建设的水土保持项目一样进行公示。县级水行政主管部门负责公示工程概况、治理开发目标、建设内容、国家拟扶持金额和工程责任人等。

第二十四条　县级水行政主管部门负责对民间资本参与水土保持项目的实施情况和效果进行年度核查。申请财政扶持资金的，对核查结果符合实施方案和规范要求的，县级有关部门应及时支付对民间投资水土保持项目的扶持资金。省级有关部门应加强监督检查。

第二十五条　鼓励民间资本投资人积极吸纳当地群众参与工程建设，引导群众共同致富。

第二十六条　民间资本投资人应当加强对水土保持设施的管理和维护，保证其安全运行和正常发挥效益。

第六章　附　　则

第二十七条　本细则自发布之日起施行。

财政部关于加强从土地出让收益中计提农田水利建设资金和教育资金征收管理的通知

财综〔2014〕2号

（财政部2014年1月16日印发）

各省、自治区、直辖市和计划单列市财政厅（局），新疆生产建设兵团财务局：

为支持农田水利建设和教育事业发展，财政部会同有关部门先后印发了《关于从土地出让收益中计提农田水利建设资金有关事项的通知》（财综〔2011〕48号）、《关于从土地出让收益中计提教育资金有关事项的通知》（财综〔2011〕62号），大部分地区都能够认真贯彻执行，但也有个别地区不按规定计提农田水利建设资金和教育资金（以下简称"两项资金"），甚至拖欠中央农田水利建设资金。为做好两项资金征收管理工作，现就有关事宜通知如下。

一、严格按照规定口径核算和计提两项资金

市、县财政部门要严格按照规定将土地出让收入及时足额缴入国库，不得将应缴入国库的土地出让收入长期滞留在财政专户，隐瞒土地出让收入规模；要严格按照财综〔2011〕48号、财综〔2011〕62号文件规定的口径，从土地出让收益中计提两项资金，对按照土地出让收入一定比例计提两项资金的，要限期纠正。

市、县财政部门要严格按照《政府收支分类科目》等规定使用土地出让收支科目，根据各季度实际发生的土地出让收入和支出如实记账，不得将应当计入103014801土地出让价款收入科目的收入，记入103014802补缴的土地价款、103014803划拨土地收入、103014899其他土地出让收入等科目，人为减少两项资金计提基数；也不得将应当记入2120803城市建设支出等科目的支出，记入2120801征地和拆迁补偿支出、2121001征地和拆迁补偿支出、2120802土地开发支出、2121002土地开发支出等科目，虚增成本费用开支。

二、严格实行两项资金按季计提和年终清算制度

为确保两项资金和中央农田水利建设资金均衡入库，市、县财政部门应严格按照财综〔2011〕48号和财综〔2011〕62号文件，以及《财政部水利部关于中央财政统筹部分从土地出让收益中计提农田水利建设资金有关问题的通知》（财综〔2012〕43号）的规定，分别于每年4月、7月、10月的10日以及决算清理期结束之前，分季计提两项资金和划转中央农田水利建设资金，不得按半年一次或拖延至年底一次性计提和划转。每年决算清理期结束前，应当对全年计提的两项资金和划转中央农田水利建设资金进行统一清算。

对于计提的农田水利建设资金要严格按照20％的比例将中央农田水利建设资金及时足额划转中央国库，不得在财政专户或地方国库滞留和占压。

三、强化省级财政部门监管两项资金的责任

省级财政部门要加强对市、县两项资金和中央农田水利建设资金征收的监督管理，督促市、县按季足额计提两项资金和划转中央农田水利建设资金。市、县财政部门计提两项资金的数额原则上应当一致，对于两项资金数额不一致的，要认真核查原因，并采取措施予以解决。对于市、县财政部门未按规定足额计提两项资金和划转中央农田水利建设资金的，省级财政部门要督促其按规定计提和划转；对于发现的其他问题，要及时予以纠正。

省级财政部门要加强对市、县计提两项资金和划转中央农田水利建设资金情况的监督检查，并将其纳入年度财政预算执行审计范围，确保两项资金足额计提和中央农田水利建设资金及时划转中央国库。对于违反本通知规定的行为，依照《财政违法行为处罚处分条例》等国家有关规定追究法律责任。

关于印发《中国农业发展银行重大水利工程建设专项过桥贷款管理办法（试行）》的通知

农发银发〔2015〕44 号

（中国农业发展银行 2015 年 2 月 28 日印发）

各省、自治区、直辖市分行，总行营业部：

2015 年 2 月 25 日，国务院召开第 83 次常务会议，部署加快重大水利工程建设，要求农发行发挥开发性金融作用，通过专项过桥贷款方式，为地方开展水利建设提供过渡性资金安排。为贯彻落实国务院常务会议精神，切实加大对重大水利工程建设的支持力度，总行专门制定了《中国农业发展银行重大水利工程建设专项过桥贷款管理办法（试行）》（以下简称《办法》），并经 2 月 26 日总行第 3 次行长办公会议讨论通过。现将《办法》印发给你们并就有关事项通知如下，请认真贯彻执行。

一、充分认识重大水利工程建设专项过桥贷款的重大意义

农发行重大水利工程建设专项过桥贷款是国务院特批的、政策性强的、用于特定范围的专项贷款。通过专项过桥贷款为地方开展水利建设提供过渡性资金安排，是国务院赋予农发行的一项重要任务，使命光荣，责任重大。各级行一定要高度重视，把列入国家投资计划的 172 项重大水利工程建设作为我行优先支持领域，增强做好重大水利工程建设专项过桥贷款工作的紧迫感、责任感和使命感，采取扎实有效措施，认真贯彻落实国务院要求，更好地履行政策性银行职能，发挥开发性金融作用，促使重大水利工程建设按期顺利推进，更好发挥其稳增长、惠民生的作用。

二、抓紧与地方政府和水利部门沟通对接，尽快确定支持项目

省级分行要加强对专项过桥贷款工作的组织领导，主要行领导要亲自组织与当地政府和水利部门沟通协调，对接项目。当前，特别要对 172 项重大水利工程中的 40 项在建工程、2014 年已开工的 17 项工程和 2015 年计划开工的 27 项工程（以上合计 84 项）进行重点跟踪对接，掌握有关项目进展和资金需求情况。相关分行均要向当地政府和水利部门积极宣介我行对重大水利工程在资金规模、利率水平及办贷流程等方面的特殊政策，逐项对照项目清单，把符合政策范围且需要专项过桥贷款支持的项目尽快确定下来。

三、确保高效办贷，快见成效

《办法》根据专项过桥贷款的特点，制定了优惠的信贷政策和便捷的业务流程，相关分行要按照《办法》规定，对专项过桥贷款严格落实限时办贷要求，切实提高办贷效率，确保信贷资金能及时到位。客户部门要及时开展调查评估，科学合理设计贷款方案，准确评估还款来源。资金计划、信贷管理、法律合规等审查部门要优化审贷手续，优先审查，优先办贷。对已审批项目总行将专项安排贷款规模和资金，确保信贷资金及时投放，促进重大水利工程建设项目顺利实施。

各省级分行要按周（每周五15时前）向总行报告重大水利工程建设专项过桥贷款进展情况。办贷过程中遇到的重大问题，要及时向总行反映。

中国农业发展银行重大水利工程建设专项过桥贷款管理办法（试行）

第一章 总 则

第一条 为贯彻落实国务院第83次常务会议精神，更好地履行中国农业发展银行（以下简称农发行）政策性银行职能，发挥开发性金融作用，加大重大水利工程建设支持力度，特制定本办法。

第二条 本办法所称重大水利工程建设专项过桥贷款（以下简称专项过桥贷款），是指农发行为地方开展水利建设提供过渡性资金安排，保证纳入国家投资计划和地方政府预算投资的172项重大水利工程及时启动和不间断实施，采用信用方式发放的政策性贷款。

第三条 专项过桥贷款遵循"政府主导、专款专用、专户管理、封闭运行"的原则。

第二章 贷款对象、期限、利率和条件

第四条 专项过桥贷款的贷款对象主要包括以下两类：

（一）中央或省级政府设立的承担重大水利工程建设职能的项目法人。

（二）省级政府授权的承担负责统贷统还职能的地方政府投融资平台。

第五条 专项过桥贷款的贷款额度依据地方政府项目投资需要、借款人实际用款需求等因素综合确定，不得超过地方中期财政规划或年度财政预算确定的项目资金规模。借款人可在合同约定的期限和贷款额度内随借随还。

第六条 专项过桥贷款的贷款期限应在地方中期财政规划和年度财政预算投资安排时间的基础上，依据项目投资实际需求和财政预算等因素综合考虑确定，原则上不超过3年。

第七条 专项过桥贷款执行优惠利率，在人民银行定向降准或专项再贷款等支持政策范围内，以同期基准利率为基础，西部及东北、中部、东部地区贷款利率可分别下浮20％、15％、10％。按照借款合同约定不能如期还款的，对逾期贷款部分，须执行同期基准利率。

第八条 借款人申请使用专项过桥贷款的，须具备以下条件：

（一）项目为列入国家投资计划的172项重大水利工程。

（二）项目建议书、可行性研究报告等已经有权部门批准，其他行政许可手续符合国家有关法律法规及相关政策要求。

（三）项目总投资中各项建设资金来源明确并落实。

（四）借款人经工商行政管理部门（或主管部门）依法核准登记。

（五）其他应具备的条件。

第九条　专项过桥贷款对应的项目投资资金须列入地方政府年度财政预算和中期财政规划，并由省级政府或有关部门提供相关证明材料。

第三章　贷款受理、调查、审查与审批

第十条　总行客户部门和省级分行要加强与地方政府及水利部门的工作联系，做好重大水利工程建设项目对接工作，及时掌握项目进展情况和资金需求情况，积极提供金融服务。

第十一条　专项过桥贷款的借款申请统一由省级分行直接受理。申请贷款额度 10 亿元（含）以下的由省级分行负责调查评估和贷款审查审议审批工作；10 亿元以上的由总行负责调查评估和贷款审查审议审批工作。

第十二条　客户部门按照农发行有关规定组织开展调查评估，应重点关注以下方面：

（一）项目合规性及相关行政许可材料是否齐全。

（二）项目总投资额和各项构成是否合理。

（三）借款人主体资格是否合法合规。

（四）还款来源是否充足可靠。

（五）地方政府和借款人信用状况是否良好。

客户部门根据调查评估情况撰写评估报告，并收集办贷材料，评估工作完成后送资金计划、信贷管理和法律合规等审查部门审查。

第十三条　审查部门分别对专项过桥贷款的贷款规模及利率、项目合规性和风险性、借款人主体资格等方面提出审查意见，报贷款审查委员会审议，通过后送有权签批人审批。

省级分行审批通过的专项过桥贷款，应在 2 个工作日内报送总行客户部门备案。

第四章　贷 款 发 放 与 收 回

第十四条　开户行按照贷款批复意见，督促借款人逐项落实贷前条件，审批行按照规定开展作业监督。

第十五条　开户行须按照总行确定的专项格式文本，与借款人签订借款合同，明确双方当事人的权利、义务及违约责任。

第十六条　对已经签订合同的专项过桥贷款，要保证信贷资金按照合同规定和项目进度落实到位。新增贷款规模和资金由总行专项安排，优先予以支持。

第十七条　开户行须遵循实贷实付原则，按照农发行贷款资金支付规定，确保专项过桥贷款资金及时支付到位。

第十八条　专项过桥贷款须按照"财政资金到账即收"的原则，建立动态还款机制，并按季结息。开户行应加强对借款人应收财政资金存款账户的监管，做到"到账即收"。

第五章　贷　款　管　理

第十九条　借款人须在农发行开立专项过桥信贷资金存款账户和应收财政资金存款账户。借款人已在农发行开立基本存款账户的，可设立专项过桥信贷资金、应收财政资金管理台账，实行资金分类管理。项目主要施工单位应在农发行开立存款账户。

第二十条　专项过桥贷款资金须严格按照合同规定范围使用，不得挪用。开户行与借款人、财政部门、水利部门共同签订资金监管四方协议，明确监管责任，确保专款专用。

第二十一条　开户行对专项过桥贷款从发放到收回实行全过程监督和管理。贷款发放后应金额进入专户管理，并通过专户支取和汇划。省级分行应加强与地方政府及财政、水利部门的协调工作，确保项目财政预算资金按时划拨到账。

第二十二条　省级分行、开户行及其上级行应定期检查专项过桥贷款资金使用情况，发现贷款资金被挤占挪用的，须在3个工作日内报告总行，并及时向地方政府和财政、水利部门以及监管部门反映，积极采取措施收回挪用贷款。对造成贷款损失的，依法依规追究相关单位及人员责任。

第二十三条　省级分行、开户行及其上级行应对专项过桥贷款开展专项跟踪监测和风险评价，并做好风险预警。对影响贷款安全的重大事项，须及时上报总行并采取措施化解风险。

第二十四条　对重大水利工程建设项目实际情况发生变化，确需变更信贷事项的，按照农发行有关规定办理，严禁越权违规操作。

第二十五条　各级行须按照农发行信贷档案管理有关规定，严格规范专项过桥贷款档案管理。

第六章　附　　则

第二十六条　本办法由农发行总行负责解释。

第二十七条　本办法自印发之日起施行。

第二十八条　农发行现行制度办法中的有关规定与本办法不一致的，以本办法为准。

水利部　中国农业发展银行关于专项过桥贷款支持重大水利工程建设的意见

水财务〔2015〕126 号

（水利部　中国农业发展银行 2015 年 3 月 9 日印发）

各省、自治区、直辖市水利（水务）厅（局），新疆生产建设兵团水利局，水利部各流域机构，中国农业发展银行各省、自治区、直辖市分行，总行营业部：

为贯彻落实国务院第 83 次常务会议精神，发挥中国农业发展银行（以下简称农发行）开发性金融作用，为地方开展水利建设提供过渡性资金支持，加快推进重大水利工程建设，现提出如下意见。

一、充分认识专项过桥贷款支持重大水利工程建设的重要意义

国务院第 83 次常务会议审议决定农发行通过专项过桥贷款方式，为地方开展重大水利工程建设提供过渡性资金支持，对于缓解地方财政资金到位与重大水利工程建设进度不相匹配的矛盾具有积极作用。农发行重大水利工程专项过桥贷款是指为地方开展水利建设提供过渡性资金，保证纳入国家投资计划和地方财政预算的 172 项重大水利工程顺利实施，采用信用方式发放的政策性贷款。各级水利部门和农发行要认真贯彻落实国务院要求，增强紧迫感、责任感和使命感，充分发挥专项过桥贷款的作用，确保重大水利工程建设按期顺利推进。

在用好专项过桥贷款的同时，各级水利部门要继续加强与国家开发银行、中国农业银行等金融机构的沟通协调，增加中长期信贷投入，努力扩大重大水利工程投资来源。

二、抓紧组织承贷主体和农发行有效对接

地方各省级水利部门要把农发行作为重大水利工程建设专项过桥贷款的主办行，应积极向农发行省级分行提供本区域内有关重大水利工程项目情况及资金需求。各省级水利部门、农发行省级分行要积极沟通协调，根据项目前期工作情况，对符合政策范围且需要专项过桥贷款支持的项目，共同组织承贷主体、农发行分支机构进行对接。各省级水利部门、农发行省级分行、承贷主体应明确专门机构和人员，专项办理，确保有序衔接。

三、切实落实专项过桥贷款各项优惠政策

农发行各省级分行应严格执行专项过桥贷款在贷款期限、利率、担保等方面的优惠政策，充分体现开发性金融对重大水利工程的支持力度。凡项目资金已列入地方财政年度预算和中期财政规划，在省级政府或有关部门提供相关证明材料的基础上，采用信用贷款方式，无须担保，过桥贷款既可以按照项目发放，也可以由承贷主体统借统还。贷款期限应依据项目投资实际需求和财政预算等因素综合考虑确定，原则上不超过 3 年。专项过桥贷款执行优惠利率，在人民银行同期基准利率的基础上，按照西部及东北、中部和东部地区分别下浮 20％、15％和 10％执行。

四、加快专项过桥贷款办贷进度

各级农发行要根据《中国农业发展银行重大水利工程专项过桥贷款管理办法（试行）》（农发银发〔2015〕44 号），对专项过桥贷款开辟绿色通道，优先受理、优先评审、优先批贷，确保借款人可在合同约定的期限和贷款额度内用款。农发行总行及各省级分行要按照《办法》规定，严格落实限时办贷要求，提供优质金融服务，在确定受理后，应于 15 个工作日内办结，并确保信贷资金能及时投放到位；对已经发放贷款的水利项目，要主动做好各种配套金融服务工作。

五、加强专项过桥贷款使用和收回的监督管理

农发行重大水利工程建设专项过桥贷款遵循"政府主导、专款专用、专户管理、封闭运行"的办贷原则。各级水利部门和农发行应加强对专项过桥贷款资金的使用监督，协调、督促开户行与借款人、财政部门、水利部门共同签订资金监管四方协议，并严格监督协议落实到位，严把资金使用关，确保按规定用途使用贷款，各级水利部门要积极协调财政部门，确保按时归还贷款。

各省级水利部门和农发行省级分行在实施重大水利工程专项过桥贷款工作过程中遇到的问题，应及时向水利部和农发行总行反映。

关于鼓励和引导社会资本参与重大水利
工程建设运营的实施意见

发改农经〔2015〕488 号

（国家发展改革委 财政部 水利部 2015 年 3 月 17 日印发）

各省、自治区、直辖市、新疆生产建设兵团发展改革委、财政厅（局）、水利（水务）厅（局）：

水利是国民经济和社会发展的重要基础设施。对具备一定条件的重大水利工程，通过深化改革向社会投资敞开大门，建立权利平等、机会平等、规则平等的投资环境和合理的投资收益机制，放开增量，盘活存量，加强试点示范，鼓励和引导社会资本参与工程建设和运营，有利于优化投资结构，建立健全水利投入资金多渠道筹措机制；有利于引入市场竞争机制，提高水利管理效率和服务水平；有利于转变政府职能，促进政府与市场有机结合、两手发力；有利于加快完善水安全保障体系，支撑经济社会可持续发展。根据党的十八届三中、四中全会精神和《国务院关于创新重点领域投融资机制鼓励社会投资的指导意见》（国发〔2014〕60 号）有关要求，结合水利实际，提出如下实施意见。

一、明确参与范围和方式

（一）拓宽社会资本进入领域。除法律、法规、规章特殊规定的情形外，重大水利工程建设运营一律向社会资本开放。只要是社会资本，包括符合条件的各类国有企业、民营企业、外商投资企业、混合所有制企业，以及其他投资、经营主体愿意投入的重大水利工程，原则上应优先考虑由社会资本参与建设和运营。鼓励统筹城乡供水，实行水源工程、供水排水、污水处理、中水回用等一体化建设运营。

（二）合理确定项目参与方式。盘活现有重大水利工程国有资产，选择一批工程通过股权出让、委托运营、整合改制等方式，吸引社会资本参与，筹得的资金用于新工程建设。对新建项目，要建立健全政府和社会资本合作（PPP）机制，鼓励社会资本以特许经营、参股控股等多种形式参与重大水利工程建设运营。其中，综合水利枢纽、大城市供排水管网的建设经营需按规定由中方控股。对公益性较强、没有直接收益的河湖堤防整治等水利工程建设项目，可通过与经营性较强项目组合开发、按流域统一规划实施等方式，吸引社会资本参与。

（三）规范项目建设程序。重大水利工程按照国家基本建设程序组织建设。要及时向社会发布鼓励社会资本参与的项目公告和项目信息，按照公开、公平、公正的原则通过招标等方式择优选择投资方，确定投资经营主体，由其组织编制前期工作文件，报有关部门审查审批后实施。实行核准制的项目，按程序编制核准项目申请报告；实行审批制的项目，按程序编制审批项目建议书、可行性研究报告、初步设计，根据需要可适当合并简化审批环节。

（四）签订投资运营协议。社会资本参与重大水利工程建设运营，县级以上人民政府或其授权的有关部门应与投资经营主体通过签订合同等形式，对工程建设运营中的资产产权关系、责权利关系、建设运营标准和监管要求、收入和回报、合同解除、违约处理、争议解决等内容予以明确。政府和投资者应对项目可能产生的政策风险、商业风险、环境风险、法律风险等进行充分论证，完善合同设计，健全纠纷解决和风险防范机制。

二、完善优惠和扶持政策

（五）保障社会资本合法权益。社会资本投资建设或运营管理重大水利工程，与政府投资项目享有同等政策待遇，不另设附加条件。社会资本投资建设或运营管理的重大水利工程，可按协议约定依法转让、转租、抵押其相关权益；征收、征用或占用的，要按照国家有关规定或约定给予补偿或者赔偿。

（六）充分发挥政府投资的引导带动作用。重大水利工程建设投入，原则上按功能、效益进行合理分摊和筹措，并按规定安排政府投资。对同类项目，中央水利投资优先支持引入社会资本的项目。政府投资安排使用方式和额度，应根据不同项目情况、社会资本投资合理回报率等因素综合确定。公益性部分政府投入形成的资产归政府所有，同时可按规定不参与生产经营收益分配。鼓励发展支持重大水利工程的投资基金，政府可以通过认购基金份额、直接注资等方式予以支持。

（七）完善项目财政补贴管理。对承担一定公益性任务、项目收入不能覆盖成本和收益，但社会效益较好的政府和社会资本合作（PPP）重大水利项目，政府可对工程维修养护和管护经费等给予适当补贴。财政补贴的规模和方式要以项目运营绩效评价结果为依据，综合考虑产品或服务价格、建设成本、运营费用、实际收益率、财政中长期承受能力等因素合理确定、动态调整，并以适当方式向社会公示公开。

（八）完善价格形成机制。完善主要由市场决定价格的机制，对社会资本参与的重大水利工程供水、发电等产品价格，探索实行由项目投资经营主体与用户协商定价。鼓励通过招标、电力直接交易等市场竞争方式确定发电价格。需要由政府制定价格的，既要考虑社会资本的合理回报，又要考虑用户承受能力、社会公众利益等因素；价格调整不到位时，地方政府可根据实际情况安排财政性资金，对运营单位进行合理补偿。

（九）发挥政策性金融作用。加大重大水利工程信贷支持力度，完善贴息政策。允许水利建设贷款以项目自身收益、借款人其他经营性收入等作为还款来源，允许以水利、水电等资产作为合法抵押担保物，探索以水利项目收益相关的权利作为担保财产的可行性。积极拓展保险服务功能，探索形成"信贷＋保险"合作模式，完善水利信贷风险分担机制以及融资担保体系。进一步研究制定支持从事水利工程建设项目的企业直接融资、债券融资的政策措施，鼓励符合条件的上述企业通过 IPO（首次公开发行股票并上市）、增发、企业债券、项目收益债券、公司债券、中期票据等多种方式筹措资金。

（十）推进水权制度改革。开展水权确权登记试点，培育和规范水权交易市场，积极探索多种形式的水权交易流转方式，鼓励开展地区间、用水户间的水权交易，允许各地通过水权交易满足新增合理用水需求，通过水权制度改革吸引社会资本参与水资源开发利用和节约保护。依法取得取水权的单位或个人通过调整产品和产业结构、改革工艺、节水等措施节约水资源的，可在取水许可有效期和取水限额内，经原审批机关批准后，依法有偿转让其节约的水资源。在保障灌溉面积、灌溉保证率和农民利益的前提下，建立健全工农业用水水权转让机制。

（十一）实行税收优惠。社会资本参与的重大水利工程，符合《公共基础设施项目企业所得税优惠目录》、《环境保护、节能节水项目企业所得税优惠目录》规定条件的，自项目取得第一笔生产经营收入所属纳税年度起，第一年至第三年免征企业所得税，第四年至第六年减半征收企业所得税。

（十二）落实建设用地指标。国家和各省（自治区、直辖市）土地利用年度计划要适度向重大水利工程建设倾斜，予以优先保障和安排。项目库区（淹没区）等不改变用地性质的用地，可不占用地计划指标，但要落实耕地占补平衡。重大水利工程建设的征地补偿、耕地占补平衡实行与铁路等国家重大基础设施建设项目同等政策。

三、落实投资经营主体责任

（十三）完善法人治理结构。项目投资经营主体应依法完善企业法人治理结构，健全和规范企业运行管理、产品和服务质量控制、财务、用工等管理制度，不断提高企业经营管理和服务水平。改革完善项目国有资产管理和授权经营体制，以管资本为主加强国有资产监管，保障国有资产公益性、战略性功能的实现。

（十四）认真履行投资经营权利义务。项目投资经营主体应严格执行基本建设程序，落实项目法人责任制、招标投标制、建设监理制和合同管理制，对项目的质量、安全、进度和投资管理负总责。已通过招标方式选定的特许经营项目投资人依法能够自行建设、生产或者提供的，可以不进行招标。要建立健全质量安全管理体系和工程维修养护机制，按照协议约定的期限、数量、质量和标准提供产品或服务，依法承担防洪、抗旱、水资源节约保护等责任和义务，服从国家防汛抗旱、水资源统一调度。要严格执行工程建设运行管理的有关规章制度、技术标准，加强日常检查检修和维修养护，保障工程功能发挥和安全运行。

四、加强政府服务和监管

（十五）加强信息公开。发展改革、财政、水利等部门要及时向社会公开发布水利规划、行业政策、技术标准、建设项目等信息，保障社会资本投资主体及时享有相关信息。加强项目前期论证、征地移民、建设管理等方面的协调和指导，为工程建设和运营创造良好条件。积极培育和发展为社会投资提供咨询、技术、管理和市场信息等服务的市场中介组织。

（十六）加快项目审核审批。深化行政审批制度改革，建立健全重大水利项目审批部际协调机制，优化审核审批流程，创新审核审批方式，开辟绿色通道，加快审核审批进度。地方也要建立相应的协调机制和绿色通道。对于法律、法规没有明确规定作为项目审批前置条件的行政审批事项，一律放在审批后、开工前完成。

（十七）强化实施监管。水行政主管部门应依法加强对工程建设运营及相关活动的监督管理，维护公平竞争秩序，建立健全水利建设市场信用体系，强化质量、安全监督，依法开展检查、验收和责任追究，确保工程质量、安全和公益性效益的发挥。发展改革、财政、城乡规划、土地、环境等主管部门也要按职责依法加强投资、规划、用地、环保等监管。落实大中型水利水电工程移民安置工作责任，由移民区和移民安置区县级以上地方人民政府负责移民安置规划的组织实施。

（十八）落实应急预案。政府有关部门应加强对项目投资经营主体应对自然灾害等突发事件的指导，监督投资经营主体完善和落实各类应急预案。在发生危及或可能危及公共利益、公共安全等紧急情况时，政府可采取应急管制措施。

（十九）完善退出机制。政府有关部门应建立健全社会资本退出机制，在严格清产核资、落实项目资产处理和建设与运行后续方案的情况下，允许社会资本退出，妥善做好项目移交接管，确保水利工程的顺利实施和持续安全运行，维护社会资本的合法权益，保证公共利益不受侵害。

（二十）加强后评价和绩效评价。开展社会资本参与重大水利工程项目后评价和绩效评价，建立健全评价体系和方式方法，根据评价结果，依据合同约定对价格或补贴等进行调整，提高政府投资决策水平和投资效益，激励社会资本通过管理、技术创新提高公共服务质量和水平。

（二十一）加强风险管理。各级财政部门要做好财政承受能力论证，根据本地区财力状况、债务负担水平等合理确定财政补贴、政府付费等财政支出规模，项目全生命周期内的财政支出总额应控制在本级政府财政支出的一定比例内，减少政府不必要的财政负担。各省级发展改革委要将符合条件的水利项目纳入 PPP 项目库，及时跟踪调度、梳理汇总项目实施进展，并按月报送情况。各省级财政部门要建立 PPP 项目名录管理制度和财政补贴支出统计监测制度，对不符合条件的项目，各级财政部门不得纳入名录，不得安排各类形式的财政补贴等财政支出。

五、做好组织实施

（二十二）加强组织领导。各地要结合本地区实际情况，抓紧制订鼓励和引导社会资本参与重大水利工程建设运营的具体实施办法和配套政策措施。发展改革、财政、水利等部门要按照各自职责分工，认真做好落实工作。

（二十三）开展试点示范。国家发展改革委、财政部、水利部选择一批项目作为国家层面联系的试点，加强跟踪指导，及时总结经验，推动完善相关政策，发挥示范带动作用，争取尽快探索形成可复制、可推广的经验。各省（区、市）和新疆生产建设兵团也要因地制宜选择一批项目开展试点。

（二十四）搞好宣传引导。各地要大力宣传吸引社会资本参与重大水利工程建设的政策、方案和措施，宣传社会资本在促进水利发展，特别是在重大水利工程建设运营方面的积极作用，让社会资本了解参与方式、运营方式、盈利模式、投资回报等相关政策，稳定市场预期，为社会资本参与工程建设运营营造良好社会环境和舆论氛围。

水利部 中国农业发展银行关于用好抵押补充贷款资金支持水利建设的通知

水财务〔2015〕539号

（水利部 中国农业发展银行 2015 年 12 月 30 日印发）

各省、自治区、直辖市水利（水务）厅（局），新疆生产建设兵团水利局，水利部各流域机构，中国农业发展银行各省、自治区、直辖市分行，总行营业部：

今年以来，水利部、中国农业发展银行（以下简称农发行）按照党中央、国务院决策部署，通过发放专项过桥贷款，有力支持了重大水利工程建设全面提速。为充分发挥开发性金融作用，进一步扩大优惠贷款支持水利建设的规模和范围，近日，人民银行批准农发行开办抵押补充贷款业务用于支持水利建设，现就有关事项通知如下。

一、充分认识使用抵押补充贷款资金支持水利建设的重要意义

抵押补充贷款是人民银行新型货币政策工具的重大创新，主要功能是为支持国民经济重点领域、薄弱环节和社会事业发展而对政策性金融机构提供的期限较长的大额融资，具有显著的长期、稳定、低成本优势。农发行通过抵押信贷资产从人民银行获得优惠利率的资金来源，用于加大对水利行业的信贷支持，实现稳增长、调结构、惠民生的战略目标。使用抵押补充贷款资金项目的贷款利率远低于市场利率，从而有效降低企业和项目融资成本，近期执行利率较中长期贷款基准利率低 15％以上。

各级水行政主管部门和农发行分支机构要充分认识此项工作的重要意义，在现有良好合作的基础上，通力协作，认真研究落实抵押补充贷款有关政策要求，增强紧迫感和责任感，用好用足抵押补充贷款政策，充分发挥农发行作为政策性银行在支持水利建设中的骨干和支柱作用，抢抓今冬明春水利建设的有利时机，确保各项水利工程建设顺利推进。

各省（自治区、直辖市）水行政主管部门（以下简称各省水行政主管部门）要主动向农发行省级分行提供本区域内有关水利建设项目情况及资金需求，并与农发行省级分行积极沟通协调，对符合政策范围且需要贷款支持的项目，共同组织承贷主体、农发行分支机构进行对接。各省水行政主管部门、农发行省级分行、承贷主体应明确专门机构和人员，专项办理，确保有序衔接。

二、准确把握抵押补充贷款资金的使用范围

按照人民银行要求，农发行的抵押补充贷款资金只能用于支持国家重点扶持领域的信贷投放。除可继续用于国务院确定的 172 项节水供水重大水利工程专项过桥贷款外，根据水利部、农发行《全面支持水利建设战略合作框架协议》，抵押补充贷款资金支持范围还包括：重大水利工程、江河治理、枢纽水源工程、抗旱应急水源建设、病险水库（水闸）除险加固、海堤建设、中小河流治理、江河湖库水系连通、农村饮水安全、农田水利设施、灌区建设与节水改造、高效节水灌溉、水土保持、农村水电、合同节水，以及水生态文明、国土江河综合整治、海绵城市等项目中的水利工程建设，并积极加大对京津冀协同发展、"一带一路"、长江经济带等国家重大发展战略规划中有关水利建设的支持力度。

为落实国务院召开的冬春农田水利基本建设电视电话会议精神，今冬明春应突出支持水利部制定的2015—2016年度全国冬春农田水利基本建设实施方案中确定的各项水利建设任务，主要包括：修复水毁灾损水利工程、重大水利工程建设、农村饮水安全工程、大中型灌区建设与配套改造、区域规模化高效节水灌溉、农田水利"最后一公里"、防洪抗旱薄弱环节建设、水生态文明建设等。

三、使用抵押补充贷款资金项目严格实行项目库管理

根据人民银行相关要求，水利部与农发行将联合建立项目库，项目库的日常管理工作由农发行负责，列入项目库的项目才具备使用抵押补充贷款资金的资格。各省入库项目由各省水行政主管部门与农发行省级分行按照本通知明确支持的范围，结合当地实际研究确定项目筛选标准与流程。

各省水行政主管部门和农发行省级分行联合认可的项目清单分别报水利部和农发行总行，由农发行总行商水利部纳入项目库并报人民银行备案，作为使用抵押补充贷款资金的依据。项目库实行动态管理，有进有出。确需调整的，各省水行政主管部门和农发行省级分行应及时申报调整项目清单。

四、做好使用抵押补充贷款资金项目贷款的金融服务和管理工作

为使国家对水利建设的优惠政策尽快落地，取得实效，各级农发行要切实提高工作效率，对使用抵押补充贷款资金的贷款项目提供全方位的优质金融服务。同时，抵押补充贷款资金的使用具有很强的政策性，国家有关部门将对资金使用情况进行后续检查，农发行各级分支机构要准确把握政策要求，严格规范管理。一是对新项目要开辟绿色通道，优先受理、优先评审、优先批贷，严格落实办贷时限要求。二是对已审批项目要优先保证信贷规模，根据工程进度加快贷款投放。三是贷款评审环节要按信贷制度要求独立审贷。四是严格执行抵押补充贷款资金发放贷款的利率水平，不得高于人民银行规定的利率上限。对重大水利工程专项过桥贷款，应从下浮利率和抵押补充贷款利率中就低选用优惠利率。五是要及时向借款人介绍抵押补充贷款资金的使用政策和管理要求，要求借款人配合进行有关工作。六是在贷款发放和贷后管理环节，要密切关注资金使用情况和项目建设进度，严防资金挪用。

各省水行政主管部门和农发行省级分行在实施使用抵押补充贷款资金贷款工作过程中遇到的问题，应及时向水利部和农发行总行反映。

国土资源部　国家发展改革委　水利部
国家能源局关于加大用地政策支持力度
促进大中型水利水电工程建设的意见

国土资规〔2016〕1号

（国土资源部　国家发展改革委　水利部
国家能源局 2016 年 1 月 8 日印发）

各省、自治区、直辖市国土资源主管部门、发展改革委、水利（水电、水务）厅（局）、能源局，新疆生产建设兵团国土资源局、发展改革委、水利局：

为贯彻落实党中央、国务院关于加快发展重大水利水电工程的战略部署和中央有关文件要求，在坚持最严格的耕地保护制度和节约用地制度的前提下，切实做好大中型水利水电工程建设用地保障和服务，现就进一步加大用地政策支持力度提出如下意见。

一、加强部门协同，保障水利水电工程建设用地需求

（一）加强水利水电工程建设用地规划引导与统筹。各级发展改革和水利水电行业主管部门应在编制水利水电相关发展规划时统筹考虑用地问题，做好与土地利用总体规划的衔接。各有关部门和用地单位在具体水利水电建设项目可行性研究和工程设计阶段，应充分考虑土地利用条件，在用地选址、规划布局等方面严格论证，尽量避让耕地特别是基本农田；要采取有效的工程技术措施和方案，严格控制建设用地规模，切实减少对耕地的占用。对于经充分论证确需占用的土地，在项目投资概算中要足额安排征地补偿费、耕地开垦费等用地有关费用，为工程顺利建设打好基础。水利水电项目在审批（核准）前，要按照《建设项目用地预审管理办法》的规定办理用地预审手续，未取得用地预审手续的，不得通过项目审批（核准）。

（二）积极做好水利水电工程建设用地服务与保障。地方各级国土资源主管部门要及时了解水利水电行业发展情况，将水利水电用地需求、空间布局、建设时序等纳入土地利用总体规划，并及时安排新增建设用地计划指标；在水利水电建设项目可行性研究、工程设计阶段，要主动服务、提供咨询、参与论证；在建设项目用地预审时，重点要从规划选址、集约节约用地、征地补偿安置、耕地占补平衡等方面严格审查把关。对具备申请用地条件的水利水电项目，市、县国土资源主管部门要及时组织用地报卷，逐级呈报用地；省级国土资源主管部门要认真落实用地预审有关要求，严格审核用地有关事项，确保项目用地符合土地管理各项制度规定。不符合要求的，不予通过用地预审和审查。

二、适应水利水电工程用地特点，改进用地报批工作

（三）分类明确水利水电工程用地报批方式。水利水电枢纽工程建设区、水库淹没区用地原则上应一同报批，但对于施工工期较长的水利水电项目，可根据建设工期分别按单独选址建设项目用地报批；移民迁建用地原则上应安排在土地利用总体规划确定的城市和

村庄、集镇建设用地范围内，按城市（村庄、集镇）建设用地报批；专项设施复（改）建用地，要根据项目规划选址和土地利用总体规划，确定按单独选址建设项目或纳入城镇建设用地报批。

水利水电工程枢纽工程建设区和水库淹没区用地由建设用地单位向用地所在市、县人民政府国土资源主管部门提出用地申请；移民迁建和专项设施复（改）建用地由市、县移民主管部门或具体用地单位按移民安置规划及移民安置年度计划，向用地所在市、县人民政府国土资源主管部门提出用地申请。需报国务院批准的水利水电工程用地，涉及多个省份或在省域内涉及多个市、县的，由有关省（区、市）组织各市、县国土资源主管部门分别准备报批材料，省级国土资源主管部门汇总后，以省（区、市）为单位报批。但对于水利线型工程（包括河道整治、堤防，引、调、排、灌工程等水利设施）用地，可以地（市）为单位分段报批。

（四）分类保障移民迁建和专项设施复（改）建用地。属于国家审批（核准）的水利水电项目，移民迁建和专项设施复（改）建用地随主体工程用地一并报批或专项设施复（改）建用地按单独选址建设项目用地独立报批的，用地计划由国家统筹安排。移民迁建用地应符合城市、村镇建设用地标准，原则上不能超出原有被拆迁占地规模。为解决移民生产生活问题，按照移民安置规划，移民迁建用地超出原有被拆迁占地规模的，报批用地需作出详细说明。移民迁建用地占用城市（含建制镇）土地利用总体规划确定的建设用地范围内土地、经批准超出原建设用地面积的用地，由当地人民政府依照规定足额缴纳新增建设用地土地有偿使用费。

（五）实行水库水面用地差别化政策。水利水电项目用地报批时，水库水面按建设用地办理农用地转用和土地征收审批手续。涉及农用地转用的，不占用土地利用总体规划确定的建设用地规模和年度用地计划指标；涉及占用耕地和基本农田的，建设单位应履行耕地占补平衡义务，当地政府要足额补划基本农田。

（六）统筹做好工程占用耕地的占补平衡。水利水电项目在工程概算中应足额计列补充耕地所需费用，由建设单位在当地国土资源主管部门的指导下，用于实施土地整治项目自行补充耕地；为安置移民生产和生活新开发出的耕地以及结合工程施工整理复垦新增加的耕地，可用于耕地占补平衡。没有条件自行补充或补充的耕地不符合要求的，应按照各省、自治区、直辖市的规定标准足额缴纳耕地开垦费，专款用于开垦新的耕地。

对于水利水电工程项目采取自行补充耕地方式的，国土资源主管部门应积极予以支持，对补充耕地及时立项、监督指导和组织验收；采用缴纳耕地开垦费、实行委托方式补充耕地的，地方国土资源部门要优先安排本地区补充耕地储备库的耕地用于水利水电工程耕地占补平衡，保障工程顺利报批用地和建设。对于占用耕地多的水利水电项目，用地所在市、县确因耕地后备资源匮乏，难以在本行政区域内做到耕地占补平衡的，省级国土资源主管部门要积极协调，在省域内统筹安排补充耕地，切实做到耕地占补平衡。水利水电工程建设占用25度以上、纳入退耕还林计划的陡坡耕地，不计入须补充耕地范围。

（七）规范水利水电工程临时用地管理。水利水电工程开展项目前期论证工作涉及的钻探勘探、施工便道等用地以及工程建设所需施工场地、设备堆放场地、弃（取）土场等用地，按临时用地管理，依照有关规定由县级以上人民政府国土资源主管部门批准，并给予土地权利人相应的损失补偿。临时用地造成土地损毁的，用地单位必须依照《土地复垦条例》有关规定，履行土地复垦义务。

抢险、救灾、防洪等急需使用土地的水利工程，可以先行使用土地。其中，属于临时用地的，灾后应当恢复原状交还原土地使用者使用，不再办理用地审批手续；属于永久性建设用地的，用地单位应当在灾情结束后 6 个月内申请补办建设用地审批手续。

三、做好水利水电建设征地补偿安置，维护被征地农民权益

（八）足额落实征地补偿费用。水利水电项目征收农民集体所有土地，必须依照有关法律法规和中发〔2015〕1 号文件等规定要求确定征地补偿标准，足额核算征地补偿费用，采取多种有效安置途径，做好征地补偿安置工作。各级国土资源主管部门在用地预审时要对征地补偿费用标准严格审查把关，确保足额列入项目投资概算。其中，对于水利水电枢纽工程建设区、水库淹没区用地，应按工程所在地征地补偿标准足额计列征地补偿费，结合安置方式统筹安排用于被征地农民补偿安置；对于异地移民安置和复（改）建专项设施占用土地的，应按所占地地区征地补偿标准给予足额补偿。征地补偿费用应纳入项目总投资。对在贫困地区开发水电占用集体土地的，可试行给原住居民集体股权方式进行补偿，探索对贫困人口实行资产收益扶持制度。

（九）规范征地报批程序。水利水电工程征地报批前要认真履行征地告知、确认、听证程序，就征收土地方案充分听取被征地农民集体和农民意见，确保农民的知情权、参与权、申诉权和监督权。对于在工程移民安置规划大纲或移民安置规划编制过程中，地方政府或有关部门已就征地履行相关程序，达到征地报批前期工作程序和有关规定要求的，用地报批时国土资源主管部门不再另行组织开展征地报批前告知、确认、听证等工作。

四、实行先行用地政策，确保水利水电工程及时开工建设

（十）支持重点建设项目先行用地。对于国家重点水利水电工程，在通过国土资源部用地预审、国务院及国务院有关部门已批准（核准）项目、水利工程初步设计已经批复或初步设计审批单位出具先行建设任务认定意见后，属于工程建设范围内的道路、桥梁、生活营区等施工前期准备工程和控制工期的单体工程，以及因工期紧或受季节影响确需动工建设的其他工程，可申请办理先行用地。考虑到水利水电工程建设的特殊需要，在项目已通过用地预审、但尚未正式审批（核准）前，工程论证设计和前期工作必需的道路、桥梁、生活营区等建设，属于永久性建设用地的，在项目审批（核准）部门出具项目立项（或同意开展前期工作）的认定意见，且水利项目在初步设计审批单位、水电项目在行业主管部门出具先行建设任务认定意见的前提下，也可申请办理先行用地。

先行用地办理原则上限定在国务院及国务院有关部门批准建设的水利水电工程范围内。对于地方审批（核准）的水利水电项目，其中纳入经批准的全国中型水库建设规划、并经有关流域机构审核同意的水利项目，以及纳入经批准的国家水电发展规划的水电项目，确需先行用地的，可参照上述规定执行。

（十一）做好先行用地与用地审批的衔接。先行用地由省级国土资源主管部门向国土资源部提出申请，省级国土资源主管部门要指导市县认真组织申报材料并严格审核把关。申请先行用地前，应查清所需使用土地的权属、地类、面积，就补偿安置充分征得被占地单位群众同意，确保批后及时兑现有关补偿费用或按经批准的相应移民安置规划进行实施，不因先行用地发生信访问题和突发事件。先行用地批准后，不得超出批准范围动工建设，超出的按违法用地严肃查处；同时，必须在规定时限内申请办理正式用地审批手续。

本意见自下发之日起执行，有效期五年。原《国土资源部国家经贸委水利部关于水利水电工程建设用地有关问题的通知》（国土资发〔2001〕355号）同时废止。

财政部　国家税务总局关于继续实行农村饮水安全工程建设运营税收优惠政策的通知

财税〔2016〕19号

（财政部　国家税务总局 2016 年 2 月 25 日印发）

各省、自治区、直辖市、计划单列市财政厅（局）、国家税务局、地方税务局，新疆生产建设兵团财务局：

为支持农村饮水安全工程（以下简称饮水工程）巩固提升，经国务院批准，继续对饮水工程的建设、运营给予税收优惠。现将有关政策通知如下。

一、对饮水工程运营管理单位为建设饮水工程而承受土地使用权，免征契税。

二、对饮水工程运营管理单位为建设饮水工程取得土地使用权而签订的产权转移书据，以及与施工单位签订的建设工程承包合同免征印花税。

三、对饮水工程运营管理单位自用的生产、办公用房产、土地，免征房产税、城镇土地使用税。

四、对饮水工程运营管理单位向农村居民提供生活用水取得的自来水销售收入，免征增值税。

五、对饮水工程运营管理单位从事《公共基础设施项目企业所得税优惠目录》规定的饮水工程新建项目投资经营的所得，自项目取得第一笔生产经营收入所属纳税年度起，第一年至第三年免征企业所得税，第四年至第六年减半征收企业所得税。

六、本文所称饮水工程，是指为农村居民提供生活用水而建设的供水工程设施。本文所称饮水工程运营管理单位，是指负责饮水工程运营管理的自来水公司、供水公司、供水（总）站（厂、中心）、村集体、农民用水合作组织等单位。

对于既向城镇居民供水，又向农村居民供水的饮水工程运营管理单位，依据向农村居民供水收入占总供水收入的比例免征增值税；依据向农村居民供水量占总供水量的比例免征契税、印花税、房产税和城镇土地使用税。无法提供具体比例或所提供数据不实的，不得享受上述税收优惠政策。

七、符合上述减免税条件的饮水工程运营管理单位需持相关材料向主管税务机关办理备案手续。

八、上述政策（第五条除外）自 2016 年 1 月 1 日至 2018 年 12 月 31 日执行。

水利部 国家开发银行关于加强金融
支持水利扶贫开发工作的意见

水财务〔2016〕58 号

（水利部 国家开发银行 2016 年 2 月 16 日印发）

各省、自治区、直辖市水利（水务）厅（局），各计划单列市水利（水务）局，新疆生产建设兵团水利局，国家开发银行各分行：

为贯彻落实中央扶贫开发工作会议和《中共中央国务院关于打赢脱贫攻坚战的决定》（中发〔2015〕34 号）（以下简称《决定》）精神，充分发挥开发性金融对水利扶贫开发工作的重要促进作用，夯实贫困地区水利基础设施，加快贫困地区水利改革发展，水利部、国家开发银行现就加强金融支持水利扶贫开发工作提出如下意见。

一、充分认识加强金融支持水利扶贫开发工作的重要意义

（一）加快贫困地区水利改革发展，是保障贫困地区尽快脱贫致富、实现全面小康的基础条件，也是中央扶贫开发战略格局的重要组成部分。中央扶贫开发工作会议和《决定》把水利摆在脱贫攻坚的突出位置，对加快贫困地区有关重大水利工程、农田水利基础设施、农村饮水安全巩固提升、水生态治理等水利基础设施建设作出重要部署。水利扶贫开发工作任务十分繁重，建设资金缺口很大，需要综合运用财政和货币政策，引导银行业金融机构增加水利扶贫信贷资金投入。各级水利部门和开发银行要认真贯彻落实党中央国务院决策部署，进一步增强做好金融支持水利扶贫开发工作的责任感和使命感，用足用好开发性金融优惠政策，全力破解贫困地区水利发展融资难题，夯实贫困地区水利基础，为全面建成小康社会提供坚实的水利支撑和保障。

二、切实落实《决定》有关金融支持水利扶贫开发各项优惠政策

（二）扩大水利扶贫项目融资支持。开发银行积极运用融资总量，倾斜资源配置，发挥综合金融服务优势，"十三五"期间为水利扶贫项目提供 5000 亿元融资支持。具体项目及额度由地方水利部门与开发银行分支机构对接确定。

（三）提供长期优惠贷款。对于涉及水利项目建设的贫困人口易地扶贫搬迁，开发银行通过发行政策性金融债筹集资金，按照保本微利的原则发放长期贷款。

（四）提供扶贫再贷款。开发银行积极争取扶贫再贷款，执行优惠利率，支持贫困地区发展特色产业和贫困人口就业创业的涉水项目。

（五）提供过桥贷款。对水利枢纽、引调水工程、小水电等有稳定还款来源的水利扶贫项目，以及公益性水利项目，开发银行可给予过桥贷款，并实行优惠利率。

（六）积极争取水利扶贫项目专项建设基金。地方水利部门和开发银行主动加强与地方发展改革等部门的沟通，积极推荐水利扶贫项目列入专项建设基金项目名单，将开发银行作为基金投放主力银行。水利部与开发银行总行加强与国家发展改革委的沟通，为水利扶贫项目争取更多基金额度。对获得开发银行基金的水利扶贫项目，开发银行要简化评审手续，为项目配足大额、长期、低息贷款。

（七）开通贷款办理绿色通道。开发银行加快水利扶贫项目贷款办理进度，开通绿色通道，优先受理、优先评审、加快审批。对已经签订合同的贷款，要保证信贷资金按合同约定尽快落实到位。对已发放贷款的水利扶贫项目，要主动做好各种配套金融服务工作。开发银行放宽分行水利扶贫项目审批权限。

三、建立完善金融支持水利扶贫开发工作机制

（八）联合建立水利扶贫项目储备库。地方水利部门要积极向开发银行分支机构推荐当地水利扶贫项目，联合建立项目储备库。双方共同向省级扶贫开发投融资主体推荐储备库中的项目，确保扶贫水利项目享受各项扶贫金融优惠政策。

（九）合作开展规划编制、课题研究。地方水利部门与开发银行围绕扶贫工作大局，结合"十三五"水利扶贫开发专项规划，合作开展水利扶贫有关专项规划、区域规划、重大水利项目融资方案编制，共同开展有关水利扶贫融资课题研究。开发银行为有关规划和方案编制、课题研究提供必要的研究经费支持。

（十）完善水利扶贫信贷融资工作机制。对符合政策范围且需要贷款支持的项目，地方各级水利部门和开发银行分支机构要明确牵头部门，组织承贷主体尽快进行对接。要建立水利扶贫信贷融资信息交流沟通机制，及时通报水利扶贫项目情况及融资进展。对于地方省级水利部门和开发银行省分行在水利扶贫信贷融资工作中遇到的有关问题，要及时反馈水利部财务司、国家开发银行评审三局。

八、深化水利工程建设和管理体制改革

水利部关于加强大中型水利工程移民安置
管理工作的指导意见

水移〔2014〕114 号

(水利部 2014 年 4 月 2 日印发)

部机关各司局，部直属各单位，各省、自治区、直辖市水利（水务）厅（局），新疆生产建设兵团水利局，有水利工程移民安置管理任务的省级移民管理机构：

为贯彻落实党的十八大、十八届三中全会精神和中央关于加快水利改革发展的决策部署，全面提升水利工程移民安置管理的法制化、规范化和专业化水平，妥善安置移民，维护库区社会和谐稳定，推进水利事业科学发展，现就加强大中型水利工程移民安置管理工作提出如下意见：

一、充分认识加强移民安置管理的重要性和紧迫性

移民安置是水利工程建设的重要组成部分，涉及面广、政策性强，是一项复杂的系统工程。移民安置管理工作直接关系到移民政策贯彻落实，关系到移民群众切身利益，关系到工程顺利建设，关系到区域社会和谐稳定。近年来，各地认真贯彻移民政策法规，着力加强移民安置工作领导，促进了水利工程移民安置有序推进，有力保障了水利工程顺利建设。但是，一些地方还存在对移民安置管理工作重视不够，监督管理薄弱，移民安置管理工作过于简化、以包代管等突出问题，导致农村移民生产安置措施落实不到位、补偿资金使用管理不规范、移民搬迁进度滞后，移民利益受到损害，影响了库区和移民安置区和谐稳定。同时，随着经济社会和水利事业的快速发展，水利建设任务更加繁重，征地补偿和移民安置投资占水利工程投资比重越来越高，移民安置的难度越来越大，移民安置任务更加艰巨。加强移民安置管理，切实提高移民安置管理能力和水平，确保移民妥善安置，是保护移民合法权益的必然要求，是构建社会主义和谐社会的客观需要，是推进水利科学发展的重要保障。各地要充分认识加强移民安置管理工作的重要性和紧迫性，坚持以人为本，贯彻群众路线，妥善解决移民群众最关心的实际问题，把加强移民安置管理摆在更加突出位置，采取有力措施，切实抓紧抓好。

二、加强移民安置管理的总体要求

（一）指导思想。以邓小平理论、"三个代表"重要思想和科学发展观为指导，深入贯彻党的十八大、十八届三中全会精神，深化改革，勇于创新，以保护移民合法权益、促进水利科学发展为出发点和落脚点，完善机制、落实责任、强化监管，着力提升水利工程移民安置管理的能力和水平，为水利事业加快发展创造良好环境。

（二）基本原则。坚持以人为本，处理好工程建设与移民安置的关系，做到工程建设管理与移民安置管理并重，让水利发展成果惠及最广大人民群众；坚持群众路线，广泛听取移民群众意见，尊重移民群众意愿，确保移民安置规划合理可行，坚持依法管理，完善移民安置工作机制，权力下放，监管跟进，做到简化审批和加强管理同步推进。

（三）总体目标。建立权贵明确、部门协调、保障有力、监管有效、工作顺畅的移民安置工作新格局，推动移民安置管理同水利改革新形势新要求相适应，做到水利工程移民有序搬迁，库区和移民安置区社会和谐稳定，保障水利事业健康发展，促进区域经济社会协调发展。

三、做好水利工程移民安置管理工作的重点任务

（一）扎实做好实物调查工作。实物调查是做好移民搬迁安置的重要基础工作。要严格实物调查的程序和要求，并充分利用信息化等现代技术手段创新实物调查方法，提高实物调查精度。实物调查工作前，水利工程项目法人（或项目主管部门）要组织编制实物调查工作大纲报送省级水利工程移民管理机构。水利工程项目法人（或项目主管部门）会同有关地方人民政府在组织实物调查时，要充分吸收各方面力量，统一制定实物调查细则，严格按照移民签字认可、成果张榜公示、政府签署意见程序，确保实物调查成果全面、准确、可靠、有效。省级水利工程移民管理机构要加强对实物调查工作的指导和监督，及时协调处理实物调查中出现的问题。

（二）加强移民安置前期工作。水利工程项目法人（或项目主管部门）要保障移民前期工作必要的设计力量、合理的设计周期和工作经费。省级水利工程移民管理机构要提前对农村移民搬迁安置去向、生产安置方式和移民安置标准等重大问题组织专题研究。移民安置规划设计单位要严格按照现行的移民政策法规和相关规程规范，在深入分析环境容量、充分征求移民群众意愿和地方人民政府意见的基础上，科学编制移民安置规划大纲和移民安置规划。移民安置规划大纲未编制或未经审批的，移民安置规划审核单位不得审核移民安置规划。水利部将根据实际情况，对移民人数较多的大中型水利项目，组织开展移民安置规划大纲审批前的现场调研，加强对移民安置规划大纲编制的监督和下阶段移民安置规划编制工作的指导。

（三）认真落实重大水利建设项目社会稳定风险评估制度。要按照水利部《关于印发〈重大水利建设项目社会稳定风险评估暂行办法〉的通知》（水规计〔2012〕474号）规定，重大水利建设项目可行性研究阶段，项目法人应组织开展社会稳定风险调查分析。社会稳定风险分析要把移民问题作为重要内容，明确列出移民安置风险点、风险发生的可能性及影响程度，提出防范和化解风险的方案措施。移民安置规划的审核单位对社会稳定风险分析篇章进行审查，对有移民安置任务但未提出社会稳定风险分析内容的，不予审核。

（四）进一步规范移民安置协议签订。水利工程开工前，项目法人应根据经批准的工程占地、淹没范围和移民安置范围，与地方人民政府签订移民安置协议。工程占地、淹没范围和移民安置范围在同一个市级、县级行政区域内的水利工程，项目法人可直接与该市级、县级人民政府（或其授权的移民机构）签订移民安置协议；跨市级、县级行政区域内的，项目法人可直接与共同的上一级人民政府（或其授权的移民机构）签订移民安置协议，跨省级行政区域的，项目法人应当与相关省级人民政府（或其授权的移民机构）签订移民安置协议。移民安置协议签订后，项目法人应当在30个工作日内将所签协议报送水利部水库移民开发局和省级水利工程移民管理机构。

（五）严格移民安置资金使用管理。征地补偿和移民安置资金应当专账核算、专款专用、严格监管、确保安全。移民搬迁安置前，水利工程项目法人和有关单位应根据工程建设进度和移民安置年度计划及时拨付移民安置资金。移民安置实施单位要建立健全财务管理制度，及时张榜公布移民资金收支情况，接受群众监督。

（六）加强移民安置规划设计变更管理。经批准的移民安置规划必须严格执行，不得随意调整或者修改。移民安置实施过程中出现重大规划设计变更的，应当报原批准机关批准。报批期间省级水利工程移民管理机构应会同项目法人、有关单位建立议事协调机制，及时与上级有关主管部门保持沟通，规范、协调解决移民安置实施中存在的问题，促进水利工程移民搬迁安置工作顺利进行。

（七）认真开展移民安置档案管理和统计工作。省级水利工程移民管理机构、项目法人和相关单位要按照国家档案局、水利部、国家能源局联合印发的《水利水电工程移民档案管理办法》（档发〔2012〕4号）规定，将移民档案管理纳入移民工作计划和移民工作程序，及时做好移民档案的归档、移交和验收工作。移民安置验收时，应同步检查移民档案的收集、整理情况，移民档案检查不合格的，要及时整改。省级水利工程移民管理机构要按照水利部和国家能源局联合印发的《大中型水利枢纽和水电工程移民统计管理暂行办法》（水移〔2010〕84号）规定，认真做好本行政区域内水利工程移民统计工作的组织实施和监督管理，按时上报移民安置统计成果，及时反映水利工程移民安置实施情况。

（八）强化移民安置实施过程监督检查。水利部水库移民开发局和省级水利工程移民管理机构要通过稽察、内部审计等方式，及时掌握发现移民安置规划实施和资金使用管理中存在的问题，督促有关单位及时整改，稽察和内部审计意见及整改情况应作为水利工程竣工移民安置验收的重要依据；要切实加强对移民安置监督评估工作的指导和监管，进一步规范监督评估行为，对移民安置监督评估单位发现的问题，有关单位要及时整改，避免监督评估工作流于形式。对移民搬迁安置任务较重的水利项目，水利部将适时组织开展移民安置工作专项检查，督促协调处理移民安置工作出现的重大问题。

（九）严格履行移民安置验收程序。按照水利部《关于印发〈大中型水利水电工程移民安置验收管理暂行办法〉的通知》（水移〔2012〕77号）的要求，严格履行移民安置验收程序。对于由水利部组织竣工验收的水利项目，移民安置达到阶段性目标或移民安置工作完毕后，项目法人应及时向水利部申请验收，省级水利工程移民管理机构要及时组织或督促指导地方开展移民安置自验和初验工作。对于由地方负责竣工验收的水利项目，省级水利工程移民管理机构也要及时组织验收移民安置工作。对移民安置验收过程中发现的问题，省级移民管理机构要督促相关单位及时整改落实。

（十）积极开展移民安置后评价试点工作。移民安置后评价工作是科学系统评价移民安置实施工作效果、总结移民工作经验教训的重要方式。省级水利工程移民管理机构要积极开展水利工程移民安置实施后评价试点工作，探索路子，积累经验。水利部将适时对移民人数较多的重大水利工程组织开展移民安置后评价试点工作。水利工程项目法人要将移民安置后评价工作纳入工作计划，积极支持配合。

（十一）切实做好水利工程移民信访工作。要坚持信访工作属地管理、分级负责的原则，层层落实水利工程移民信访工作责任。要畅通信访工作渠道，加大移民矛盾纠纷排查，做好来信来访接待处理，力争把问题解决在基层，处理在萌芽状态。要做好移民工作信息公开，及时公布移民安置方案、移民安置标准以及征地补偿和移民安置资金的拨付使用情况，维护移民群众的知情权、参与权和监督权。要建立健全移民信访应急处置机制，及时妥善处理移民集体访、重复访，切实维护社会和谐稳定。

四、加强水利工程移民安置管理的保障措施

（一）加强组织领导，落实工作责任。省级水行政主管部门、省级水利工程移民管理机构要把水利工程移民安置管理工作摆上重要议事日程，切实加强组织领导，明确责任分工，及时研究和协调解决移民安置工作中的重大问题。地方各级水利工程移民管理机构要建立健全移民安置工作责任制，按照分级负责的原则，分解落实目标任务并督促抓好落实。项目法人（或项目主管部门）要加强移民安置规划编制的组织工作，全过程参与移民安置有关工作，及时足额拨付移民资金。

（二）强化协调配合，形成工作合力。省级水利工程移民管理机构要在政府的领导下，主动加强与发展改革、财政、国土、林业等部门联系，齐心协力推进工作。省级水利工程移民管理机构设在水行政主管部门的，省级水行政主管部门要加强对所属移民管理机构工作的领导，积极支持移民管理机构开展工作；省级水利工程移民管理机构设在其他部门的，省级水行政主管部门要指定内设机构、明确专人负责，积极支持配合做好相关工作。

（三）加强理论研究，完善管理制度。要结合党的十八届三中全会精神和水利工程移民安置管理工作中出现的新情况、新问题，认真总结经验教训，加强移民理论研究，不断完善管理制度。重大课题要组织开展专项研究。要加快移民安置资金管理、移民稽察和内部审计等《移民条例》配套制度建设，同时要加强移民政策与土地政策、社会保障政策衔接的研究工作，积极做好《移民条例》修订的前期研究工作。

（四）加强能力建设，改进工作作风。地方各级水利工程移民管理机构要积极争取本级政府的支持，完善管理职能，落实工作经费，配足配强专业人才，强化机构能力建设。要加强移民管理干部政策理论和业务知识培训，如大移民政策和移民工作宣传力度，加快完善水库移民管理信息系统。要认真贯彻中央八项规定精神和转变政府职能的新要求，创新移民安置管理方式方法，改进服务移民群众的手段措施，推进移民安置管理科学化、规范化、制度化。

水利部　国家发展改革委关于加快水利建设市场信用体系建设的实施意见

水建管〔2014〕323 号

（水利部　国家发展改革委 2014 年 9 月 9 日印发）

各省、自治区、直辖市及计划单列市、新疆生产建设兵团水利（水务）厅（局）、发展改革委，各有关单位：

为贯彻落实《中华人民共和国政府信息公开条例》（国务院令第 492 号）、《企业信息公示暂行条例》（国务院令第 654 号）、《国务院关于印发社会信用体系建设规划纲要（2014—2020 年）的通知》（国发〔2014〕21 号）、《国务院关于促进市场公平竞争维护市场正常秩序的若干意见》（国发〔2014〕20 号）和中央精神文明建设指导委员会《关于推进诚信建设制度化的意见》（文明委〔2014〕7 号）精神，加快推进水利建设市场信用体系建设，促进水利建设市场公平竞争，保障大规模水利建设顺利实施和水利工程质量安全，提出以下意见。

一、总体要求

（一）指导思想。深入贯彻落实党的十八届三中全会、中央加快水利改革发展决定、国务院社会信用体系建设规划纲要精神，以健全水利建设市场信用体系规章制度和标准体系为基础，以加快水利建设市场信用信息系统建设为支撑，以建立水利建设市场守信激励失信惩戒机制为重点，以提高水利建设领域诚信意识和信用水平为目的，推动信用信息公开、共享和应用，提高公共服务能力，加强事中事后监管，维护水利建设市场正常秩序。

（二）基本原则。

——政府主导，分级推动。按照国务院关于社会信用体系建设的部署，在国务院发展改革部门、水行政主管部门的协调指导下，充分发挥地方各级发展改革部门、水行政主管部门的组织、引导、推动和示范作用，自上而下，协同推进水利建设市场信用体系建设。

——依法监管，社会共治。坚持运用法治思维和法治方式履行政府监管职能，注重发挥市场机制作用，坚持政府和市场两手发力。充分发挥法律法规的规范作用、行业组织的自律作用、舆论和社会公众的监督作用，推动市场主体自我约束、诚信经营。

——统筹安排，分步实施。针对水利建设市场信用体系建设的长期性、系统性和复杂性，坚持问题导向，强化顶层设计，提高服务水平，激发市场活力，立足当前、着眼长远，有计划、有步骤地组织实施。

——强化应用，重点突破。在行政管理、市场监管和公共服务中广泛运用水利建设市场信用信息，褒扬诚信、惩戒失信，在行政许可、招标投标、政府采购、资质审核等重点环节积极应用信用评价结果。

——公正透明，真实准确。坚持公开、公平、公正和诚实守信，依法依规、及时规范地发布信息，保护市场主体和社会公众的知情权、参与权和监督权，保护国家机密、商业秘密和个人隐私。

（三）工作目标。到 2020 年，水利建设市场信用体系的规章制度和标准体系基本建立，水利建设市场主体信用信息系统基本建成，信用信息在水利建设市场监管、公共服务中普遍应用，水利建设领域守信激励和失信惩戒机制全面发挥作用，全行业诚信意识和信用水平普遍提高，水利建设市场秩序显著好转。

二、加快信用信息系统建设

（一）推进信用信息标准化。颁布《水利建设市场主体信用信息数据库表结构及标识符》，建立以组织机构代码为基础、全国统一规范的水利建设市场主体信用信息标准，对市场主体的基本信息、良好行为记录信息、不良行为记录信息等内容和标识作出统一规定。

（二）加快信用信息平台建设。各级水行政主管部门要结合政务信息化工程建设，按照统一的信用信息标准，加快信用信息平台建设步伐，健全水利建设市场主体信用信息数据库，完善信用信息登录、检索、查询功能。国务院水行政主管部门负责建立全国共享的水利建设市场主体信用信息平台，2015 年 12 月底前，建立完善的信用信息征集系统、信用信息公示系统、信用信息查询系统和信用信息管理系统。

（三）建立信用信息共享机制。加快全国、流域和区域水利建设市场主体信用信息平台的互联互通，建立畅通的信息数据交换系统，逐步实现平台数据即时交换。2015 年 12 月底前，实现全国水利建设市场主体信用信息平台和流域管理机构、省级人民政府水行政主管部门水利建设市场主体信用信息平台的互联互通。同时，加强与发展改革、工商、税务、公安等部门的数据交换，拓宽信用信息查询渠道，推进市场主体信用信息的交换共享，有效消除信用信息孤岛。通过连接国家电子招标投标公共服务平台，实现招标投标信用信息的数据交换和互认共用。水利建设市场主体信用信息按要求纳入国家统一的信用信息平台。

三、完善市场主体信用记录

（一）健全市场主体信用档案。所有水利建设市场主体应于 2015 年 12 月底前登录全国水利建设市场主体信用信息平台，按照《水利工程建设领域信用信息基本指导目录（试行）》要求和信用信息平台设置，建立和完善水利建设市场主体信用档案，实现信用记录的全覆盖和电子化存储。水利建设市场主体自主填报信用信息，并对信用信息的真实性、及时性负责。

（二）规范不良行为信息记录。各级水行政主管部门应按照有关法律法规和《水利建设市场主体不良行为记录公告暂行办法》（水建管〔2009〕518 号）要求，将对市场主体的不良行为行政处罚决定自作出之日起 20 个工作日内对外进行记录公告。受到不良行为行政处罚的市场主体，应按照《企业信息公示暂行条例》的规定自行政处罚决定作出之日起 20 个工作日内通过企业信用信息公示系统向社会公开并记入其信用档案。

（三）实行信用信息社会监督。除涉及国家机密、商业秘密、个人隐私的信息外，水利建设市场主体信用档案向社会公开，接受社会监督。市场主体对其信用信息进行更正的，更正前后的信息同时公示。省级以上水行政主管部门可对市场主体信用档案进行随机抽查。任何单位和个人发现市场主体信用信息虚假的，可以向水行政主管部门举报。

四、加大信息公开力度

（一）公开市场主体信用信息。各级水行政主管部门要按照《中华人民共和国政府信息公开条例》要求，推进政务信息公开，依托政府网站设立水利工程建设领域项目信息和市场主体信用信息公开共享专栏，建立面向政府部门、市场主体和社会等不同层面的信息发布制度，在保护涉及公共安全、商业秘密和个人隐私等信息的基础上，及时发布市场主体信用信息，并对公民、法人或其他组织申请公开的信用信息依法予以公开。

（二）公开水利建设项目信息。各级水行政主管部门、项目主管部门（单位）和项目法人应按照《水利工程建设领域项目信息公开基本指导目录（试行）》，准确、及时、规范地公开水利工程建设项目信息，使水利建设项目真正成为阳光工程。大中型或总投资3000万元以上的水利工程建设项目，应于2015年7月1日起实行信息公开；其他水利工程建设项目，应于2016年1月1日起全面实行信息公开。

（三）公开严重失信行为信息。加大对严重失信行为的曝光力度，对于水利建设市场主体出借、借用资质证书进行投标或承接工程，围标、串标，转包或违法分包所承揽工程，有行贿、受贿违法记录，对重（特）大质量事故、生产安全事故负有直接责任，公开信息隐瞒真实情况、弄虚作假的严重失信行为，公开向社会发布。严重失信行为信息公布期限为3年。

五、推进信用评价工作

（一）制定信用评价办法。出台《水利建设市场主体信用评价管理暂行办法》及评价标准，对信用评价的指标体系、评分方法、评价程序以及动态管理等内容作出明确规定。水利建设市场主体信用等级分为AAA（信用很好）、AA（信用好）、A（信用较好）、BBB（信用一般）和CCC（信用较差）三等五级。

（二）规范信用评价活动。加强对评价机构的管理，引导其依法开展活动，严格评价程序，坚持规范运作，严把评价质量关，做到标准公开、程序公开、结果公开，确保信用评价结果的真实可靠、客观公正。对于评价机构弄虚作假、侵犯商业秘密等违法行为，依法严肃查处。

六、推广使用信用信息

（一）主动查询信用信息。各级发展改革部门、水行政主管部门和有关单位在行政管理、市场监管、公共服务等活动中，应当建立与市场主体信用信息的关联管理机制。从2016年1月1日起，凡未在全国水利建设市场主体信用信息平台建立信用档案的，有关部门在上述工作中可采取限制性措施。从2016年7月1日起，凡未在水利建设市场主体信用信息平台建立信用档案的，或提交的材料与信用信息平台登录的信息不符的，其主要人员资历、代表业绩等在资质审批（核）、招标投标活动中可不予认定。依托电子招标投标系统及其公共服务平台，逐步实现在水利工程招标投标活动中直接查阅使用市场主体信用记录，不再要求市场主体提交有关业绩、主要人员资历证明等材料。

（二）积极应用信用评价结果。各级发展改革部门、水行政主管部门、项目主管部门（单位）、项目法人和有关单位在招标投标、政府采购、行政审批、市场准入、资质审核、评优评奖、日常监管等工作中，要将水利建设市场主体的信用评价结果作为重要参考。尚未进行信用评价的水利建设市场主体，其信用等级一般视为 BBB 级，但未在水利建设市场主体信用信息平台建立信用档案的其信用等级视为 CCC 级。两个或者两个以上水利建设市场主体组成联合体投标时，按联合体中信用等级低的市场主体信用等级作为联合体的信用等级。

七、建立守信激励失信惩戒机制

实行市场主体信用分类监管，建立诚信红黑名单制度，建立守信激励和失信惩戒机制。各省级水行政主管部门应结合本地实际，制定本地区统一的市场主体信用信息应用管理办法。

（一）对守信市场主体实施信用激励机制

1. 对守信市场主体在招标投标活动中给予优待。将水利建设市场主体的信用信息和信用评价结果作为资格审查、评标、定标和合同签订的重要依据，按照市场主体信用等级在资格审查和评标中赋予不同的分值权重。

2. 对信用等级为 A 级以上的市场主体，在行政审批、市场准入中予以优先办理、简化审核程序，在日常监督检查中适当简化监督程序、减少检查频次。

3. 对信用等级为 AA 级以上的市场主体，在资质管理中给予优先晋升资质支持，在评优评奖活动中予以加分或在同等条件下优先考虑，向有关方面推荐获得政策扶持、资金支持。

4. 对信用等级为 AAA 级的市场主体，给予重点支持，开辟绿色通道，列入水利建设市场主体诚信红名单，推荐参加诚信示范单位创建活动。

（二）对失信市场主体实施失信惩戒机制

1. 对信用等级为 CCC 级的市场主体，在招标投标活动中信用等级得分为 0，在一定期限内禁止其资质升级或增项，在日常监督检查中实施重点监管、增加检查频次，限制参加评优评奖活动。

2. 对存在严重失信行为的市场主体，除采取上述惩戒措施外，列入水利建设市场主体失信黑名单，实行市场禁入，在一定期限内禁止其参与招标投标、政府采购活动。

八、加强组织领导

（一）落实工作责任。各级水行政主管部门要把推进水利建设市场信用体系建设作为当前亟待加强的一项重要工作，加强组织领导，制定实施方案。要按照事权划分，分解目标任务，明确责任分工，科学筹划，精心组织，推动水利建设市场信用体系建设工作规范有序进行。

（二）强化协调配合。按照推进水利建设市场信用体系建设工作的统一要求，建立有效的工作机制，加强协同配合，形成工作合力。既要做好水利行业内上下、左右的沟通，也要加强与发展改革等其他部门的沟通，通过信用信息的互认共享、联合应用，推动形成守信激励失信惩戒的联动机制。

（三）加强监督管理。各级水行政主管部门要加强对水利建设市场信用体系建设工作的监督管理，确保依法履职，严格廉洁自律，接受社会监督，在诚信建设中发挥表率和示范作用，不得将信息管理、信用评价作为地方保护、徇私舞弊工具，树立公开、公平、公正和为民、务实、清廉的形象。

（四）加大宣传力度。加强诚信文化建设，广泛开展诚信宣传教育，弘扬诚实守信的传统美德。将诚信建设作为水利行业精神文明建设的重要内容，组织开展诚信示范单位创建等诚信主题活动，大力宣传诚信典型。充分发挥舆论引导和监督作用，加强对失信行为的披露和曝光，营造诚信为荣、失信可耻的良好氛围。

水利部关于印发水利建设质量
工作考核办法的通知

水建管〔2014〕351 号

（水利部 2014 年 10 月 31 日印发）

各流域机构，各省、自治区、直辖市水利（水务）厅（局），各计划单列市水利（水务）局，新疆生产建设兵团水利局，各有关单位：

为加强水利建设质量工作，落实质量责任，提高水利建设质量水平，根据国务院《质量发展纲要（2011—2020 年）》和国务院办公厅《质量工作考核办法》精神，我部制定了《水利建设质量工作考核办法》。现印发给你们，请结合实际，认真贯彻执行。

水利建设质量工作考核办法

第一条 为加强水利建设质量工作，落实质量责任，提高水利建设质量水平，根据《国务院关于印发质量发展纲要（2011—2020 年）的通知》（国发〔2012〕9 号）和《国务院办公厅关于印发质量工作考核办法的通知》（国办发〔2013〕47 号）等规定，结合水利建设实际，制定本办法。

第二条 考核工作坚持客观公正、科学管理、突出重点、统筹兼顾、因地制宜的原则。

第三条 考核对象为各省、自治区、直辖市水利（水务）厅（局），新疆生产建设兵团水利局（以下简称"省级水行政主管部门"）。每年 7 月 1 日至次年 6 月 30 日为一个考核年度。

第四条 考核工作由水利部建设与管理司牵头，会同有关司局和单位、流域管理机构及专家组成考核工作组负责组织实施。

第五条 考核内容包括水利建设质量工作总体考核和水利建设质量工作项目考核两部分。考核要点见附件，评分细则在年度质量考核工作中另行制定。

第六条 考核评定采用评分法，满分为 100 分。考核结果分 4 个等级，分别为：A 级（90 分及以上）、B 级（80～89 分）、C 级（60～79 分）、D 级（59 分及以下）。发生重（特）大质量事故的，考核等次一律为 D 级。

第七条 考核采取以下步骤：

（一）发布细则。水利部根据考核要点和年度质量工作进展，于每年年初发布年度水利建设质量工作考核评分细则。

（二）自我评价。各省级水行政主管部门按照本办法和年度评分细则，结合本地区质量工作的目标、任务和特点，于每年 7 月 15 日前将上年度质量工作情况自评报告报水利部。

（三）实地核查。考核工作组通过现场核查和重点抽查等方式，对各省级水行政主管部门水利建设质量工作情况进行考核评价，其中水利建设质量工作总体情况得分占考核总分的60％；选取4个在建工程项目，对项目质量工作进行考核评价，得分占考核总分的40％。

（四）综合考核。考核工作组根据各省级水行政主管部门自评情况、实地核查及相关数据进行全面考核，提出各省级水行政主管部门的考核等级，形成综合考核评价报告。

（五）结果认定。水利部建设与管理司会同有关方面对考核结果进行初步认定，并于9月底前报水利部审定。

第八条 考核结果经水利部审定后，通报各省级水行政主管部门，抄送各省、自治区、直辖市人民政府，并向社会公告。

第九条 考核结果作为项目和资金安排的一个重要参考因素。对考核结果为A级的，在项目和资金安排等方面予以倾斜支持。对考核结果为D级的，省级水行政主管部门应在考核结果通报后一个月内向水利部作出书面报告，提出限期整改措施；水利部在评优、项目和资金安排等方面适度收紧或暂停。

第十条 对在质量工作考核中瞒报、谎报情况的，予以通报批评；对直接责任人员依法依规追究责任。

第十一条 各省级水行政主管部门可根据本办法，结合当地实际，对本行政区域内水利建设质量工作进行考核。

第十二条 本办法由水利部负责解释。

第十三条 本办法自印发之日起施行。

附件1

水利建设质量工作总体考核要点

考核内容	序号	考核指标	考 核 要 点
质量目标	1	验收合格率	大中型水利工程竣工验收合格率
			小型水利工程竣工验收合格率
质量措施	2	质量法治建设	贯彻落实国家和水利部有关质量管理规定和文件要求，制定实施办法或转发文件
			建立健全地方水利建设质量规章制度和技术标准体系
			制定贯彻落实质量发展纲要促进水利建设质量发展实施方案
			建立地方水利建设质量工作考核制度
	3	质量监督管理	质量监督管理机构设置
			质量监督管理人员配备
			质量监督管理工作经费保障
			新开工基本建设项目质量监督率

续表

考核内容	序号	考核指标	考 核 要 点
质量措施	4	质量检测管理	质量检测技术能力建设
			工程质量检测工作实施
	5	质量风险管理	质量隐患排查及整改
			大中型水利工程质量事故应急预案制定及演练
	6	质量诚信建设	质量不良行为记录公告
			对质量管理先进、成绩显著的组织和个人表扬激励
	7	质量问题处理	质量事故调查处理和责任追究
			质量举报投诉受理
	8	质量基础工作	强制性条文贯彻执行
			质量统计分析制度建立与开展
			水利建设质量信息管理系统建设
			质量宣传教育和培训

附件2

水利建设质量工作项目考核要点

序号	考核指标	考 核 要 点
1	项目法人质量管理	质量监督手续办理
		质量管理制度建设
		质量管理机构及责任人
		参建单位质量行为和工程质量检查
		设计变更手续办理
		历次检查、巡查、稽察所提出质量问题的整改
2	勘察设计质量保证	勘察设计文件质量
		现场设代机构或责任人
		现场服务及工作记录
3	施工质量保证	施工质量管理制度建立与执行
		现场施工管理机构及责任人
		施工过程质量控制
		施工材料、设备选用

序号	考核指标	考 核 要 点
4	监理质量控制	现场监理机构及责任人
		现场监理质量控制
		审核签发的各类文件、监理日志、监理月报
5	质量检验评定	原材料、中间产品和实体质量施工单位自检
		原材料、中间产品和实体质量监理平行检测和跟踪检测
		原材料、中间产品和实体质量第三方抽检
		单元工程质量评定
6	工程验收	重要隐蔽（关键部位）单元工程验收
		分部工程、单位工程验收
		专项验收、阶段验收、竣工验收
7	质量事故应急处置	项目法人防范质量事故应急预案编制
		施工单位施工质量事故应急预案编制
		质量事故报告
		质量事故应急处置
		质量事故责任追究
8	质量监督管理	质量监督计划制定
		参建单位质量行为和工程质量监督检查
		工程质量核备、核定

水利部关于印发水利工程建设项目
代建制管理指导意见的通知

水建管〔2015〕91 号

（水利部 2015 年 2 月 16 日印发）

部机关各司局，部直属各单位，各省、自治区、直辖市水利（水务）厅（局），各计划单列市水利（水务）局，新疆生产建设兵团水利局：

为积极、稳妥推进水利工程建设项目代建制，规范项目代建管理，根据《中共中央国务院关于加快水利改革发展的决定》（中发〔2011〕1 号）、《国务院关于投资体制改革的决定》（国发〔2004〕20 号）等有关规定，结合水利工程建设项目的特点，我部制定了《关于水利工程建设项目代建制管理的指导意见》，现印发给你们，请结合实际贯彻执行。

关于水利工程建设项目代建制管理的指导意见

近年来，国家将水利作为基础设施建设和保障改善民生的重要领域，不断加大投入力度，大规模水利建设深入推进，项目点多面广量大，基层建设任务繁重，管理能力相对不足。在水利建设项目特别是基层中小型项目中推行代建制等新型建设管理模式，发挥市场机制作用，增强基层管理力量，实现专业化的项目管理十分必要。为积极、稳妥推进水利工程建设项目代建制，规范项目代建管理，根据《中共中央国务院关于加快水利改革发展的决定》（中发〔2011〕1 号）、《国务院关于投资体制改革的决定》（国发〔2004〕20 号）等有关文件及规定，结合水利工程建设项目的特点，制定本指导意见。

（一）水利工程建设项目代建制，是指政府投资的水利工程建设项目通过招标等方式，选择具有水利工程建设管理经验、技术和能力的专业化项目建设管理单位（以下简称代建单位），负责项目的建设实施，竣工验收后移交运行管理单位的制度。

（二）水利工程建设项目代建制为建设实施代建，代建单位对水利工程建设项目施工准备至竣工验收的建设实施过程进行管理。

（三）实行代建制的项目（以下简称代建项目），代建单位按照合同约定，履行工程代建相关职责，对代建项目的工程质量、安全、进度和资金管理负责。地方政府负责协调落实地方配套资金和征地移民等工作，为工程建设创造良好的外部环境。

（四）代建项目应严格执行基本建设程序，落实项目法人责任制、招标投标制、建设监理制和合同管理制，遵守工程建设质量、安全、进度和资金管理有关规定。

（五）各级水行政主管部门按照规定权限负责管辖范围内水利工程建设项目代建制的监督管理工作，受理有关水利工程建设项目代建制实施的投诉，查处违法违规行为。

（六）代建单位应具备以下条件：

1. 具有独立的事业或企业法人资格。

2. 具有满足代建项目规模等级要求的水利工程勘测设计、咨询、施工总承包一项或多项资质以及相应的业绩；或者是由政府专门设立（或授权）的水利工程建设管理机构并具有同等规模等级项目的建设管理业绩；或者是承担过大型水利工程项目法人职责的单位。

3. 具有与代建管理相适应的组织机构、管理能力、专业技术与管理人员。

（七）近 3 年在承接的各类建设项目中发生过较大以上质量、安全责任事故或者有其他严重违法、违纪和违约等不良行为记录的单位不得承担项目代建业务。

（八）拟实施代建制的项目应在可行性研究报告中提出实行代建制管理的方案，经批复后在施工准备前选定代建单位。

（九）代建单位由项目主管部门或项目法人（以下简称项目管理单位）负责选定。招标选择代建单位应严格执行招标投标相关法律法规，并进入公共资源交易市场交易。不具备招标条件的，经项目主管部门同级政府批准，可采取其他方式选择代建单位。

（十）代建单位确定后，项目管理单位应与代建单位依法签订代建合同。代建合同内容应包括项目建设规模、内容、标准、质量、工期、投资和代建费用等控制指标，明确双方的责任、权利、义务、奖惩等法律关系及违约责任的认定与处理方式。代建合同应报项目管理单位上级水行政主管部门备案。

（十一）代建单位不得将所承担的项目代建工作转包或分包。代建单位可根据代建合同约定，对项目的勘察、设计、监理、施工和设备、材料采购等依法组织招标，不得以代建为理由规避招标。代建单位（包括与其有隶属关系或股权关系的单位）不得承担代建项目的施工以及设备、材料供应等工作。

（十二）项目管理单位的主要职责包括：

1. 选定代建单位，并与代建单位签订代建合同。

2. 落实建设资金，配合地方政府做好征地、移民、施工环境等相关工作。

3. 监督检查工程建设的质量、安全、进度和资金使用管理情况，并协助做好上级有关部门（单位）的稽察、检查、审计等工作。

4. 协调做好项目重大设计变更、概算调整相关文件编报工作。

5. 组织或参与工程阶段验收、专项验收和竣工验收。

6. 代建合同约定的其他职责。

（十三）代建单位的主要职责包括：

1. 根据代建合同约定，组织项目招投标，择优选择勘察设计、监理、施工单位和设备、材料供应商；负责项目实施过程中各项合同的洽谈与签订工作，对所签订的合同实行全过程管理。

2. 组织项目实施，抓好项目建设管理，对建设工期、施工质量、安全生产和资金管理等负责，依法承担项目建设单位的质量责任和安全生产责任。

3. 组织项目设计变更、概算调整相关文件编报工作。

4. 组织编报项目年度实施计划和资金使用计划，并定期向项目管理单位报送工程进度、质量、安全以及资金使用等情况。

5. 配合做好上级有关部门（单位）的稽察、检查、审计等工作。

6. 按照验收相关规定，组织项目分部工程、单位工程、合同工程验收；组织参建单位做好项目阶段验收、专项验收、竣工验收各项准备工作；按照基本建设财务管理相关规定，编报项目竣工财务决算。竣工验收后及时办理资产移交和竣工财务决算审批手续。

7. 代建合同约定的其他职责。

（十四）代建项目资金管理要严格执行国家有关法律法规和基本建设财务管理制度，落实财政部《关于切实加强政府投资项目代建制财政财务管理有关问题的指导意见》（财建〔2004〕300号）有关要求，做好代建项目建账核算工作，严格资金管理，确保专款专用。

（十五）实行代建制的项目，各级政府和项目管理单位应认真落实建设资金，确保资金足额及时到位，保障工程的顺利实施。代建项目建设资金的拨付按财政部门相关规定和合同约定执行。

（十六）代建管理费要与代建单位的代建内容、代建绩效挂钩，计入项目建设成本，在工程概算中列支。代建管理费由代建单位提出申请，由项目管理单位审核后，按项目实施进度和合同约定分期拨付。

（十七）代建项目实施完成并通过竣工验收后，经竣工决算审计确认，决算投资较代建合同约定项目投资有结余，按照财政部门相关规定，从项目结余资金中提取一定比例奖励代建单位。

（十八）代建单位未经批准擅自调整建设规模、内容和标准，擅自进行重大设计变更的，因管理不善致使工程未达到设计要求或者质量不合格的，按照代建合同约定和国家有关规定处理。代建项目决算投资超出代建合同约定项目投资的，按代建合同约定处理。

各地要高度重视水利工程建设项目代建管理工作，加强组织领导，明确责任分工，健全工作机制，完善各项制度，稳妥有序推进，注意积累经验。各省、自治区、直辖市水行政主管部门可依据本指导意见制定本行政区域水利工程建设项目代建管理的具体办法。本指导意见执行过程中如有意见和建议，请及时反馈水利部建设与管理司。

水利部关于印发水利建设市场主体
信用评价管理暂行办法的通知

水建管〔2015〕377 号

（水利部 2015 年 9 月 29 日印发）

部机关各司局，部直属各单位，各省、自治区、直辖市水利（水务）厅（局），各计划单列市水利（水务）局，新疆生产建设兵团水利局，各有关单位：

为规范水利建设市场主体信用评价工作，推进水利建设市场信用体系建设，完善水利建设市场主体守信激励、失信惩戒机制，保障水利建设质量与安全，根据《国务院关于印发社会信用体系建设规划纲要（2014—2020 年）的通知》（国发〔2014〕21 号）和《水利部 国家发展和改革委员会关于加快水利建设市场信用体系建设的实施意见》（水建管〔2014〕323 号），我部制定了《水利建设市场主体信用评价管理暂行办法》。现印发给你们，请认真贯彻执行。

水利建设市场主体信用评价管理暂行办法

第一章 总 则

第一条 为贯彻落实国务院《社会信用体系建设规划纲要（2014—2020 年）》（国发〔2014〕21 号）精神，规范水利建设市场主体信用评价工作，推进水利建设市场信用体系建设，保障水利建设质量与安全，按照《水利部 国家发展和改革委员会关于加快水利建设市场信用体系建设的实施意见》（水建管〔2014〕323 号）要求，制定本办法。

第二条 本办法适用于水利建设市场主体信用评价。

本办法所称水利建设市场主体，是指参与水利工程建设活动的勘察、设计、施工、监理、咨询、机械制造、招标代理、质量检测等单位。

本办法所称信用评价，是指依据有关法律法规和水利建设市场主体信用信息，按照规定的标准、程序和方法，对水利建设市场主体的信用状况进行综合评价，确定其信用等级并向社会公开的活动。

第三条 水利建设市场主体信用评价遵循政府主导、统一评价、自愿参与、社会监督的原则，保守国家秘密，保护商业秘密和个人隐私。

第四条 国务院水行政主管部门统一组织，通过购买服务方式选择相关行业协会（以下简称评价机构）承担具体工作。流域管理机构和地方水行政主管部门参与，负责评价有关市场主体的市场行为并提供对市场主体的奖惩记录。

第五条 水利建设市场主体的信用评价结果记入其信用档案，并在全国水利建设市信用信息平台上向社会公布。各级水行政主管部门、项目主管部门（单位）、项目法人和有关单位应在招标投标、政府采购、行政审批、市场准入、资质管理、评优评奖、日常监管等工作中，积极应用信用评价结果，实行市场主体信用分类监管，建立健全守信激励失信惩戒机制。省级水行政主管部门可结合本地实际，制定信用评价结果的应用办法或在其他相关规章制度中明确信用评价结果应用的条款。

第二章　评　价　标　准

第六条　国务院水行政主管部门组织制定水利建设市场主体信用评价标准（见附件），明确信用评价的指标体系、评分标准等内容，并向社会公布。

第七条　评价指标分为一级指标、二级指标和三级指标，其中一级指标包括市场主体的综合素质、财务状况、管理水平、市场行为和信用记录。不同评价类型，其评价指标及权重分别设置。

第八条　水利建设市场主体信用等级分为 AAA、AA、A、BBB 和 CCC 三等五级，各信用等级对应的评价指标得分 X 分别为：

AAA 级：90 分≤X≤100 分，信用很好；

AA 级：80 分≤X＜90 分，信用好；

A 级：70 分≤X＜80 分，信用较好；

BBB 级：60 分≤X＜70 分，信用一般；

CCC 级：X＜60 分，信用较差。

第三章　评　价　程　序

第九条　水利建设市场主体信用评价工作原则上每年开展 1 次。

第十条　申请信用评价的水利建设市场主体，应当依法登记从业满 3 年并在全国水利建设市场主体信用信息平台建立信用档案。

申请人具有多项资质的，可以同时申请两项或者两项以上类型的信用评价。

第十一条　申请人申请信用评价，应当向评价机构提供以下材料：

（一）水利建设市场主体信用评价申请表；

（二）企业营业执照、资质证书复印件，人员和设备材料；

（三）管理制度及质量、安全、环境管理体系认证材料；

（四）人力资源管理、信用管理、技术创新、发展战略等材料；

（五）近 3 年会计师事务所出具的审计报告；

（六）近 3 年参建与评价类型对应并在全国水利建设市场信用信息平台记录的水利水电工程项目清单，包括合同名称、合同额、建设地点、项目法人、开竣工时间等；

（七）近 3 年获得的各种奖励、处罚等材料；

（八）近 3 年参加工商、税务、金融机构等信用评价材料。

第十二条　申请人对申请材料的真实性、有效性负责。其中，《企业信息公示暂行条例》中规定的市场主体必须公开的内容和水利工程建设领域信用信息基本指导目录中包括的内容，应在全国水利建设市场信用信息平台公开，作为评价依据。

第十三条 评价机构应当成立信用评价委员会，组织信用评价专家组，按照评价标准规定的评价指标及评分标准，在统计有关流域管理机构、省级水行政主管部门对市场行为评分的基础上，计算信用评价分值，提出初评意见。

第十四条 评价机构可根据需要对申请评价的市场主体申报信息进行现场调查核实，相关流域管理机构、地方水行政主管部门、项目主管部门（单位）、项目法人、市场主体应给予配合，提供相关材料。

第十五条 评价机构应将市场主体信用评价初评意见在全国水利建设市场信用信息平台进行公示，接受社会监督，公示期为7天。

第十六条 对市场主体信用评价初评意见有异议的，应当在公示期满前，以书面方式向评价机构提出异议，说明理由并提供相关证明材料。评价机构应当在20个工作日内对提出的异议完成复核。

第十七条 评价机构应当自信用评价结果确定后5个工作日内，将评价结果提交国务院水行政主管部门，在门户网站和全国水利建设市场信用信息平台上发布，并向社会公告。

第四章 动 态 管 理

第十八条 水利建设市场主体信用评价结果有效期为3年。3年期满后，水利建设市场主体应重新申请信用评价，原信用评价结果逾期作废。

第十九条 水利建设市场主体取得信用等级1年后，可申请信用等级升级。升级评价程序按照本办法第三章的规定执行。

第二十条 评价机构应对所评价水利建设市场主体的不良行为记录定期进行汇总，每年对有不良行为记录的市场主体全面复评一次（市场主体应根据评价机构的要求提交材料），按照本办法第三章的规定履行评价、公示和公告程序，重新核定信用等级。

第二十一条 水利建设市场主体信用评价实行一票否决制，凡发生严重失信行为的，其信用等级一律为CCC级；取得BBB级（含）以上信用等级的水利建设市场主体发生严重失信行为的，应立即将其信用等级降为CCC级并向社会公布，3年内不受理其升级申请。上述严重失信行为包括：

（一）出借、借用资质证书进行投标或承接工程的；

（二）围标、串标的；

（三）转包或违法分包所承揽工程的；

（四）有行贿、受贿违法记录的；

（五）对重（特）大质量事故、生产安全事故负有直接责任的；

（六）公开信息隐瞒真实情况、弄虚作假的。

第五章 监 督 管 理

第二十二条 国务院水行政主管部门负责建立全国水利建设市场信用信息平台，组织制定水利建设市场主体信用评价标准并开展评价工作，监督管理全国水利建设市场主体信用评价结果应用工作。各流域管理机构、各省级水行政主管部门依照管理权限，负责建立本流域、本地区水利建设市场主体信用信息平台，提供和评价有关市场主体参与水利建设的相关情况，监督管理水利建设市场主体评价结果应用工作。

第二十三条 水利建设市场主体信用评价结果接受社会监督，任何单位和个人对信用评价中的违规行为有权举报和投诉。有关水行政主管部门负责对举报和投诉进行调查核实，对侵害市场主体权益的实行责任追究。

第二十四条 评价机构在评价活动中违反评价标准和评价程序、有失客观公正的，责令改正；在评价活动中弄虚作假、与市场主体串通操纵评价结果的，禁止继续参与水利建设市场主体信用评价工作。

评价工作人员违反本办法规定的，责令改正；在工作中玩忽职守、弄虚作假、滥用职权、徇私舞弊的，依法依纪给予处分；涉嫌犯罪的，移送司法机关依法追究刑事责任。

附件：1. 水利建设市场主体（勘察单位）信用评价标准（略）

2. 水利建设市场主体（设计单位）信用评价标准（略）

3. 水利建设市场主体（施工单位）信用评价标准（略）

4. 水利建设市场主体（监理单位）信用评价标准（略）

5. 水利建设市场主体（咨询单位）信用评价标准（略）

6. 水利建设市场主体（机械制造单位）信用评价标准（略）

7. 水利建设市场主体（招标代理单位）信用评价标准（略）

8. 水利建设市场主体（质量检测单位）信用评价标准（略）

水利部关于印发节水供水重大水利工程
建设质量监督巡查实施细则的通知

水建管〔2016〕18 号

（水利部 2016 年 1 月 18 日印发）

部机关有关司局，部直属有关单位，各省、自治区、直辖市水利（水务）厅（局），新疆生产建设兵团水利局：

为加强节水供水重大水利工程建设质量管理工作，规范工程建设质量管理行为，确保工程建设质量，根据《节水供水重大水利工程建设督导检查工作制度》（水建管〔2015〕145 号），我部制定了《节水供水重大水利工程建设质量监督巡查实施细则》，现印发给你们，请认真贯彻执行。

附件

节水供水重大水利工程建设质量监督
巡查实施细则

第一条 为加强节水供水重大水利工程建设质量管理工作，规范工程建设质量管理行为，根据《节水供水重大水利工程建设督导检查工作制度》（水建管〔2015〕145 号），制定本细则。

第二条 质量监督巡查针对在建的节水供水重大水利工程开展。主要对象是重大引调水工程、重点水源工程、江河湖泊治理骨干工程、新建大型灌区工程等重大水利工程的主体工程建设。

第三条 质量监督巡查工作坚持"检查、指导、整改、提高"的原则，加强对工程建设质量的监管。巡查工作不替代工程参建单位的质量责任和水行政主管部门的相应职责。

第四条 质量监督巡查工作的依据是国家法律法规、技术标准、批复的设计文件和相关合同文本等。

第五条 质量监督巡查工作主要对工程各参建单位的质量行为和实体质量进行抽查，对质量监督工作开展情况进行检查。

第六条 对项目法人（建设单位）巡查的主要内容，包括质量管理机构建立及人员配备情况，质量责任制建立和执行情况，对其他参建单位质量行为和工程实体质量的检查工作开展情况，对上级有关部门检查、巡查或稽察提出质量问题的整改落实情况等。

第七条 对勘察设计单位巡查的主要内容，包括现场服务情况，设计变更是否符合规定，设计图纸和施工技术要求是否满足施工需要，是否按规定参加质量评定与验收工作等情况。

第八条　对监理单位巡查的主要内容，包括组建的现场监理机构、现场监理人员是否满足要求，现场质量控制体系建立及运行情况，平行检测工作开展情况，监理资料记录是否及时、真实、完整等。

第九条　对施工单位巡查的主要内容，包括现场管理机构的组建和人员到位情况，施工过程质量控制情况，工程原材料、中间产品和实体质量的检测情况，施工资料是否完整、真实，工程质量评定是否及时、规范，工程实体质量情况等。

第十条　对金属结构及设备制造单位巡查的主要内容，包括出厂检验和进场检验、验收等情况。

第十一条　对安全监测、检测单位巡查的主要内容，包括单位资质和人员资格是否满足要求，与工程质量相关技术标准的执行情况，以及安全监测、检测数据和结论的符合性情况等。

第十二条　对政府质量监督工作的巡查，主要检查是否按规定开展了质量监督工作。

第十三条　水利部建设与管理司负责组织指导节水供水重大水利工程建设的质量监督巡查工作。水利部建设管理与质量安全中心（以下简称建安中心）负责具体实施，主要包括制定年度巡查计划，组建巡查组开展巡查工作，提交巡查工作成果。工程所属的流域机构配合建安中心开展相关工作。

第十四条　质量监督巡查工作实行巡查组长负责制，巡查组长对现场巡查报告及整改意见等巡查成果负责。巡查组根据被查项目的实际情况，制定工作方案，开展现场巡查工作。

第十五条　质量监督巡查工作通过听取相关单位汇报，查看工程现场，与有关单位人员座谈，查阅相关资料等方式开展。必要时可责成项目法人（建设单位）开展补充检测对工程实体质量作进一步验证。

第十六条　现场监督巡查工作结束后，巡查组应客观准确地向有关单位和部门通报巡查相关情况和发现的主要问题，并及时提交现场巡查报告。

第十七条　部建安中心根据现场巡查情况，下发整改通知，督促整改落实。被查单位原则上应在整改通知下发20个工作日内，将整改落实情况分别报送建设与管理司和建安中心。建安中心负责巡查整改意见的落实，必要时组织复查。

第十八条　质量监督巡查过程中，发现重大质量问题或安全隐患后，巡查组可向项目法人建议停工或返工整改，并及时向水利部报告。对存在问题的责任单位根据相关规定予以处理。巡查结果纳入水利生产经营单位市场信用体系和年度质量考核体系。

第十九条　各有关单位应积极协助配合巡查工作，如实反映工程建设实际情况并提供巡查工作所需要的文件资料。

第二十条　质量监督巡查工作要深入细致、坚持原则、严谨求实、客观公正；巡查组应严格执行保密纪律，不擅自泄露巡查掌握的内部资料和情况；巡查组成员应严格遵守廉洁自律各项规定。

第二十一条　本细则自文件印发之日起开始施行。

水利部关于做好中央财政补助水利工程
维修养护经费安排使用的指导意见

水财务〔2016〕53 号

（水利部 2016 年 2 月 6 日印发）

各省、自治区、直辖市水利（水务）厅（局），各计划单列市水利（水务）局，新疆生产建设兵团水利局：

党中央国务院高度重视水利工作，对加快水利建设和保障工程良性运行做出一系列重大决策部署。2011 年中央 1 号文件明确了水利工程维修养护补助政策。党的十八届五中全会提出创新、协调、绿色、开放、共享五大发展理念，把水利摆在八大基础设施网络建设的首要位置，纳入九大风险防范的关键领域，对水利事业可持续发展提出新要求。为适应国家财税体制改革新形势，财政部统筹推进资金整合，加大对水利工程维修养护的资金支持力度。财政部、水利部印发《农田水利设施建设和水土保持补助资金使用管理办法》，明确水利工程维修养护补助资金使用范围包括"农田水利工程和县级以下国有公益性水利工程的维修养护支出，农业水价综合改革相关支出，基层水利服务单位开展农田水利工程维修养护所必要的仪器设备购置补助"。为规范中央财政补助水利工程维修养护资金（以下简称中央财政补助维修养护资金）的安排和使用，提高资金使用效益，确保政策落到实处，现提出以下意见：

一、充分认识做好中央财政补助维修养护资金安排使用的重要意义

（一）用好中央财政补助维修养护资金是进一步深化水利工程管理体制改革的重要举措。2002 年以来，根据《国务院办公厅转发国务院体改办关于水利工程管理体制改革实施意见的通知》要求，各级地方政府按照有关事权和支出责任，积极落实水利工程维修养护经费，水利工程管理得到明显改善，有效保证了工程发挥效益。但由于各种原因，水利工程管理体制改革进展不均衡，中西部地区、贫困地区维修养护经费缺口较大，特别是县级以下国有公益性工程维修养护经费落实率低。按照 2011 年中央 1 号文件要求，财政部、水利部从中央水利建设基金中安排部分资金用于补助中西部地区、贫困地区公益性水利工程维修养护。2015 年，财政部、水利部将原中央财政补助中西部地区、贫困地区公益性水利工程维修养护资金、中央财政统筹从土地出让收益中计提的农田水利建设资金安排的农田水利工程维修养护资金进行了整合，进一步加大了对水利工程维修养护的补助力度，但部分中西部地区对资金整合后的补助政策理解和把握不够准确，安排用于县级以下公益性水利工程维修养护的补助资金规模不增反降，个别地区甚至未予安排。这对公益性水利工程维修养护工作造成了不同程度影响，也影响了水利工程管理体制改革进一步深化。对此，各级水行政主管部门务必高度重视，统一思想，提高认识，水利工程管理体制改革只能深化，不能停滞，要不折不扣将中央财政对公益性水利工程维修养护补助政策落实到位，有效发挥中央补助资金的引导作用，扎实做好维修养护工作，确保工程良性运行和效益发挥。

（二）用好中央财政补助维修养护资金是促进农田水利工程良性运行的重要保障、近年来，中央不断加大农田水利投入，农田水利工程体系不断完善，为国家粮食安全提供了重要支撑。但由于历史欠账和地区差异等多种原因，农田水利工程运行维护一直是薄弱环节，管护经费不足，管护不到位，农田水利工程设施寿命缩短，效益不能正常发挥。针对这一情况，2011 年，财政部下发《关于从土地出让收益中计提农田水利建设资金有关事项的通知》，明确从土地出让收益中计提农田水利建设资金，可以用于农田水利设施的日常维护支出。2013 年，财政部、水利部进一步明确中央财政统筹从土地出让收益中计提的农田水利建设资金的 20％用于农田水利设施的日常维护支出。但从实际情况看，一些地方"重建轻管"问题仍比较严重，将应安排用于农田水利工程维修养护的资金用于工程建设，没有用到农田水利工程维修养护上，导致工程管护不到位、效益衰减得不到有效解决。各级水行政主管部门要切实转变理念，抓紧制定完善农田水利工程维修养护补助资金管理办法，加强政策引导和奖惩激励，将补助资金真正用于农田水利设施维修养护，加快建立农田水利工程良性运行机制，做到建管并重。

（三）用好中央财政补助维修养护资金是深化农田水利改革的关键之举、破解农田水利发展难题、补齐农田水利建设短板，关键是深化改革。近年来，通过开展农业水价综合改革、农田水利工程产权制度改革和运行管护机制创新、小型水利工程管理体制改革等试点，加强基层水利服务体系建设，在促进工程良性运行、持续发挥效益方面取得了明显成效，形成了一批可复制、可推广的改革样板和经验。但总的来看，与工程建设的大投入相比，体制机制改革创新的投入还远远不够，"重硬轻软"的问题依然突出。各地强烈呼吁中央财政进一步加大对改革的资金支持力度，为大范围推广试点经验，健全基层水利服务体系，全面推进各项改革提供经费支持。各级水行政主管部门要紧紧抓住中央财政维修养护补助资金支持农业水价综合改革、基层水利服务体系建设等的重要机遇，用好用足来之不易的政策，切实发挥中央资金"四两拨千斤"的作用，引导地方主动投入、加大投入，通过不断深化改革破除体制机制弊端，最大程度激发活力、释放潜力。

二、认真做好中央财政补助维修养护资金的统筹安排

（一）加大对中西部地区、贫困地区公益性水利工程维修养护支持力度。在近几年中央财政补助公益性水利工程维修养护资金规模的基础上，中西部地区、贫困地区要继续加大对县级以下公益性水利工程维修养护的补助力度；东部地区要根据县级以下公益性水利工程的实际需要和维修养护经费缺口合理安排，保障水利工程正常运行。用于县级以下国有公益性水利工程的维修养护资金，优先安排用于有明确管理单位且完成管理体制改革的水利工程。在用好中央财政补助维修养护资金的同时，地方各级水行政主管部门要继续协调财政部门加大地方财政对维修养护投入力度，确保工程良性运行。

（二）统筹做好对各类农田水利工程维修养护的支持。中央财政补助维修养护资金可以用于补助已基本完成水利工程管理体制改革任务的大中型灌区、泵站工程维修养护经费不足，也可以用于农村集体经济组织以及农民用水合作组织、农民专业合作社等新型农业经营主体开展小型农田水利工程维修养护。鼓励采取政府购买服务方式支持专业化、社会化服务组织管理维护农田水利工程。中央财政补助维修养护资金的安排要适当向贫困地区倾斜。

（三）切实加大对农业水价综合改革等各项改革的支持力度。按照"先建机制、后建工程"和"建管并重"的要求，中央财政补助维修养护资金安排要重点向农业水价综合改革、农田水利工程产权制度改革和运行管护机制创新、小型水利工程管理体制改革、基层水利服务体系建设、农民用水合作组织多元化发展等进展明显、成效突出的地区倾斜。因地制宜探索中央财政补助维修养护资金用于农业用水精准补贴和节水奖励的模式，推动建立科学合理的农业水价形成机制，促进农业节水增效和农田水利工程良性运行。

三、切实加强中央财政补助维修养护资金的使用管理

（一）严格控制资金使用范围

1. 用于县级以下国有公益性水利工程的维修养护资金使用范围为县级以下管理的承担防洪、排涝、抗旱、灌溉等公益性任务的水库工程、水闸工程、堤防工程、控导工程、泵站工程、淤地坝工程。

2. 用于农田水利工程的维修养护资金使用范围为灌排骨干工程、小型农田水利设施、量测水设施及灌溉信息化设施的维修养护；基层水利单位开展农田水利工程维修养护必要的仪器设备购置。

3. 用于农业水价综合改革的资金重点用于农业用水精准补贴和节水奖励。补贴标准根据定额内用水成本与运行维护成本的差额确定，其中，农业水价未调整到运行维护成本的，统筹考虑用于农田水利设施维修养护的补助资金，对农业供水工程运行维护费用进行补贴；农业水价调整到运行维护成本以上的，可对种粮农民定额内用水进行补贴。补贴办法由各地确定。要安排一定规模的资金对采取节水措施、调整种植结构节水的规模经营主体、农民用水合作组织和用水户进行奖励，调动节水积极性。

4. 中央财政补助维修养护资金不得用于修建楼堂馆所、交通工具购置、办公设备购置、应由部门预算安排的基本支出以及其他超出正常维修养护项目范围的支出。

（二）完善资金申报审核程序

1. 用于县级以下国有公益性水利工程的维修养护资金，由省级水行政主管部门组织申报审批。每年9月底前，县级水行政主管部门商财政部门组织编制下一年度县级中央补助资金项目年度实施方案，向省级水行政主管部门和财政部门申报。申报中央补助资金的项目应完成水利工程管理体制改革，公益性人员基本支出和公益性部分工程维修养护经费落实率不低于80％和50％，之前实施的中央补助资金项目已通过验收且未发生违规违纪行为。省级水行政主管部门负责组织年度实施方案的合规性审核与批复工作，具体审核与批复办法由省级水行政主管部门商财政部门制定。公益性水利工程维修养护资金年度实施方案批复及资金下达工作应于中央资金指标下达后1个月内完成。各省级水行政主管部门应于每年12月25日前将下一年度公益性水利工程的维修养护资金安排情况报水利部建设与管理司备核（备核表见附件1）。2016年备核表应于4月底前报水利部建设与管理司。

2. 用于农田水利工程维修养护资金，由省级水行政主管部门组织申报审批。每年9月底前，县级水行政主管部门商财政部门组织小型农田水利工程管护主体开展下一年度农田水利工程维修养护资金申报工作，编制完成实施方案，向省级水行政主管部门、财政部门申报；灌区、泵站管理单位编制下一年度农田水利工程维修养护实施方案，按行政隶属关系逐级向省级水行政主管部门、财政部门申报。省级水行政主管部门商财政部门负责组织县级及灌区、泵站管理单位农田水利工程维修养护实施方案审批工作，具体审批办法由省级水行政主管部门商财政部门制定。农田水利工程维修养护年度实施方案审批及资金下达工作应于中央资金指标下达后1个月内完成。各省级水行政主管部门应于每年12月25日前将下一年度农田水利工程维修养护资金安排情况报水利部农村水利司备核（备核表见附件2）。2016年备核表应于4月底前报水利部农村水利司。

3.用于农业水价综合改革资金，由省级水行政主管部门根据本省农业水价综合改革实施方案，结合农田水利工程维修养护资金安排、农业水价调整、农业用水精准补贴和节水奖励机制建设情况等，合理确定精准补贴和节水奖励年度资金规模，在农业水价综合改革年度实施方案中予以明确。省级水行政主管部门要根据国家农业水价综合改革总体部署，商发改（物价）、财政等部门及时组织制定下一年度农业水价综合改革年度实施方案，于每年12月25日前报水利部财务司备核（具体要求另行安排）。

（三）做好组织实施

1.各级水行政主管部门要督促中央财政补助维修养护资金使用单位，及时开展维修养护工作，扎实推进各项改革，加快资金预算执行，确保维修养护和改革任务按期完成。各省级水行政主管部门应于每年3月31日前将上一年资金安排使用总结报告报送水利部。

2.要按照有关规定选择技术力量强、专业水平高的维修养护队伍和人员，依据相关技术标准做好工程的维修养护。鼓励支持农民用水合作组织、新型农业经营主体承担维修养护任务。

3.省级水行政主管部门要组织做好中央财政补助维修养护资金项目验收工作，具体验收规定由各省级水行政主管部门商财政部门确定。

四、强化中央财政补助维修养护资金安全高效使用的组织保障

（一）严格落实责任

省级水行政主管部门要把安排用好中央财政补助维修养护资金作为一项重要任务，加强组织领导，建立健全主要负责人负总责、分管负责人具体抓的责任机制，加强与财政部门的沟通协调，精心组织制定年度实施方案，逐项细化任务和工作安排，加快完善维修养护资金安排使用管理制度，切实把责任落到实处。

（二）加强监督检查

各级水行政主管部门要加大对中央财政补助维修养护资金安排使用情况的监督检查，督促资金使用单位管好用好资金。对检查发现、被媒体曝光并核实的问题，各省水行政主管部门要采取有效措施督促限期整改到位，并对有关责任人进行问责。

（三）强化绩效评价

各省级水行政主管部门要按照有关要求将中央财政补助维修养护资金安排使用管理情况作为专项资金绩效评价的重要内容，并将绩效评价结果作为下一年度有关资金安排的重要依据，建立健全奖罚分明的激励约束机制。

附件：1.　　　省（区、市）　　年度公益性水利工程维修养护资金安排备核表（略）
　　　　2.　　　省（区、市）　　年度农田水利工程维修养护中央财政补助资金安排备核表（略）

水利部关于印发《重大水利工程建设安全生产巡查工作制度》的通知

水安监〔2016〕221号

（水利部2016年6月12日印发）

部直属各单位，各省、自治区、直辖市水利（水务）厅（局），各计划单列市水利（水务）局，新疆生产建设兵团水利局，各有关单位：

为加强重大水利工程建设安全管理，根据《安全生产法》和《水利工程建设安全生产管理规定》，我部制定了《重大水利工程建设安全生产巡查工作制度》。现印发给你们，请结合实际，认真贯彻执行。

附件

重大水利工程建设安全生产巡查工作制度

为全面加强重大水利工程建设安全生产管理工作，确保工程建设生产安全，根据《安全生产法》、《建设工程安全生产管理条例》（国务院令第393号）和《水利工程建设安全生产管理规定》（水利部令第26号），依据国务院安委会安全生产巡查精神，制定本工作制度。

一、巡查目标

坚持"安全第一、预防为主、综合治理"的方针，按照谁主管、谁负责的原则，督促水行政主管部门和工程参建单位严格落实安全生产责任，切实加强安全防范措施，不断提高安全生产管理水平，全面防范生产安全事故发生，确保重大水利工程建设顺利实施。

二、巡查组织

按照分级负责的原则，组织巡查工作。水利部负责组织实施由部批准初步设计的全国重大水利工程和部直属工程（打捆项目、地下水监测和小基建项目除外）建设安全生产巡查工作，其他重大水利工程建设安全生产巡查工作由省级水行政主管部门负责组织实施。水利部建设管理与质量安全中心和水利部所属流域管理机构配合水利部开展安全生产巡查工作。巡查组织单位应保障巡查工作经费。

水利部和省级水行政主管部门应根据重大水利工程建设进展情况，制定年度安全生产巡查工作计划，有针对性地开展巡查工作。原则上，水利部每年开展2轮巡查工作。每轮组织若干个巡查组，巡查组实行组长负责制，对巡查工作质量负责。组长由司局级干部担任，组员由有关工作人员和安全生产专家组成。省级水行政主管部门可结合实际制订重大水利工程巡查工作制度实施细则，负责组织实施本行政区域内重大水利工程建设安全生产巡查工作。省级水行政主管部门可采取直接巡查和委托市县水行政主管部门巡查的方式，做到本行政区域内重大水利工程建设安全生产巡查年度全覆盖。

三、巡查内容

巡查工作主要内容为巡查水行政主管部门重大水利工程建设安全生产监督管理履职情况，并根据工程建设进展情况，选取在建重大水利工程进行巡查。

（一）对水行政主管部门安全生产监督管理工作巡查内容

1. 贯彻落实水利部关于重大水利工程建设安全生产决策部署情况；

2. 重大水利工程建设安全生产监督责任体系建立情况；

3. 重大水利工程建设安全生产监督工作机制建立情况，监管机构、人员落实情况；

4. 重大水利工程建设安全生产工作巡查落实情况；

5. 重大水利工程建设生产安全事故重大隐患治理督办制度建立及落实情况，监督检查中发现隐患及问题的整改落实情况；

6. 重大水利工程建设"打非治违"、专项整治、安全风险辨识、重大危险源管控等情况；

7. 推动水利安全生产标准化建设情况；

8. 其他需要巡查的内容。

（二）对项目法人安全生产工作巡查内容

1. 安全生产管理制度建立情况；

2. 安全生产管理机构设立及人员配置情况；

3. 安全生产责任制建立及落实情况；

4. 安全生产例会制度、安全生产检查制度、教育培训制度、职业卫生制度、事故报告制度等执行情况；

5. 安全生产措施方案的制定、备案与执行情况；

6. 危险性较大单项工程、拆除爆破工程施工方案的审核及备案情况；

7. 工程度汛方案和超标准洪水应急预案的制定、批准或备案、落实情况；

8. 施工单位安全生产许可证、安全生产"三类人员"和特种作业人员持证上岗等核查情况；

9. 安全生产措施费用落实及管理情况；

10. 安全生产应急处置能力建设情况；

11. 事故隐患排查治理、重大危险源辨识管控等情况；

12. 开展水利安全生产标准化建设情况；

13. 其他需要巡查的内容。

（三）对勘察（测）设计单位安全生产工作巡查内容

1. 安全生产措施费用计列情况；

2. 设计交底涉及安全生产的情况；

3. 对工程重点部位和关键环节防范生产安全事故的指导意见或建议；

4. 新结构、新材料、新工艺及特殊结构防范生产安全事故措施建议；

5. 其他需要巡查的内容。

（四）对建设监理单位安全生产工作巡查内容

1. 安全生产管理制度建立情况；

2. 安全生产责任制落实情况；

3. 监理例会制度、教育培训制度、事故报告制度等执行情况；

4. 施工组织设计中的安全技术措施及专项施工方案审查和监督落实情况；

5. 监理大纲、监理规划、监理细则中有关安全生产措施执行情况；

6. 监理巡视检查记录和对历次检查发现隐患整改落实的督促情况；

7. 其他需要巡查的内容。

（五）对施工单位安全生产工作巡查内容

1. 安全生产管理制度建立情况；

2. 安全生产许可证的有效性；

3. 安全生产管理机构设立及人员配置情况；

4. 安全生产责任制落实情况；

5. 安全生产例会制度、安全生产检查制度、教育培训制度、职业卫生制度、事故报告制度等执行情况；

6. 安全生产有关操作规程制定及执行情况；

7. 施工组织设计中的安全技术措施及专项施工方案制定和审查情况；

8. 安全施工交底情况；

9. 安全生产"三类人员"和特种作业人员持证上岗情况；

10. 安全生产措施费用提取及使用情况；

11. 安全生产应急处置能力建设情况；

12. 隐患排查治理、重大危险源辨识管控等情况；

13. 其他需要巡查的内容。

（六）对施工现场安全生产工作巡查内容

1. 安全技术措施及专项施工方案落实情况；

2. 施工支护、脚手架、爆破、吊装、临时用电、安全防护设施和文明施工等情况；

3. 安全生产操作规程执行情况；

4. 安全生产"三类人员"和特种作业人员持证上岗情况；

5. 个体防护与劳动防护用品使用情况；

6. 应急预案中有关救援设备、物资落实情况；

7. 特种设备检验与维护状况；

8. 消防、防汛设施等落实及完好情况；

9. 其他需要巡查的内容。

四、巡查程序

（一）巡查组召开座谈会，听取被巡查单位安全生产工作汇报，对有关情况进行问询；

（二）巡查组查阅有关文件、档案、会议记录等资料；

（三）巡查组现场检查工程建设安全生产情况；

（四）巡查组及时向被巡查单位（工程）反馈相关巡查情况，指出问题和隐患，有针对性地提出整改意见；

（五）巡查组在巡查工作结束后 7 日内，向巡查组织单位报送巡查工作报告；

（六）巡查组织单位根据巡查工作报告向被巡查单位印发巡查整改工作通知，提出整改意见。巡查中发现的重大事故隐患，交由项目主管部门或上级水行政主管部门挂牌督办。

五、有关工作要求

（一）巡查工作要坚持原则、深入细致、严谨求实、客观公正。巡查人员应严格执行工作纪律，不得擅自泄露巡查检查掌握的内部资料和情况，并严守廉洁自律各项规定。

（二）被巡查单位（工程）要自觉接受巡查，积极配合，如实反映工程建设管理实际情况并认真提供巡查工作所需文件资料；对巡查发现的隐患和问题，立即组织整改，并按要求将整改情况及时报送巡查组织单位和有关部门。

（三）项目主管部门或上级水行政主管部门应认真组织做好巡查发现的重大事故隐患挂牌督办工作。对于隐患排除前或排除过程中无法保证安全的，项目主管部门或上级水行政主管部门应责令从危险区域内撤出作业人员、暂时停工或停止使用相关设施设备等。

（四）项目法人应及时将巡查时间、巡查组别以及发现的隐患和问题、整改进展情况登录到水利安全生产信息上报系统。未发现隐患和问题的，应登录巡查时间和巡查组别。

（五）各级水行政主管部门对巡查发现的问题和隐患要督促整改落实，问题严重、整改不力的要依法依规追究相关单位和人员的责任。水利部对存在严重问题和整改落实不彻底、责任追究不严格的水行政主管部门、项目法人等进行重点约谈，视情进行全国通报，必要时建议省级人民政府督促整改落实。巡查整改落实情况纳入省级水行政主管部门安全生产监管工作考核成绩。有关违法违规违纪行为问题线索，移交有关部门进一步调查处理。

九、创新农村水利发展机制

水利部 财政部关于印发《关于深化小型水利工程管理体制改革的指导意见》的通知

水建管〔2013〕169 号

（水利部 财政部 2013 年 3 月 28 日印发）

各省、自治区、直辖市水利（水务）厅（局）、财政厅（局），各计划单列市水利（水务）局、财政局，新疆生产建设兵团水利局、财务局：

为贯彻落实《中共中央国务院关于加快水利改革发展的决定》（中发〔2011〕1 号）和中央水利工作会议精神，进一步深化小型水利工程管理体制改革，明晰工程产权，落实管护主体和责任，对公益性小型水利工程管护经费给予补助，探索社会化和专业化的多种水利工程管理模式，建立科学的管理体制和良性运行机制，确保小型水利工程安全运行和效益充分发挥。水利部、财政部研究提出了《关于深化小型水利工程管理体制改革的指导意见》。现印发你们，请结合实际认真贯彻落实。

附件

关于深化小型水利工程管理体制改革的指导意见

近年来，各地对小型水利工程管理体制改革进行了有益的探索，取得了一定的进展。但小型水利工程管理仍存在管护主体缺失、管护责任难以有效落实等问题，严重影响了工程安全运行和效益充分发挥。为加强小型水利工程管理，根据《中共中央国务院关于加快水利改革发展的决定》（中发〔2011〕1 号，以下简称 2011 年中央 1 号文件）的要求，现就深化小型水利工程管理体制改革，提出如下意见。

一、指导思想、原则和目标

（一）指导思想。以科学发展观为指导，全面贯彻落实 2011 年中央 1 号文件和中央水利工作会议精神，明晰工程产权，落实管护主体和责任，对公益性小型水利工程管护经费给予补助，探索社会化和专业化的多种水利工程管理模式，建立健全科学的管理体制和良性运行机制，确保工程安全运行和效益充分发挥。

（二）基本原则。一是权责一致。明晰所有权，界定管理权，明确使用权，搞活经营权，落实管护主体和责任。二是政府主导。强化政府责任，加强组织领导，调动各方积极性，综合推进改革。三是突出重点。重点解决管护主体、管护责任和管护经费等问题。四是因地制宜。结合本地实际情况推进改革，不搞"一刀切"；积极探索社会化和专业化的多种工程管理模式，明晰产权，注重发挥工程效益；已完成改革任务且工程效益发挥正常的，原则上不作调整。

（三）改革目标。到 2020 年，基本扭转小型水利工程管理体制机制不健全的局面，建立适应我国国情、水情与农村经济社会发展要求的小型水利工程管理体制和良性运行机制：

——建立产权明晰、责任明确的工程管理体制；

——建立社会化、专业化的多种工程管护模式；

——建立制度健全、管护规范的工程运行机制；

——建立稳定可靠、使用高效的工程管护经费保障机制；

——建立奖惩分明、科学考核的工程管理监督机制。

二、改革范围

（四）明确改革范围。改革范围为县级及以下管理的小型水利工程，主要包括：

——小型水库，即总库容 100 万立方米～1000 万立方米（不含）的小（1）型水库和总库容 10 万立方米～100 万立方米（不含）的小（2）型水库；

——中小河流及其堤防，包括流域面积小于 3000 平方公里的河流及其上兴建的防洪标准小于 50 年一遇的 3 级以下堤防，防潮（洪）标准小于 20 年一遇的海堤及沿堤涵闸；

——小型水闸，即最大过闸流量 20 立方米每秒～100 立方米每秒（不含）的小（1）型水闸和最大过闸流量小于 20 立方米每秒的小（2）型水闸；

——小型农田水利工程及设备，包括控制灌溉面积 1 万亩、除涝面积 3 万亩以下的农田水利工程，大中型灌区末级渠系及量测水设施等配套建筑物，喷灌、微灌设施及其输水管道和首部，塘坝、堰闸、机井、水池（窖、柜）及装机功率小于 1000 千瓦的泵站等；

——农村饮水安全工程，包括日供水规模 200 立方米～1000 立方米（不含）的Ⅳ型集中式供水工程和日供水规模小于 200 立方米的Ⅴ型集中式供水工程，分散式供水工程；

——淤地坝，包括库容 50 万立方米～500 万立方米（不含）的大型淤地坝、库容 10 万立方米～50 万立方米（不含）的中型淤地坝和库容 1 万立方米～10 万立方米（不含）的小型淤地坝；

——小型水电站，包括单站装机容量 5 万千瓦及以下的水电站；

单一农户自建自用的小型水利工程，不纳入此次改革范围。

三、主要内容

（五）明晰工程产权。按照"谁投资、谁所有、谁受益、谁负担"的原则，结合基层水利服务体系建设、农业水价综合改革的要求，落实小型水利工程产权。个人投资兴建的工程，产权归个人所有；社会资本投资兴建的工程，产权归投资者所有，或按投资者意愿确定产权归属；受益户共同出资兴建的工程，产权归受益户共同所有；以农村集体经济组织投入为主的工程，产权归农村集体经济组织所有；以国家投资为主兴建的工程，产权归国家、农村集体经济组织或农民用水合作组织所有，具体由当地人民政府或其授权的部门根据国家有关规定确定。产权归属已明晰的工程，维持现有产权归属关系。县级人民政府或其授权的部门负责工程产权界定工作，向明晰产权的工程所有者颁发产权证书，载明工程功能、管理与保护范围、产权所有者及其权利与义务、有效期等基本信息。

（六）落实工程管护主体和责任。工程产权所有者是工程的管护主体，应当健全管护制度，落实管护责任，确保工程正常运行。涉及公共安全的小型水利工程要明确安全责任主体，落实工程安全责任。

县级水利部门和基层水利服务机构要加强对小型水利工程管理与运行维护的监管和技

术指导，督促工程产权所有者切实履行管理责任，保障工程安全长效运行。

（七）落实工程管护经费。多渠道筹集工程管护经费，建立稳定的管护经费保障机制。管护经费原则上由工程产权所有者负责筹集，财政适当给予补助。积极研究制定优惠政策，鼓励和动员社会各方面力量支持小型水利工程管护。完善"民办公助"、"一事一议"等机制，引导农民群众参与小型水利工程管护。

中央财政通过现行政策和资金渠道，对中西部地区、贫困地区县级管理的国有公益性工程维修养护经费给予补助。地方财政可通过公共财政预算、政府性基金以及其他水利规费收入，安排小型水利工程维修养护经费。按照规定的比例和范围，安排部分从土地出让收益中计提的农田水利建设资金支持小型农田水利工程管护。建立财政补助经费奖补机制，按照"奖优罚劣"的原则，根据管护实效进行补助，具体补助标准与方式，由各地因地制宜确定。

（八）探索工程管理模式。针对不同类型工程特点，因地制宜采取专业化集中管理及社会化管理等多种管护方式。各地应切实加强基层水利服务体系建设，健全完善基层水利服务机构，可结合实际成立专业化维修养护队伍，组建农民用水合作组织，开展集约化的维修养护服务。在确保工程安全、公益属性和生态保护的前提下，鼓励采取承包、租赁、拍卖、股份合作和委托管理等方式，实施小型水利工程的运行管理，搞活经营权，并服从防汛指挥调度、非常情况下的水资源调度。实行承包、租赁、拍卖、股份合作和委托等方式管理的，要签订有效的运行管理合同，明确工程管护主体、管护责任、管护范围，以及相应的奖补政策、违约责任等。

（九）加强业务指导和行业监督。各级水利部门应加强业务指导，有计划地组织技术培训，不断提高管护人员素质，增强基层工程管理单位、农村集体经济组织和农民用水合作组织等的管护能力。县级水行政主管部门要强化对小型水利工程的行业监督，有效防止水资源浪费和掠夺式经营。

四、保障措施

（十）加强领导，精心组织。各地要高度重视，加强组织领导，落实工作责任，把改革列入重要议事日程，纳入年度目标考核内容，根据当地实际情况，制定切实可行、针对性强、可操作的改革实施方案，明确改革的范围、目标、原则、年度计划、工作流程、组织方式以及相关职责划分等。各级水利、财政部门要建立有效的工作机制，加强指导，精心组织，全力推进。

（十一）规范考核，强化监管。建立监督考核机制，实行分级考核，考核结果作为安排补助经费的重要依据。水利部、财政部以省级为单元，对改革情况进行考核；省级水利、财政部门以县级为单元进行考核；县级水利、财政部门对辖区内的工程管理单位进行监督考核，确保财政补助经费落实到工程、专款专用。同时完善相关公示制度，提高民主参与和监督水平。

（十二）试点先行，分类推进。小型水利工程管理体制改革涉及面广、情况复杂、政策性强、任务艰巨，各地要先行试点、典型引路、分类实施、全面推进。各地根据不同区域、不同工程类型，可选取一些县（市）开展试点，加强指导和扶持。

关于鼓励和支持农民用水合作组织
创新发展的指导意见

水农〔2014〕256 号

（水利部　国家发展改革委　民政部　农业部　国家工商
行政管理总局 2014 年 8 月 1 日印发）

各省、自治区、直辖市水利（水务）厅（局）、发展改革委、民政厅（局）、农业厅（局）、工商局、市场监督管理部门，各计划单列市水利（水务）局、发展改革委、民政局、农业局、工商局、市场监督管理部门，新疆生产建设兵团水利局、发展改革委、民政局、农业局：

为深入贯彻党的十八大和十八届三中全会精神，适应农业农村发展新形势，深化水利改革，健全基层水利服务体系，创新农民用水合作组织发展，促进农田水利工程良性运行，提出以下指导意见。

一、创新农民用水合作组织发展的重要意义

1. 创新农民用水合作组织发展是适应农业生产经营方式转变的必然选择。近 10 多年来，以农民用水户协会为主要形式的农民用水合作组织，在解决农村实行家庭联产承包责任制以后农田水利设施管理缺位问题等方面发挥了重要作用。随着农村改革的不断深化、土地流转和现代农业发展不断加快，新型农业经营主体对提高农田水利设施保障程度要求越来越高，对农田水利建设与管理的组织化和专业化要求也越来越迫切。各地在积极培育发展农民用水户协会的同时，积极探索依托农民专业合作社开展农民用水服务等新型农民用水合作组织运作模式，将服务拓展到农业生产全过程，调动了成员参与和投入的积极性，增强了合作组织造血功能，取得良好效果。但由于缺乏有力引导推动，发展多种形态农民用水合作组织的方向不够明朗，特别是采用农民专业合作社形式开展农田水利工程建设、管护及用水服务的效能尚未充分发挥，必须加强政策引导，创新发展方式，大力推进农民用水合作组织多元化发展。

2. 创新农民用水合作组织发展是建立农田水利建设与管理新机制的重要基础。当前，加快农田水利建设已成为我国发展现代农业和保障国家粮食安全的重要基础和重点任务，投入农田水利建设的主体和资金越来越多，工程建管体制机制需要不断创新。实践表明，农民用水合作组织在参与农田水利工程建设和承担工程管护、保障有序和高效用水等方面发挥着重要作用。但由于相关配套扶持政策落实不够、运行机制不健全，不少农民用水合作组织运行困难、服务能力不强，难以适应大规模农田水利工程建设形势和专业化管护的要求，亟待创新发展方式，加强能力建设，提升管理水平，更加有效有力地发挥作用。

二、创新农民用水合作组织发展

3. 完善功能定位。农民用水合作组织由农户、新型农业经营主体等各类农村水利服务的提供者、利用者按照自愿参加、民主管理、合作互助的原则组建，以参与农田水利工程建设、承担农田水利工程管护和用水管理及为农业种植、养殖业提供灌溉排水、抗旱排涝等涉农用水服务为主要职责，主要包括农民用水户协会（社团法人）和业务范围包含灌溉排水、抗旱排涝等农田水利建设、管护及涉农用水服务的农民专业合作社（农民专业合作社法人）。

4. 创新发展方式。农民用水合作组织发展要因地制宜，根据管理工程的范围和功能，结合服务对象的要求，宜"会"则"会"，宜"社"则"社"。进一步巩固和发展农民用水户协会，鼓励采用农民专业合作社形式开展涉农用水合作。通过多元化发展，逐步实现农田水利工程建设主体多元、管理主体明确、管护经费落实、工程良性运行、用水有序高效的目标。

5. 拓展服务范围。鼓励农民用水合作组织通过为成员提供多方位、全过程、专业化服务，运用制度约束、利益驱动和市场化机制，增强农民用水合作组织的凝聚力。鼓励有条件的农民用水合作组织积极承担农田水利工程建设，引导农民用水合作组织通过开展专业化灌溉排水、供水、养殖、农业生产经营、水利技术和信息服务等涉农用水业务，改善自身经济条件，增强服务和发展能力。

6. 引导大户带头。引导家庭农场、专业大户等新型农业经营主体加入或创办农民用水合作组织，发挥带头作用，通过实现农业规模效益，逐步提高农民用水合作组织专业化程度，提升工程管护水平，并带动社会资本投入农田水利工程建设和管理。

三、规范农民用水合作组织建设

7. 依法登记注册。农民用水合作组织应结合自身特点和发展需求，选择发展类型，依照《社会团体登记管理条例》在民政部门登记注册成立农民用水户协会，或依照《农民专业合作社法》《农民专业合作社登记管理条例》在工商行政管理部门登记注册成立农民专业合作社。以经营为目的的农民用水合作组织也可以依法在工商部门登记为企业。

8. 明确组建方式。农民用水户协会原则上以水利工程受益区域为边界组建，有条件的地区，可按行政区域或受益区域设立联合体。业务范围包含涉农用水服务的农民专业合作社，应当申请变更业务范围；以涉农用水服务为主要业务范围的农民专业合作社，可以在名称中使用"用水服务专业合作社""灌溉服务专业合作社"等字样；成员可以依法以实行承包经营的水利设施资产作价出资入社。具有公共事务管理职能的单位不得成为农民专业合作社成员。

9. 完善管理机制。农民用水合作组织应按照组织类型依法设定相应的组织机构，完善内部治理结构，建立参与工程决策与建设、工程管护、用水管理、水费计收管理、财务管理、奖惩制度等管理制度，实行民主决策、自主运营、规范管理。农民用水合作组织应健全工程管护机制，积极筹集管护经费，落实管护人和管护责任。

四、扶持农民用水合作组织发展

10. 安排建设投入。按照"先建机制、后建工程"的原则，各类农田水利及其他涉水支农建设资金优先安排建立农民用水合作组织的地区，加大资金投入倾斜力度。积极探索"以奖代补、先建后补"等机制，允许财政项目资金直接投向农民用水合作组织，为农民用水合作组织发展创造良好的运行和工程条件。

11. 促进全程参与。鼓励农民用水合作组织作为各类农田水利及其他涉水支农建设项目申报和实施主体，以直接投资、"民办公助"等方式承担工程建设。积极推动农民用水合作组织参与项目前期论证、工程建设质量监督和项目验收，充分发挥农民的监督作用。通过政府购买服务等方式，引导和扶持农民用水合作组织承担水利工程专业管护、抗旱排涝等公益性服务。

12. 推进产权改革。各地可结合小型水利工程产权制度改革，将政府补助建设形成的小型农田水利设施资产交由农民用水合作组织持有和管护。鼓励将具有经营功能的小型水利工程移交或委托农民用水合作组织运营。按照"谁投入、谁所有，谁使用、谁管护"的原则，落实小型农田水利工程占有、使用、受益权利及管护责任。

13. 落实管护经费。小型农田水利工程管护经费原则上由工程产权所有者或受益者承担，财政给予适当补助。积极推进农业水价综合改革，鼓励供需双方自愿平等协商确定水利工程水价，在具备条件的地区，小型农田水利工程水价可由农民用水合作组织通过民主协商确定，并负责水费计收和管理使用。

14. 加强能力建设。落实中央财政农民专业合作组织发展资金，支持农民用水合作组织创新发展和能力建设。结合落实新型农业经营主体配套设施建设用地政策，解决农民用水合作组织管理设施建设用地问题。地方在安排农田水利建设资金时，可安排一定比例用于农民用水合作组织能力建设。加大对农民用水合作组织的业务指导和培训力度。

五、保障措施

15. 加强组织领导。各级水行政主管部门、民政部门、工商行政管理部门要落实工作责任，加强部门协调，积极引导农民用水合作组织多元化发展。农业行政主管部门将开展涉农用水服务的农民专业合作社纳入国家对农民专业合作社的支持范围。

16. 开展示范创建。各地要结合示范社创建活动，创建一批涉农用水农民专业合作社示范社，发挥示范社在农民用水合作组织创新发展中的引领带动作用。各级水行政主管部门要及时总结经验，提炼创新模式，加大推广力度。

17. 加大宣传力度。各级水行政主管部门要加大宣传力度，营造良好舆论氛围，使国家有关政策深入人心，使成功经验得以推广，最大限度地调动农民自主管理的积极性，科学引导农民用水合作组织创新发展。

十、健全基层水利管理体制机制

关于进一步健全完善基层水利
服务体系的指导意见

水农〔2012〕254号

（水利部　中央机构编制委员会办公室　财政部 2012 年 6 月 1 日印发）

各省、自治区、直辖市水利（水务）厅（局）、机构编制委员会办公室、财政厅（局），各计划单列市水利（水务）局、机构编制委员会办公室、财政局，新疆生产建设兵团水利局、机构编制委员会办公室、财政局：

为贯彻落实《中共中央国务院关于加快水利改革发展的决定》（中发〔2011〕1号，以下简称《决定》）和中央水利工作会议精神，加快健全完善基层水利服务体系，现提出以下意见。

一、充分认识健全完善基层水利服务体系的必要性和紧迫性

为适应经济社会发展的需要，中央做出加快水利改革发展的决定，水利已进入全面加速发展的快车道。加快水利改革发展，必须健全基层水利服务体系，夯实基层水利工作基础，提高基层水利服务能力。《决定》和中央水利工作会议明确提出："建立健全职能明确、布局合理、队伍精干、服务到位的基层水利服务体系，全面提高基层水利服务能力。以乡镇或小流域为单元，健全基层水利服务机构，强化水资源管理、防汛抗旱、农田水利建设、水利科技推广等公益性职能，按规定核定人员编制，经费纳入县级财政预算"。这既是适应水利加速发展现实的迫切需要，也是保障水利事业长期稳定发展的客观要求。

长期以来，基层水利服务机构在加强农村水利建设、促进农村经济社会发展、保障国家粮食安全等方面发挥了重要作用。但是，基层水利服务体系建设相对滞后、管理不规范、经费保障不足等问题仍较突出。在水利加速发展的新形势、新要求、新任务下，没有完善的基层水利服务体系就难以支撑水利事业的大发展，难以扭转水利建设滞后的局面，也难以保障水利工程可持续利用，必须采取有效措施进一步健全完善基层水利服务体系。

各省（自治区、直辖市）水利、机构编制、财政部门要充分认识健全完善基层水利服务体系的重要性和紧迫性，切实推进基层水利服务体系建设工作。

二、正确把握基层水利服务体系建设的总体要求和基本原则

（一）总体要求

基层水利服务体系建设要以科学发展观为指导，以全面提高基层水利管理服务能力为目标，以健全服务机构、明确公益职能、理顺管理体制、完善保障机制为重点，加大工作力度，科学布局，到 2013 年底，建立职能明确、布局合理、队伍精干、服务到位的基层水利服务体系，全面提高基层水利服务水平。

（二）基本原则

坚持精干高效，科学设置机构，优化队伍结构，合理配置资源；坚持政府主导，强化公益职能，建立保障机制，支持多元发展；坚持因地制宜，确保基层水利服务机构建设与水利建设管理任务和乡镇机构改革要求相协调，鼓励各地进行探索和实践。

三、进一步明确健全完善基层水利服务体系的各项任务

（一）明确基层水利服务机构的性质与职能。进一步强化基层水利服务机构的公益属性，基层水利服务机构主要承担以下公益职能：负责辖区内的防汛抗旱、农田水利建设和水利科技推广工作，承担农村水利工程建设、管理与运行维护的技术指导等工作，组织指导农民用水合作组织建设与运行，调解水事纠纷，组织开展水法规宣传等。

（二）理顺基层水利服务机构的管理体制。基层水利服务机构可以实行以乡镇管理为主，上级水行政主管部门进行业务指导的管理体制，也可以作为县级水行政主管部门的派出机构，实行以条为主的管理体制，具体由省级人民政府因地制宜确定。

（三）科学设置基层水利服务机构。根据自然条件、水资源特点、经济社会发展水平和水利建设管理要求等因素，科学设置基层水利服务机构。流域特点明显的地区以跨乡镇的流域为单元设立基层水利服务机构；跨乡镇水利工程较多或是乡镇幅员面积较小的地区以若干乡镇为单元设立片区基层水利服务机构；水利工作任务繁重、乡镇幅员面积较大的地区以乡镇为单元设立基层水利服务机构。

（四）合理确定基层水利服务机构人员编制。按照专业、精干、效能的原则以及管辖范围面积、水利设施数量、水利管理任务、农业人口数量等因素，合理确定基层水利服务机构的人员编制，具体由各省（自治区、直辖市）结合实际确定。专业技术人员比例不低于80％。

（五）建立经费保障机制。多渠道筹措资金，加大基层水利服务体系建设的投入力度。基层水利服务机构的人员经费和公益性业务经费纳入县级财政预算。水费和相关的水规费中安排资金用于基层水利服务机构工作条件建设。结合农村水利项目建设，支持基层水利服务机构提升服务能力。

（六）改进基层水利服务机构人员管理方式。建立健全"公开招聘，竞争上岗、定期考评、合理流动"的人事管理制度，科学设岗，以岗定人，竞聘上岗。大力推行进岗考核制度，2年内全部人员实现持证上岗服务。严格工作绩效考评，建立由服务对象、所在乡镇政府和主管部门三方参与的考评机制，考评结果作为职务晋升、职称评聘、解聘续聘等的依据。创新人才培养机制，建立定期培训、专业技术职务晋升等制度，全面提高人员技术水平。

（七）改善基层水利服务机构工作条件。各省（自治区、直辖市）要根据履行公益性职能的要求和当地实际情况，制定基层水利服务机构工作条件标准，并采取有效措施，切实解决好基层水利服务机构办公场所、技术装备和必要的交通工具等工作条件，切实提升服务手段和服务能力。

四、扎实做好健全完善基层水利服务体系组织领导工作

健全完善基层水利服务体系，时间紧、任务重，各省级水利、机构编制、财政部门要切实加强对基层水利服务体系建设的组织领导工作，及时向省（自治区、直辖市）党委政府汇报加强基层水利服务体系建设的打算，争取党委政府支持。要及早研究出台本省（自治区、直辖市）基层水利服务体系建设意见，制订实施方案和时间进度表，督促县（市、区）做好落实工作，确保2012年有阶段性成果，2013年底前全面完成基层水利服务体系建设任务。

水利部　教育部关于进一步推进水利职业教育改革发展的意见

水人事〔2013〕121 号

（水利部　教育部 2013 年 2 月 1 日印发）

各省、自治区、直辖市水利（水务）厅（局）、教育厅（教委），各计划单列市水利（水务）局、教育局，新疆生产建设兵团水利局、教育局，水利职业院校和其他有关单位：

为深入贯彻党的十八大精神和《中共中央国务院关于加快水利改革发展的决定》、《国家中长期教育改革和发展规划纲要（2010—2020 年)》，落实教育部等九部门《关于加快发展面向农村的职业教育的意见》，切实加强水利行业技术技能人才培养，为水利事业跨越式发展提供人才保障和智力支持，现就进一步推进水利职业教育改革发展提出如下意见。

一、新形势下水利职业教育的战略地位

（一）水利职业教育的战略地位和作用。水利职业教育是我国职业教育体系的重要组成部分，是水利行业技术技能人才培养的主阵地，是水利事业改革发展和提升现代农业发展能力的重要支撑。水利职业教育服务水利、面向基层和"三农"，具有和生产实际紧密结合的特点，承担着普及水利专业知识，推广水利实用技术，培养技术技能人才，促进农村劳动力转移，推动民生水利和地方区域经济社会发展的重要任务，是水利和现代农业、农村发展的基础保障，具有很强的社会性、基础性和战略性，必须充分认识其战略地位和重要作用，采取更加有力的措施，推动水利职业教育实现跨越式发展。

（二）水利职业教育面临的新形势。当前和今后一个时期，是全面建成小康社会的重要时期，是加快转变经济发展方式的攻坚时期，也是大力发展民生水利、推动传统水利向现代水利转变的关键时期。水利事业改革发展任务艰巨繁重，迫切需要大批基层水利技术技能人才作为支撑。目前基层水利技术技能人才队伍和水利职业教育发展现状，还不能适应水利跨越发展与建设现代职业教育体系的新要求。大力发展水利职业教育，是推进生态文明建设和水利全面、协调、可持续发展的客观要求，是加强基层水利人才队伍建设、解决人才瓶颈问题的重要途径，事关水利改革发展和地方区域经济社会发展全局。必须把推进水利职业教育改革发展作为一项十分紧迫而又艰巨的战略任务，努力缩小水利职业教育区域发展差距，缓解经费投入不足，改革办学体制机制，调整人才培养规格、结构、质量以及专业设置，使之更加适应水利跨越式发展和建设现代职业教育要求。

二、水利职业教育改革发展的指导思想和总体目标

（三）指导思想。以邓小平理论、"三个代表"重要思想和科学发展观为指导，深入贯彻党的十八大精神和中央水利工作方针，以服务水利发展为宗旨，以行业需求为导向，以改革创新为动力，以培养水利基层一线所需的高素质技术技能人才为目标，坚持学历教育

与职业培训并重，大力发展中等职业教育，积极发展高等职业教育，优化水利职业教育布局和结构，着力培养适应水利事业发展需要的各类技术技能人才，为水利事业改革发展提供有力的人才保障和智力支持。

（四）总体目标。到2020年，力争建成以水利中等职业教育为基础、高等职业教育为骨干，中高职协调发展，与应用型本科人才培养相衔接，学校教育与职业培训并举，职业教育与终身学习对接，结构合理、层次完善、规模适度、灵活开放、具有行业特色的现代水利职业教育体系。深入推进水利职业教育办学体制和教育教学改革，建立水利职业教育专业人才培养质量保障制度，加强示范院校、重点专业、实习实训基地、师资队伍和服务能力建设，全面提升水利职业教育的办学水平，提高服务水利和地方经济社会发展的能力。到2015年，水利职业教育培养高、中职水利类专业毕业生15万名，实施基层水利职工继续教育50万人次，培训面向新农村建设的新型农民30万人次。

三、加快推进水利职业教育重点环节建设

（五）加快推进现代水利职业教育体系建设。发挥政府主导、行业指导作用，积极探索水利职业教育招生模式改革，适度扩大水利职业教育院校毕业生对口升学单独招生规模，拓宽水利职业教育院校毕业生继续学习通道。扩大水利工程技术特别是农业与农村水利等水利艰苦专业面向西部、农村、基层定向招生规模。支持水利职业教育院校与企业深度合作，大力开展订单培养、定向培训、定岗培训，满足职工继续教育和终身学习的需要。开展行业、企业、学校多元化办学的体制机制创新试点。

（六）加快推进水利职业教育院校办学能力建设。实施水利职业教育示范院校能力提升计划，建设10所在水利行业内发挥示范引领作用、体制机制改革领先、办学条件优良、办学水平一流、行业特色鲜明的水利职业教育卓越院校，促进水利职业教育办学水平和综合实力整体提升。实施水利职业教育院校实习实训基地建设计划，支持建设50个水利类重点专业实习实训基地。实施全国职业院校水利类专业重点扶持计划，水利部组织遴选、重点扶持30个办学水平领先、起示范引领作用的骨干专业点和面向西部、服务民生、服务"三农"的20个特色专业点；在国家示范性和骨干水利高职院校重点扶持一批服务基层水利勘测设计、建设管理、水政执法工作的特色专业。制定水利类专业教学标准、核心课程标准，实施水利职业教育优质教学资源库建设计划，组织开发一批覆盖水利类主要专业课程的理实一体教材及多媒体课件，开发一批具有较强针对性和实用性的基层水利主要岗位培训资源包。

（七）加快推进水利职业教育师资队伍建设。实施专兼职教师专业教学能力提升计划，建设一批水利职业教育师资培训基地，积极为水利职业教育院校专业教师参加生产实践创造有利条件，完善水利职业教育院校教师定期培训、实践锻炼和资格认证制度，不断提升专兼职教师的专业教学能力。开展"双师型"教学团队建设计划，根据专业教学需要从水利企事业单位选聘优秀专业技术人员担任兼职教师，支持水利职业教育院校兼职教师评聘教育系列专业技术职务。促进水利职业教育院校、培训机构和水利企事业单位合作，共同打造30个具有"双师素质"和"双师结构"的专业教学团队。开展水利职业教育师资队伍建设千人计划，选拔培养水利职教名师100名、水利职教新星100名、水利专业带头人200名、骨干教师600名，提高水利职业教育师资队伍整体水平。

（八）加快推进水利职业院校社会服务能力建设。建立健全专业教师紧密联系企业，为行业和社会服务的激励机制。搭建产学研结合的技术推广服务平台和多样化学习平台，面向水利基层单位和农村开展技术服务、农业技术推广和从业人员的新技术、新知识培训与学历教育。支持水利职业教育院校服务国家"走出去"战略，为大中型水利水电企业和跨国公司开展境外合作、技术培训服务，培养国际化水利技术技能人才。鼓励国家级和省部级示范性水利高职院校积极探索境外办学，吸引境外学生来华学习，开展更广泛的国际交流合作。

（九）加快推进水利职业教育专业人才培养质量评价机制建设。发挥中国水利教育协会、全国水利职业教育教学指导委员会作用，健全教育主管部门、行业、企事业单位、水利职业教育院校和培训机构等多方参与的专业人才培养质量评价机制；建立以水利行业职业标准符合度、学生学业水平及顶岗能力、用人单位满意度等为重要指标的质量评价标准；探索定期测评和适时跟踪调查相结合的质量评价办法，逐步建立以行业为主导的基层水利技术技能人才培养质量动态监测体系和评价制度，定期发布水利职业院校、培训机构专业人才培养质量评价报告，引导水利职业教育按照行业和区域经济社会发展需求，深化教育教学改革，提高人才培养质量。

四、大力实施水利职业教育改革发展重点项目

（十）实施水利职业资格证书制度推进计划。大力推行水利职业资格证书制度，推动水利职业院校与职业技能鉴定机构、行业企业深度融合，将学校课程教学和职业资格能力培训相融合，将专业课程考试与职业技能鉴定相融通，使学生在取得毕业证书的同时获得相关专业职业资格证书。对在职业技能竞赛和实际工作中取得突出成绩的优秀技能人才，实行提前或越级晋升职业资格制度。鼓励水利企事业单位根据发展需要，在有关工种和关键岗位设立"首席技师"，鼓励水利基层单位职工参加职业教育，取得相应毕业证书或职业资格证书。水利企事业单位要严格执行就业准入资格制度，严格执行"先培训、后就业"、"先培训、后上岗"等有关规定，坚持新进人员优先从水利职业教育院校毕业生或取得相应职业资格证书的人员中选拔录用。

（十一）实施水利职业教育院校教学改革计划。积极推进水利职业教育院校产教结合和校企合作办学，与行业企业联合举办相关专业，共建技术服务平台、实践基地，互建教师和工程师工作室等，构建校企合作、工学结合的水利技术技能人才培养新模式。重点扶持水利特色专业，逐步实现专业与产业、企业、岗位对接，课程内容与水利职业标准对接，教学过程与水利工程建设和管理过程对接，学历证书与水利职业资格证书对接。深化水利类专业教学改革，以提高学生职业素质和职业能力为目标，紧紧围绕水利改革发展需求，优化水利类专业设置，强化专业建设，调整优化课程结构，及时更新课程内容，创新教材形式，实现专业教学与行业技术进步同步，学校人才培养与行业实际需求一致。

（十二）实施基层水利职工文化与专业素质提升工程。水利职业教育院校和培训机构要认真落实水利基层人才队伍建设任务，围绕水利系统实施万名县市水利局长培训计划、万名基层水利站所长培训计划、基层水利业务骨干培训计划、基层水利职工学历文化水平提升计划和基层水利职工职业技能鉴定计划，充分发挥自身特色和办学优势，加强与各级水利教育培训主管部门和企事业单位的沟通协调，着力培养一批基层水利发展急需的技术

技能人才。同时主动承担行业主管部门委托的各类培训任务，积极为在职水利职工提供岗位专业知识和技术培训，充分发挥水利职业院校基层水利人才培养主阵地的作用，为建设高素质的基层水利职工队伍服务。

（十三）实施水利职业教育"送教下乡"计划。各级教育和水行政主管部门要支持水利职业教育院校面向新农村建设开展专业改革试点，扶持直接服务农业农村的水利专业，支持开办复合型涉农水利专业，增强水利职业教育院校服务新农村建设的能力。支持水利职业教育院校探索招生、培养、就业联动机制，面向农村开展"技能＋基础"中等职业教育改革试点，对农村青年实行登记入学、定向培养，完成学业后回乡服务基层水利和新农村建设。组织水利职业教育院校师生深入基层、农村普及水利实用知识和技术，强化广大农民的水情、水患意识。地方水行政主管部门要会同当地有关部门，加强水利职业培训体系建设，安排专项资金，或采取"以奖代补""发培训券"等措施，加大"送教下乡"的经费投入，鼓励和支持青年农民学习水利专业知识，有针对性地大规模培训新型农民。

（十四）实施水利职业教育集团建设计划。充分发挥教育和水行政主管部门对职业教育的组织指导作用，建立以中国水利教育协会为纽带，以水利职业教育院校和培训机构、水利企事业单位为主体的中国水利职业教育集团，探索水利技术技能人才培养新机制。加强集团的机制体制和内涵建设，重点探索建立集团成员之间合作发展的政策措施和激励机制，推动集团内部学校、企业、行业资源共享、优势互补、深层合作，提高集团运行质量和发展效益。力争将中国水利职业教育集团打造成示范性职业教育集团，并带动 10 个流域性、区域性水利职业教育集团共同发展，形成水利职业教育与行业企业和区域经济社会发展深度融合、良性互动的局面。

五、推进水利职业教育改革发展的保障措施

（十五）加强对水利职业教育的组织指导。各级教育和水行政主管部门建立沟通协商机制，定期研究解决水利职业教育改革发展中的困难和问题，加强对水利职业教育改革发展的指导。中国水利教育协会和有关单位要积极开展基层水利人才需求预测，拟订水利职业教育发展规划和专业建设标准，组织教学评价，开展教学研究和信息交流，指导水利职业教育院校教学改革。各级水利部门要将水利职业教育和水利技术技能人才培养工作列入年度目标考核内容。水利企事业单位要加大水利技术技能人才培养和职业培训力度。水利职业技能鉴定管理机构要大力支持水利职业教育院校开展职业技能资格培训和学生取得职业资格证书。水利职业技能鉴定机构要积极面向水利行业基层职工和水利职业教育院校学生开展职业技能鉴定工作。

（十六）加大对水利职业教育的资金投入和政策支持力度。教育部、水利部会同有关部门对水利职业教育院校予以政策和资金支持，继续实施水利中等职业教育学校免学费政策，扩大学生享受资助范围。各地要制定并实施水利高等职业教育院校学生到水利艰苦行业基层单位就业的学费和国家助学贷款代偿制度。水利部加大对水利职业教育的资金投入，用于支持水利职业教育改革发展重点项目。省级教育行政主管部门要优先将水利行业职业教育示范院校纳入省级示范院校范畴，给予同等待遇和资金支持，对国家示范性和骨干水利高职院校，按照不低于本地区普通本科院校生均拨款标准安排财政预算经费。地方水行政主管部门应多渠道安排水利职业教育专项经费，用于本地区水利职业教育院校基础能力建设和水利技术技能人才培养工作。

（十七）营造水利职业教育改革发展的良好环境。充分利用各种媒体，大力宣传技术技能人才在水利事业和在经济社会发展中的作用与贡献，广泛宣传推进水利职业教育改革发展的重要意义，宣传水利职业教育示范院校的办学特色和发展成就，提高全社会对推进水利职业教育改革发展重要性的认识。各级水行政主管部门要建立支持职业教育改革发展的政策措施，完善对作出特殊贡献的各类技术技能人才的表彰奖励政策，水利企事业单位要完善职工在职学习和职业能力提升制度，提高技术技能人才的薪酬及福利待遇，努力营造尊重劳动、崇尚技能、鼓励创新的氛围，形成关心和支持水利技术技能人才培养的良好环境，促进水利职业教育健康发展。

水利部关于加强基层水利服务机构
能力建设的指导意见

水农〔2014〕189 号

（水利部 2014 年 6 月 3 日印发）

各省、自治区、直辖市水利（水务）厅（局），各计划单列市水利（水务）局，新疆生产建设兵团水利局：

为进一步贯彻落实《中共中央　国务院关于加快水利改革发展的决定》（中发〔2011〕1 号，以下简称《决定》）和《水利部　中央编办财政部关于进一步健全完善基层水利服务体系的指导意见》（水农〔2012〕254 号，以下简称《意见》）精神，现就加强基层水利服务机构能力建设提出如下意见：

一、充分认识加强基层水利服务机构能力建设的重要意义

近年来，各地认真贯彻落实《决定》和《意见》精神，结合水利改革发展新形势、新任务、新要求，积极推进基层水利服务体系建设，取得了显著成效。2013 年底，大多数省份已基本完成基层水利服务机构建设任务，初步解决了体制不顺、机制不活、职能弱化、服务缺失、人才匮乏、设施老化等问题。但在人员配备、基础设施、技术装备、管理制度等方面，与"建立健全职能明确、布局合理、队伍精干、服务到位的基层水利服务体系，全面提高基层水利服务能力"的要求还有一定差距，制约了基层水利服务机构职能、作用的发挥。各级水行政主管部门要从加快水利改革发展的全局高度，充分认识加强基层水利服务机构能力建设，提升基层水利服务水平的重要意义，进一步贯彻落实《决定》和《意见》精神，立足于基层水利服务的实际需求，积极开展基层水利服务机构能力建设，巩固基层水利服务体系建设成果，保障基层水利服务机构长期有效、良性运行。

二、正确把握基层水利服务机构能力建设的总体要求和基本原则

（一）总体要求

以强化基层水利服务机构服务功能为目标，以优化人才队伍、改善基础设施、强化技术装备、健全管理制度为重点，开展基层水利服务机构能力建设，规范基层水利服务机构的建设与管理，切实提升基层水利服务机构服务能力和水平。

（二）基本原则

坚持因地制宜、需求导向。以基层水利服务机构履行水资源管理、河湖管理、防汛抗旱、农田水利建设、农村水利工程管理、水利科技推广等公益性职能，完成相关公共服务任务为导向，明确基层水利服务机构的职能定位，结合当地实际需求，科学设置岗位和装备条件，使机构建设和管理手段与其职能任务相匹配。

坚持合理配备、专业精干。建立科学的选人用人机制，完善人员引进、培训、交流、考核、激励制度，注重品德、专业和能力，强化岗位培训，严格绩效考核，做到人员配备专业精干、结构合理、素质优良、充满活力。

坚持软硬结合、整体提升。将机构管理制度建设与基础设施、技术装备等硬件设施建设同步推进，整体提升基层水利服务机构的软硬件实力，优化服务手段，提高服务能力。

坚持厉行节约、突出重点。充分利用现有资源条件，立足水利基本公共服务要求，统一规划，科学设计，人尽其才、物尽其用，避免重复建设、资源闲置。

三、扎实开展基层水利服务机构能力建设工作

（一）规范人员配备

合理确定编制。各地要根据基层水利服务机构的职能、管辖面积、管理任务等因素对人员编制数量进行合理配备或调剂安排，保证人员编制数量与所承担工作任务相适应。具体编制数量由各地根据实际情况确定。

科学设置岗位。按照科学合理、精简效能的要求进行岗位设置。具体岗位要按照基层水利服务机构的功能、职责、任务和工作需要，明确岗位名称、职责任务、工作标准和任职条件。

加强人事管理。建立健全"公开招聘、竞聘上岗、按岗聘用、合同管理"的基层水利服务机构人事管理制度。积极落实"三支一扶"政策，吸引水利院校大学生到基层水利服务机构工作。基层水利服务机构出现空缺岗位的，应优先安排"三支一扶"大学生，并按照公开招聘、竞聘上岗的有关规定，择优聘用。进岗人员必须通过水利部门组织的培训并经考核后取得上岗培训合格证书，到2017年底全部人员基本实现持证上岗。具体上岗条件和考核办法由各地自行确定。

优化人才结构。新进人员应具有水利或相关专业中专以上学历。要制定计划，落实经费，定期开展在职人员培训，不断提升机构人员业务素质和服务能力。发挥水利院校作用，面向基层水利服务机构开展水利专业学历教育，提高人员学历层次和专业能力。经过几年努力，实现基层水利服务机构专业技术人员比例达到80％的目标。

（二）改善基础设施

基础设施规模。根据基层水利服务机构工作任务科学确定基础设施规模。有防汛抗旱任务的，可设防汛抗旱值班室。有存储防汛抗旱物资要求的，应根据防汛抗旱部门的统一要求配备防汛抗旱物资仓储用房。其他设施根据实际需要合规、合理安排。

办公场所选址。基层水利服务机构办公场所应基本固定，地点选择应本着利于工作、方便生活、经济合理、交通便捷、安全适用的原则，可选在乡镇人民政府所在地，也可选在乡镇内主要骨干水利工程管理单位附近。应在办公场所建筑物入口处明显位置挂设基层水利服务机构名称匾牌。

（三）配备设备装备

根据基层水利服务机构管辖范围、工作人员数量、管理的水利工程数量和类型、技术服务任务等情况，配备相关的技术设备。

为满足辖区内小型水利工程勘测、施工巡视检查与检测、用水或过水流量观测、技术服务等需要，每个基层水利服务机构至少配备一套水准仪及配套器件、经纬仪或全站仪、流速仪（有渠道测流任务的）、水质监测设备（有水质监测任务的）、移动测墒仪（有墒情监测任务的）、平板仪、GPS设备等。

有重要防汛抗旱任务的，可结合县（市、区）防汛专用无线信道的建设，配备相应的防汛抗旱信息传输专用通讯设备。

（四）健全管理制度

加强和规范机构内部管理。建立健全相关人事管理、资产管理、财务管理、设备管理、档案管理、监督考核、工作制度等内部规章和制度，确保各项工作有章可循、运作规范。强化服务质量意识，加强岗位管理，建立绩效考核制度。有条件的地方可公布服务电话和办事指南，促进服务便捷、高效、优质。建立健全防汛抗旱物资管理、辖区内公益性水利工程设施设备运行管护、河湖管理巡查、农民用水合作组织管理、各类基层水利专业服务组织管理、农村水管员管理等相关制度。

四、落实开展基层水利服务机构能力建设的保障措施

（一）高度重视，把基层水利服务机构能力建设作为一项长期任务切实抓紧抓好。基层水利服务机构能力建设是一项长期的任务，各地要切实提高认识，按照《决定》和《意见》要求，把基层水利服务机构能力建设纳入水利改革发展的重要内容，抓紧抓好，务求实效。已经制定建设标准的，要严格按照标准进行建设。没有开展相关工作的，要将开展基层水利服务机构能力建设提到重要议事日程，切实加强组织领导，结合当地实际，抓紧制定具体工作方案，落实责任，加大投入，强化监督和检查，确保 2017 年底前基本完成基层水利服务机构能力建设任务。

（二）明确责任，把各项任务落到实处。各级水行政主管部门要制定基层水利服务机构能力建设的时间表和路线图，及时调度工作进展，扎实有序推进。省级水行政主管部门负责全省基层水利服务机构能力建设工作，加强能力建设工作督导。各地（市）、县级水行政主管部门要切实承担起基层水利服务机构建设和考核任务，对辖区内的基层水利服务机构进行绩效评价和工作督导。水利部将对各省（自治区、直辖市）基层水利服务机构能力建设情况进行重点抽查和定期公示。

（三）加大投入力度，落实能力建设经费。积极争取、多渠道筹措能力建设所需经费，协调地方财政部门将能力建设经费纳入财政预算集中安排，对符合相关要求的基层水利服务机构以奖补等方式优先安排。进一步落实《意见》中关于水费和相关的水规费中安排资金用于基层水利服务机构办公场所、技术装备和必要的交通工具等工作条件建设及人员培训的有关规定。

（四）加强信息管理，健全综合评价机制。各级水行政主管部门要完善信息平台建设，充分利用信息化手段，建立基层水利服务机构管理数据库。要完善基层水利服务机构综合评价体系，加强机构管理和规范运行，客观反映服务质量和绩效情况。要广泛宣传基层水利服务机构开展的工作与取得的成效，扩大影响，为各级政府、有关部门和全社会重视、支持基层水利服务机构建设营造良好氛围，促进基层水利服务能力与服务水平不断提高。

水利部

2014 年 6 月 3 日

十一、强化水利法治建设和科技创新

南水北调工程供用水管理条例

国务院令第 647 号

（2014 年 1 月 22 日国务院第 37 次常务会议通过，
2014 年 2 月 16 日公布，自公布之日起施行）

第一章　总　　则

第一条　为了加强南水北调工程的供用水管理，充分发挥南水北调工程的经济效益、社会效益和生态效益，制定本条例。

第二条　南水北调东线工程、中线工程的供用水管理，适用本条例。

第三条　南水北调工程的供用水管理遵循先节水后调水、先治污后通水、先环保后用水的原则，坚持全程管理、统筹兼顾、权责明晰、严格保护，确保调度合理、水质合格、用水节约、设施安全。

第四条　国务院水行政主管部门负责南水北调工程的水量调度、运行管理工作，国务院环境保护主管部门负责南水北调工程的水污染防治工作，国务院其他有关部门在各自职责范围内，负责南水北调工程供用水的有关工作。

第五条　南水北调工程水源地、调水沿线区域、受水区县级以上地方人民政府负责本行政区域内南水北调工程供用水的有关工作，并将南水北调工程的水质保障、用水管理纳入国民经济和社会发展规划。

国家对南水北调工程水源地、调水沿线区域的产业结构调整、生态环境保护予以支持，确保南水北调工程供用水安全。

第六条　国务院确定的南水北调工程管理单位具体负责南水北调工程的运行和保护工作。

南水北调工程受水区省、直辖市人民政府确定的单位具体负责本行政区域内南水北调配套工程的运行和保护工作。

第二章　水　量　调　度

第七条　南水北调工程水量调度遵循节水为先、适度从紧的原则，统筹协调水源地、受水区和调水下游区域用水，加强生态环境保护。

南水北调工程水量调度以国务院批准的多年平均调水量和受水区省、直辖市水量分配指标为基本依据。

第八条　南水北调东线工程水量调度年度为每年 10 月 1 日至次年 9 月 30 日；南水北调中线工程水量调度年度为每年 11 月 1 日至次年 10 月 31 日。

第九条　淮河水利委员会商长江水利委员会提出南水北调东线工程年度可调水量，于每年 9 月 15 日前报送国务院水行政主管部门，并抄送有关省人民政府和南水北调工程管理单位。

长江水利委员会提出南水北调中线工程年度可调水量，于每年 10 月 15 日前报送国务院水行政主管部门，并抄送有关省、直辖市人民政府和南水北调工程管理单位。

第十条 南水北调工程受水区省、直辖市人民政府水行政主管部门根据年度可调水量提出年度用水计划建议。属于南水北调东线工程受水区的于每年 9 月 20 日前、属于南水北调中线工程受水区的于每年 10 月 20 日前，报送国务院水行政主管部门，并抄送有关流域管理机构和南水北调工程管理单位。

年度用水计划建议应当包括年度引水总量建议和月引水量建议。

第十一条 国务院水行政主管部门综合平衡年度可调水量和南水北调工程受水区省、直辖市年度用水计划建议，按照国务院批准的受水区省、直辖市水量分配指标的比例，制订南水北调工程年度水量调度计划，征求国务院有关部门意见后，在水量调度年度开始前下达有关省、直辖市人民政府和南水北调工程管理单位。

第十二条 南水北调工程管理单位根据年度水量调度计划制订月水量调度方案，涉及航运的，应当与交通运输主管部门协商，协商不一致的，由县级以上人民政府决定；雨情、水情出现重大变化，月水量调度方案无法实施的，应当及时进行调整并报告国务院水行政主管部门。

第十三条 南水北调工程供水实行由基本水价和计量水价构成的两部制水价，具体供水价格由国务院价格主管部门会同国务院有关部门制定。

水费应当及时、足额缴纳，专项用于南水北调工程运行维护和偿还贷款。

第十四条 南水北调工程受水区省、直辖市人民政府授权的部门或者单位应当与南水北调工程管理单位签订供水合同。供水合同应当包括年度供水量、供水水质、交水断面、交水方式、水价、水费缴纳时间和方式、违约责任等。

第十五条 水量调度年度内南水北调工程受水区省、直辖市用水需求出现重大变化，需要转让年度水量调度计划分配的水量的，由有关省、直辖市人民政府授权的部门或者单位协商签订转让协议，确定转让价格，并将转让协议报送国务院水行政主管部门，抄送南水北调工程管理单位；国务院水行政主管部门和南水北调工程管理单位应当相应调整年度水量调度计划和月水量调度方案。

第十六条 国务院水行政主管部门应当会同国务院有关部门和有关省、直辖市人民政府以及南水北调工程管理单位编制南水北调工程水量调度应急预案，报国务院批准。

南水北调工程水源地和受水区省、直辖市人民政府有关部门、有关流域管理机构以及南水北调工程管理单位应当根据南水北调工程水量调度应急预案，制定相应的应急预案。

第十七条 南水北调工程水量调度应急预案应当针对重大洪涝灾害、干旱灾害、生态破坏事故、水污染事故、工程安全事故等突发事件，规定应急管理工作的组织指挥体系与职责、预防与预警机制、处置程序、应急保障措施以及事后恢复与重建措施等内容。

国务院或者国务院授权的部门宣布启动南水北调工程水量调度应急预案后，可以依法采取下列应急处置措施：

（一）临时限制取水、用水、排水；

（二）统一调度有关河道的水工程；

（三）征用治污、供水等所需设施；

（四）封闭通航河道。

第十八条 国务院水行政主管部门、环境保护主管部门按照职责组织对南水北调工程省界交水断面、东线工程取水口、丹江口水库的水量、水质进行监测。

国务院水行政主管部门、环境保护主管部门按照职责定期向社会公布南水北调工程供用水水量、水质信息，并建立水量、水质信息共享机制。

第三章 水 质 保 障

第十九条 南水北调工程水质保障实行县级以上地方人民政府目标责任制和考核评价制度。

南水北调工程水源地、调水沿线区域县级以上地方人民政府应当加强工业、城镇、农业和农村、船舶等水污染防治，建设防护林等生态隔离保护带，确保供水安全。

依照有关法律、行政法规的规定，对南水北调工程水源地实行水环境生态保护补偿。

第二十条 南水北调东线工程调水沿线区域和中线工程水源地实行重点水污染物排放总量控制制度。

南水北调东线工程调水沿线区域和中线工程水源地省人民政府应当将国务院确定的重点水污染物排放总量控制指标逐级分解下达到有关市、县人民政府，由市、县人民政府分解落实到水污染物排放单位。

第二十一条 南水北调东线工程调水沿线区域禁止建设不符合国家产业政策、不能实现水污染物稳定达标排放的建设项目。现有的落后生产技术、工艺、设备等，由当地省人民政府组织淘汰。

南水北调中线工程水源地禁止建设增加污染物排放总量的建设项目。

第二十二条 南水北调东线工程调水沿线区域和中线工程水源地的水污染物排放单位，应当配套建设与其排放量相适应的治理设施；重点水污染物排放单位应当按照有关规定安装自动监测设备。

南水北调东线工程干线、中线工程总干渠禁止设置排污口。

第二十三条 南水北调东线工程调水沿线区域和中线工程水源地县级以上地方人民政府所在城镇排放的污水，应当经过集中处理，实现达标排放。

南水北调东线工程调水沿线区域和中线工程水源地县级以上地方人民政府应当合理规划、建设污水集中处理设施和配套管网，并组织收集、无害化处理城乡生活垃圾，避免污染水环境。

南水北调东线工程调水沿线区域和中线工程水源地的畜禽养殖场、养殖小区，应当按照国家有关规定对畜禽粪便、废水等进行无害化处理和资源化利用。

第二十四条 南水北调东线工程调水沿线区域和中线工程水源地县级人民政府应当根据水源保护的需要，划定禁止或者限制采伐、开垦区域。

南水北调东线工程调水沿线区域、中线工程水源地、中线工程总干渠沿线区域应当规划种植生态防护林；生态地位重要的水域应当采取建设人工湿地等措施，提高水体自净能力。

第二十五条　南水北调东线工程取水口、丹江口水库、中线工程总干渠需要划定饮用水水源保护区的，依照《中华人民共和国水污染防治法》的规定划定，实行严格保护。

第二十六条　丹江口水库库区和洪泽湖、骆马湖、南四湖、东平湖湖区应当按照水功能区和南水北调工程水质保障的要求，由当地省人民政府组织逐步拆除现有的网箱养殖、围网养殖设施，严格控制人工养殖的规模、品种和密度。对因清理水产养殖设施导致转产转业的农民，当地县级以上地方人民政府应当给予补贴和扶持，并通过劳动技能培训、纳入社会保障体系等方式，保障其基本生活。

丹江口水库库区和洪泽湖、骆马湖、南四湖、东平湖湖区禁止餐饮等经营活动。

第二十七条　南水北调东线工程干线规划通航河道、丹江口水库及其上游通航河道应当科学规划建设港口、码头等航运设施，港口、码头应当配备与其吞吐能力相适应的船舶污染物接收、处理设备。现有的港口、码头不能达到水环境保护要求的，由当地省人民政府组织治理或者关闭。

在前款规定河道航行的船舶应当按照要求进行技术改造，实现污染物船内封闭、收集上岸，不向水体排放；达不到要求的船舶和运输危险废物、危险化学品的船舶，不得进入上述河道，有关船闸管理单位不得放行。

第二十八条　建设穿越、跨越、邻接南水北调工程输水河道的桥梁、公路、石油天然气管道、雨污水管道等工程设施的，其建设、管理单位应当设置警示标志，并采取有效措施，防范工程建设或者交通事故、管道泄漏等带来的安全风险。

第四章　用　水　管　理

第二十九条　南水北调工程受水区县级以上地方人民政府应当统筹配置南水北调工程供水和当地水资源，逐步替代超采的地下水，严格控制地下水开发利用，改善水生态环境。

第三十条　南水北调工程受水区县级以上地方人民政府应当以南水北调工程供水替代不适合作为饮用水水源的当地水源，并逐步退还因缺水挤占的农业用水和生态环境用水。

第三十一条　南水北调工程受水区县级以上地方人民政府应当对本行政区域的年度用水实行总量控制，加强用水定额管理，推广节水技术、设备和设施，提高用水效率和效益。

南水北调工程受水区县级以上地方人民政府应当鼓励、引导农民和农业生产经营组织调整农业种植结构，因地制宜减少高耗水作物种植比例，推行节水灌溉方式，促进节水农业发展。

第三十二条　南水北调工程受水区省、直辖市人民政府应当制订并公布本行政区域内禁止、限制类建设项目名录，淘汰、限制高耗水、高污染的建设项目。

第三十三条　南水北调工程受水区省、直辖市人民政府应当将国务院批准的地下水压采总体方案确定的地下水开采总量控制指标和地下水压采目标，逐级分解下达到有关市、县人民政府，并组织编制本行政区域的地下水限制开采方案和年度计划，报国务院水行政主管部门、国土资源主管部门备案。

第三十四条　南水北调工程受水区内地下水超采区禁止新增地下水取用水量。具备水源替代条件的地下水超采区，应当划定为地下水禁采区，禁止取用地下水。

南水北调工程受水区禁止新增开采深层承压水。

第三十五条　南水北调工程受水区省、直辖市人民政府应当统筹考虑南水北调工程供水价格与当地地表水、地下水等各种水源的水资源费和供水价格，鼓励充分利用南水北调工程供水，促进水资源合理配置。

第五章　工程设施管理和保护

第三十六条　南水北调工程水源地、调水沿线区域、受水区县级以上地方人民政府应当做好工程设施安全保护有关工作，防范和制止危害南水北调工程设施安全的行为。

第三十七条　南水北调工程管理单位应当建立、健全安全生产责任制，加强对南水北调工程设施的监测、检查、巡查、维修和养护，配备必要的人员和设备，定期进行应急演练，确保工程安全运行，并及时组织清理管理范围内水域、滩地的垃圾。

第三十八条　南水北调工程应当依法划定管理范围和保护范围。

南水北调东线工程的管理范围和保护范围，由工程所在地的省人民政府组织划定；其中，省际工程的管理范围和保护范围，由国务院水行政主管部门或者其授权的流域管理机构商有关省人民政府组织划定。

丹江口水库、南水北调中线工程总干渠的管理范围和保护范围，由国务院水行政主管部门或者其授权的流域管理机构商有关省、直辖市人民政府组织划定。

第三十九条　南水北调工程管理范围按照国务院批准的设计文件划定。

南水北调工程管理单位应当在工程管理范围边界和地下工程位置上方地面设立界桩、界碑等保护标志，并设立必要的安全隔离设施对工程进行保护。未经南水北调工程管理单位同意，任何人不得进入设置安全隔离设施的区域。

南水北调工程管理范围内的土地不得转作其他用途，任何单位和个人不得侵占；管理范围内禁止擅自从事与工程管理无关的活动。

第四十条　南水北调工程保护范围按照下列原则划定并予以公告：

（一）东线明渠输水工程为从堤防背水侧的护堤地边线向外延伸至50米以内的区域，中线明渠输水工程为从管理范围边线向外延伸至200米以内的区域；

（二）暗涵、隧洞、管道等地下输水工程为工程设施上方地面以及从其边线向外延伸至50米以内的区域；

（三）倒虹吸、渡槽、暗渠等交叉工程为从管理范围边线向交叉河道上游延伸至不少于500米不超过1000米、向交叉河道下游延伸至不少于1000米不超过3000米以内的区域；

（四）泵站、水闸、管理站、取水口等其他工程设施为从管理范围边线向外延伸至不少于50米不超过200米以内的区域。

第四十一条　南水北调工程管理单位应当在工程沿线路口、村庄等地段设置安全警示标志；有关地方人民政府主管部门应当按照有关规定，在交叉桥梁入口处设置限制质量、轴重、速度、高度、宽度等标志，并采取相应的工程防范措施。

第四十二条　禁止危害南水北调工程设施的下列行为：

（一）侵占、损毁输水河道（渠道、管道）、水库、堤防、护岸；

（二）在地下输水管道、堤坝上方地面种植深根植物或者修建鱼池等储水设施、堆放超重物品；

（三）移动、覆盖、涂改、损毁标志物；

（四）侵占、损毁或者擅自使用、操作专用输电线路设施、专用通信线路、闸门等设施；

（五）侵占、损毁交通、通信、水文水质监测等其他设施。

禁止擅自从南水北调工程取用水资源。

第四十三条 禁止在南水北调工程保护范围内实施影响工程运行、危害工程安全和供水安全的爆破、打井、采矿、取土、采石、采砂、钻探、建房、建坟、挖塘、挖沟等行为。

第四十四条 在南水北调工程管理范围和保护范围内建设桥梁、码头、公路、铁路、地铁、船闸、管道、缆线、取水、排水等工程设施，按照国家规定的基本建设程序报请审批、核准时，审批、核准单位应当征求南水北调工程管理单位对拟建工程设施建设方案的意见。

前款规定的建设项目在施工、维护、检修前，应当通报南水北调工程管理单位，施工、维护、检修过程中不得影响南水北调工程设施安全和正常运行。

第四十五条 在汛期，南水北调工程管理单位应当加强巡查，发现险情立即采取抢修等措施，并及时向有关防汛抗旱指挥机构报告。

第四十六条 南水北调工程管理单位应当加强南水北调工程设施的安全保护，制定安全保护方案，建立健全安全保护责任制，加强安全保护设施的建设、维护，落实治安防范措施，及时排除隐患。

南水北调工程重要水域、重要设施需要派出中国人民武装警察部队守卫或者抢险救援的，依照《中华人民共和国人民武装警察法》和国务院、中央军事委员会的有关规定执行。

第四十七条 在紧急情况下，南水北调工程管理单位因工程抢修需要取土占地或者使用有关设施的，有关单位和个人应当予以配合。南水北调工程管理单位应当于事后恢复原状；造成损失的，应当依法予以补偿。

第六章 法 律 责 任

第四十八条 行政机关及其工作人员违反本条例规定，有下列行为之一的，由主管机关或者监察机关责令改正；情节严重的，对直接负责的主管人员和其他直接责任人员依法给予处分；直接负责的主管人员和其他直接责任人员构成犯罪的，依法追究刑事责任：

（一）不及时制订下达或者不执行年度水量调度计划的；

（二）不编制或者不执行水量调度应急预案的；

（三）不编制或者不执行南水北调工程受水区地下水限制开采方案的；

（四）不履行水量、水质监测职责的；

（五）不履行本条例规定的其他职责的。

第四十九条 南水北调工程管理单位及其工作人员违反本条例规定，有下列行为之一的，由主管机关或者监察机关责令改正；情节严重的，对直接负责的主管人员和其他直接责任人员依法给予处分；直接负责的主管人员和其他直接责任人员构成犯罪的，依法追究刑事责任：

（一）虚假填报或者篡改工程运行情况等资料的；

（二）不执行年度水量调度计划或者水量调度应急预案的；

（三）不及时制订或者不执行月水量调度方案的；

（四）对工程设施疏于监测、检查、巡查、维修、养护，不落实安全生产责任制，影响工程安全、供水安全的；

（五）不履行本条例规定的其他职责的。

第五十条 违反本条例规定，实施排放水污染物等危害南水北调工程水质安全行为的，依照《中华人民共和国水污染防治法》的规定处理；构成犯罪的，依法追究刑事责任。

违反本条例规定，在南水北调工程受水区地下水禁采区取用地下水、在受水区地下水超采区新增地下水取用水量、在受水区新增开采深层承压水，或者擅自从南水北调工程取用水资源的，依照《中华人民共和国水法》的规定处理。

第五十一条 违反本条例规定，运输危险废物、危险化学品的船舶进入南水北调东线工程干线规划通航河道、丹江口水库及其上游通航河道的，由县级以上地方人民政府负责海事、渔业工作的行政主管部门按照职责权限予以扣押，对危险废物、危险化学品采取卸载等措施，所需费用由违法行为人承担；构成犯罪的，依法追究刑事责任。

第五十二条 违反本条例规定，建设穿越、跨越、邻接南水北调工程输水河道的桥梁、公路、石油天然气管道、雨污水管道等工程设施，未采取有效措施，危害南水北调工程安全和供水安全的，由建设项目审批、核准单位责令采取补救措施；在补救措施落实前，暂停工程设施建设。

第五十三条 违反本条例规定，侵占、损毁、危害南水北调工程设施，或者在南水北调工程保护范围内实施影响工程运行、危害工程安全和供水安全的行为的，依照《中华人民共和国水法》的规定处理；《中华人民共和国水法》未作规定的，由县级以上人民政府水行政主管部门或者流域管理机构按照职责权限，责令停止违法行为，限期采取补救措施；造成损失的，依法承担民事责任；构成违反治安管理行为的，依法给予治安管理处罚；构成犯罪的，依法追究刑事责任。

第五十四条 南水北调工程水源地、调水沿线区域有下列情形之一的，暂停审批有关行政区域除污染减排和生态恢复项目外所有建设项目的环境影响评价文件：

（一）在东线工程干线、中线工程总干渠设置排污口的；

（二）排污超过重点水污染物排放总量控制指标的；

（三）违法批准建设污染水环境的建设项目造成重大水污染事故等严重后果，未落实补救措施的。

第七章 附 则

第五十五条 南水北调东线工程，指从江苏省扬州市附近的长江干流引水，调水到江苏省北部和山东省等地的主体工程。

南水北调中线工程，指从丹江口水库引水，调水到河南省、河北省、北京市、天津市的主体工程。

南水北调配套工程，指东线工程、中线工程分水口门以下，配置、调度分配给本行政区域使用的南水北调供水的工程。

第五十六条 本条例自公布之日起施行。

农 田 水 利 条 例

国务院令第 669 号

（2016 年 4 月 27 日国务院第 131 次常务会议通过，
2016 年 5 月 17 日公布，自 2016 年 7 月 1 日起施行）

第一章 总 则

第一条 为了加快农田水利发展，提高农业综合生产能力，保障国家粮食安全，制定本条例。

第二条 农田水利规划的编制实施、农田水利工程建设和运行维护、农田灌溉和排水等活动，适用本条例。

本条例所称农田水利，是指为防治农田旱、涝、渍和盐碱灾害，改善农业生产条件，采取的灌溉、排水等工程措施和其他相关措施。

第三条 发展农田水利，坚持政府主导、科学规划、因地制宜、节水高效、建管并重的原则。

县级以上人民政府应当加强对农田水利工作的组织领导，采取措施保障农田水利发展。

第四条 国务院水行政主管部门负责全国农田水利的管理和监督工作。国务院有关部门按照职责分工做好农田水利相关工作。

县级以上地方人民政府水行政主管部门负责本行政区域农田水利的管理和监督工作。县级以上地方人民政府有关部门按照职责分工做好农田水利相关工作。

乡镇人民政府应当协助上级人民政府及其有关部门做好本行政区域农田水利工程建设和运行维护等方面的工作。

第五条 国家鼓励和引导农村集体经济组织、农民用水合作组织、农民和其他社会力量进行农田水利工程建设、经营和运行维护，保护农田水利工程设施，节约用水，保护生态环境。

国家依法保护农田水利工程投资者的合法权益。

第二章 规 划

第六条 国务院水行政主管部门负责编制全国农田水利规划，征求国务院有关部门意见后，报国务院或者国务院授权的部门批准公布。

县级以上地方人民政府水行政主管部门负责编制本行政区域农田水利规划，征求本级人民政府有关部门意见后，报本级人民政府批准公布。

第七条 编制农田水利规划应当统筹考虑经济社会发展水平、水土资源供需平衡、农业生产需求、灌溉排水发展需求、环境保护等因素。

农田水利规划应当包括发展思路、总体任务、区域布局、保障措施等内容；县级农田水利规划还应当包括水源保障、工程布局、工程规模、生态环境影响、工程建设和运行维护、技术推广、资金筹措等内容。

第八条 县级以上人民政府应当组织开展农田水利调查。农田水利调查结果是编制农田水利规划的依据。

县级人民政府水行政主管部门编制农田水利规划，应当征求农村集体经济组织、农民用水合作组织、农民等方面的意见。

第九条 下级农田水利规划应当根据上级农田水利规划编制，并向上一级人民政府水行政主管部门备案。

经批准的农田水利规划是农田水利建设和管理的依据。农田水利规划确需修改的，应当按照原审批程序报送审批。

第十条 县级以上人民政府水行政主管部门和其他有关部门按照职责分工负责实施农田水利规划。

县级以上人民政府水行政主管部门应当会同本级人民政府有关部门对农田水利规划实施情况进行评估，并将评估结果向本级人民政府报告。

第十一条 编制土地整治、农业综合开发等规划涉及农田水利，应当与农田水利规划相衔接，并征求本级人民政府水行政主管部门的意见。

第三章 工 程 建 设

第十二条 县级人民政府应当根据农田水利规划组织制定农田水利工程建设年度实施计划，统筹协调有关部门和单位安排的与农田水利有关的各类工程建设项目。

乡镇人民政府应当协调农村集体经济组织、农民用水合作组织以及其他社会力量开展农田水利工程建设的有关工作。

第十三条 农田水利工程建设应当符合国家有关农田水利标准。

农田水利标准由国务院标准化主管部门、水行政主管部门以及省、自治区、直辖市人民政府标准化主管部门、水行政主管部门依照法定程序和权限组织制定。

第十四条 农田水利工程建设应当节约集约使用土地。县级以上人民政府应当根据农田水利规划，保障农田水利工程建设用地需求。

第十五条 农田水利工程建设单位应当建立健全工程质量安全管理制度，对工程质量安全负责，并公示工程建设情况。

县级以上人民政府水行政主管部门和其他有关部门应当按照职责分工加强对农田水利工程建设的监督管理。

第十六条 政府投资建设的农田水利工程由县级以上人民政府有关部门组织竣工验收，并邀请有关专家和农村集体经济组织、农民用水合作组织、农民代表参加。社会力量投资建设的农田水利工程由投资者或者受益者组织竣工验收。政府与社会力量共同投资的农田水利工程，由县级以上人民政府有关部门、社会投资者或者受益者共同组织竣工验收。

大中型农田水利工程应当按照水利建设工程验收规程组织竣工验收。小型农田水利工程验收办法由省、自治区、直辖市人民政府水行政主管部门会同有关部门制定。

农田水利工程验收合格后，由县级以上地方人民政府水行政主管部门组织造册存档。

第十七条　县级以上人民政府水行政主管部门应当会同有关部门加强农田水利信息系统建设，收集与发布农田水利规划、农田水利工程建设和运行维护等信息。

第四章　工程运行维护

第十八条　农田水利工程按照下列规定确定运行维护主体：

（一）政府投资建设的大中型农田水利工程，由县级以上人民政府按照工程管理权限确定的单位负责运行维护，鼓励通过政府购买服务等方式引进社会力量参与运行维护；

（二）政府投资建设或者财政补助建设的小型农田水利工程，按照规定交由受益农村集体经济组织、农民用水合作组织、农民等使用和管理的，由受益者或者其委托的单位、个人负责运行维护；

（三）农村集体经济组织筹资筹劳建设的农田水利工程，由农村集体经济组织或者其委托的单位、个人负责运行维护；

（四）农民或者其他社会力量投资建设的农田水利工程，由投资者或者其委托的单位、个人负责运行维护；

（五）政府与社会力量共同投资建设的农田水利工程，由投资者按照约定确定运行维护主体。

农村土地承包经营权依法流转的，应当同时明确该土地上农田水利工程的运行维护主体。

第十九条　灌区农田水利工程实行灌区管理单位管理与受益农村集体经济组织、农民用水合作组织、农民等管理相结合的方式。灌区管理办法由国务院水行政主管部门会同有关部门制定。

第二十条　县级以上人民政府应当建立农田水利工程运行维护经费合理负担机制。

农田水利工程所有权人应当落实农田水利工程运行维护经费，保障运行维护工作正常进行。

第二十一条　负责农田水利工程运行维护的单位和个人应当建立健全运行维护制度，加强对农田水利工程的日常巡查、维修和养护，按照有关规定进行调度，保障农田水利工程正常运行。

农田水利工程水量调度涉及航道通航的，应当符合《中华人民共和国航道法》的有关规定。

第二十二条　县级以上人民政府水行政主管部门和农田水利工程所有权人应当加强对农田水利工程运行维护工作的监督，督促负责运行维护的单位和个人履行运行维护责任。

农村集体经济组织、农民用水合作组织、农民等发现影响农田水利工程正常运行的情形的，有权向县级以上人民政府水行政主管部门和农田水利工程所有权人报告。接到报告的县级以上人民政府水行政主管部门和农田水利工程所有权人应当督促负责运行维护的单位和个人及时处理。

第二十三条　禁止危害农田水利工程设施的下列行为：

（一）侵占、损毁农田水利工程设施；

（二）危害农田水利工程设施安全的爆破、打井、采石、取土等活动；

（三）堆放阻碍蓄水、输水、排水的物体；

（四）建设妨碍蓄水、输水、排水的建筑物和构筑物；

（五）向塘坝、沟渠排放污水、倾倒垃圾以及其他废弃物。

第二十四条 任何单位和个人不得擅自占用农业灌溉水源、农田水利工程设施。

新建、改建、扩建建设工程确需占用农业灌溉水源、农田水利工程设施的，应当与取用水的单位、个人或者农田水利工程所有权人协商，并报经有管辖权的县级以上地方人民政府水行政主管部门同意。

占用者应当建设与被占用的农田水利工程设施效益和功能相当的替代工程；不具备建设替代工程条件的，应当按照建设替代工程的总投资额支付占用补偿费；造成运行成本增加等其他损失的，应当依法给予补偿。补偿标准由省、自治区、直辖市制定。

第二十五条 农田水利工程设施因超过设计使用年限、灌溉排水功能基本丧失或者严重毁坏而无法继续使用的，工程所有权人或者管理单位应当按照有关规定及时处置，消除安全隐患，并将相关情况告知县级以上地方人民政府水行政主管部门。

第五章 灌 溉 排 水 管 理

第二十六条 县级以上人民政府水行政主管部门应当加强对农田灌溉排水的监督和指导，做好技术服务。

第二十七条 农田灌溉用水实行总量控制和定额管理相结合的制度。

农作物灌溉用水定额依照《中华人民共和国水法》规定的权限和程序制定并公布。

农田灌溉用水应当合理确定水价，实行有偿使用、计量收费。

第二十八条 灌区管理单位应当根据有管辖权的县级以上人民政府水行政主管部门核定的年度取用水计划，制定灌区内用水计划和调度方案，与用水户签订用水协议。

第二十九条 农田灌溉用水应当符合相应的水质标准。县级以上地方人民政府环境保护主管部门应当会同水行政主管部门、农业主管部门加强对农田灌溉用水的水质监测。

第三十条 国家鼓励采取先进适用的农田排水技术和措施，促进盐碱地和中低产田改造；控制和合理利用农田排水，减少肥料流失，防止农业面源污染。

第三十一条 省、自治区、直辖市人民政府水行政主管部门应当组织做好本行政区域农田灌溉排水试验工作。灌溉试验站应当做好农田灌溉排水试验研究，加强科技成果示范推广，指导用水户科学灌溉排水。

第三十二条 国家鼓励推广应用喷灌、微灌、管道输水灌溉、渠道防渗输水灌溉等节水灌溉技术，以及先进的农机、农艺和生物技术等，提高灌溉用水效率。

第三十三条 粮食主产区和严重缺水、生态环境脆弱地区以及地下水超采地区应当优先发展节水灌溉。

国家鼓励企业、农村集体经济组织、农民用水合作组织等单位和个人投资建设节水灌溉设施，采取财政补助等方式鼓励购买节水灌溉设备。

第三十四条 规划建设商品粮、棉、油、菜等农业生产基地，应当充分考虑当地水资源条件。水资源短缺地区，限制发展高耗水作物；地下水超采区，禁止农田灌溉新增取用地下水。

第六章　保　障　与　扶　持

第三十五条　农田水利工程建设实行政府投入和社会力量投入相结合的方式。

县级以上人民政府应当多渠道筹措农田水利工程建设资金，保障农田水利建设投入。

第三十六条　县级人民政府应当及时公布农田水利工程建设年度实施计划、建设条件、补助标准等信息，引导社会力量参与建设农田水利工程。

县级以上地方人民政府应当支持社会力量通过提供农田灌溉服务、收取供水水费等方式，开展农田水利工程经营活动，保障其合法经营收益。

县级以上地方人民政府水行政主管部门应当为社会力量参与建设、经营农田水利工程提供指导和技术支持。

第三十七条　国家引导金融机构推出符合农田水利工程项目特点的金融产品和服务方式，加大对农田水利工程建设的信贷支持力度。

农田灌溉和排水的用电执行农业生产用电价格。

第三十八条　县级人民政府应当建立健全基层水利服务体系，将基层水利服务机构公益性业务经费纳入本级政府预算。基层水利服务机构应当履行农田水利建设管理、科技推广等公益性职能。

国家通过政府购买服务等方式，支持专业化服务组织开展农田灌溉和排水、农田水利工程设施维修等公益性工作。

第三十九条　县级以上人民政府水行政主管部门应当会同本级人民政府有关部门，制定农田水利新技术推广目录和培训计划，加强对基层水利服务人员和农民的培训。

第四十条　对农田水利工作中成绩显著的单位和个人，按照国家有关规定给予表彰。

第七章　法　律　责　任

第四十一条　违反本条例规定，县级以上人民政府水行政主管部门和其他有关部门不依法履行农田水利管理和监督职责的，对负有责任的领导人员和直接责任人员依法给予处分；负有责任的领导人员和直接责任人员构成犯罪的，依法追究刑事责任。

第四十二条　违反本条例规定，县级以上人民政府确定的农田水利工程运行维护单位不按照规定进行维修养护和调度、不执行年度取用水计划的，由县级以上地方人民政府水行政主管部门责令改正；发生责任事故或者造成其他重大损失的，对直接负责的主管人员和其他直接责任人员依法给予处分；直接负责的主管人员和其他直接责任人员构成犯罪的，依法追究刑事责任。

第四十三条　违反本条例规定，有下列行为之一的，由县级以上地方人民政府水行政主管部门责令停止违法行为，限期恢复原状或者采取补救措施；逾期不恢复原状或者采取补救措施的，依法强制执行；造成损失的，依法承担民事责任；构成违反治安管理行为的，依法给予治安管理处罚；构成犯罪的，依法追究刑事责任：

（一）堆放阻碍农田水利工程设施蓄水、输水、排水的物体；

（二）建设妨碍农田水利工程设施蓄水、输水、排水的建筑物和构筑物；

（三）擅自占用农业灌溉水源、农田水利工程设施。

第四十四条 违反本条例规定，侵占、损毁农田水利工程设施，以及有危害农田水利工程设施安全的爆破、打井、采石、取土等行为的，依照《中华人民共和国水法》的规定处理。

违反本条例规定，向塘坝、沟渠排放污水、倾倒垃圾以及其他废弃物的，依照环境保护有关法律、行政法规的规定处理。

第八章 附　　则

第四十五条 本条例自 2016 年 7 月 1 日起施行。

水利部关于废止和修改部分规章的决定

水利部令第 46 号

（水利部部务会议审议通过，2014 年 8 月 19 日公布，自公布之日起施行）

根据国务院取消和下放行政审批项目的一系列决定，水利部对涉及的规章进行了清理，经征求有关部门意见，决定废止 1 件、修改 6 件规章。

一、废止《生产建设项目水土保持监测资质管理办法》（2011 年 12 月 2 日水利部令第 45 号公布）。

二、将《水利工程建设项目管理规定（试行）》（1995 年 4 月 21 日水利部水建〔1995〕128 号印发）第十三条修改为："水利工程具备开工条件后，主体工程方可开工建设。项目法人或者建设单位应当自工程开工之日起 15 个工作日内，将开工情况的书面报告报项目主管单位和上一级主管单位备案。"

主体工程开工，必须具备以下条件：

"1. 项目法人或者建设单位已经设立；

"2. 初步设计已经批准，施工详图设计满足主体工程施工需要；

"3. 建设资金已经落实；

"4. 主体工程施工单位和监理单位已经确定，并分别订立了合同；

"5. 质量安全监督单位已经确定，并办理了质量安全监督手续；

"6. 主要设备和材料已经落实来源；

"7. 施工准备和征地移民等工作满足主体工程开工需要。"

三、将《占用农业灌溉水源、灌排工程设施补偿办法》（1995 年 11 月 13 日水利部、财政部、国家计委水政资〔1995〕457 号印发）第五条修改为："占用跨省级行政区受益的农业灌溉水源、灌排工程设施，并涉及相邻省级行政区利害关系的，占用一方省级水行政主管部门在作出准予行政许可的决定之前，应当征求有关省级水行政主管部门和所在流域机构意见，重大项目还应当征求国务院水行政主管部门意见。"

第六条中的"流域机构和水行政主管部门"修改为"水行政主管部门"。

第十二条第一款中的"县以上各级水行政主管部门"修改为"县级以上地方水行政主管部门"。

删去第十二条第二款。

四、将《水利工程建设程序管理暂行规定》（1998 年 1 月 7 日水利部水建〔1998〕16 号印发）第八条第 2 项修改为："水利工程具备《水利工程建设项目管理规定（试行）》规定的开工条件后，主体工程方可开工建设。项目法人或者建设单位应当自工程开工之日起 15 个工作日内，将开工情况的书面报告报项目主管单位和上一级主管单位备案。"

删去第八条第 3 项，条文顺序作相应调整。

五、将《水土保持生态环境监测网络管理办法》（2000 年 1 月 31 日水利部令第 12 号公布）第二章的名称修改为"监测站网的建设"。

第十二条第一款修改为："水土保持生态环境监测工作，须由具有相应监测能力的单位承担。"

删去第十二条第二款。

第十三条修改为："从事水土保持生态环境监测的专业技术人员须经专门技术培训，具备相应的工作能力。"

六、将《水利工程建设安全生产管理规定》（2005 年 7 月 22 日水利部令第 26 号公布）第九条中的"自开工报告批准之日起 15 日内"修改为"自工程开工之日起 15 个工作日内"。

七、将《水利工程建设项目验收管理规定》（2006 年 12 月 18 日水利部令第 30 号公布）第十三条中的"在开工报告批准后 60 个工作日内"修改为"自工程开工之日起 60 个工作日内"。

第二十条第五款修改为："竣工验收主持单位应当在工程初步设计的批准文件中明确。"

本决定自公布之日起施行。

水利部关于废止和修改部分规章的决定

水利部令第 47 号

（水利部部务会议审议通过，2015 年 12 月 16 日公布，自公布之日起施行）

为了依法推进水利行政审批制度改革，促进和保障水利管理由事前审批更多地转为事中事后监管。根据 2014 年 7 月 22 日，2015 年 2 月 24 日，5 月 10 日和 10 月 11 日国务院关于取消调整行政审批项目、清理规范中介服务等事项的决定和国务院关于推进注册资本登记制度改革的决定，水利部对涉及的部门规章进行了清理，经商有关部门，决定废止 1 件、修改 8 件。

一、废止《水文水资源调查评价资质和建设项目水资源论证资质管理办法（试行）》（2003 年 2 月 21 日水利部令第 17 号发布，2005 年 7 月 8 日水利部令第 24 号修改）。

二、删去《建设项目水资源论证管理办法》（2002 年 3 月 24 日水利部、国家发展计划委员会令第 15 号公布）第五条。

第六条改为第五条，修改为："业主单位应当按照建设项目水资源论证报告书编制基本要求，自行或者委托有关单位对其建设项目进行水资源论证。"

第十三条改为第十二条，修改为："业主单位或者其委托的从事建设项目水资源论证工作的单位，在建设项目水资源论证工作中弄虚作假的，由水行政主管部门处违法所得三倍以下，最高不超过三万元的罚款。违反《取水许可和水资源费征收管理条例》第五十条的，依照其规定处罚。"

三、将《开发建设项目水土保持设施验收管理办法》（2002 年 10 月 14 日水利部令第 16 号发布，2005 年 7 月 8 日水利部令第 24 号修改）第九条第一款修改为："国务院水行政主管部门负责验收的开发建设项目，应当由国务院水行政主管部门委托有关技术机构进行技术评估。"

删去第十条第一款。

四、将《入河排污口监督管理办法》（2004 年 11 月 30 日水利部令第 22 号公布）第十条修改为："排污单位应当按照有关技术要求，自行或者委托有关单位编制入河排污口设置论证报告。"

五、将《水工程建设规划同意书制度管理办法（试行）》（2007 年 11 月 29 日水利部令第 31 号公布）第九条第一款修改为："水工程所在江河、湖泊的流域综合规划或者防洪规划尚未编制或者批复的，建设单位应当就水工程是否符合流域治理、开发、保护的要求或者防洪的要求编制专题论证报告。建设单位可以委托流域综合规划、防洪规划的编制单位或者其他有关单位承担专题论证报告编制工作。"

六、删去《水利工程建设监理单位资质管理办法》（2006 年 12 月 18 日水利部令第 29 号公布，2010 年 5 月 14 日水利部令第 40 号修改）第四条中的"注册资金"。

删去第十一条第一款第（三）项。

删去附件一第一部分第（五）项、第二部分第（五）项、第二部分最后一个自然段中的"（五）"和第三部分第（四）项。

七、将《取水许可管理办法》（2008 年 4 月 9 日水利部令第 34 号公布）第八条第一款修改为："需要申请取水的建设项目，申请人应当按照《建设项目水资源论证管理办法》要求，自行或者委托有关单位编制建设项目水资源论证报告书。其中，取水量较少且对周边环境影响较小的建设项目，申请人可不编制建设项目水资源论证报告书，但应当填写建设项目水资源论证表。"

八、删去《水利工程启闭机使用许可管理办法》（2010 年 10 月 10 日水利部令第 41 号公布）第五条第一款第（二）项和第二款中的"（五）"。

删去附件第二部分。

九、将《水文监测环境和设施保护办法》（2011 年 2 月 18 日水利部令第 43 号公布）第十条第（二）项中的"具有相应等级水文水资源调查评价资质的单位"修改为"自行或者委托有关单位"。

同时，对相关规章的条文顺序作了相应调整。

本决定自公布之日起施行。

水利部关于废止和修改部分规章的决定

水利部令第 48 号

（水利部部务会议审议通过，2016 年 8 月 1 日公布，
自公布之日起施行）

按照国务院的安排部署，水利部对现行有效的部门规章进行了全面清理，决定废止 2 件、修改 4 件。

一、废止《黄河下游引黄灌溉管理规定》（1994 年 12 月 1 日水利部水农水〔1994〕516 号发布）。

二、废止《治理开发农村"四荒"资源管理办法》（1998 年 12 月 15 日水利部水保〔1998〕546 号发布）。

三、将《水利工程建设项目管理规定（试行）》（1995 年 4 月 21 日水利部水建〔1995〕128 号发布，2014 年 8 月 19 日水利部令第 46 号修改）第十条中的"初步设计、施工准备（包括招标设计）"修改为"施工准备、初步设计"。

第十二条修改为："水利工程建设项目可行性研究报告已经批准，年度水利投资计划下达后，项目法人即可开展施工准备。"

四、将《水利工程建设程序管理暂行规定》（1998 年 1 月 7 日水利部水建〔1998〕16 号发布，2014 年 8 月 19 日水利部令第 46 号修改）第二条中的"初步设计、施工准备（包括招标设计）"修改为"施工准备、初步设计"。

第六条改为第七条。

第七条改为第六条，修改为："施工准备阶段

"1. 项目可行性研究报告已经批准，年度水利投资计划下达后，项目法人即可开展施工准备工作，其主要内容包括：

"（1）施工现场的征地、拆迁；

"（2）完成施工用水、电、通信、路和场地平整等工程；

"（3）必须的生产、生活临时建筑工程；

"（4）实施经批准的应急工程、试验工程等专项工程；

"（5）组织招标设计、咨询、设备和物资采购等服务；

"（6）组织相关监理招标，组织主体工程招标准备工作；

"2. 工程建设项目施工，除某些不适应招标的特殊工程项目外（须经水行政主管部门批准），均须实行招标投标。水利工程建设项目的招标投标，按有关法律、行政法规和《水利工程建设项目招标投标管理规定》等规章规定执行。"

五、将《长江河道采砂管理条例实施办法》（2003 年 6 月 2 日水利部令第 19 号发布，2010 年 3 月 12 日水利部令第 39 号修改，2010 年 12 月 28 日水利部令第 42 号第二次修改）第七条第三款修改为："有下列情形之一的，采砂可行性论证报告由申请采砂的单位、

个人按照要求自行或者委托有关机构编制，审批部门不得以任何形式要求申请人必须委托特定中介机构提供服务：

"（一）整修长江堤防进行吹填固基或者整治长江河道；

"（二）整治长江航道；

"（三）吹填造地。"

删去第七条第四款。

六、删去《水利工程建设项目验收管理规定》（2006 年 12 月 18 日水利部令第 30 号发布，2014 年 8 月 19 日水利部令第 46 号修改）第四十条。

同时，对相关规章的条文顺序作相应调整。

本决定自公布之日起施行。

关于印发国家水安全创新工程实施方案的通知

国科办社〔2015〕59 号

（科技部办公厅　环境保护部办公厅　住房城乡建设部办公厅
水利部办公厅　国家海洋局办公室 2015 年 10 月 28 日印发）

各省、自治区、直辖市及计划单列市科技厅（委、局）、环境保护厅（局）、住房城乡建设厅（委）、水利（水务）厅（局）、海洋厅（局），新疆生产建设兵团科技局、环境保护局、建设局、水利局：

为贯彻落实习近平总书记关于水安全保障的重要讲话精神，深入实施创新驱动发展战略，支撑生态文明建设，根据国务院《水污染防治行动计划》和关于大众创业、万众创新的部署，我们制定了《国家水安全创新工程实施方案》（2015—2020 年）。现印发你们，请结合实际，认真贯彻实施。

附件

国家水安全创新工程实施方案
（2015—2020 年）

为贯彻落实习近平总书记关于水安全保障的重要讲话精神，深入实施创新驱动发展战略，支撑生态文明建设，根据国务院《水污染防治行动计划》和关于大众创业、万众创新的部署，重点围绕节水、供水、水污染防治和水生态修复等方面科技创新，科技部、环境保护部、住房城乡建设部、水利部、海洋局等部门联合组织实施国家水安全创新工程。为有序、高效开展国家水安全创新工程，制定本实施方案。

一、工程目标

构建符合水安全战略的创新创业和科技成果转化的创新服务环境，统筹节水、供水、水污染防治和水生态修复科技发展顶层设计与部署，研发、示范、推广一批先进技术，培育一批创新型企业和产业科技创新中心，形成一批以需求为导向的技术方案、商业模式、创新业态和创新品牌，促进科技与经济、管理、金融、就业等深度融合，更好地发挥科技对水安全保障的支撑引领作用。

二、主要措施

（一）加快水污染控制与治理科技创新。

结合《水污染防治行动计划》相关目标与科技需求，深入实施"水体污染控制与治理"国家科技重大专项。选择重点流域、中心区域，深入推进水环境监测预警技术、流域水环境治理技术、湖泊与湿地保护技术、水生态保护和修复技术、饮用水安全保障技术、农业面源污染防治技术、城镇污水处理和水环境治理技术等方面科研攻关，强化集成与综合示范，优化水环境综合治理技术方案，培育和发展环保产业，支撑我国水环境质量持续改善。

进一步加强地下水污染修复、河口海湾水环境治理、近岸海域水环境治理、有毒有害污染物控制等技术的研发与示范，推动相关技术产品产业化。

（二）加快水资源开发利用科技创新。

按照"节水优先、空间均衡、系统治理、两手发力"治水方略，抓紧实施"水资源高效开发利用"科技重点专项，研发和示范一批综合节水、水资源综合利用、水利工程建设、水资源综合调度、非常规水资源开发利用等方面先进技术，加强在京津冀、长江经济带等重要区域集成应用，支撑海绵城市建设，提高水资源供给能力与利用效率，为区域水资源安全供给提供系统技术方案。支持废水深度治理和废水资源化能源化利用新技术开发，推进新一代水处理技术示范应用。

（三）促进海水淡化科技成果转化。

针对沿海地区、岛屿、大型海上移动平台等用水需求，发挥市场在资源配置中的作用，创新海水淡化产业商业模式，促进海水淡化技术、工程、服务、资本、政策等集成创新，示范推广一批膜法海水淡化、热法海水淡化、风电海水淡化、核电海水淡化、浓海水梯级利用、高盐废水脱盐等先进技术。对于成熟适用科技成果，优先纳入《海水淡化先进技术汇编》，加大海水淡化技术标准制修订和贯彻实施力度，支撑海水淡化产业发展。结合农村饮用水安全保障工程建设和改造，在西北、东部沿海等苦咸水地区，大力推广膜处理等技术。

（四）建设国家水安全产业科技创新中心。

优化水安全领域产业技术创新战略联盟布局，充分发挥海水淡化技术、水环境监测装备、节水降耗水处理装备、再生水利用与风险控制、膜生物反应器（MBR）、节能减排标准化等产业技术创新战略联盟作用，发挥好水安全领域国家重点实验室和国家工程技术研究中心作用，推进产学研联合攻关。强化企业创新主体地位和主导作用，建立一批具有创新优势、产业优势、服务优势、品牌优势的国家水安全产业科技创新中心，优化技术、人才、资本、管理等创新要素配置，促进科学研究、科技产业、科技服务、科技金融等深度融合，加强基础研究，强化原始创新、集成创新、引进消化吸收再创新，发挥科技创新引领作用，促进水安全产业创新发展。

（五）实施水安全创新品牌行。

建立和完善水安全技术评价方法和标准体系，定期开展水安全技术评估和筛选工作，编制《节水治污水生态修复先进适用技术指导目录》等，促进先进适用技术转化应用。实施水安全创新品牌活动，推出一批在水安全创新发展中有突出贡献的地区、科研团队、科技型企业、创新产品。首批评选10家全国节水型社会建设和节水城市创新试点，30家水安全创新企业、30个水安全创新团队，100项水安全创新产品。在水安全相关国家科技计划（专项、基金等）中，支持开展水安全创新品牌典型示范，鼓励全国节水型社会建设示范区、国家节水型城市、海绵城市建设试点等开展水安全创新品牌推广。支持水安全创新产品进入《首台（套）重大技术装备推广应用指导目录》。

（六）提升水安全科技创新与服务能力。

成立国家水安全创新行动专家委员会，邀请战略、技术、管理、企业、政策等方面专家参加，为任务落实和决策提供咨询服务。继续推进国家环保科技创新与服务平台建设，逐步完善平台功能分类，服务环保产业创新发展。重点发挥互联网优势，优化国家科技计划环保科技成果信息综合服务平台，提升科技成果线上线下展示、电子商务、科技咨询、中介服务、管理服务等服务能力。推进环保装备标准化工厂建设，完善环保产业技术标准体系。研究符合国际规则的支持政策，鼓励采用首购、订购等非招标采购方式，以及政府购买服务等方式给予支持，促进水安全创新产品的研发和规模化应用。持续支持召开"中国环保技术及产业发展推进会"，推进环保科技创新政策和措施落实，交流推广环保创新创业典型经验。研究水安全技术转化和交易的统计指标和方法，提升水安全科技创新监测评估能力。

研究水安全领域从事基础和前沿技术研究、应用研究、科技成果转化等不同活动人员分类考评制度，人尽其才。在利用财政资金设立的水安全领域科研院所和高校中，推动科研人员职务发明成果转让收益合理分配，提高科研负责人、骨干技术人员等重要贡献人员的奖励比例。对于水安全领域相关科技重点专项，明确项目承担单位科技成果转化责任，并作为立项和验收的重要内容和依据。

（七）扶持水安全领域创新创业。

研究把握环保产业创新发展的新技术、新需求、新业态，深入拓展环保产业发展新空间，培育环保产业发展新动力。把支持环保创新创业作为《环境领域"十三五"科技创新专项规划》的原则要求，在相关重大科技项目、科技重点专项中给予支持。结合基础设施建设PPP模式市场需求，大力扶持环境问题诊断与技术咨询服务等企业发展，支持"环境医院"、"环境绩效合同"等商业模式创新，集中问题诊断、技术方案、工艺设计、产品设备、工程建设、投融资服务等优势，为环境治理提供整体技术解决方案和全过程服务。完善创新创业环境与配套条件，鼓励相关领域众创、众筹、众包、众扶，鼓励人才跨界流动，促进跨领域跨行业协同创新，为推进相关产业创新发展提供保障。

持续开展"中国创新创业大赛－全国环保技术创新创业大赛"，逐步完善社会化组织机制，扶持科研人员创业、小微企业成长等，鼓励优秀项目在环保科技产业基地与创新创业服务平台孵化。鼓励各地科技主管部门推荐项目参加环保产业创新创业大赛，参与大赛或分赛事活动组织工作，为优秀项目提供创业基地、扶持政策等配套条件。

（八）促进环保科技金融融合。

研究普惠性创新支持政策，充分发挥金融资本杠杆作用。围绕国家水安全战略目标，鼓励企业和社会资本先行投入产业化目标明确的重大科研任务，探索支持水安全实验研究、中试到生产的全过程科技创新投入模式，促进科技成果产业化。鼓励天使投资、创业投资基金等参与，鼓励成立专业扶持基金，加强与国家科技成果转化引导基金、国家新兴产业创业投资引导基金、国家电子企业发展基金的对接，引导社会资本发起设立环保产业创业投资子基金，充分发挥银行信贷、多层次资本市场、科技保险、企业债券、融资租赁等金融资源重要作用，为水安全领域创新型企业提供良好的投融资环境。充分利用高新技术企业认定、研发投入加计扣除、仪器设备加速折旧等税收扶持政策，引导企业加大研发投入。

（九）推进水安全国际科技合作。

把水安全作为推进"一带一路"国际科技合作的重要内容，加强水安全技术合作研究、人员交流。支持国际先进技术联合研究中心或国际先进技术转移中心建设，鼓励水安全先进技术"走出去"和"引进来"，提升我国环保技术装备国际市场竞争力。

深入实施中美清洁能源联合研究中心"能源与水"科技合作、中美环境保护科技合作备忘录、中德清洁水行动计划、中新水处理产业合作、中以水资源高效利用、中欧水资源交流平台等双边、多边国际科技合作。实施气候变化与全球环境履约科技行动，深入研究全球变化对水环境、水资源、水生态等影响，提出适应性措施与相关建议。认真履行持久性有机污染物、湿地公约等国际环境公约。

三、组织机制

（一）多方联动、合力推进。科技部联合环境保护部、住房城乡建设部、水利部、海洋局等部门共同组织实施，建立协调机制，制定年度实施计划，协调相关资源倾斜支持，统筹各项任务落实，监督检查实施绩效。充分发挥地方作用，鼓励各地方依据本方案和实际情况，制定本地区实施方案。

（二）多元投入、全民参与。国家科技重大专项、国家重点研发计划、技术创新引导专项（基金）、基地和人才专项等科技计划根据定位给予优先支持，鼓励企业、社会资本等加大科技创新投入。树立创新和绿色发展理念，调动全社会参与积极性，提高全民节约用水、保护环境意识。举办环保产业科技成果会展，加强创新产品和文化宣传。

（三）发挥社会组织作用。整合资源，发挥好产业技术创新战略联盟、骨干环保企业、环保产业科技园区、水安全产业科技创新中心等作用，加强社会化服务和培训，推进工程实施。

水利部关于全面加强依法治水
管水的实施意见

水政法〔2015〕299 号

（水利部 2015 年 7 月 21 日印发）

部机关各司局，部直属各单位，各省、自治区、直辖市水利（水务）厅（局），各计划单列市水利（水务）局，新疆生产建设兵团水利局：

为深入贯彻落实党的十八届四中全会通过的《中共中央关于全面推进依法治国若干重大问题的决定》（以下简称《决定》），全面加强依法治水管水，更好发挥法治在推动水利改革发展中的引领、规范和保障作用，提出以下实施意见。

一、全面加强依法治水管水的总体要求

（一）充分认识依法治水管水的重要性。涉水权益是人民群众的基本权益，涉水安全是公共安全的重要内容，依法规范涉水行为、调节涉水关系是全面推进依法治国的重要内容。近年来，各级水行政主管部门和流域管理机构认真贯彻落实中央治水管水决策部署，深入开展水法治建设，水法规体系逐步完善，水利依法行政深入推进，水行政执法持续加强，水事秩序明显改善，全社会水法治观念不断增强，依法治水管水能力迈上新台阶。但与全面推进依法治国的新要求和加快水利改革发展的新任务相比，水法治建设还存在一些薄弱环节，一些重要领域法律法规尚不健全，水行政执法能力亟待加强，水事矛盾纠纷和涉水行政争议预防处理机制不够完善，全社会水法治观念需要进一步提高。要深刻认识全面加强依法治水管水的重大意义，把思想和行动统一到《决定》的各项部署上来，大力推进水法治建设，切实把全面推进依法治国总目标贯彻落实到治水管水全过程和各方面。

（二）全面加强依法治水管水的指导思想。深入贯彻落实党的十八大、十八届三中、四中全会精神和习近平总书记系列重要讲话精神，紧紧围绕协调推进"四个全面"战略布局和建设社会主义法治国家的总目标，积极践行"节水优先、空间均衡、系统治理、两手发力"的新时期水利工作方针，坚持深化改革和法治建设共同推进，坚持立法、执法、监督、保障一体建设，坚持运用法治思维和法治方式引领规范水利改革发展各项工作，健全完善适合我国国情和水情的水法治体系，为强化水治理、保障水安全提供法治保障。

（三）全面加强依法治水管水的主要目标。构建完备的水法律规范体系，实现覆盖全面、相互配套、有机衔接；构建高效的水法治实施体系，做到有法必依、执法必严、违法必究；构建严密的水法治监督体系，做到权责法定、程序正当、公开透明；构建有力的水法治保障体系，做到责任明确、措施到位、齐抓共管。

二、构建完备的水法律规范体系

（四）完善立法工作机制。加强立法前期工作，积极做好立法项目储备。实行水利立法工作目标责任制，科学制定水利立法规划和年度立法计划，增强指导性和约束力。起草水法规应当深入基层、深入实际开展立法调研，加强必要性、合法性和合理性论证与审查，增强立法的针对性、系统性、操作性和有效性。加强立法协调，妥善处理各方诉求。

（五）突出立法重点。适应经济发展新常态、水资源条件新变化和水利工作新发展的要求，积极开展综合性、战略性水法律制度前期研究，适时启动水法、防洪法等法律的修订工作。适应大力推进民生水利的要求，完善农田水利、饮用水安全保障等方面的水法规。适应推进生态文明制度建设和落实最严格水资源管理制度的要求，完善节约用水、地下水管理、水权交易等方面的水法规。适应加强社会治理的要求，完善河湖管理、河道采砂、水利工程管理与保护等方面的水法规。适应强化流域管理的要求，做好流域综合立法和有关单项立法工作。

（六）提高立法质量。贯彻落实立法法，坚持科学立法、民主立法，把提高立法质量作为加强和改进水利立法工作的关键。完善立法项目征集与论证制度，强化立法项目审查。完善立法程序，扩大公众参与度。建立健全立法后评估制度，及时掌握水法规实施情况。统筹做好水法规立改废释工作。

（七）加强规范性文件的合法性审查与备案管理。将能够反复适用、影响行政相对人权利义务、具有普遍约束力的文件纳入规范性文件合法性审查备案范围。规范性文件未经本机关法制工作机构审查并出具合法性审查意见的，不得印发施行。除依法不得公开的事项外，规范性文件应当向社会公布。定期开展规范性文件清理，及时公布继续有效、确认失效、决定废止的规范性文件目录。

三、构建高效的水法治实施体系

（八）依法履行行政职能。加快转变行政职能，推进简政放权。全面梳理行政职权，建立完善行政许可、行政处罚、行政强制、行政收费等权力清单和责任清单。规范自由裁量权，完善规则和机制。认真做好取消行政审批事项的落实工作，加强事中事后监管，创新监管方式，防止出现管理脱节和监管真空。对保留的行政审批事项，全面实行"一个窗口"对外统一受理制度，积极推进网上审批。加强对行政审批行为的监管，建立健全监督机制。加强水利行业中介服务监管，规范中介服务机构及从业人员执业行为。

（九）依法推进水利建设。健全水利工程规划立项、投资计划、建设程序、征地移民、统计核查、质量监管、稽察、验收等规章制度。加快完善水利技术标准体系。严格执行项目法人责任制、招标投标制、建设监理制等制度，明确质量和安全责任。创新建设管理模式，积极推进水利工程建设项目代建制。依法加强水利建设市场监管，加快水利建设市场信用体系建设，规范市场准入和市场主体行为，维护水利建设市场秩序。

（十）依法加强水资源管理。全面落实最严格水资源管理制度，强化监督考核，充分发挥"三条红线"的刚性约束作用。严格用水总量控制，加快推进跨行政区江河水量分配，依法实施水资源统一调度，建立健全规划和建设项目水资源论证制度，进一步规范取水许可行为。严格用水效率控制，健全取用水定额标准体系，加快完善节水法规政策和技术标准，进一步提高水资源利用效率和效益。严格水功能区纳污控制，强化水功能区和入河排污口监督管理，切实保护饮用水水源地和地下水资源。积极推进水生态文明建设，扎实开展水权制度建设和水权交易工作。

（十一）依法强化其他水利管理。加强河湖管理，开展河湖管理范围划定和河湖水域岸线登记，严格控制建设项目占用水域，严格规范河道采砂，维护江河湖泊健康生态。加强水利工程管理，落实管护主体、责任和经费，推进水利工程确权划界，落实水库大坝安全责任制，促进水利工程良性运行。加强水土保持、防汛抗旱、水文、安全生产、农村饮用水安全和水电管理，依法开展防汛抗旱调度、水文监测与计量等工作，完善相关应急预案。依法加强国际河流工作。

（十二）依法深化水利改革。坚持改革决策与立法决策紧密结合，把法治方式作为推进水利改革的行为准则，推动水资源管理体制、水权制度和水价形成机制、水利投入稳定增长机制、水生态文明制度、河湖管理与保护制度等重要领域和关键环节的探索和创新，确保重大改革于法有据。对实践条件尚不成熟、需要先行先试的水利改革，要按照法定程序取得授权。要主动适应水利改革发展需要，及时提出立法需求和制定、修改、废止法律法规的建议，确保水利改革在法治轨道上稳步推进。

（十三）完善水行政执法体制。全面推进水利综合执法，加快整合执法职能和执法力量，明确工作职责，健全工作机制，严格落实水行政执法人员持证上岗和资格管理制度，建立执法信息通报共享制度。推动执法重心下移，全面落实执法责任制，依法界定执法职责，加强执法评议考核，切实做到严格规范公正文明执法。

（十四）加大水行政执法力度。地方各级水行政主管部门和流域管理机构要切实落实属地管理职责，加大日常执法巡查和现场执法力度，积极组织开展专项执法和集中整治行动，依法严厉打击破坏水资源、危害水生态、影响水安全等水事违法行为。加强流域与区域、区域与区域、水利部门与其他部门联合执法。流域管理机构和省级水行政主管部门要对管辖地区和下级部门水行政执法工作进行指导和检查，对重大水事违法案件建立挂牌督办和通报制度。

（十五）健全水事矛盾纠纷防范化解机制。坚持预防为主、预防与调处相结合，建立健全水事矛盾纠纷调处责任制，完善属地为主、条块结合，政府负责、部门配合的工作机制。严格执行行政区域边界河流水利规划，落实行政区域边界河道工程建设项目审批等制度。完善水事矛盾纠纷排查化解制度和应急预案，建立健全信息共享和快速处置机制，依法及时有效处置矛盾纠纷。

四、构建严密的水法治监督体系

（十六）健全依法决策机制。坚持依法科学民主决策，建立健全公众参与、专家论证、风险评估、合法性审查、集体讨论决定等重大行政决策程序制度，确保决策制度科学、程序正当、过程公开、责任明确。建立水行政主管部门和流域管理机构内部重大决策合法性审查机制。严格决策责任，建立重大决策终身责任追究制度和责任倒查机制。

（十七）加强对权力的监督制约。建立部门分工负责、相互配合、相互制约机制，加强对权力运行的制约和监督，把权力关进制度的笼子。通过完善的监督管理机制、有效的权力制衡机制、严肃的责任追究机制，确保各级水行政主管部门和流域管理机构依法履职。自觉接受人大监督、民主监督、司法监督、审计监督和舆论监督。加强反腐倡廉工作，完善水利廉政风险防控体系。

（十八）全面推进政务公开。坚持以公开为常态，不公开为例外原则，推进决策公开、执行公开、管理公开、服务公开、结果公开。重点加大防汛抗旱、水资源管理、水利工程建设、水土保持、农村水电开发等领域的信息公开力度，积极推进行政审批、行政处罚、部门预算决算等方面的信息公开，促进行政权力公开透明运行。进一步健全涉水突发事件信息发布机制，及时回应社会关切。

（十九）做好行政复议工作。严格执行行政复议法及其实施条例，提高办案质量，对违法、不当的行政行为予以撤销、纠正，维护行政相对人的合法权益；对行政机关的合法行政，及时给予有力支持，保障正常的行政管理秩序。加强和改进水利信访工作，将涉法涉诉信访纳入法治轨道解决。

五、构建有力的水法治保障体系

（二十）进一步加强对依法治水管水的领导。健全依法治水管水领导机构和办事机构，完善议事规则，研究部署依法治水管水重大问题和重要举措。各级水行政主管部门和流域管理机构要切实履行依法治水管水职责，将水法治建设摆在水利工作的突出位置，与水利改革发展任务同时部署、同时推进、同时检查、同时考核。

（二十一）提高领导干部和机关工作人员依法办事能力。水利系统各级领导干部要做尊法学法守法用法的模范，带头尊崇法治、敬畏法律。健全领导干部和工作人员学法用法制度，把宪法、法律和涉水法规列入党委（党组）中心组学习和水利教育培训的重要内容，建立依法治水管水学习培训长效机制。把能不能守法律、重程序、讲规矩作为考察干部的重要条件，把依法行政情况作为领导班子和领导干部年度述职的重要内容。

（二十二）增强全社会水法治观念。发挥水法治宣传教育的基础性作用，建立普法责任制，明确普法责任主体和职责。坚持集中宣传与经常宣传相结合，制定落实水利普法规划和年度计划，充分利用国家宪法日、世界水日、中国水周等重要时间节点，不断创新普法方式方法，注重发挥大众传媒和新媒体的作用，进一步增强水法治宣传的传播力和影响力。

（二十三）加强水法治队伍建设。加强水利法制工作机构和水政监察队伍建设，使机构设置、人员配备与其承担的职责和任务相适应。加大对水法治干部和人才的培养、使用和交流力度，研究建立有利于加强水行政执法的队伍管理制度和激励制度。全面实施水政监察队伍能力建设规划，加强执法装备建设，充分运用信息技术，全面提升水行政执法的能力和水平。

（二十四）加强依法治水管水监督检查。加强对依法治水管水工作的监督检查，明确监督检查范围、方式和结果运用，对违法行政、行政不作为的，及时提出处理意见或建议，监督整改工作进展情况。对于推进工作不力、存在问题较多的，要严格问责、严肃处理。

（二十五）抓好实施意见贯彻落实。各级水利部门要按照本实施意见抓紧提出工作方案，细化实化依法治水管水目标任务、责任分工和工作要求，确保落实到位。强化依法治水管水工作考核评价，健全考核机制，将考核结果纳入年度工作目标考核体系。水利法制工作机构要充分发挥组织协调、督促指导、考核评价作用，推动形成依法治水管水的合力。